Castanien nuß

Der Kosmos-
Heilpflanzenführer

Anisum.

Anisum. oplo. ca. 7 sic. in 3. Elect gro ssium indicale. uinam. sto. fri. ibi ventositati sto. 7 i testicz puocat urinam. apit opilatioes. 7 puocat lac. nocumi. tarde digitur. Remo noceti si contratur subtile aut bñ masticetur. Quito gnat sanguies acuti; oueit. fri. thu. sembz 7 decrepitis. 7 come 7 septentrionali regioni. 7 alijs ubi reputur.

Peter und Ingrid Schönfelder

Der Kosmos-Heilpflanzenführer

Europäische Heil- und Giftpflanzen
Mit 442 Farbfotos
und 277 historischen Holzschnitten

Kosmos
Gesellschaft der Naturfreunde
Franckh'sche Verlagshandlung
Stuttgart

Mit 442 Farbfotos von J. Apel (2), K. Frantz (2), E. Garnweidner (1),
M. Haberer (1), H. Haeupler (2), F. Hirschmann (1), R. König (1),
P. Kohlhaupt (7), Ch. Lederer (2), E. Müller (1), G. Radek (1), G. Rein (1),
S. Sammer (4), W. Schacht (2), J. Schimmitat (3), P. Schönfelder (391),
H. Schmidt (1), H. Schrempp (15), F. Schwäble (1), F. Siedel (1),
K. F. Wolfstetter (1), W. Zahlheimer (1)
und 277 historischen Holzschnitten
95 Schwarzweißzeichnungen von M. Golte-Bechtle

Umschlag von Edgar Dambacher unter Verwendung einer Aufnahme
von Dr. Peter Schönfelder
Das Bild zeigt Roten Fingerhut (*Digitalis purpurea*)

Bild 1 (Seite 2) zeigt Anis aus dem Wiener Codex Tacuinum sanitatis
(um 1410),
Bild 2 (Seite 6) den Eingriffeligen Weißdorn aus E. BLACKWELL, Vermehrtes
und verbessertes Blackwellisches Kräuterbuch (1754 – 1773).

CIP-Kurztitelaufnahme der Deutschen Bibliothek

Schönfelder, Peter:
Der Kosmos-Heilpflanzenführer : europ. Heil- u.
Giftpflanzen / Peter u. Ingrid Schönfelder. –
Stuttgart : Franckh, 1980.
  (Kosmos-Naturführer)
  ISBN 3-440-04811-X
NE: Schönfelder, Ingrid:

Gebrauchsnamen, Handelsnamen, Warenbezeichnungen sind in diesem Buch
ohne nähere Kennzeichnung in bezug auf Marken, Gebrauchsmuster oder
Patentschutz wiedergegeben. Daraus kann nicht abgeleitet werden, daß diese
Namen und Verfahren als frei im Sinne der Gesetzgebung gelten und von
jedermann benutzt werden dürfen. Alle genannten Fertigarzneimittel stellen
lediglich hinweisende Beispiele dar. Ein Werturteil ist mit ihrer Nennung nicht
verbunden. Auch kann das vorliegende Buch nicht den Arzt ersetzen. Autoren
und Verlag müssen daher alle Schadenersatzansprüche von vornherein
ablehnen.

Franckh'sche Verlagshandlung, W. Keller & Co., Stuttgart / 1980
Alle Rechte, insbesondere das Recht der Vervielfältigung, Verbreitung und
Übersetzung, vorbehalten. Kein Teil des Werkes darf in irgendeiner Form
(durch Fotokopie, Mikrofilm oder ein anderes Verfahren) ohne schriftliche
Genehmigung des Verlages verarbeitet, vervielfältigt oder verbreitet werden.
© 1980, Franckh'sche Verlagshandlung, W. Keller & Co., Stuttgart
Printed in Italy / Imprimé en Italie
LH 14 Ste / ISBN 3-440-04811-X
Satz: Konrad Triltsch, Graph. Betrieb, 8700 Würzburg
Herstellung: Grafiche Muzzio, Padua (Italien)

Der Kosmos-Heilpflanzenführer

Vorwort	7
Einführung – Hinweise zur Benutzung	8
Die alten Kräuterbücher	10
Die Arzneibücher der Bundesrepublik Deutschland	12
Allopathie – Phytotherapie – Homöopathie	12
Über das Sammeln, Trocknen und Aufbewahren von Heilpflanzen	14
Zubereitungen aus Drogen	14
Die Wirkstoffe der Drogen	16
Gebräuchliche pharmazeutische Bezeichnungen und Abkürzungen	22
Die wichtigsten botanischen Fachausdrücke	24
Bestimmungshilfen	30
Abkürzungen und Symbole	32
Bestimmungsteil	33
Blüten weiß	34
Blüten radiär, höchstens 4 Blütenblätter	34
Blüten radiär, 5 Blütenblätter	42
Blüten radiär, mehr als 5 Blütenblätter	76
Blüten in Köpfchen	82
Blüten zweiseitig-symmetrisch	86
Blüten gelb	94
Blüten radiär, höchstens 4 Blütenblätter	94
Blüten radiär, 5 Blütenblätter	100
Blüten radiär, mehr als 5 Blütenblätter	116
Blüten in Köpfchen	118
Blüten zweiseitig-symmetrisch	130
Blüten rot (oder braun)	138
Blüten radiär, höchstens 4 Blütenblätter	138
Blüten radiär, 5 Blütenblätter	144
Blüten radiär, mehr als 5 Blütenblätter	160
Blüten in Köpfchen	164
Blüten zweiseitig-symmetrisch	168
Blüten blau	180
Blüten radiär, 4 Blütenblätter	180
Blüten radiär, 5 Blütenblätter	180
Blüten radiär, mehr als 5 Blütenblätter	186
Blüten in Köpfchen	188
Blüten zweiseitig-symmetrisch	190
Blüten grün oder unscheinbar	198
Kätzchenblütler	198
Übrige Zweikeimblättrige	204
Einkeimblättrige	218
Nadelhölzer	226
Sporenpflanzen	232
Farne	232
Schachtelhalme, Bärlappe	234
Pilze	236
Flechten, Algen	238
Giftpflanzen	240
mit roten Früchten	240
mit blauen oder schwarzen Früchten	246
mit grünen, gelben oder weißen Früchten	252
Literaturauswahl	254
Drogenregister	255
Artenregister	266

Spina alba   1–7. Blüthe / 8.9. Frucht / 10–12. Saame   Hagedorn.

Vorwort

Das alte und vielzitierte Wort des PARACELSUS (1493 – 1541): „Alle Wiesen und Matten, alle Berge und Hügel sind Apotheken" hat auch in unserer Zeit seine Bedeutung behalten. Zwar ist das eigene Sammeln und der volkstümliche Gebrauch vieler Heilpflanzen auf relativ wenige Hausmittel zurückgegangen, aber in den industriell hergestellten Fertigarzneimitteln mit den Möglichkeiten der Stabilisierung und Standardisierung spielen viele pflanzliche Drogen und ihre Wirkstoffe nach wie vor eine bedeutende Rolle. Nur in wenigen Fällen lassen sich wirksame Naturstoffe synthetisch billiger herstellen als durch Isolierung aus der Pflanze. Die „Rote Liste 1977/78", die einen Überblick über die Arzneimittelproduktion der Bundesrepublik Deutschland gibt, nennt 8350 Fertigarzneimittel. Davon enthalten mehr als 20% pflanzliche Wirkstoffe oder bestehen ganz aus pflanzlichen Zubereitungen. Der Prozentsatz der mit modernen Methoden untersuchten Pflanzen ist noch sehr gering und die wirksame Substanz mancher, von alters her gebrauchten Heilpflanze nicht genügend bekannt. So liegt auch in unseren heimischen Pflanzen noch mancher Arzneischatz verborgen, wie immer wieder die Ergebnisse neuer wissenschaftlicher Untersuchungen zeigen.

Es ist ein Anliegen dieses Buches, ein Führer zu den heute in Mitteleuropa angewendeten Heilpflanzen zu sein, soweit sie in Europa wild wachsen oder häufiger kultiviert werden. Bei der Auswahl der Arten wurden jene bevorzugt, die von der pharmazeutischen Industrie heute noch verarbeitet werden, so daß der Patient sich über die in seinem Medikament enthaltenen Drogen und ihre Stammpflanzen informieren kann. Ferner wurden der Vollständigkeit halber einige nur noch selten volkstümlich angewendete oder seit alters als Heilpflanzen betrachtete Arten aufgenommen. Berücksichtigt wurde auch die Homöopathie, da diese einen nicht zu übersehenden Anteil an der Verwendung von Pflanzen zu Heilzwecken hat. Eine Bewertung dieser Heilmethode ist jedoch nicht damit verbunden, ebensowenig wie die bei den einzelnen Pflanzen genannten Fertigpräparate eine Empfehlung speziell dieser Mittel bedeuten. Auch gibt das Vorhandensein einer Droge oder Drogenzubereitung in einem Fertigarzneimittel keine Gewähr für ihre Wirksamkeit. Insgesamt sind von den 411 in 440 verschiedenen Fotos dargestellten Heil- und Giftpflanzen 330 in handelsüblichen Fertigarzneimitteln in Apotheken erhältlich.

So soll dieser neue Naturführer erstmals durch Farbfotos alle heute wie früher bedeutenden Heil- und die wichtigsten Giftpflanzen dem Naturfreund näherbringen und durch die Kenntnis zum Verständnis der für uns alle wichtigen und heute oft bedrohten Pflanzenwelt beitragen.

Ingrid und Peter Schönfelder

Einführung – Hinweise zur Benutzung

Die Anordnung nach Blütenfarben folgt dem seit KoscHs „Was blüht denn da" hunderttausendfach bewährten Prinzip der KOSMOS-Naturführer. Nach der Hauptfarbe der Blüten, die nicht in jedem Fall durch die Kronblätter bedingt sein muß, werden die Pflanzen in weiß, gelb, rot, blau und grün oder unscheinbar blühende gegliedert. Diese Gruppierungen müssen in gewissem Maße subjektiv bleiben, da es zwischen den Hauptfarben eine Vielzahl von Zwischentönen gibt, und außerdem das menschliche Auge auch in Abhängigkeit von der Beleuchtung manche Farben unterschiedlich beurteilt. Schließlich haben viele Pflanzen selbst eine gewisse Variabilität in der Blütenfarbe. So finden sich in der weißen Abteilung auch solche, die etwas gelblich, rosa oder hellblau getönt sind. Bei den gelben Arten gibt es gelegentlich Übergänge zu gelblichgrüner Blütenfarbe. Zu den roten wurden auch alle rotvioletten und die wenigen braunblühenden Arten gestellt. In der letzten Gruppe wurden die grün oder unscheinbar blühenden zusammengefaßt. Um möglichst viele Arten berücksichtigen zu können, wurden nur ausnahmsweise Arten bei zwei Blütenfarben aufgenommen. Im Zweifelsfall muß der Benutzer, der eine bestimmte Pflanze sucht, bei der nächst ähnlichen Blütenfarbe nachschlagen.
Innerhalb der Blütenfarben folgt die Anordnung einer einfachen Gliederung der Blüten: zunächst radiäre, d. h. strahlig-symmetrische Blüten mit bis zu 4, mit 5, mit mehr als 5 Blütenblättern und mit Blüten in Köpfchen, danach zweiseitig-symmetrische Blüten, d. h. Blüten, durch die sich nur eine Symmetrieebene legen läßt. Die Reihenfolge innerhalb dieser Gruppen richtet sich nach dem natürlichen System der Pflanzenverwandtschaft. Die wichtigen, vor allem für Kinder immer wieder gefährlichen Giftfrüchte wurden, nach Farben der Früchte geordnet, am Schluß des Buches zusammengestellt. So läßt sich jede in diesem Führer enthaltene Pflanzenart über diese Hauptgruppen, aber auch durch einen einfachen Schlüssel (S. 30) finden, der mit wenigen weiteren Merkmalen auf eine bis höchstens vier zu vergleichende Seiten führt. Schließlich ist auch jede Pflanze über das Register der deutschen und wissenschaftlichen Namen und der lateinischen Drogenbezeichnungen zu finden.
Die Nomenklatur der Pflanzen richtet sich nach Flora Europaea (Band 1 – 4), die der Einkeimblättrigen vor allem nach EHRENDORFER (1973). Wichtige, früher verwendete Synonyme wurden in Klammern angegeben. Die deutschen Namen folgen weitgehend der Flora von SCHMEIL (1968). Weitere Volksnamen lassen sich aus den Drogenbezeichnungen ableiten.
Die neben dem jeweiligen Text stehenden schwarzweißen Abbildungen der Randleiste sind Holzschnitte aus alten Kräuterbüchern. Sie bilden reizvolle Ergänzungen zu den Farbbildern und den botanischen Beschreibungen, können eine Hilfe zur Bestimmung der Art sein und knüpfen gleichzeitig an die alte Tradition der klassischen Kräuterbücher an. Sie entstammen vorwiegend den Werken von FUCHS, BOCK und LONITZER (siehe S. 10). Die alten Namen stimmen dabei nicht immer mit den heutigen Bezeichnungen überein. Auf die Darstellung der damals gebräuchlichen Anwendungen wurde aus Platzgründen, aber auch aus sachlichen Gründen verzichtet, da sie mit den Ergebnissen der modernen Medizin häufig nicht mehr vereinbar sind.
Im einzelnen gliedert sich der Text zu jeder Pflanze in folgende Abschnitte:
B: *Beschreibung* der Pflanze, wichtige Merkmale zur Erkennung und Unterscheidung von ähnlichen Arten, Angabe der Höhe, Lebensform (s. Verzeichnis der Abkürzungen S. 32) und Blütezeit. Gegebenenfalls folgt die Angabe „Geschützt", wobei auf eine weitere Differenzierung in vollständig und teilweise geschützte Arten verzichtet wurde, da dies in den einzelnen Bundesländern unterschiedlich geregelt ist. Berücksichtigt wurden auch die Naturschutzbestimmungen von Österreich und der Schweiz.
V: *Vorkommen*, d. h. Standorte und Verbreitung.
D: *Drogen.* Hierunter versteht man im pharmazeutischen Sprachgebrauch getrocknete pflanzliche oder tierische Ausgangsmaterialien für Arzneizubereitungen, während sich im populären Sprachgebrauch dieser Begriff für Rausch und Sucht erregende Stoffe eingebürgert hat. Die Drogen werden mit ihren deutschen und lateinischen Namen sowie einer kurzen Beschreibung aufgeführt, wie sie in dem betreffenden Arzneibuch genannt sind. Diese Bezeichnungen befinden sich, oft in Abkürzungen (s. S. 22), auch auf den Arzneimittelpackungen. Der lateinische Drogenname setzt sich im allgemeinen aus einer

Bezeichnung für den verwendeten Pflanzenteil und einem Namen der Pflanze zusammen, wobei in den neuen Arzneibüchern der Pflanzenname meist vorangestellt wird. Bei den homöopathischen Drogen wurde auf eine nähere Beschreibung des verwendeten Pflanzenteiles verzichtet, wenn es sich um denselben wie in der vorangestellten Droge handelt. Im allgemeinen wird in der Homöopathie aber die frische Pflanze verwendet.

I: *Inhaltsstoffe.* Es werden die wichtigsten wirksamen Inhaltsstoffe bzw. Stoffgruppen genannt. Nähere Erläuterungen zu den wichtigsten Wirkstoffgruppen finden sich im folgenden Text.

A: *Anwendung* und Wirkung. Das vorangestellte Totenkopfzeichen kennzeichnet die Pflanze als giftig. Manche Pflanzen zeigen schon bei Berührung mit dem Saft Giftwirkungen, einige nach Einnahme weniger Beeren oder Kauen auf den Stengeln, andere erst nach längerem Gebrauch. Arten, die als Heilpflanzen Bedeutung haben und deren Früchte gleichzeitig Vergiftungen hervorrufen, wurden sowohl blühend als auch fruchtend (Seiten 240–252) aufgenommen, mit entsprechenden Hinweisen im Text. Arten, die vor allem wegen ihrer giftigen Früchte Bedeutung haben, wurden nur fruchtend abgebildet. Bei der Anwendung wurde insbesondere die heute gebräuchliche berücksichtigt und auf manche veraltete Angaben verzichtet, wie sie immer noch oft mit Gebrauchsanweisungen in zahlreichen Büchern empfohlen werden. Für die Hinweise auf die homöopathischen Indikationen wurden vor allem einige neuere Arzneimittellehren benutzt.

F: *Fertigarzneimittel.* Darunter versteht man Arzneimittel, die in gleichbleibender Qualität hergestellt und in abgabefertiger Packung in den Verkehr gebracht werden. Es wurden höchstens so viele Fertigarzneimittel aus der „Roten Liste" und den Verzeichnissen einzelner Arzneimittelhersteller ausgewählt, wie in einer Druckzeile Platz fanden. In einer Mehrzahl von Fällen sind dies die wichtigsten, bei anderen sind aber Dutzende bis Hunderte von Präparaten im Handel, die Zubereitungen der betreffenden Pflanzen enthalten. So konnte die Auswahl hier nur subjektiv erfolgen. Es ist damit in keinem Fall eine Bewertung oder Empfehlung eines Präparates verbunden. Die Gesamtwirkung eines Präparates muß außerdem nicht immer mit der Wirkung der einzelnen Droge übereinstimmen. Nicht in jedem Fall enthalten alle Zubereitungsformen des Präparates die beschriebene Droge. So kann eine Droge zum Beispiel in Tabletten enthalten sein, nicht aber im Sirup mit dem gleichen Namen. Rezeptpflichtige Arzneimittel wurden durch die Buchstaben „*Rp*" gekennzeichnet. Bei den meisten Arzneimitteln handelt es sich um eingetragene Warenzeichen, die nicht besonders gekennzeichnet sind.

Die alten Kräuterbücher

Kenntnisse über die Heilkräfte von Pflanzen sind uralt und unabhängig in verschiedenen Kulturen entstanden. Schriftlich überliefert sind uns zum Beispiel zahlreiche Rezepte im altägyptischen Papyrus Ebers (2. Jahrtausend v. Chr.), das ein gutes Bild der damaligen medizinischen Kenntnisse vermittelt. Fortgeführt und weiter entwickelt wurde dieses Wissen im griechisch-römischen Kulturkreis. Noch heute bekannt sind die Ärzte HIPPOKRATES, DIOKLES und THEOPHRASTUS (5. und 4. Jahrhundert v. Chr.) und ihre Schriften, danach DIOSKORIDES (1. Jahrh. v. Chr.), PLINIUS D.Ä. (1. Jahrh. n. Chr.) und GALENOS (2. Jahrh. n. Chr.). Diese griechisch-römische Tradition wurde bis in das Mittelalter hinein – ergänzt durch die Kenntnisse der arabischen Medizin – auch in Mitteleuropa überliefert. Insbesondere die botanischen Schriften des DIOSKORIDES wurden in den Klöstern fleißig abgeschrieben und hatten noch wesentlichen Einfluß auf die ersten gedruckten Kräuterbücher. Auch in den reich illustrierten Gesundheitsbüchern („Tacuinum Sanitatis") des 13. bis 15. Jahrhunderts, die als Handschriften erhalten sind, spielten die Pflanzen eine wesentliche Rolle. Als Beispiel aus dem Wiener Codex (ca. 1410) mag die Abbildung des Anis gegenüber dem Titelblatt dieses Buches dienen.
Bald nach der Erfindung des Buchdruckes mit beweglichen Lettern durch GUTENBERG (1452) erschienen auch verschiedene Kräuterbücher, die im 16. Jahrhundert wohl neben der Bibel die am meisten gedruckten Werke überhaupt waren. Als eines der ersten veröffentlichte 1484 PETER SCHÖFFER, ein Mitarbeiter GUTENBERGS in Mainz, ein lateinisches Buch mit dem Titel „Herbarius maguntiae impressus", ein Jahr später bereits ein deutschsprachiges, wesentlich umfangreicheres Werk, den „Gart der Gesundheit" mit einfachen, aber eindrucksvollen Holzschnitten (siehe Bild der Alraune S. 184). Es wurde bis ins 16. Jahrhundert hinein an verschiedenen Orten nachgedruckt und sehr weit verbreitet. Während die Abbildungen dieses „Hortus Sanitatis" noch stark stilisiert waren, enthielten die Kräuterbücher der drei „Väter der Botanik" zahlreiche, künstlerisch hochstehende und feine Holzschnitte, die uns noch heute die meisten abgebildeten Pflanzen sicher erkennen lassen:
OTHO BRUNFELS: Contrafayt Kreuterbuch, 1532
HIERONYMUS BOCK: New Kreuterbuch, ohne Abbildungen, 1539
erste illustrierte Ausgabe 1546
und LEONHARD FUCHS: New Kreuterbuch, 1543
Von FUCHS, dessen großformatiges Kräuterbuch wohl die hervorragendsten Holzschnitte von Pflanzen enthält, erschien auch bereits 1543 ein erster „Taschenführer der Heilpflanzen" mit 516 Abbildungsseiten ohne Text mit einem Satzspiegel von 12×7 cm, dem zahlreiche Bilder unserer Randleiste entnommen sind, ebenso wie dem Kräuterbuch von BOCK (Ausgabe von 1577).
Im wesentlichen ist der Textteil dieser klassischen Kräuterbücher schon ähnlich aufgebaut wie die entsprechenden Abschnitte dieses Naturführers: nach Angaben zum Namen und den Synonymen bei anderen Autoren, besonders auch bei DIOSKORIDES, folgen allgemeine Beschreibung und Angaben zum Vorkommen. Der längste Abschnitt ist der „Kraft und Würckung" gewidmet, also der arzneilichen Anwendung, oft unterschieden in die innerliche und äußerliche.
Von den 411 in unserem „Kräuterbuch" mit Farbfotos vertretenen Arten waren bereits 2/3 in den klassischen Vorläufern abgebildet. Die dort noch nicht enthaltenen, heute aber verwendeten Heilpflanzen sind teilweise erst später in Europa eingeführt worden, teilweise wurden sie aber noch nicht von anderen Arten unterschieden. Die Indikationen und Anwendungen der meisten Pflanzen haben sich allerdings im Laufe der Jahrhunderte oft verändert.
Nach den Büchern von BRUNFELS, BOCK und FUCHS erschienen im 16. und 17. Jahrhundert zahlreiche weitere Pflanzenbücher, allen voran das Kräuterbuch von ADAM LONITZER (1557), das über 200 Jahre ein Verkaufsschlager war und sehr viele Auflagen erlebte. Auch diesem Werk sind einzelne Abbildungen unserer Randleisten entnommen. Weitere bekannte Verfasser waren CAMERARIUS, CLUSIUS, DODONAEUS, GESSNER, LOBELIUS, MATTHIOLUS und TABERNAEMONTANUS. Die Zahl der beschriebenen und abgebildeten Arten stieg gewaltig, und langsam entstanden neben den Heilpflanzenbüchern die Floren verschiedener Gebiete. Seit dem 17. Jahrhundert trat an die Stelle des Holzschnittes der Kupferstich, der in den Prachtwerken der Barockzeit zur Vollendung gelangte, so vor allem in BESLERS „Hortus Eystettensis" (seit 1613), aber auch in den um-

Der Erste Theil der Kreüter/ so inn vnsern Teutschen landen wachsen/ Sampt jhren Nammen vnd vermögen.

Von den Nesseln.
Cap. j.

Vß der kalten rhawen Erden schlieffen vil hitziger Gewächs/ des man sich wol mag verwunderen/ als fürnemlich die gemeine brennende Nesseln. Deren seind neün Geschlecht in Teutschen Landen bekant/ Vnd ist dz zehend auch newlich auß fremden Landen zů vns komen. Species.

ij
Gemeine brennende Nesseln.

Die Abbildung zeigt eine Seite aus dem Kräuterbuch von HIERONYMUS BOCK (Ausgabe von 1577).

fangreichen Tafelwerken mit den ersten farbig gedruckten Kupferstichen WEINMANNS (1773) oder ELISABETH BLACKWELLS, dessen deutscher Ausgabe (1754–1773) die Abbildung auf S. 6 entnommen ist.

Erst die modernen Farbdruckverfahren und die Farbfotografie brachten in den letzten Jahrzehnten die Möglichkeiten, die Pflanzen in natürlichen Farben darzustellen. Diese technischen Fortschritte und das gestiegene Interesse an der Natur haben uns eine Flut entsprechender Bücher beschert. Der vorliegende Band möchte erstmals den gesamten heimischen Heilpflanzenschatz in Farbfotografien darstellen.

Die Arzneibücher der Bundesrepublik Deutschland

Arzneibücher enthalten Vorschriften über Eigenschaften, Herstellung, Prüfung, Wertbestimmung und Aufbewahrung von Arzneistoffen und deren Zubereitungen. Ihre Tradition beginnt mit den mittelalterlichen Dispensatorien, deren erstes 1546 für das Gebiet der Stadt Nürnberg gedruckt erschien. Vor allem seit dem 18. Jahrhundert wurden zahlreiche Landespharmakopöen veröffentlicht, die dann 1872 durch das erste deutsche Arzneibuch (Pharmacopoea Germanica I) ersetzt wurden.
In der Bundesrepublik Deutschland ist seit dem 1. Juli 1979 das Deutsche Arzneibuch, 8. Ausgabe (DAB 8) in Kraft. In ihm sind die Arzneistoffe in alphabetischer Reihenfolge der deutschsprachigen Bezeichnungen aufgeführt. Zusätzlich sind Untertitel in lateinischer Sprache angegeben, die in Anlehnung an die Haupttitel des Europäischen Arzneibuches (s. u.) gebildet wurden. Die lateinischen Titel, die sich aus der Tradition der älteren Arzneibücher ergeben haben, sind weggefallen, werden aber auf Produkten der pharmazeutischen Industrie immer noch bevorzugt verwendet. Die Beschreibungen der Arzneistoffe werden als Monographien bezeichnet. Gleichzeitig mit dem DAB 8 wurde die deutsche Fassung des 3. Bandes des Europäischen Arzneibuches (Pharmacopoea Europaea, Ph. Eur.) erlassen, von dem die Bände I und II bereits seit 1974 bzw. 1976 gültig sind. Die deutsche Fassung ist eine Übersetzung der vom Europarat veröffentlichten englischen und französischen Ausgabe. Außer Kraft gesetzt wurde damit das DAB 7 mit seinen Nachträgen, das seit 1969 Gültigkeit hatte. Der Deutsche Arzneimittel-Codex (DAC) stellt ein Ergänzungsbuch zum Deutschen Arzneibuch dar. Auch heute noch sind in vielen Fertigarzneimitteln Drogen enthalten, deren Monographien im DAB 6 (1927) und insbesondere im Ergänzungsband zum DAB 6 (Erg. B. 6) 1941 zuletzt aufgeführt waren.
Als Teil des amtlichen Arzneibuches ist 1979 die erste Lieferung des Homöopathischen Arzneibuches, 1. Ausgabe (HAB 1) in Kraft getreten, die 27 Monographien enthält. Hier werden die alten Namen der homöopathischen Zubereitungen beibehalten, wie sie im bisher gültigen Homöopathischen Arzneibuch aus dem Jahre 1934 (HAB 34) aufgeführt waren.

Allopathie – Phytotherapie – Homöopathie

Der Begriff der Allopathie entstand im Gegensatz zur Homöopathie und bezeichnet die Behandlung einer Krankheit durch Arzneimittel nach dem Gegenprinzip. Dies ist die übliche Methode der sogenannten Schulmedizin, so wird z. B. eine Verstopfung mit einem Abführmittel behandelt, oder zu hoher Blutdruck mit einem blutdrucksenkenden Mittel.
Als Phytotherapie bezeichnet man die Anwendung rein pflanzlicher Arzneimittel. Viele Phytotherapeutika können über längere Zeit ohne schädliche Nebenwirkungen angewendet werden, wie z. B. Kamille bei langwierigen Magenleiden oder der Weißdorn bei manchen Herzerkrankungen. Die verbreitete Meinung, daß pflanzliche Heilmittel insgesamt ungefährlich seien, ist aber falsch. Man denke nur an die stark wirkenden Präparate aus Fingerhut, Tollkirsche oder Herbstzeitlose, die in ihrem Einsatz ebenso risikoreich sind wie stark wirksame chemische Arzneimittel. Auch mildere pflanzliche Mittel können bei längerer Einnahme zu Nebenwirkungen führen, wie z. B. manche Abführdrogen, die Süßholzwurzel oder Salbei.
Die Verwendung von Pflanzen in der Medizin trat nach Aufkommen vieler chemisch-synthetisch gewonnener, arzneilich wirksamer Substanzen zeitweise in den Hintergrund. Inzwischen führten aber die Aufklärung vieler Inhaltsstoffe, neue Möglichkeiten der Standardisierung und Stabilisierung und neue Zubereitungsmethoden zu einem starken Aufschwung der Pflanzenheilkunde. Außerdem werden auch heute noch viele pflanzliche Drogen und Zubereitungen erfolgreich verwendet, deren Wirksamkeit aus langer Erfahrung bekannt ist, ohne daß die vielfältigen und komplexen Inhaltsstoffe vollständig aufgeklärt wären.
Einen weiten Anwendungsbereich haben pflanzliche Heilmittel in der Homöopathie, die zwar durchaus nicht allgemein anerkannt ist, aber doch einen beachtlichen Anteil am Umsatz der Arzneimittelindustrie und der Apotheken hat.

Da die Grundlagen der Homöopathie dem Laien allgemein wenig bekannt sind, seien sie im folgenden kurz dargestellt.
Die homöopathische Therapie, begründet von dem Arzt SAMUEL HAHNEMANN (1755–1843) basiert auf dem Grundsatz: Similia similibus curentur = Ähnliches möge mit Ähnlichem geheilt werden. Das heißt, ein Arzneimittel, das im gesunden Organismus bestimmte Symptome hervorruft, soll eine Krankheit, die ein ähnliches Symptomenbild zeigt, heilen können. Um diese Ähnlichkeitsregel anzuwenden, ist eine genaue Kenntnis der Arzneimittelwirkungen notwendig. Sie basiert vor allem auf der Prüfung dieser Mittel am gesunden Menschen und wird ergänzt durch ein breites Erfahrungsgut, toxikologische und pharmakologische Daten. Die so entstandenen Arzneimittelbilder wurden in den Arzneimittellehren verschiedener Autoren zusammengefaßt. Das Aufsuchen des Arzneimittelbildes, das die meiste Ähnlichkeit mit dem Krankheitsbild aufweist, ist die Grundlage für die Wahl des Medikamentes. Je besser das Arzneimittelbild zum Krankheitsbild paßt, desto größer kann auch die Heilwirkung sein. Ein Beispiel soll diese Art der Arzneiverordnung verdeutlichen: Allgemein bekannt sind die Symptome, die beim Schneiden einer Küchenzwiebel auftreten. So wird ein akuter Schnupfen, der mit viel wäßrigem Sekret, das Nase und Oberlippe wund macht, mit häufigem Niesen und Tränenfluß einhergeht, sich abends bei Zimmertemperatur verschlimmert und sich in frischer Luft und bei Kälte bessert, mit einer Zwiebeltinktur behandelt. Aus der Vielzahl der Symptome, die bei der Wahl des Arzneimittels zu beachten sind, wird deutlich, daß die in diesem Buch angegebenen homöopathischen Indikationen nur einen kurzen Hinweis auf die Wirkungsrichtung der Pflanzen geben können.
Die klassische Homöopathie wendet nur jeweils ein Arzneimittel an, da nur dieses am Gesunden geprüft und in seinen Wirkungen bekannt ist. In der Praxis haben sich aber auch durchaus Arzneikombinationen (sogenannte Komplexmittel) bewährt, die von der pharmazeutischen Industrie in großer Anzahl angeboten werden.
Aus dem Ähnlichkeitsprinzip ergibt sich, daß die angewendete Dosis nur so groß sein darf, daß sie letztlich nicht zu einer Verschlimmerung der Krankheit führt. Da der kranke Organismus viel empfindlicher reagiert als der gesunde, reicht eine sehr kleine Menge des richtig angezeigten Mittels aus, um die Abwehrkräfte des Körpers zu aktivieren. So wurden besondere homöopathische Arzneiformen geschaffen, die den benötigten geringen Dosen gerecht werden. Ihre Herstellung ist im Homöopathischen Arzneibuch (zuletzt im HAB 1, gültig seit dem 1. 6. 1979) geregelt.
Bevorzugt finden frische Pflanzen oder Pflanzenteile, aber auch Tiere, Mineralien und chemische Substanzen Anwendung. Mischungen pflanzlicher Preßsäfte mit Äthanol und Auszüge aus frischen oder getrockneten Pflanzen und Pflanzenteilen werden als Urtinkturen (Symbol ϕ) bezeichnet. Sie dienen als Grundlage für die Herstellung von verschiedenen Verdünnungsgraden (Potenzen). Der Buchstabe D (= Dezimalsystem) kennzeichnet Verdünnungen im Verhältnis 1:10, der Buchstabe C (= Centesimalsystem) Verdünnungen im Verhältnis 1:100. Die hinzugefügte Zahl gibt in der Regel die Anzahl der Verdünnungsschritte an:
$D4 = C2 =$ Konzentration $1:10\,000 = 0{,}01\%$
Jeder Verdünnungsgrad wird jeweils in einem eigenen Arbeitsvorgang ohne Überspringen einer Stufe hergestellt und erhält 10 starke Schüttelschläge (bei festen Substanzen intensive Verreibung). Dieser Vorgang wird als Potenzieren bezeichnet, da gleichzeitig eine Steigerung der Arzneikraft erfolgen bzw. verborgene Arzneikräfte freigesetzt werden sollen. Auch von Potenzen über D 23, die nach der Avogadroschen Zahl theoretisch kein Molekül der Ausgangssubstanz mehr enthalten können, werden Arzneimittelwirkungen behauptet.
Manche homöopathischen Arzneimittel haben unbestreitbare therapeutische Erfolge erbracht und werden heute durchaus nicht nur von Heilpraktikern, sondern auch von Ärzten verordnet.

Über das Sammeln, Trocknen und Aufbewahren von Heilpflanzen

In den letzten Jahren ist das Interesse am Sammeln von Heilpflanzen für den eigenen Gebrauch wieder stark gestiegen, auch wenn dies heute nicht ganz unproblematisch ist. Viele Standorte, Wiesen, Felder und Wegränder sind durch den Einsatz von Unkraut- und Schädlingsbekämpfungsmitteln stark belastet, Straßenränder sind mit Staub und Abgasen verschmutzt, Gräben und Teiche durch Abwässer verseucht. Auch aus Gründen des Naturschutzes ist das Sammeln nicht nur der traditionell geschützten Arten, sondern auch mancher anderer im Rückgang begriffenen Art in größerem Maße heute nicht mehr zu vertreten. Ein großer Teil der im Handel erhältlichen Drogen stammt heute aus Kulturen oder aus dem Ausland.
Trotz allem kann man bei genügender Kenntnis auch bei uns an geeigneten Standorten Heilpflanzen sammeln. Dabei ist zu beachten, daß nur soviele Pflanzen oder Pflanzenteile entnommen werden, daß der Bestand nicht geschädigt wird. Auch der Anbau für den eigenen Bedarf im Garten oder auf dem Fensterbrett (Gewürze!) lohnt sich manchmal. Unbegründet ist aber die Auffassung, daß wild gewachsene Pflanzen heilkräftiger seien als solche aus Kulturen. Sorgfältig angebaute Heilpflanzen unter Berücksichtigung von Rassen mit hohem Wirkstoffgehalt, denn von diesem ist die Heilkraft einer Droge abhängig, können sicher bessere Erfolge haben als an ungünstigen Standorten gesammelte Wildpflanzen. Eine wesentliche Rolle spielt auch der Zeitpunkt der Ernte, da der Wirkstoffgehalt Schwankungen unterliegt, die vom Entwicklungsstadium der Pflanze abhängig sind:
Kräuter werden im allgemeinen zu Beginn oder während der Blütezeit geerntet,
Blüten kurz nach dem Aufblühen,
Blätter, wenn sie vollständig ausgebildet sind, meist vor Beginn der Blütezeit,
Früchte und Samen, wenn sie reif sind (um Ernteverluste zu vermeiden, werden Samen auch früher gesammelt),
Rinden meist im Frühjahr zu Beginn des Saftstromes,
Wurzeln und Wurzelstöcke nach der vollständigen Entwicklung der Pflanze im Herbst oder auch im Frühjahr.
Daneben kann die Tageszeit, zu der die Pflanzen geerntet werden, Einfluß auf den Wirkstoffgehalt haben, da dieser während eines Tages beträchtlich schwanken kann, wie zum Beispiel bei einigen Drogen mit ätherischem Öl. Auch das Alter einer Pflanze kann von Bedeutung sein.
Die einfachste Methode, Pflanzen über einen längeren Zeitraum haltbar zu machen, ist die Trocknung. Kleinere Mengen werden im Schatten und vor Witterungseinflüssen geschützt auf einer sauberen Unterlage in dünner Schicht ausgebreitet. Im gewerbsmäßigen Arzneipflanzenanbau verwendet man hierfür große Horden in Trockenkammern mit Temperaturregulierung und Luftumwälzung. Zu hohe Temperaturen können qualitätsmindernde Folgen haben, da sich der Gehalt an wirksamen Inhaltsstoffen verändern kann. Die gesammelten Pflanzen sollen frei von Schädlingsbefall sein. Vorbeugend werden sie häufig mit Äthylenoxid begast. Bei der Mehrzahl der Drogen wird der Wirkstoffgehalt durch sachgemäßes Trocknen zunächst nicht wesentlich verändert, wenn geeignete Lagerungsbedingungen eingehalten werden, d. h. trocken und lichtgeschützt in dicht schließenden Behältern (bei Arten mit ätherischem Öl kein Plastikmaterial), in einigen Fällen über einem Trocknungsmittel. Jedoch sollten Drogen kaum länger als ein Jahr aufbewahrt werden.

Zubereitungen aus Drogen

In den im Handel befindlichen Arzneimitteln wie Tabletten, Dragées, Tropfen, Salben, Tees usw. sind die Drogen sehr verschieden zubereitet enthalten, um ihre optimale Wirkung entfalten zu können. Auf den Arzneimittelpackungen wird die jeweilige Zubereitungsform meist in Abkürzungen (siehe Verzeichnis S. 22) zusammen mit dem Drogennamen und der Menge bzw. Konzentration angegeben. Ausgangsmaterial ist gewöhnlich die zerschnittene Droge.

Früchte und Samen werden häufig durch Anstoßen oder Quetschen aufgeschlossen. Auch Drogenpulver werden verwendet. Wegen der oft beträchtlichen Schwankungen des Wirkstoffgehaltes ist es bei einigen Drogen notwendig, den Gehalt durch Einstellung mit indifferenten Stoffen festzulegen (z. B. Eingestelltes Digitalis-purpurea-Pulver, Digitalis purpureae pulvis normatus DAB 8). Hierzu können verschiedene Stärkearten, Milchzucker oder eine Droge mit höherem oder niedrigerem Wirkstoffgehalt benützt werden.

Nach den Vorschriften des Deutschen Arzneibuches (DAB 8) werden folgende Drogenauszüge unterschieden:

Abkochungen (Decocta): Die Droge wird in Wasser von über 90° C geschüttet und im Wasserbad unter wiederholtem Umrühren 30 Minuten lang bei dieser Temperatur gehalten. Danach wird heiß durchgeseiht. Das Dekoktverfahren ist besonders für das Ausziehen derber Drogen wie Hölzer, Rinden, Wurzeln, Stengel, auch Bärentraubenblätter, oder für Drogen mit hitzebeständigen Inhaltsstoffen (einige Alkaloide, Saponine, Gerbstoffe) geeignet.

Aufgüsse (Infusa): Die Droge wird mit einer kleinen Menge Wasser durchgeknetet, 15 Minuten lang stehengelassen und dann mit dem Rest des zum Sieden erhitzten Wassers übergossen und im Wasserbad 5 Minuten lang unter wiederholtem Umrühren auf einer Temperatur von über 90° C gehalten. Danach wird 30 Minuten lang auf etwa 30° C abgekühlt und anschließend durchgeseiht. Aufgüsse werden aus leicht extrahierbaren Drogen wie Blättern und Blüten oder solchen mit empfindlichen Wirkstoffen (Glykoside, ätherische Öle, Solanaceen-Alkaloide) hergestellt.

Mazerate (Macerationes): Die Droge wird mit der angegebenen Menge Wasser von Raumtemperatur übergossen und unter gelegentlichem Umrühren 30 Minuten lang bei Raumtemperatur stehengelassen und anschließend durchgeseiht. Anwendung u. a. bei schleimhaltigen Drogen wie Eibischwurzel und Leinsamen.

Die beschriebenen wäßrigen Auszüge, die gewöhnlich aus 1 Teil Droge und 10 Teilen Wasser bereitet werden, haben wegen ihres unterschiedlichen Wirkstoffgehaltes und ihrer geringen Haltbarkeit viel von ihrer Bedeutung verloren. In der Apotheke hergestellt sind es Zubereitungen, die zum baldigen Verbrauch bestimmt sind. In der pharmazeutischen Industrie können sie als Zwischenprodukte nach Gefrier- oder Zerstäubungstrocknung zu Tabletten oder Dragées weiter verarbeitet werden.

Tinkturen (Tincturae) sind Auszüge aus Drogen, die mit Alkohol verschiedener Konzentration, Äther oder deren Mischungen, gegebenenfalls mit bestimmten Zusätzen, so hergestellt werden, daß 1 Teil Droge mit mehr als 2, aber höchstens 10 Teilen Extraktionsflüssigkeit ausgezogen wird. Die Herstellung erfolgt entweder durch Mazeration (unter bestimmten Bedingungen wird die Droge mehrere Tage mit dem Extraktionsmittel stehengelassen) oder Perkolation. Hierbei tropft das Extraktionsmittel kontinuierlich durch die Droge, die sich in langen, engen zylindrischen oder konischen Gefäßen (Perkolatoren) befindet.

Extrakte (Extracta) nennt man konzentrierte, gegebenenfalls auf einen bestimmten Wirkstoffgehalt eingestellte Zubereitungen. Nach der Beschaffenheit werden unterschieden:

Fluidextrakte (Extracta fluida) werden mit Äthanol oder mit Mischungen aus Äthanol und Wasser gegebenenfalls mit bestimmten Zusätzen so hergestellt, daß aus 1 Teil Droge höchstens 2 Teile Fluidextrakt gewonnen werden. Herstellung durch Mazeration, Perkolation oder andere Verfahren.

Dickextrakte (Extracta spissa) sind ganz oder teilweise vom Lösungsmittel befreit. Sie sind zähflüssig und werden weitgehend durch Einengen der Drogenauszüge dargestellt.

Trockenextrakte (Extracta sicca) werden durch Einengen und Trocknen flüssiger Extrakte erhalten. Das Entfernen der Extraktionsflüssigkeit erfolgt gewöhnlich in speziellen Apparaturen unter vermindertem Druck, so daß die Temperatur des Extraktes nicht über 50° C ansteigt.

Noch schonender ist die Herstellung durch Sprüh- oder Zerstäubungstrocknung. Die unter Druck durch Düsen gepreßte oder durch schnell rotierende Scheiben fein zerstäubte Flüssigkeit trifft in großen Kammern auf einen Warmluftstrom, der alle Flüssigkeit augenblicklich entzieht. Das so gewonnene Produkt ist in Wasser schnell und ohne Rückstand wieder löslich (Pulvertees). Ganz ohne Wärmeanwendung verläuft die Gefriertrocknung, die aber bisher wegen des hohen Preises nur bei hochwertigen Stoffen und bei einigen Konsumgütern (Kaffee) eingesetzt wird.

Für die Mehrzahl pflanzlicher Arzneizubereitungen wird getrocknetes Material verwendet, nur wenige verlangen frische Pflanzen oder Pflanzenteile. Außer den homöopathischen Zubereitungen (siehe S. 13) sind dieses:

Preßsäfte (Succi), die man durch Auspressen frischer Früchte erhält. Sie dienen meist als Ausgangsstoff für die entsprechenden Sirupe.

Sirupe (Sirupi), die einen hohen Anteil Zucker und Arzneizusätze oder Pflanzenauszüge enthalten (Himbeersirup – Sirupus Rubi Idaei). Sie dienen meist der Geschmacksverbesserung.

Fruchtmuse (Pulpae), eingedickte zerquetschte Fruchtteile (Pflaumenmus – Pulpa Prunorum)

und einige Auszüge, die durch Mazeration mit fettem Öl hergestellt werden (Johanniskrautöl – Oleum Hyperici).

Die Wirkstoffe der Drogen

Die Wirkstoffe der Drogen sind meistens organisch-chemischer Natur. Mineralstoffe spielen nur eine untergeordnete Rolle, sieht man von den in ihrer Wirksamkeit ohnehin umstrittenen kieselsäurereichen Drogen (Hohlzahn, Vogel-Knöterich, Schachtelhalm) ab, den jodführenden Meeresalgen (Blasentang) oder einigen Pflanzen, bei denen ein hoher Kaliumgehalt an der harntreibenden Wirkung beteiligt sein dürfte (Spargel).

Meist tritt der Einfluß eines Inhaltsstoffes, des Hauptwirkstoffes, besonders deutlich hervor. Die Gesamtwirkung der Droge ist aber häufig nicht nur durch diesen einen Bestandteil erklärbar, sondern beruht auf dem Vorkommen weiterer Stoffe, den Nebenwirkstoffen, die den Hauptwirkstoff unterstützen oder auch hemmen können. So kann der Gesamtpflanzenauszug gegenüber dem isolierten Hauptwirkstoff Vorzüge oder Nachteile zeigen und manchmal sogar wesentlich andere Eigenschaften aufweisen.

Außer den Nebenwirkstoffen enthält die Droge weitere indifferente Begleitstoffe (Ballaststoffe), die für die Heilkraft von untergeordneter Bedeutung sind.

Ätherische Öle

Ätherische Öle zeichnen sich wegen ihrer leichten Flüchtigkeit durch einen charakteristischen, meist angenehmen Geruch aus. Sie sind überwiegend flüssig und von „öliger" Beschaffenheit. Im Gegensatz zu den fetten Ölen hinterlassen sie auf Papier keinen bleibenden Fleck und sind auch chemisch nicht mit ihnen verwandt. Sie enthalten eine Vielzahl von Verbindungen, wobei Monoterpene, Sesquiterpene, Diterpene und Phenylpropankörper besonders häufige Bestandteile sind. Da ätherische Öle in Wasser schwer löslich sind, aber mit Wasserdampf leicht flüchtig, lassen sie sich durch Wasserdampfdestillation aus den Pflanzen gewinnen. Extraktionsverfahren mit organischen Lösungsmitteln (Petroläther) sind sehr viel aufwendiger und werden besonders bei der Herstellung der empfindlichen Blütenöle in der Parfümindustrie angewendet. Auch die Extraktion mit Fetten ist möglich. Citrus-Öle können direkt durch Auspressen der Fruchtschalen gewonnen werden.

Besonders reich an ätherischen Ölen sind die Doldenblütler, Lippenblütler, Rautengewächse und Kieferngewächse. Entsprechend ihrer chemischen Vielfalt haben ätherische Öle zahlreiche therapeutische Verwendungsmöglichkeiten.

Senfölhaltige ätherische Öle, Terpentinöl, Rosmarinöl u. a. haben vor allem hautreizende Wirkung. Je nach Öl und Dauer der Einwirkung kommt es zu einer verstärkten Durchblutung mit Rötung und Wärmegefühl, aber auch Entzündungen und Blasenbildung können auftreten. Reflektorisch sind daneben eine Reihe von Fernwirkungen auf innere Organe möglich, wie Verbesserung der Atmung oder Verstärkung und Beschleunigung der Herztätigkeit. Solche

Öle sind vorwiegend in Einreibungen gegen rheumatische Erkrankungen und Nervenschmerzen enthalten.
Sehr häufig werden ätherische Öle als Hustenmittel verwendet. Für Inhalationen sind vor allem Latschenkiefernöl und Eukalyptusöl geeignet. Fenchel-, Anis- oder Thymianöl werden nach Einnahme teilweise durch die Lungen ausgeschieden und entfalten dort ihre auswurffördernde und antiseptische Wirkung. Letztere hat auch in vielen Mundpflegemitteln Bedeutung (Salbei, Menthol der Pfefferminze, Thymol des Thymians). Als pflanzliches Antibiotikum wurde das Benzylsenföl der Kapuzinerkresse entdeckt, das bei Infekten der Atem- und Harnwege eingesetzt wird.
Groß ist die Zahl der Drogen, die aufgrund ihres ätherischen Ölgehaltes als verdauungs- und appetitfördernde Mittel bzw. als Gewürze verwendet werden. Durch Reizung der Geruchs- und Geschmacksnerven und der Schleimhäute des Magens wird die Magensaftsekretion angeregt. Sind neben den ätherischen Ölen noch Bitterstoffe enthalten, werden diese Drogen auch als Aromatica amara bezeichnet (Beifuß, Bitterorangen, Kalmus, Meisterwurz u. v. a.). Die blähungstreibende Wirkung mancher Öle (Carminativa) soll auf krampflösenden und gewissen darmdesinfizierenden Eigenschaften beruhen. Zu diesen Drogen gehören u. a. Fenchel, Koriander, Kümmel, aber auch Knoblauch und Kamille.
Einige Drogen enthalten ätherische Öle, die durch Reizung der Nieren die Harnausscheidung fördern. Bei Überdosierung kann es allerdings zu Nierenschädigungen kommen wie bei Liebstöckelwurzel, Petersiliensamen oder Wacholderbeeren. Ebenso können schon verhältnismäßig niedrige Dosen von gebärmuttererregenden Ölen, die früher mißbräuchlich auch als Abtreibungsmittel verwendet wurden, zu schweren Gesundheitsschäden führen oder sogar tödlich wirken.
Ferner dienen ätherische Öle als Geruchs- und Geschmackskorrigentien für Nahrungsmittel und Medikamente.

Alkaloide

Alkaloide sind kompliziert gebaute stickstoffhaltige organische Verbindungen mit basischem Charakter. Sie zeigen starke physiologische Wirkungen auf Menschen und Tiere und gehören zum Teil zu den stärksten Giftstoffen, die wir überhaupt kennen, so daß häufig schon wenige Milligramm gefährliche Vergiftungen oder sogar den Tod herbeiführen können. In geeigneter Dosierung sind sie dagegen häufig sehr wirksame Heilmittel. Alkaloiddrogen und daraus hergestellte Präparate unterliegen weitgehend der Rezeptpflicht.
Bei einem großen Teil der Alkaloide kann man als chemische Grundbausteine jeweils eine bestimmte Aminosäure erkennen, und zwar hauptsächlich Lysin, Ornithin, Histidin, Phenylalanin oder das Tryptophan. Nach der jeweils zugrundeliegenden Aminosäure lassen sich die Alkaloide in verschiedene Gruppen unterteilen. Jedoch werden auch manche Stoffe als Alkaloide bezeichnet, die keiner dieser Gruppen zugeordnet werden können. Meistens treten in einer Pflanzenart mehrere strukturell nahe verwandte Alkaloide auf, wobei aber eines in der Regel mengenmäßig überwiegt. Es wird als Hauptalkaloid, die anderen als Nebenalkaloide bezeichnet. Die Namen der Alkaloide werden gewöhnlich vom Gattungs- oder Artnamen der Pflanze abgeleitet, aus der sie erstmals isoliert wurden, z. B. Nicotin aus *Nicotiana*, Atropin aus *Atropa* u. a. auch manchmal nach ihrer pharmakologischen Wirkung (Morphin). Alkaloidreiche Familien sind die Hahnenfußgewächse (z. B. Eisenhut, Rittersporn), Liliengewächse (Herbst-Zeitlose, Nieswurz), Mohngewächse (Schöllkraut, Schlaf-Mohn) und Nachtschattengewächse (Bilsenkraut, Stechapfel, Tollkirsche).

Anthraglykoside

Drogen mit Anthraglykosiden sind viel benutzte Abführmittel. In der frischen Pflanze sind vor allem Anthron- bzw. Anthranol- oder auch Dianthronglykoside enthalten, die mit zunehmender Reife (z. B. bei Kreuzdornbeeren) oder Lagerung der Droge (z. B. bei Faulbaumrinde) zu Anthrachinonglykosiden oxydiert werden. Wirksam ist die Anthronform, die im Dickdarm enzymatisch aus den Glykosiden freigesetzt wird oder die in kleinen Mengen mit Hilfe von Darmbakterien aus den Anthrachinonen entsteht. Diese regt die Peristaltik des Dickdarms an und steigert die Sekretion der Schleimdrüsen.

Von den einheimischen bzw. bei uns kultivierten Pflanzen enthalten u. a. Faulbaum, Krauser Ampfer, Kreuzdorn, Rhabarber und Sauerampfer Anthraglykoside. Pflanzen mit chemisch verwandten Inhaltsstoffen hatten früher als Lieferanten der Anthrachinonfarbstoffe große wirtschaftliche Bedeutung, wie z. B. Krappwurzel, die Alizarin lieferte. Buchweizen und Johanniskraut enthalten mit dem photosensibilisierenden Fagopyrin und Hypericin ebenfalls Anthraverbindungen.

Bitterstoffe

Es gibt eine große Anzahl intensiv bitter schmeckender Pflanzen. Als Bitterstoffdrogen werden jedoch nur diejenigen bezeichnet, die ausschließlich wegen ihres bitteren Geschmacks verwendet werden, darüber hinaus aber keine weiteren Wirkungen entfalten, wie etwa die ebenfalls bitter schmeckenden herzwirksamen Glykoside oder manche Alkaloide. Chemisch leiten sie sich meist von den Terpenen ab und haben als auffällige Strukturelemente Lactonringe. Ihre therapeutische Wirkung liegt in der Steigerung der Magensaftsekretion und der Erhöhung des Säuregrades des Magensaftes. Auch Speichel- und Gallensaftsekretion werden günstig beeinflußt. So werden Appetit und Verdauung angeregt, Fäulnis- und Gärungsvorgänge verhindert oder beseitigt. Durch verbesserte Eiweißverdauung kommt es auch direkt zu einer kräftigenden Wirkung, z. B. während der Genesung. Letzteres dürfte die früher übliche Anwendung der Bitterstoffdrogen gegen Fieber erklären. Zubereitungen aus Bitterstoffdrogen müssen etwa eine halbe Stunde vor den Mahlzeiten eingenommen werden, damit sie ihre optimale Wirkung entfalten können.
Besonders häufig findet man Bitterstoffe bei den Enziangewächsen, Korbblütlern und Lippenblütlern. Enzianwurzel, Benediktenkraut, Tausendgüldenkraut und Wermutkraut sind die gebräuchlichsten Bitterstoffdrogen.

Cumarine

Cumarin, ein o-Hydroxyzimtsäurelacton, ist als Duftstoff des Waldmeisters und des Ruchgrases gut bekannt. In frischen Pflanzen liegt diese Substanz im allgemeinen in glykosidischer Bindung vor und wird erst während des Trocknens freigesetzt. Längerer Aufenthalt in stark duftendem Heu oder zu reichlicher Genuß cumarinhaltiger Getränke (Waldmeisterbowle) führt zu Kopfschmerzen und Benommenheit. Cumarindrogen, zu denen auch der Steinklee (Herba Meliloti) gehört, finden nur noch wenig medizinische Anwendung. Große Bedeutung erlangte dagegen das Dicumarol (aus 2 Molekülen 4-Hydroxycumarin bestehend), das sich in verschimmeltem Steinklee-Heu bildet und zu Viehvergiftungen führte. Man entdeckte die blutgerinnungshemmenden Eigenschaften der Substanz und entwickelte synthetische Derivate, die vor allem zur Behandlung von Thrombosen eingesetzt werden. Außerdem finden derartige Verbindungen in Ratten- und Mäusebekämpfungsmitteln Verwendung.
Besonders die Familien der Doldenblütler und Rautengewächse enthalten Furocumarine wie Bergapten, Isopimpinellin, Psoralen und Xanthotoxin, die als photosensibilisierende Substanzen die Ursache von Lichtkrankheit (Wiesendermatitis, Badedermatitis) sind. Nach Berührung mit dem Saft der betreffenden Pflanzen (Bärenklau, Engelwurz, Pastinak, Schafgarbe u. a.), z. B. durch Lagern auf frisch gemähten Wiesen, wird die Haut an diesen Stellen gegen Sonnenlicht sensibilisiert, und es kommt zu Hautrötungen und Entzündungen und manchmal auch zu schweren Störungen des Allgemeinbefindens. Hautpigmentierungen, die nach Verwendung von Kölnisch Wasser bei Sonneneinstrahlung auftreten, beruhen auf dem Gehalt an Bergapten im Bergamottöl. Medizinisch kann diese Eigenschaft der Furocumarine innerlich und äußerlich bei Pigmentanomalien der Haut genützt werden (siehe Großer Ammei). Der allgemeine Gebrauch dieser Mittel zur Erzielung einer intensiven Hautbräunung ist aber wegen giftiger Nebenwirkungen nicht möglich. Dagegen verwendet man Hydroxy- und Methoxycumarine (z. B. Aesculin) in Sonnenschutzpräparaten, da sie UV-Licht bestimmter Wellenlänge absorbieren. Weitere Cumarinderivate (Khellin, Visnagin), die im Echten Ammei enthalten sind, werden als herzkranzgefäßerweiternde und krampflösende Mittel eingesetzt.

Fette Öle

Fette Öle finden sich in der Pflanze vorwiegend in Samen und Früchten. Sie bestehen in der Hauptsache aus Glyceriden, Estern des Glycerins mit verschiedenen Fettsäuren, insbesondere Ölsäure, Linolsäure (ungesättigte Fettsäuren), Palmitin- und Stearinsäure (gesättigte Fettsäuren). Daneben sind Phosphatide, Phytosterine und fettlösliche Vitamine enthalten. Öle haben im Gegensatz zu den festeren Fetten, die vorwiegend im Tierreich gebildet werden, einen hohen Anteil ungesättigter Fettsäuren und sind daher bei Zimmertemperatur flüssig. Essentielle Fettsäuren (Vitamin F) können vom menschlichen Körper nicht selbst gebildet, sondern müssen mit der Nahrung aufgenommen werden. Hierzu gehören die mehrfach ungesättigten Fettsäuren wie Linolsäure, Linolensäure und Arachidonsäure, die als biologische Vorstufen der Prostaglandine angesehen werden. Da sie den Blutcholesterinspiegel zu senken vermögen, spricht man ihnen eine vorbeugende Wirkung gegen arteriosklerotische Erkrankungen zu. Besonders reichlich sind sie in Leinöl, Erdnußöl und Weizenkeimöl enthalten.
Pharmazeutische Bedeutung haben Öle ferner wegen ihrer schützenden, entzündungswidrigen Wirkung auf der Haut und als Träger für fettlösliche Arzneistoffe. Einige Öle entfalten spezielle Wirkungen, die auf Begleitstoffen oder besonderen Fettsäuren beruhen, wie zum Beispiel Rizinusöl.

Flavonoide

Flavone (lat. flavus = gelb) erhielten ihren Namen nach zum Gelbfärben von Wolle und Baumwolle verwendeten Pflanzenstoffen. Später bezeichnete man alle Stoffe mit dem gemeinsamen Grundkörper des 2-Phenylbenzopyrons unabhängig von ihrer Farbe als Flavonoide. Dazu gehören die Flavone (Apigenin, Luteolin), Flavonole (Kämpferol, Quercetin u. a. mit den Glykosiden Quercitrin und Rutin), Flavonone (Hesperetin mit dem Glykosid Hesperidin), Flavanonole (Silybin), Isoflavone (Genistein), auch die Anthocyanidine und Catechine sind verwandt. Flavonoide liegen häufig glykosidisch gebunden vor. Inzwischen wurden sie in sehr vielen Pflanzen nachgewiesen, als Hauptwirkstoffe treten sie jedoch seltener hervor.
Von medizinischem Interesse sind besonders das Rutin (z. B. in Roßkastanien, Weinraute, Buchweizen) und das Hesperidin (in Citrus-Früchten), die eine krankhaft erhöhte Kapillardurchlässigkeit und Kapillarbrüchigkeit vermindern sollen. Sie werden auch als Permeabilitätsfaktoren, Bioflavonoide und früher als Vitamin P bezeichnet. Zur Anwendung kommen sie in Präparaten gegen Krankheiten, die mit einer verminderten Kapillarresistenz einhergehen, z. B. Venenerkrankungen, Arteriosklerose, Bluthochdruck, Diabetes, Skorbut u. a. . Einen Einfluß auf die Herztätigkeit haben die Flavonoide von Arnika und Weißdorn, harntreibende Wirkung besonders die von Birkenblättern, Goldrutenarten, Hauhechelwurzel, Schachtelhalm u. a.. Die krampflösende Wirkung der Süßholzwurzel wird ebenfalls auf Flavonoide zurückgeführt wie auch die Leber-Galle-Wirkung der Mariendistel und der Sand-Strohblume. Genistein (im Färberginster) hat östrogene Eigenschaften. Ob die Wirkung der klassischen schweißtreibenden Drogen, Lindenblüten und Holunderblüten, auf den Gehalt an Flavonoiden beruht, ist umstritten.

Gerbstoffe

Gerbstoffe sind im Pflanzenreich weit verbreitete, kompliziert gebaute organische Verbindungen, die tierische Haut in Leder umwandeln, also gerben können. Dieser Vorgang beruht auf der Eigenschaft der Gerbstoffe, mit den Eiweißkörpern der Haut unlösliche Komplexe zu bilden. Medizinisch nutzt man diese eiweißfällende Wirkung, die bei niedriger Konzentration der Gerbstoffe auf Haut und Schleimhäuten zu einer oberflächlichen Verdichtung des Gewebes und Ausbildung einer schützenden Membran führt, und als astringierend (zusammenziehend) bezeichnet wird. Die Folge davon sind u. a. Herabsetzung der Wundsekretion, Schmerzminderung, Stillung kapillärer Blutungen, Verhinderung der Resorption giftiger Zerfallsprodukte und Eindringen der Krankheitserreger in tiefere Wundschichten. Dadurch, daß auch das Protoplasma von

Bakterien dieser Wirkung unterliegt, haben die Gerbstoffe auch bakterienhemmende oder abtötende Wirkung. Zubereitungen gerbstoffhaltiger Drogen verwendet man daher lokal zur Heilung von Wunden und entzündeten Schleimhäuten im Mund- und Rachenraum, bei Hämorrhoiden, Frostschäden und kleineren Verbrennungen, innerlich bei Magen- und Darmkatarrhen und Durchfällen.

Gerbstoffe finden sich in den Pflanzen vorzugsweise in der Rinde und in den Wurzeln, aber auch Früchte und Blätter sind teilweise gerbstoffreich. Besonders gerbstoffreiche Pflanzenfamilien sind Buchengewächse, Heidekrautgewächse, Rosengewächse, Schmetterlingsblütler, Storchschnabelgewächse und Weidengewächse, gerbstoffrei sind z. B. Kreuzblütler und Mohngewächse. In manchen Drogen sind Gerbstoffe als Hauptwirkstoffe enthalten, wie z. B. in Eichenrinde und Blutwurz. Als Begleiter anderer wirksamer Inhaltsstoffe sind sie oft wertvoll, wie in Salbei oder Pfefferminze, wo sie u. a. die Wirkung der ätherischen Öle unterstützen, in anderen zeigen sie unerwünschte Wirkungen, wie in Bärentraubenblättern, wo sie durch die hohe Dosis Reizung der Magen- und Darmschleimhäute mit Erbrechen auslösen können.

Chemisch werden Gerbstoffe in zwei Hauptgruppen unterteilt:

1. Hydrolysierbare Gerbstoffe (Tannine) sind esterartige Verbindungen, vor allem der Gallussäure (Gallotannine) oder der sekundär aus zwei Molekülen Gallussäure gebildeten Ellagsäure (Ellagengerbstoffe). Gallotannine sind zum Beispiel in Galläpfeln enthalten, Ellagengerbstoffe in Walnußblättern.

2. Kondensierte Gerbstoffe (Catechingerbstoffe) enthalten Grundbausteine, die mit den Flavonoiden und Anthocyanen chemisch nahe verwandt sind, z. B. Catechin und Leucocyanidin. Durch Kondensation oder Polymerisation gehen sie in wasserunlösliche, therapeutisch wertlose Produkte über, die häufig rotbraun gefärbten Phlobaphene (Gerbstoffrote). Bei unsachgemäßer und längerer Lagerung der Droge tritt daher ein allmählicher Wirkungsverlust ein. Die Blutwurz und Eichen-Arten enthalten hauptsächlich kondensierte Gerbstoffe. Viele Drogen enthalten ein Gemisch der verschiedenen Gruppen oder solche noch unbekannter Konstitution.

Herzwirksame Glykoside

Über 100 herzwirksame Glykoside sind bisher aus Pflanzen isoliert worden. Das erste wurde im Roten Fingerhut *Digitalis purpurea* entdeckt, und so bezeichnete man im Gegensatz zu den eigentlichen Digitalisglykosiden die Herzglykoside anderer Pflanzen als Digitaloide (digitalisähnliche Wirkstoffe). Chemisch sind sie durch ein Steroidgerüst gekennzeichnet, das einen für die Herzwirkung notwendigen, fünfgliedrigen (Cardenolide) oder auch seltener sechsgliedrigen (Bufadienolide) Lactonring trägt. In der Natur kommen sie als Glykoside mit meist mehreren linear verknüpften Zuckern vor. Ihre Wirksamkeit liegt in der Normalisierung der Kontraktionskraft eines in seiner Leistung geschwächten (insuffizienten) Herzmuskels. Hierzu sind nur winzige Dosen erforderlich, die am gesunden Herzmuskel noch keine Wirkung zeigen. Die toxische Dosis liegt jedoch nur wenig darüber, so daß eine ständige Überwachung des Patienten mit Anpassung der Dosis an den Glykosidbedarf erforderlich ist. Alle Herzglykoside haben diese spezifische Wirkung am Herzen, sie unterscheiden sich aber wesentlich in der Schnelligkeit des Wirkungseintritts, der Verweildauer im Körper und in ihrer Verträglichkeit. So werden trotz der großen Anzahl von Pflanzen mit Herzglykosiden nur relativ wenige arzneilich genutzt. Mit weitem Abstand sind dies der Rote Fingerhut (*Digitalis purpurea*) und der Wollige Fingerhut (*D. lanata*), die ausländischen *Strophanthus*-Arten und auch noch reativ häufig die Meerzwiebel (*Urginea maritima*). Neben wenigen Präparaten, die Drogenzubereitungen enthalten, werden zunehmend die isolierten Glykoside und auch partialsynthetische Abkömmlinge verwendet. Von einigen weiteren Pflanzen wie Adonisröschen, Maiglöckchen oder Oleander sind Gesamtdrogenauszüge oder Glykosidfraktionen häufig auch untereinander gemischt im Handel. In jedem Fall ist durch die große Giftigkeit der herzwirksamen Glykoside eine Standardisierung der Droge erforderlich, um eine möglichst konstante Wirkungsstärke zu gewährleisten. Die Bestimmungen der Wirkwerte der Drogen werden biologisch an Meerschweinchen (MSE = Meerschweincheneinheiten) oder Katzen (KE = Katzeneinheiten), früher an Fröschen (FD = Froschdosen) durchgeführt.

Saponine

Saponine haben wegen ihrer Eigenschaft, wie Seife mit Wasser zu schäumen (sapo = Seife), ihren Namen erhalten. Chemisch haben sie aber mit Seife nichts zu tun, sondern stellen glykosidische Pflanzenstoffe dar. Nach dem Aufbau ihrer Aglykone, die Sapogenine genannt werden, unterteilt man sie in zwei Gruppen, Steroidsaponine und Triterpensaponine. Steroidsaponine sind u. a. mit den herzwirksamen Glykosiden verwandt. Sie kommen als Begleitstoffe in Fingerhutblättern und im Maiglöckchen vor, hauptsächlich aber in ausländischen einkeimblättrigen Pflanzen (u. a. *Dioscorea*-Arten), wo sie als Ausgangssubstanzen für die Synthese von Sexualhormonen und Cortisonen eine wesentliche Rolle spielen. Saponine als Wirkstoffe von Arzneipflanzen gehören vorwiegend zum Typ der Triterpensaponine.

Saponine bewirken Hämolyse, d.h. Austritt des Blutfarbstoffes Hämoglobin aus den roten Blutkörperchen in die umgebende Flüssigkeit. Daher sind sie, durch Injektion unmittelbar in die Blutbahn gebracht, stark giftig. Über den Magendarmkanal werden sie nur selten resorbiert, wie z. B. bei Alpenveilchen, Einbeere oder Kornrade, und rufen dann entsprechende Vergiftungen hervor. Bei Einwirkung am Auge lösen Saponine Tränenfluß und Entzündungen aus, in der Nase vermehrte Sekretion und Niesreiz (zu Schnupfpulvern!).

Arzneiliche Anwendung finden Saponindrogen, z. B. Efeu, Primel, Seifenkraut, Süßholz, Veilchen, als auswurffördernde Hustenmittel. Die Wirkung soll auf der Reizung der Magenschleimhaut und der damit verbundenen reflektorischen Steigerung der Bronchialsekretion beruhen. Hinzu kommt eine gewisse Verflüssigung des Sekretes, die ein leichteres Abhusten ermöglicht. Auch im Magendarmkanal selbst kommt es zu einer erhöhten Sekretion, daher sind Saponindrogen Bestandteile von Blutreinigungsmitteln. Schließlich wird von ihnen auch harntreibende Wirkung zugesprochen (Bruchkraut, Schachtelhalm). Bekannt ist, daß Saponine die Resorption anderer Arzneistoffe verbessern und dadurch die Wirkung erhöhen können, so daß manchmal Gesamtdrogenextrakte dem isolierten Wirkstoff vorgezogen werden.

Schleime

Pflanzenschleime haben die Eigenschaft, mit Wasser stark zu quellen und zähflüssige, kolloidale Lösungen zu bilden. Sie sind nichteinheitliche Gemische von Polysacchariden oder mit ihnen chemisch verwandten Körpern. Im Darm haben sie durch ihr Wasserrückhaltevermögen und die dadurch bedingte Volumenvermehrung anregende Wirkung auf die Darmperistaltik. Schleimhaltige Drogen, besonders Leinsamen und Flohsamen, werden daher als milde Abführmittel verwendet. Als sogenannte „einhüllende" Mittel (Mucilaginosa) schwächen sie die Wirkung örtlich reizender und entzündungserregender Stoffe. Bei entzündeten Schleimhäuten sowohl der oberen Luftwege als auch im Magen-Darm-Bereich vermindern sie die Sekretion und binden Sekrete und reizend wirkende Zersetzungsprodukte. Ferner dämpfen sie die Empfindlichkeit der Geschmacksnerven, so daß sie sauer, bitter oder scharf schmeckenden Arzneimitteln zur Geschmacksverbesserung beigegeben werden. In heißen Umschlägen (Kataplasmen) wirkt sich auch das Wärmespeichervermögen der Schleime günstig aus (Leinsamen, Bockshornsamen).

Schließlich sind Schleime wichtige Hilfsmittel bei der Herstellung von Emulsionen, Tabletten und Nahrungsmitteln (besonders Algenschleime). Eibisch, Huflattich, Malven-Arten und Isländisches Moos sind weitere Pflanzen mit hohem Schleimgehalt.

Stärken (Amyla)

In der Pflanze wird ein Teil des gebildeten Zuckers zu Stärke umgewandelt und in verschiedenen Organen gespeichert. Die pharmazeutisch wichtigen Stärkesorten finden sich in den Sproßknollen der Kartoffeln (Kartoffelstärke) oder in den Früchten der Getreidearten (Maisstärke, Reisstärke, Weizenstärke). Größe und Form der Stärkekörner sind artabhängig, so daß man die botanische Herkunft unter dem Mikroskop bestimmen kann. Arzneilich werden Stärken als reizlose und indifferente Pudergrundlagen verwendet. Durch großes Wasseraufnahmevermögen wirken sie kühlend und verhindern gleichzeitig durch ihre

Gleitwirkung weitere Entzündungen, indem sie mechanische Reize fernhalten. Da sie außerdem leicht verdaulich sind und auch im Magendarmkanal reizlindernde Eigenschaften entfalten, findet man sie als Bestandteile vieler Diätetika. Ferner werden sie zur Verdünnung pulverförmiger Arzneimittel und wegen ihrer Quellfähigkeit auch als Tablettensprengmittel herangezogen. Großtechnisch dienen sie u. a. zur Gewinnung von Traubenzucker, Dextrinen, Verdickungsmitteln und Appreturen.

Gebräuchliche pharmazeutische Bezeichnungen und Abkürzungen für Drogen, Zubereitungen und ihre Eigenschaften

aethereus (aeth.)   ätherisch, mit Äther bereitet
Aetheroleum   ätherisches Öl
Amylum (Amyl.)   Stärke
aquosus (aquos.)   wäßrig, mit Wasser bereitet
aromaticus (aromatic.)   würzig, aromatisch
Baccae (Bacc.)   Beeren
Balsamum (Balsam.)   Balsam
Bulbus (Bulb.)   Zwiebel
Calyx, cum (sine) Calycibus   Kelch, mit (ohne) Kelche(n)
compositus (comp., cps.)   zusammengesetzt
concentratus (concentr.)   konzentriert
concisus (conc.)   geschnitten
contusus (cont.)   zerstoßen, zerquetscht
Cortex, Cortices (Cort.)   Rinde, Rinden
Decoctum (Dec.)   Dekokt, Abkochung
decorticatus (decort.)   entrindet, geschält
depuratus (dep.)   gereinigt
Dilutio (Dil.)   Verdünnung
dilutus (dil.)   verdünnt
Extractum (Extr.)   Extrakt, Auszug mit Lösungsmitteln
Flos, Flores (Flor.)   Blüte, Blüten
fluidus (fluid. fld.)   flüssig
Folium, Folia (Fol.)   Blatt, Blätter
Fructus (Fruct.)   Frucht, Früchte
Gemmae (Gem.)   Knospen
Germina (Germ.)   Keime
Glandulae (Gland.)   Drüsen
grossus (gross.)   grob
Guttae (gtts.)   Tropfen
Herba (Herb.)   Kraut
Infusum (Inf.)   Infus, Aufguß
inspissatus (inspiss.)   eingedickt
Lignum (Lign.)   Holz
liquidus (liqu.)   flüssig
Liquor (Liqu.)   Flüssigkeit
Maceratio (Macerat., Mac.)   Mazerat, Kaltwasserauszug
Mucilago (Mucil.)   Schleim
mundatus (mund.)   geschält
normatus (norm.)   auf einem bestimmten Wirkwert eingestellt
oleosus (oleos., ol.)   ölig, mit Öl bereitet
Oleum (Ol.)   Öl
paratus (parat.)   bereitet
Pericarpium (Pericarp.)   Fruchtschale
Pix   Teer
Planta, e planta tota   Pflanze, aus der ganzen Pflanze
Pulpa (Pulp.)   Mus
pulveratus (pulv.)   gepulvert
Pulvis (Pulv., Plv.)   Pulver
purus (pur.)   rein

Radix, Radices (Rad.) Wurzel, Wurzeln
raffinatus (raff.) raffiniert, gereinigt
rectificatus (rect.) rektifiziert, gereinigt
recens, recenter (rec.) frisch
Resina (Res.) Harz
Rhizoma (Rhiz.) Wurzelstock
Semen, cum (sine) Semine Same, mit (ohne) Samen
siccatus (sicc.) getrocknet
siccus (sicc.) trocken
Solutio (Sol.) Lösung
solutus (sol.) gelöst
Species (Spec.) Teemischung
spirituosus (spir.) alkoholisch, mit Alkohol bereitet
spissus (spiss.) zäh, dick
standardisatus (stand.) standardisiert, auf einen bestimmten Wirkwert gebracht
Stigmata (Stig.) Narben
Stipites (Stip.) Stengel
subtilis (subt.) fein
Succus (Succ.) Saft
Summitates (Summ.) Zweigspitzen
Tinctura (Tinct., Tct.) Tinktur
titratus (titr.) auf einen bestimmten Wirkwert eingestellt
totus (tot.) ganz
Tubera (Tub.) Knollen
Turiones (Tur.) Sprosse

Die wichtigsten botanischen Fachausdrücke

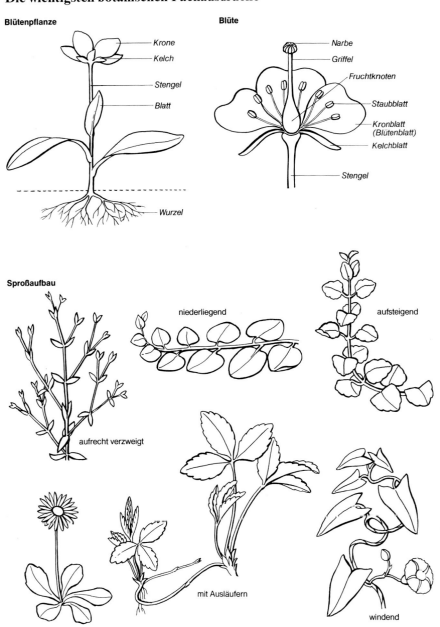

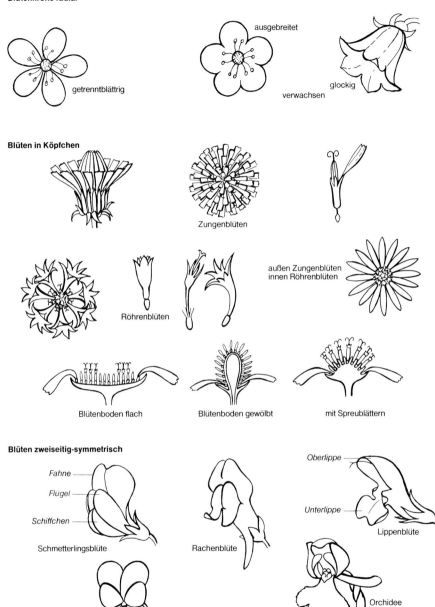

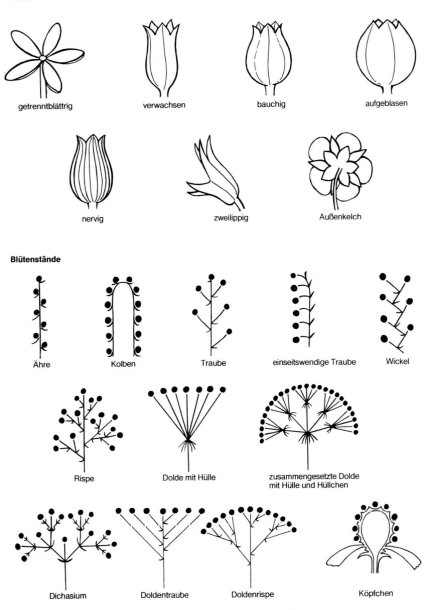

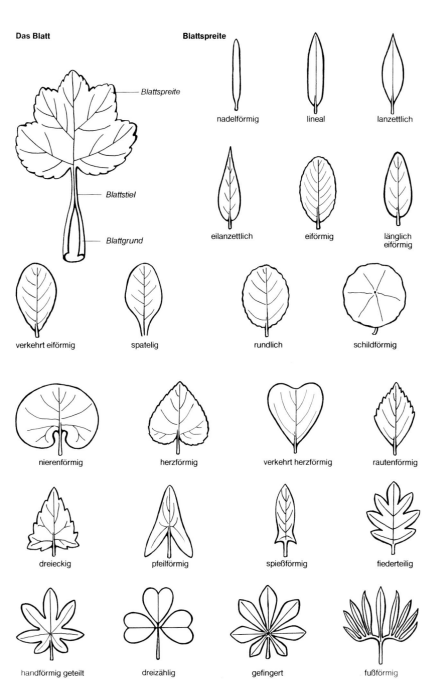

Blattspreite

unpaarig gefiedert   paarig gefiedert   doppelt gefiedert

Blattrand

 gesägt doppelt gesägt gezähnt

ganzrandig   gesägt   doppelt gesägt   gezähnt

dornig gezähnt   schrotsägezähnig   gekerbt   gebuchtet

Nervatur

fiedernervig   netznervig   parallelnervig

Blattansatz

lang gestielt   sitzend   stengelumfassend   Nebenblätter zu Scheide verwachsen

Blattstellung

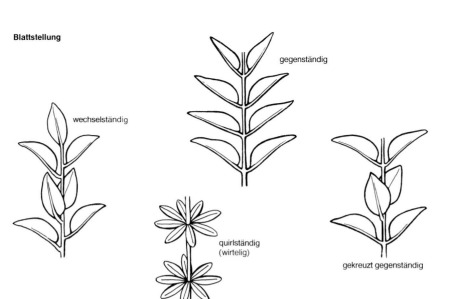

Unterirdische Pflanzenteile

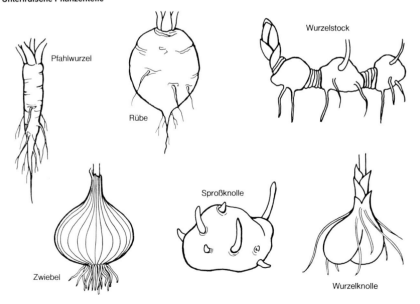

Bestimmungshilfen

Blütenfarbe Weiß
Blüten radiär, höchstens 4 Blütenblätter
  Ohne Blütenblätter
    Baum, Blüten mit vielen, weißen Staubgefäßen 34
    Staude, Blüten in Kolben, mit weißem Hochblatt 34
  4 Blütenblätter
    nicht verwachsen, frei 34–38
    wenigstens am Grunde verwachsen 40
Blüten radiär, 5 Blütenblätter
  Blütenblätter frei
    Blüten in doldenförmigen Blütenständen
      Kräuter mit breiten, wenig zerteilten Blattabschnitten . 56, 58, 66, 68
      Kräuter mit mittelgroßen Blattabschnitten 58, 60, 64, 66
      Kräuter mit schmallinealen bis fädlichen Blattabschnitten . . 60, 62
    Blüten nicht in Dolden
      Bäume 48–54
      Sträucher 46–52
      Kräuter mit grundständigen Blättern 44, 46, 56
      Kräuter mit wechselständigen Blättern 42–46, 56
      Kräuter mit gegenständigen Blättern 42, 52
  Blütenblätter wenigstens am Grunde verwachsen
    Sträucher oder Zwergsträucher 70, 76
    Kräuter 70–76
Blüten radiär, mehr als 5 Blütenblätter
  Blüten 6zählig, Blätter parallelnervig 78, 80
  Blüten 6–9zählig, Blätter netznervig 76
Blüten in Köpfchen
  Köpfchen ohne deutliche Zungenblüten 56, 58, 82
  Köpfchen mit Zungenblüten 82, 84
  Köpfchen mit blütenblattartigen Hüllblättern 86
Blüten zweiseitig-symmetrisch
  Bäume 86
  Kräuter, Blütenblätter frei 88, 168
  Kräuter, Blütenblätter röhrenförmig verwachsen 88–94

Blütenfarbe Gelb
Blüten radiär, höchstens 4 Blütenblätter
  ohne Blütenblätter 94
  4 Blütenblätter 94–100
  aber endständige Blüte 5 oder 6zählig 100
Blüten radiär, 5 Blütenblätter
  Blütenblätter frei
    Schwimmpflanze mit einzelnen, großen Blüten 100
    Blüten in doldenförmigen Blütenständen 108, 110
    Blüten nicht in Dolden 102–106
  Blütenblätter wenigstens am Grunde verwachsen 112–116
Blüten radiär, mehr als 5 Blütenblätter 116, 118
Blüten in Köpfchen
  Köpfchen mit Röhren- und Zungenblüten 118, 120, 124, 126
  nur mit Röhrenblüten 120, 126
  nur mit Zungenblüten 128
Blüten zweiseitig-symmetrisch
  Sträucher oder Halbsträucher 132
  Kräuter, Blütenblätter getrennt 130, 134, 170
  Kräuter, Blütenblätter röhrig verwachsen 130, 134, 136

Blütenfarbe Rot oder Braun
Blüten radiär, höchstens 4 Blütenblätter 138–142
Blüten radiär, 5 Blütenblätter
  Blütenblätter frei 144–150
  Blütenblätter wenigstens am Grunde verwachsen 152–158

Blüten radiär, mehr als 5 Blütenblätter	154, 160, 162
Blüten in Köpfchen	86, 164, 166, 170
Blüten zweiseitig-symmetrisch	
Blütenblätter frei	168, 170
Blütenblätter verwachsen	172 – 178

Blütenfarbe Blau

Blüten radiär, 4 Blütenblätter	180
Blüten radiär, 5 Blütenblätter	
Blütenblätter frei	180
Blütenblätter verwachsen	156, 182, 184
Blüten radiär, mehr als 5 Blütenblätter	186
Blüten in Köpfchen	188
Blüten zweiseitig-symmetrisch	
Blütenblätter frei	190, 192
Blütenblätter wenigstens am Grunde verwachsen	192 – 196

Blütenfarbe Grün oder Blüten unscheinbar

Kräuter

Pflanzen mit grasartigen oder parallelnervigen Blättern	218 – 224
Schwimmpflanze mit kleinen, linsenförmigen Blättern	224
Pflanzen mit handförmig geteilten oder gelappten Blättern	204, 206, 212
Pflanzen mit ungeteilten, fiedernervigen Blättern	
nur mit Grundrosette	218
auch mit Stengelblättern	206 – 210

Gehölze

Nadelhölzer	226 – 230
Baum mit gabelnervigen Blättern	224
Bäume oder Sträucher mit Blüten in Kätzchen	198 – 204
Bäume, Blüten anders angeordnet	202, 204, 212, 216

Sträucher

als Schmarotzer auf Laub- oder Nadelgehölzen	208
als Kletterpflanzen	214, 216
mit rutenförmigen Zweigen und unscheinbaren Blättern	224
andere Sträucher	212 – 218

Sporenpflanzen

Farne	232
Schachtelhalme	234
Bärlappe	234
Pilze	236
Flechten	238
Algen	238

Giftpflanzen

mit roten Früchten	240 – 244
mit blauen oder schwarzen Früchten	246 – 250
mit grünen, gelben oder weißen Früchten	252

Abkürzungen und Symbole

B:	Beschreibung der Pflanze
V:	Vorkommen: Standort und Verbreitung
D:	Drogen
I:	Inhaltsstoffe
A:	Anwendung und Wirkung
F:	Fertigarzneimittel
Rp	Rezeptpflicht
☉	einjährige Pflanze
☉	zweijährige Pflanze
♃	ausdauernd (Staude)
♄	ausdauernd (Holzgewächse)
I–XII	Blütemonate
☠	Giftpflanze
DAB 6	Deutsches Arzneibuch, 6. Ausgabe (1926), Neudruck 1951 mit eingearb. 1. und 2. Nachtrag, Stuttgart 1960
Erg.B.6	Ergänzungsbuch zum Deutschen Arzneibuch (1941), 6. Ausgabe, Neudruck Stuttgart 1953
DAB 7	Deutsches Arzneibuch 7. Ausgabe 1968, Stuttgart, Frankfurt 1968
DAC	Deutscher Arzneimittel-Codex, Frankfurt, Stuttgart 1972–1978
DAB 8	Deutsches Arzneibuch, 8. Ausgabe 1978, Stuttgart, Frankfurt 1978
Ph.Eur.	Europäisches Arzneibuch, Band I–III, Stuttgart, Frankfurt 1974–1978
HAB 34	Homöopathisches Arzneibuch, 1934, 4. Neudruck, Stuttgart 1958
HAB 1	Homöopathisches Arzneibuch, 1. Ausgabe 1978, Stuttgart, Frankfurt 1978

Die Tafelbilder sind zu lesen:
links oben, rechts oben,
links unten, rechts unten

Bestimmungsteil

Blüten weiß, höchstens 4 Blütenblätter

Eukalyptus *Eucalyptus globulus* LABILL. Myrtengewächse *Myrtaceae*
B: Hoher, raschwüchsiger Baum mit blaugrünen, rundlichen Jugendblättern und langen, sichelförmigen, glänzendgrünen Folgeblättern. Blüten einzeln, sich mit einem abspringenden Deckel öffnend, mit zahlreichen weißen bis rötlichen Staubfäden. Frucht über 1 cm groß. Bis 40 m. ♄; II – VII.
V: Heimat Australien, im Mittelmeergebiet nicht selten kultiviert.
D: Eukalyptusöl – Eucalypti aetheroleum (Ph. Eur.), Oleum Eucalypti, das ätherische Öl aus den frischen Blättern oder Zweigspitzen, auch von anderen cineolreichen Arten. Eukalyptusblätter – Folia Eucalypti (Erg.B.6), die sichelförmigen, gestielten Folgeblätter. Eucalyptus (HAB 34).
I: Ätherisches Öl mit Cineol (Eucalyptol), viel Gerbstoffe, Bitterstoffe.
A: Vorwiegend das ätherische Öl sowie das daraus gewonnene Cineol mit auswurfförderender und schwach antibakterieller Wirkung zu Inhalationen bei Erkrankungen der Atemwege und Asthma, in Nasensalben, Einreibungen und Badekonzentraten gegen Erkältungskrankheiten und Rheuma. In Hustenbonbons. Die Blätter daneben auch gegen Magendarmkatarrh. In der Homöopathie gegen Bronchitis, grippale Infekte und Harnröhrenentzündung.
F: Bronchicum, Endrine, Inspirol, Pumilen, Tiefglut, Wick VapoRub u. v. a.

Dracunculus Plinii tertius. Wasser Schlangenkraut.

Schlangenwurz, Drachenwurz *Calla palustris* L. Aronstabgewächse *Araceae*
B: Kriechender Wurzelstock mit gestielten, herzförmigen bis rundlichen Blättern. Hochblatt eiförmig, ausgebreitet, innen weiß. Blütenkolben bis zur Spitze mit meist zwittrigen, nackten Blüten besetzt. Rote Beeren. 0,1 – 0,4 m. ♃; V – VIII. Geschützt.
V: Moore, Bruchwälder, selten; Mittel-, Nordeuropa, Asien, Nordamerika.
D: Schlangenwurzel – Radix Callae palustris, Radix Dracunculi palustris.
I: In allen Organen, besonders aber im Wurzelstock ein chemisch noch unerforschter scharfer Stoff, der wahrscheinlich ähnlich dem des Aronstabs ist.
A: ☠ Ätzende Wirkung auf Haut und Schleimhäute durch frische Pflanzenteile. Vergiftungen wurden auch durch den Genuß der Beeren oder Saugen an den Stengeln beobachtet. Früher in der Volksmedizin innerlich gegen Schlangenbisse, wohl wegen des schlangenartigen Wurzelstockes.

Aufrechte Waldrebe, Steife Waldrebe *Clematis recta* L. Hahnenfußgewächse *Ranunculaceae*
B: Aufrechte Pflanze mit krautigem, nicht windendem Stengel. Blätter gefiedert mit ganzrandigen Teilblättern. Weiße Blüten in reichen Blütenständen. Früchte mit langem, fedrigem Griffel. 1 – 1,5 m. ♃; VI – VII.
V: Warme, trockene Hänge; Süd- und Osteuropa, in Mitteleuropa selten.
D: Clematis (HAB 34), Stengel mit Blättern und Blüten.
I: Nur im frischen Kraut Protoanemonin und Anemonin.
A: ☠ Der Saft der frischen Pflanze reizt die Schleimhäute stark und zieht Blasen auf der Haut. Wie Hahnenfuß-Arten früher von Bettlern manchmal zum Vortäuschen von Hautkrankheiten benützt. Heute noch in der Homöopathie gebräuchlich bei Hautausschlägen, Lidrandentzündungen, Drüsenschwellungen, Erkrankungen der männlichen Geschlechtsorgane, Rheuma- und Nervenschmerzen. Ähnlich die Gemeine Waldrebe (*Clematis vitalba* L.).
F: Clematis Oligoplex, Iralgin, Mercurius-Pentarkan, Prostaforton u. a.

Lösspit.

Knoblauchsrauke, Knoblauchshederich *Alliaria petiolata* (BIEB.) CAV. ET GRANDE Kreuzblütler *Brassicaceae*
B: Pflanze beim Zerreiben nach Knoblauch riechend. Blätter herzförmig, gezähnt, die unteren lang gestielt. Frucht eine 4 – 6 cm lange, aufrecht-abstehende Schote. 0,2 – 1 m. ☉ – ♃; IV – VI.
V: Häufig in Unkrautfluren, an Waldrändern, Hecken; Europa, Westasien.
D: Knoblauchsraukenkraut – Herba Alliariae officinalis, das frische Kraut.
I: Senfölglykosid Sinigrin, ätherisches Öl mit Allylsenföl und Diallyldisulfid, geringe Mengen herzwirksame Glykoside.
A: Früher in der Volksheilkunde bei Katarrhen der Atemwege und als Wurmmittel, äußerlich bei eiternden Wunden und als Mundwasser gegen Zahnfleischentzündungen.

Blüten weiß, radiär, 4 Blütenblätter

Raphanus fylueftris.
Meßrrettich.

Meerrettich, Kren *Armoracia rusticana* G. M. Sch.
(*Armoracia lapathifolia* Gilib.) Kreuzblütler *Brassicaceae*
B: Staude mit dicker, bei kultivierten Pflanzen fleischiger Wurzel. Grundständige Blätter lang gestielt, bis 1 m lang, gekerbt, Stengelblätter zum Teil auch fiederspaltig. Blütenstand mit zahlreichen Trauben kleiner, weißer Blüten. In Kultur selten fruchtend. 0,4 – 1,5 m. ♃; V – VII.
V: Kultiviert und häufig verwildert, Heimat Südrußland.
D: Meerrettichwurzel – Radix Armoraciae. Armoracia (HAB 34).
I: Senfölgykoside Sinigrin und Gluconasturtiin, Allylsenföl und Phenylaethylsenföl abspaltend, Vitamine, flüchtige antibiotisch wirkende Substanzen.
A: Neben harntreibender, verdauungsfördernder, haut- und schleimhautreizender gewisse antibiotische Wirksamkeit. In einem Fertigarzneimittel gegen Infekte der Harn- und Atemwege. Volkstümlich auch bei Verdauungsstörungen und Gelenkerkrankungen, äußerlich bei infizierten Wunden, als Meerrettichessig bei Kopfschmerzen, Rheuma, Insektenstichen u. a. Als Gewürz.
F: Angocin

Brunnenkresse, Wasserkresse *Nasturtium officinale* R. Br. in Ait.
(*Rorippa nasturtium-aquaticum* (L.) Hay). Kreuzblütler *Brassicaceae*
B: Kriechend-aufsteigende Pflanze. Blätter überwinternd, unpaarig gefiedert, Stengelblätter bis 5 – 9zählig. Von *Cardamine amara* L. durch den hohlen Stengel und gelbe Staubblätter unterschieden. 0,3 – 0,9 m. ♃; V – VIII.
V: In Bach- und Quellfluren, fast weltweit verbreitet.
D: Brunnenkressenkraut – Herba Nasturtii (Erg.B.6), die getrockneten oder frischen oberirdischen Teile. Nasturtium aquaticum (HAB 34).
I: In der frischen Pflanze das Senfölgykosid Gluconasturtiin, Phenylaethylsenföl abspaltend, Bitterstoff, Jod, Vitamine, besonders Vitamin C.
A: Harntreibende und die Sekretion der Verdauungssäfte anregende Wirkung. Bei Gallenleiden, volkstümlich auch bei rheumatischen Beschwerden, Hautleiden, Entzündungen im Mund. Zu Frühjahrskuren, als Gewürzkraut.
F: Gallemolan, Gallitophen, Isostoma u. a.

Hiberis.
Bauchblüm.

Wiesen-Schaumkraut *Cardamine pratensis* L. Kreuzblütler *Brassicaceae*
B: Rosettenblätter 3 – 11zählig gefiedert mit eiförmig-rundlichen, Stengelblätter mit schmaleren Abschnitten. Blüten weißlich bis lila, Frucht eine 2 – 5 cm lange Schote. Formenreich. 0,1 – 0,5 m. ♃; IV – VI.
V: Feuchte Wiesen, auch lichte Laubwälder der ganzen nördl. Hemisphäre.
D: Wiesenschaumkraut – Herba Cardaminis pratensis, das frische Kraut.
I: Senfölgykosid Glucocochlearin, sek. Butylsenföl abspaltend, Vitamin C.
A: Gelegentlich in der Volksheilkunde als Blutreinigungsmittel, in der Homöopathie bei Magenkrämpfen. Das Bittere Schaumkraut (*Cardamine amara* L.), früher als Herba Nasturtii majoris offizinell, enthält außerdem Bitterstoff und wurde wie Brunnenkresse verwendet.
F: Spasmi-Tropfen

Echtes Löffelkraut *Cochlearia officinalis* L. Kreuzblütler *Brassicaceae*
B: Wintergrüne Pflanze mit rundlichen, lang gestielten Rosettenblättern und stengelumfassenden, grobgezähnten Stengelblättern. Früchte 4 – 7 mm große, kugelige Schötchen. 0,1 – 0,4 m. ☉ – ♃; V – VIII.
V: Nordwesteuropäische Küstenpflanze, im Binnenland selten an Salzstellen, in Gebirgen die nahe verwandte *C. pyrenaica* DC.
D: Löffelkraut – Herba Cochleariae, das frische blühende Kraut. Cochlearia officinalis (HAB 34).
I: Senfölgykosid Glucocochlearin, sek. Butylsenföl abspaltend, Bitterstoff, Gerbstoff, reichlich Vitamin C und Mineralsalze.
A: In der Volksheilkunde als verdauungsförderndes und harntreibendes Mittel, vor allem bei rheumatischen Beschwerden. Häufig zu Frühjahrskuren verwendet, ferner zu Umschlägen bei schlecht heilenden Wunden und Spülungen bei Zahnfleischerkrankungen („Skorbutkraut"). In der Homöopathie u. a. bei chronischen Augenentzündungen und Magenkrämpfen. Als Gewürzkraut.
F: Akne-Kapseln Wala, Basilicum Oligoplex, Isostoma, Losa Mixtur u. a.

Blüten weiß, radiär, 4 Blütenblätter

Paftoria burfa.
Täschelkraut.

Hirtentäschelkraut *Capsella bursa-pastoris* (L.) MED.   Kreuzblütler
Brassicaceae
B: Grundrosette aus fiederteiligen bis ganzrandigen Blättern, Stengelblätter mit breiten Öhrchen stengelumfassend. Blütenstand sich stark verlängernd. Früchte dreieckig-herzförmig. 0,1 – 0,8 m. ☉ – ⊙; I – XII.
V: Als Unkraut häufig, heute fast weltweit verbreitet.
D: Hirtentäschelkraut – Herba Bursae pastoris (Erg.B.6), die oberirdischen Teile von Pflanzen trockener Standorte. Thlaspi Bursa pastoris (HAB 34).
I: Flavonglykosid Diosmin, biogene Amine (Cholin, Acetylcholin Tyramin), Saponine.
A: Als blutstillendes Mittel, besonders bei Gebärmutterblutungen, auch äußerlich bei blutenden Verletzungen. Nach Kenntnis der Mutterkornalkaloide weitgehend verdrängt, da die Wirkung unzuverlässig ist. Sie soll wesentlich vom Alter der Zubereitung abhängig sein, entgegen früheren Meinungen jedoch nicht von einem Pilzbefall der Pflanze. In der Homöopathie bei Blutungen, Gallen- und Nierenerkrankungen.
F: Bilisan, Bursa-Plantaplex, Dishaemo, Menstrualin, Menodoron u. a.

Bittere Schleifenblume *Iberis amara* L.   Kreuzblütler *Brassicaceae*
B: Blätter länglich mit beiderseits 2 – 4 Zähnen. Blütenstand zunächst schirmförmig, äußere Blütenblätter doppelt so groß wie die inneren. Fruchtstand traubig verlängert, Schötchen rundlich, schmal geflügelt, mit zwei aufgesetzten Ekken. 0,1 – 0,4 m. ⊙; V – VIII.
V: Westeuropäisches Getreideunkraut, selten bis Mitteleuropa.
D: Schleifenblumenkraut – Herba Iberidis. Iberis amara (HAB 34), die reifen Samen.
I: Senfölglykosid Glucoiberin, Cucurbitacine.
A: Zur Anregung der Magen- und Gallensaftsekretion. In der Homöopathie vor allem bei Herzstörungen gebräuchlich.
F: Cheihepar, Iberogast, Spartium-Pentarkan, Schwöroton u. a.

Nafturtium hortenfe.
Garten Kreß.

Garten-Kresse *Lepidium sativum* L.   Kreuzblütler *Brassicaceae*
B: Bläulich bereifte Pflanze mit von oben nach unten zunehmend geteilten, fiederschnittigen bis gefiederten Blättern. Blüten klein, weiß bis rötlich. Früchte 5 – 6 mm lang, etwas zusammengedrückt, rundlich-eiförmig. 0,2 – 0,6 m. ⊙; VI – VIII.
V: In verschiedenen Formen kultiviert, selten verwildert. Heimat SW-Asien bis NO-Afrika.
D: Garten-Kresse – Herba Lepidii sativi (Herba Nasturtii hortensis), das frische Kraut.
I: Senfölglykosid Glucotropaeolin, Benzylsenföl abspaltend, ätherisches Öl mit Diallyldisulfid, Vitamine.
A: In der Volksheilkunde ähnlich wie Brunnenkresse zu Frühjahrskuren und bei Zahnfleischerkrankungen. Die Keimlinge, in kleinen Behältern gezogen, als Gewürzkraut. Benzylsenföl ist antibiotisch wirksam (s. auch Kapuzinerkresse).

Rettich *Raphanus sativus* L. var. *niger* KERNER   Kreuzblütler *Brassicaceae*
B: Pflanze mit rübenförmig verdickter Wurzel. Grundblätter fiederteilig mit großem Endabschnitt. Stengel aufrecht mit weißen bis violetten Blüten in lockerer Traube. Frucht eine 2 – 9 cm lange Schote. 0,2 – 1 m. ⊙ – ⊙; V – VII.
V: In verschiedenen Rassen kultiviert. Heimat wohl Mittelmeergebiet.
D: Rettich – Radix Raphani, die frische Wurzel. Raphanus sativus (HAB 34). Für medizinische Zwecke wird meist der Schwarze Rettich verwendet.
I: Senfölglykoside, schwefelhaltiges ätherisches Öl aus glykosidischer Bindung mit Diallylsulfid, Raphanol, Vitamin C.
A: In der Volksheilkunde ist der Saft der frischen Wurzel beliebt bei Gallenerkrankungen und Darmträgheit, aber auch als schleim- und krampflösendes Mittel bei Husten. Hierzu wird der Saft mit Zucker oder Honig ausgezogen.
F: Antidyspepticum Truw, Lax-Lorenz, Rettich-Pflanzensaft Kneipp

Blüten weiß, radiär, 4 Blütenblätter

Mannaesche, Blumenesche *Fraxinus ornus* L. Ölbaumgewächse *Oleaceae*
B: Sommergrüner Baum mit 5 – 9zähligen, gefiederten Blättern. Blüten in aufrechten Rispen, Blütenblätter meist zu 4, selten 2, am Grunde paarweise verwachsen, 0,7 – 1,5 cm lang. 6 – 15 m. ♄; IV – V.
V: In warmen Laubmischwäldern Südeuropas, Kleinasien.
D: Manna – Manna (DAB 6), der durch Einschnitte in die Rinde gewonnene, an der Luft eingetrocknete Saft.
I: Zuckeralkohol Mannit, mehrere Zucker, Harz, in Spuren Fraxin.
A: Als mildes Abführmittel, besonders in der Kinderpraxis (Mannasirup). Zur Gewinnung von Mannit, das intravenös zur Steigerung der Harnausscheidung und für Bakteriennährböden verwendet wird.
F: Hamburger Tee, Infi-Tract, Jossathromb u. a.

Oelbaum

Ölbaum, Olivenbaum *Olea europaea* L. Ölbaumgewächse *Oleaceae*
B: Immergrüner Baum mit ganzrandigen, lanzettlichen Blättern, oberseits dunkelgrün, unterseits silbrig glänzend. Blütenkrone verwachsen, 4 – 7 mm breit. Frucht je nach Sorte sehr unterschiedlich, 1,5 – 3 cm lang, grün bis schwarzviolett. Bis 15 m. ♄; V – VII.
V: Wichtigster Kulturbaum des Mittelmeerraumes, auch verwildert oder wild in immergrünen Gebüschen, in entsprechenden Klimagebieten weltweit angepflanzt.
D: Olivenblätter – Oleae folium (DAC), die getrockneten Blätter verschiedener Kulturformen. Olivenöl – Olivae oleum (DAB 8), das aus frischen Früchten bei der ersten Pressung ohne Wärmezufuhr gewonnene Öl (Jungfernöl).
I: Blätter: bitter schmeckender Wirkstoff Oleuropein, Oleosid (Glykosid), Flavonoide, China-Alkaloide, Cholin. Öl: vor allem Glyceride der Ölsäure.
A: Die Blätter haben blutdrucksenkende Wirkung. Sie werden in Fertigarzneimitteln häufig in Kombination mit Rauwolfia verordnet. Das Öl als Salben- und Linimentgrundlage, in Hautpflegemitteln, innerlich in größeren Dosen zu Gallensteinabtreibungskuren. Speiseöl.
F: Hyperidyst *Rp*, Oleaserp *Rp*, Olivysat *Rp*, Rauwoplant *Rp*, Striatridin u. a.

Kletten-Labkraut *Galium aparine* L. Rötegewächse *Rubiaceae*
B: Aufsteigende Pflanze, mit hakigen Haaren kletternd. Blätter zu 6 – 8, quirlig. Blüten unscheinbar, etwa 2 mm breit, mit verwachsenen Blütenblättern. 0,5 – 1,5 m. ☉; V – X.
V: Unkrautfluren, Ufer und Hecken, häufig; Europa, Asien, Nordamerika.
D: Galium Aparine (HAB 34), das frische, blühende Kraut.
I: Glykosid Asperulosid, Galiosin, Gerbstoffe, ätherisches Öl.
A: In der Homöopathie bei Drüsenschwellungen und Geschwulsten. In der Volksheilkunde nur noch selten als harntreibendes Mittel vor allem gegen Hautleiden. Galt früher als wirksam gegen Krebs.
F: Conium Oligoplex, Conium-Plantaplex, Galium-Heel u. a.

Waldmeister *Galium odoratum* (L.) SCOP. (*Asperula odorata* L.)
Rötegewächse *Rubiaceae*
B: Aufrechte, nach Cumarin duftende Pflanze. Blätter in Quirlen zu 6 – 9. Blüten trichterförmig, ca. 5 mm breit, in schirmartigen Blütenständen. 0,1 –0,3 m. ♄; IV – V,
V: In Buchen- und Laubmischwäldern verbreitet; Europa, Asien.
D: Waldmeisterkraut – Herba Asperulae (Erg.B.6), die getrockneten, kurz vor der Blüte gesammelten oberirdischen Teile. Asperula odorata (HAB 34).
I: Cumaringlykosid, das beim Trocknen durch Abspalten von Cumarin den charakteristischen Duft erzeugt, Glykosid Asperulosid, Gerbstoffe, Bitterstoffe.
A: Vor allem in der Volksheilkunde nutzt die krampflösende und beruhigende Wirkung bei Leibschmerzen und Schlafstörungen. In Fertigpräparaten bisweilen gegen Venenerkrankungen und Durchblutungsstörungen aufgrund der gefäßerweiternden (durch Cumarin) und entzündungshemmenden (durch Asperulosid) Eigenschaften. Als aromatisierender Zusatz zu Tees. Zur Mai-Bowle, wobei das Cumarin bei zu reichlichem Genuß Kopfschmerzen auslösen kann.
F: Neuro-Fides, Noricaven, Roha Schlaf- und Nerven-Tee u. a.

Blüten weiß, radiär, 5 Blütenblätter

Buchweizen *Fagopyrum esculentum* MOENCH Knöterichgewächse
Polygonaceae
B: Pflanze oft mit rot überlaufenem Stengel und dreieckig-spießförmigen Blättern, so lang wie oder länger als breit. Blütenblätter klein, weiß bis rosarot, 3 – 4 mm lang. 0,2 – 0,6 m. ☉; VII – X.
V: Alte Kulturpflanze, heute selten, auch verwildert; Heimat Zentralasien.
D: Fagopyrum (HAB 34), die fast reife, frische Pflanze.
I: Flavonolglykosid Rutin, Fagopyrin.
A: Die Pflanze wird zur Darstellung von Rutin (Rutosid DAB 8) herangezogen. Dieses wirkt gefäßdichtend bei krankhaft erhöhter Durchlässigkeit der Kapillarwände und schränkt die Kapillarbrüchigkeit ein. Anwendung sehr häufig gegen venöse Stauungen (Krampfadern, Hämorrhoiden), Arteriosklerose, Netzhautblutungen u. a. Fagopyrin ist ein photosensibilisierender Stoff, der eine Lichtkrankheit hervorrufen kann. Homöopathische Zubereitungen vor allem bei juckenden Hautreizungen. Die fagopyrinfreien Samen als Nahrungsmittel.
F: Birutan, Rutinion, daneben viele Kombinationspräparate; Vita-Hefe-Fides

Kermesbeere *Phytolacca americana* L. (*Phytolacca decandra* L.)
Kermesbeerengewächse *Phytolaccaceae*
B: Am Grunde verholzte Staude mit langen, lanzettlichen Blättern. Weiße bis grünliche Blüten in abstehenden, später hängenden Trauben, Früchte reif dunkelrot bis schwarz. 1 – 3 m. ♃; VII – VIII.
V: In Südeuropa kultiviert, in Mitteleuropa seltener; Heimat Nordamerika.
D: Phytolacca (HAB 34), die frische Wurzel. Selten auch die reifen Beeren.
I: Saponingemisch Phytolaccatoxin, in den Früchten ein roter Farbstoff.
A: Vergiftungen besonders bei Kindern durch den Genuß der Beeren oder durch Überdosierung der allerdings kaum noch verwendeten Droge als Brech- und Abführmittel. Häufig gebräuchlich dagegen in der Homöopathie bei Mandelentzündung, grippalen Infekten, Drüsenschwellungen, Gelenkentzündungen, Fettsucht. Die Beeren auch zum Färben von Wein.
F: Agnus castus-Plantaplex. Lymphdiaral, Urtica Oligoplex u. a.

Vogelmiere, Hühnerdarm *Stellaria media* (L.) VILL. Nelkengewächse
Caryophyllaceae
B: Niederliegende bis aufsteigende Pflanze, Stengel mit einer Haarleiste. Blätter oval, zugespitzt, bis auf die obersten lang gestielt. Blüten klein, Kronblätter so lang wie oder wenig kürzer als die Kelchblätter. 0,1 – 0,4 m. ☉; III – X.
V: In Unkrautfluren durch ganz Europa häufig, fast weltweit verschleppt.
D: Alsine media (HAB 34), die frische, blühende Pflanze.
I: Hoher Prozentsatz Mineralbestandteile, Vitamin C, wenig Rutin.
A: In der Homöopathie bei Muskelrheumatismus, Gelenkentzündungen, Bronchitis und Schuppenflechte. In der Volksheilkunde früher bei Lungenerkrankungen, auch frisch als Salat und als Auflage bei Wunden und Hautausschlägen.
F: Rhododendroneel, Toxorephan

Gewöhnliches Seifenkraut *Saponaria officinalis* L. Nelkengewächse
Caryophyllaceae
B: Aufrechte, meist unverzweigte Pflanze, mit unterirdischen Ausläufern kriechend. Blätter länglich-lanzettlich, gegenständig, bis 15 cm lang. Blüten in dichten Blütenständen, Krone weiß bis rosa. 0,3 – 0,8 m. ♃; VI – IX.
V: Schotterfluren der Flußtäler, Unkrautfluren; Süd- bis Mitteleuropa.
D: Rote Seifenwurzel – Saponariae rubrae radix (DAC), die unterirdischen Organe. Saponaria (HAB 34).
I: 2,5 – 5% Saponine.
A: Durch den hohen Saponingehalt stark schleimlösendes und auswurfförderndes Mittel bei Bronchialkatarrhen. Die harntreibende Wirkung wird volkstümlich genutzt, vor allem bei chronischen Hautleiden. In der Homöopathie bei Erkältungskrankheiten und Depressionen. Früher als Waschmittel und in Zahnpasten und -pulvern.
F: Bronchicum, Cefabronchin, Novotussin, Salus-Tuss u. a.

Blüten weiß, radiär, 5 Blütenblätter

Christwurz.

Schwarze Nieswurz, Christrose *Helleborus niger* L.   Hahnenfußgewächse
Ranunculaceae
B: Pflanze mit 7 – 9teiligen, überwinternden, großen Grundblättern. Blüten meist einzeln, 5 – 10 cm im Durchmesser, mit weißen bis rosa Blütenblättern. 0,1 – 0,3 m. ♃; II – IV. Geschützt.
V: Laubwälder, Ost- und Südalpen, Apennin. Zierpflanze, auch verwildert.
D: Nieswurzwurzelstock – Rhizoma Hellebori (Erg.B.6), der getrocknete Wurzelstock, auch von *H. viridis* L., Grüne Nieswurz. Helleborus (HAB 34).
I: Herzwirksames Glykosid Hellebrin, Saponinglykosid Helleborin, Aconitsäure. In der Grünen Nieswurz außerdem Alkaloide.
A: Das isolierte, digitalisähnlich wirkende Hellebrin als Herzmittel, die Droge wegen der starken Reizwirkung des Saponins auf die Schleimhäute (heftiges Erbrechen und Darmentzündungen hervorrufend, niesenerregend) heute nur noch in Schnupfpulvern und in der Homöopathie u. a. bei Herzschwäche, Wasseransammlungen, Krämpfen, Psychosen.
F: Apocynum-Plantaplex, -Pentarkan, Helleborus-Pentarkan, Pascorenal u. a.

Echter Schwarzkümmel *Nigella sativa* L.   Hahnenfußgewächse
Ranunculaceae
B: Zierliche Pflanze mit mehrfach gefiederten, schmallinealen Blättern. Blüten einzeln, ohne Hochblatthülle, mit 5 weißlichen bis bläulichen, stumpfen Blütenhüllblättern. Fruchtblätter ganz verwachsen. 0,2 – 0,4 m. ☉; VI – IX.
V: Alte Kulturpflanze, heute seltener angebaut; Heimat W-Asien, N-Afrika.
D: Schwarzkümmelsamen – Semen Nigellae (Erg.B.6). Nigella sativa (HAB 34).
I: Saponin Melanthin, Bitterstoff Nigellin, Nigellon, Thymochinon, fettes und ätherisches Öl.
A: Krampflösende, harn- und galletreibende Wirkung. Früher besonders in der Volksheilkunde gegen Blähungen und auch zur Förderung der Milchabsonderung verwendet. Seit alters wegen des scharfen Geschmacks als Pfefferersatz und Gewürz für Backwaren. In größerer Menge giftig.

Sonnenthaue

Rundblättriger Sonnentau *Drosera rotundifolia* L.   Sonnentaugewächse
Droseraceae
B: „Insektenfressende" Pflanze. Blätter grundständig, langgestielt, Blattspreite rundlich, mit zahlreichen roten, kugeligen Drüsen besetzt. Kleine, weiße Blüten am blattlosen Stengel. 0,1 – 0,3 m. ♃; VI – VIII. Geschützt.
V: In Mooren durch das nördliche Europa, Asien und Nordamerika.
D: Sonnentaukraut – Herba Droserae, Herba Rorellae (Erg.B.6), die getrocknete ganze Pflanze, Drosera (HAB 34). Im Handel sind heute außereuropäische *Drosera*-Arten.
I: Naphthochinonderivate, Flavonoide, ein eiweißspaltendes Ferment.
A: Die Naphthochinonderivate haben krampflösende und hustenreizstillende Eigenschaften, auch bakteriostatische Wirkung wurde nachgewiesen. In der Schulmedizin wie in der Homöopathie bei Reizhusten, Keuchhusten und Bronchialasthma, auch in Hustenbalsamen. Als Langzeittherapie bei arteriosklerotischen Beschwerden. Bei längerer Einwirkung auf die Haut verursacht der Saft der Blätter Rötungen und Entzündungen.
F: Eupatal, Makathorin, Monapax, Pertussin, Primotussan, Thymipin u. v. a.

Saxifraga alba.
Weißer hoher Steinbruch.

Knöllchen-Steinbrech *Saxifraga granulata* L.   Steinbrechgewächse
Saxifragaceae
B: Pflanze mit Brutzwiebeln zwischen den untersten Rosettenblättern, diese lang gestielt, nierenförmig, tief gekerbt. Blüten groß, an aufrechtem, rispig verzweigtem Stengel. 0,2 – 0,5 m. ♃; V – VI.
V: In Wiesen in weiten Teilen Europas, im Süden nur in den Gebirgen.
D: Steinbrechkraut – Herba Saxifragae. Saxifraga (HAB 34).
I: Gerbstoffe, Bitterstoff.
A: In der Volksheilkunde und in der Homöopathie bei Grieß- und Steinleiden der Nieren und der Blase.
F: Kalkurenal, Petronephrin

Blüten weiß, radiär, 5 Blütenblätter

Echtes Mädesüß *Filipendula ulmaria* (L.) MAXIM. (*Spiraea ulmaria* L.)
Rosengewächse *Rosaceae*
B: Aufrechte Staude, Blätter gefiedert mit bis 5 großen, gezähnten Fiederpaaren. Blüten gelblichweiß, zahlreich, in zusammengesetzten Blütenständen. 0,5 – 2 m. ⚄; VI – VIII.
V: Feuchte Standorte, Bäche, Flüsse, verbreitet; Europa, Asien.
D: Spierblumen – Flores Spiraeae (Erg.B.6), die getrockneten Blüten. Häufig auch das Kraut: Herba Spiraeae. Spiraea Ulmaria (HAB 34), die frische Wurzel.
I: Ätherisches Öl mit Salicylaldehyd und Methylsalicylat, zum Teil als Glykoside, Flavon- und Phenolglykoside, Gerbstoff, Schleim.
A: Als harn- und schweißtreibendes Mittel, bei rheumatischen Erkrankungen und in Grippe-Tees. In der Homöopathie vor allem bei Rheuma, Wasseransammlungen und akneartigen Hautausschlägen.
F: Grippe-Tee Stada, Rheumex Tee, Spiraea Oligoplex, Uriginex u. v. a.

Himbeere *Rubus idaeus* L. Rosengewächse *Rosaceae*
B: Niedriger Strauch, Stengel meist mit zahlreichen, kurzen Stacheln. Blätter 3 – 5zählig gefiedert, unterseits weißfilzig. Blüten in rispigen Blütenständen mit kleinen, schmalen Kronblättern und nach der Blüte zurückgeschlagenen Kelchblättern. 1 – 2 m. ♄; V – VII.
V: Waldlichtungen, Waldränder, Schläge, auf der ganzen nördlichen Halbkugel.
D: Himbeerblätter – Folia Rubi Idaei (Erg.B.6), die getrockneten Blätter. Himbeersirup – Sirupus Rubi Idaei (DAB 6), aus den frischen Himbeeren.
I: Blätter: Gerbstoff, Flavone, Vitamin C, organische Säuren. Früchte: organische Säuren, besonders Zitronensäure, Zucker, Pektin, Anthocyanglykosid, Gerbstoff, Flavon, Vitamin C.
A: Die Blätter wie Brombeerblätter volkstümlich besonders gegen Durchfall, chronische Hauterkrankungen und als Haustee. Der Sirup zur geschmacklichen Verbesserung und Färbung von Arzneisäften, zu erfrischenden Getränken bei Fieber.
F: Buccotean, Expectorans Solucampher *Rp*, Radjosan, Umkehr Tee 14 u. a.

Brombeere *Rubus fruticosus* agg. Rosengewächse *Rosaceae*
B: Strauch mit zweijährigen, stacheligen Sprossen, oft am Ende wurzelnd. Blätter 5 – 7zählig gefingert. Blüten weiß oder rosa. Sehr formenreich, in Mitteleuropa mehrere Hundert teilweise schwer unterscheidbare Kleinarten. Bis 3 m. ♄; VI – VII.
V: Wälder, Hecken, Schläge, in der nördlichen Hemisphäre weit verbreitet.
D: Brombeerblätter – Folia Rubi fruticosi (Erg.B.6), die getrockneten Blätter.
I: Gerbstoff, Flavon, Vitamin C, organische Säuren.
A: Als leicht zusammenziehendes Mittel gegen Durchfall, zum Gurgeln bei Entzündungen im Mund- und Rachenraum, zu Waschungen bei Hautausschlägen. Wegen des angenehmen Geschmacks aber vorwiegend in Hausteemischungen oder als Beigabe zu anderen Tees, gelegentlich auch die fermentierten Blätter.
F: Dr. Richter's Frühstücks-Kräutertee, Nerven-Tee Stada, Solu-Vetan u. a.

Wald-Erdbeere *Fragaria vesca* L. Rosengewächse *Rosaceae*
B: Pflanze mit langen, oberirdischen, wurzelnden Ausläufern. Blätter 3zählig, Blütenstiele anliegend behaart. Reife, rote Früchte leicht vom Kelch abfallend. 0,1 – 0,2 m. ⚄; V – VI.
V: Kahlschläge und lichte Wälder, durch Europa und Asien ziemlich häufig.
D: Erdbeerblätter – Folia Fragariae (Erg.B.6), die getrockneten Blätter. Fragaria vesca (HAB 34), die reifen Früchte.
I: Gerbstoff, ätherisches Öl, Flavonole.
A: Selten bei Leberleiden und Durchfall, als Bestandteil von Blutreinigungs- und Haustees, als Ersatz für chinesischen Tee. Auch die getrockneten Früchte gelegentlich in Teemischungen, frisch in der Homöopathie zu Essenz gegen Frostbeulen.
F: Hepatodoron, Salus Veno Tee u. a.

Blüten weiß, radiär, 5 Blütenblätter

Cotonea malus.
Büttenbaum.

Apffelbaum

Quitte *Cydonia oblonga* MILL. Rosengewächse *Rosaceae*
B: Strauch oder Baum mit ovalen, bis 10 cm langen, ganzrandigen, unterseits grauen, filzig behaarten Blättern. Blüten groß, einzeln, Kronblätter 2 – 3 cm lang. Früchte behaart. Bis 8 m. ♄; V – VI.
V: Heimat Südwestasien, heute weltweit kultiviert.
D: Quittensamen, Quittenkerne – Semen Cydoniae (Erg.B.6), die reifen Samen.
I: Schleimstoffe, vor allem Pentosane, Blausäureglykosid Amygdalin, Gerbstoff, fettes Öl.
A: Der Schleim der unzerkleinerten Samen als hustenreizlinderndes und mild abführendes Mittel. Äußerlich zu Augenwässern, bei aufgesprungener Haut, Verbrennungen, Hämorrhoiden, als fettfreie Salbengrundlage in der Kosmetik. Die Früchte gegen Halsentzündungen und Darmstörungen.
F: Duoform, Frux, Quitten-Elixier Wala

Apfel *Malus domestica* BORKH. Rosengewächse *Rosaceae*
B: Baum mit meist beidseitig behaarten Blättern, diese unterseits mit deutlich hervortretenden Nerven, gekerbt-gesägt. Blüten in armblütigen Doldentrauben, Kronblätter weiß bis rosa, 1,5 – 2,5 cm lang. Bis 10 m. ♄; V.
V: Alte Kulturpflanze, in zahlreichen Rassen heute weltweit verbreitet.
D: Unreife Äpfel — Fructus Mali sylvestris immaturi. Apfelschalen – Cortex Piri mali fructus.
I: Reichlich Pektin, Arabane, Galactane, organische Säuren, Zucker, Gerbstoffe, Flavone, Enzyme. Der Pektingehalt nimmt mit der Reife fortlaufend ab.
A: Frische geriebene, noch unreife Äpfel bzw. deren Fertigpräparate bei Durchfallerkrankungen. Apfelpektin hat außer der stopfenden auch schleimhautschützende und blutgerinnungsfördernde Wirkung. Es wird deshalb auch bei inneren und äußeren Blutungen verwendet. Die Schalen von reifen Äpfeln als Haustee bzw. als geschmacksverbessernde Beimischung in anderen Tees.
F: Aplona, Diarrhoesan, Medosalgon, Sango-Stop u. a.

Eingriffeliger Weißdorn *Crataegus monogyna* JACQ. (unten links)
Zweigriffeliger Weißdorn *Crataegus laevigata* (POIRET) DC. (unten rechts)
Rosengewächse *Rosaceae*
B: Dornige, stark verzweigte Sträucher, selten Bäume, mit mehlig-fleischigen, roten Früchten. *C. monogyna* meist mit 1 Griffel und tief geteilten, 3 – 5lappigen Blättern. *C. laevigata* mit 2 – 3 Griffeln und nur seicht 3lappigen Blättern mit abgerundeten, gezähnten Abschnitten. Daneben weitere, schwer unterscheidbare Kleinarten. 2 – 5 m (bis 10 m). ♄; V – VI.
V: Gebüsche, Waldränder, lichte Wälder, fast ganz Europa. *C. monogyna* auch bis Nordafrika und Südwestasien.
D: Weißdornblätter mit Blüten – Crataegi folium cum flore (DAB 8), die getrockneten, blühenden Zweigspitzen der genannten Arten, daneben von *C. pentagyna* WALDST. ET KIT., *C. nigra* WALDST. ET KIT., *C. azarolus* L. Weißdornbeeren, Hagedornbeeren – Crataegi fructus (DAC). Crataegus (HAB 34).
I: In den Blüten Flavonoide, Triterpencarbonsäuren, Purinderivate, ätherisches Öl, Gerbstoffe, in den frischen Blüten Amine mit unangenehmem Geruch. In den Früchten im Verhältnis weniger Flavonoide, daneben Gerbstoffvorstufen (Procyanidin, Epicatechin), Vitamine, Farbstoffe, Pektinstoffe.
A: Blüten, Früchte und auch die Blätter häufig gemeinsam in Präparaten. Sie verbessern die Durchblutung der Herzkranzgefäße, normalisieren die Blutdruckverhältnisse und regulieren die Herztätigkeit. Anwendung besonders bei Alters- und Belastungsherz, beginnender Herzschwäche, Rhythmusstörungen, zerebralen Durchblutungsstörungen. Die Wirkungen treten erst nach längerem Gebrauch ein, wobei den Flavonoiden und Gerbstoffvorstufen eine wesentliche Bedeutung zukommt. In der Wirkungsweise besteht keine Ähnlichkeit mit herzwirksamen Glykosiden, die Drogen werden aber häufig zur Unterstützung und Ergänzung der Digitalis-Therapie herangezogen. In der Volksheilkunde das Fruchtmus gegen Durchfall.
F: Crataegutt, Crataelanat *Rp*, Crataezyma, Cratylen, Korodin u. v. a.

Blüten weiß, radiär, 5 Blütenblätter

Eberesche, Vogelbeere *Sorbus aucuparia* L. Rosengewächse *Rosaceae*
B: Strauch oder Baum, mit lockerer Krone, Blätter mit 9 – 19 fein gezähnten, spitzen Fiederblättchen. Blüten in doldigen Rispen. 5 – 16 m. ♄; V – VII. Früchte (oben rechts) kugelig, 6 – 9 mm, orangerot.
V: Bodensaure Standorte bis in die subalpine Stufe; fast ganz Europa.
D: Vogelbeeren – Fructus Sorbi aucupariae, Baccae Sorbi.
I: Parasorbinsäure, Sorbinsäure, Gerbstoffe, Sorbit, Pektin, Zucker, Carotinoide, viel Vitamin C, in den Samen wenig Blausäureglykosid Amygdalin.
A: In Fertigpräparaten sowie in der Volksheilkunde als mildes abführendes und harntreibendes Mittel und zur Anregung des Stoffwechsels. Von alters her wegen des hohen Vitamin-C-Gehaltes gegen Skorbut und Erkältungskrankheiten. Zum Gurgeln bei Heiserkeit. Größere Mengen der frischen Früchte können durch den Gehalt an abführend wirkender Parasorbinsäure Reizerscheinungen an den Schleimhäuten des Magen-Darm-Kanals hervorrufen. Nach Zerstörung dieser Substanz durch Kochen, z. B. bei der Verarbeitung zu Mus, steht die stopfende Wirkung von Pektin und Gerbstoff im Vordergrund. Früher zur Gewinnung von Sorbit, das u. a. als Zuckeraustauschstoff für Diabetiker und als mildes Abführmittel Verwendung findet.
Die Süße Vogelbeere (var. *moravica*) ist ohne bitteren Geschmack und enthält mehr Zucker und Pektin. Sie ist daher zur Fruchtsaft- und Geleebereitung besonders geeignet.
Der Speierling (*S. domestica* L.), die Elsbeere (*S. torminalis* (L.)Crantz) und die Mehlbeere (*S. aria* (L.) Crantz) liefern ebenfalls verwertbare Früchte, letztere volkstümlich auch gegen Durchfall und Katarrhe.
F: Ebereschen-Elixier Wala, Herlisan, Pasisana, Salus Abführ-Tee u. a.

Schlehen

Schlehdorn, Schwarzdorn *Prunus spinosa* L. Rosengewächse *Rosaceae*
B: Sparriger Strauch, Zweige in Dornen endend. Blüten einzeln, einander genähert, auf kurzen Stielen, meist vor den lanzettlichen, gezähnten, 2 – 4 cm langen Blättern erscheinend. Früchte dunkelblau, bereift. Bis 3 m. ♄; III – IV.
V: Gebüsche und Hecken, in Europa weit verbreitet, fehlt im Norden.
D: Schlehenblüten – Flores Pruni spinosae (Erg.B.6), Flores Acaciae. Prunus spinosa (HAB 34). Schlehdornfrüchte – Fructus Pruni spinosae.
I: Blüten: Flavonglykosid, wenig Blausäureglykosid, Cumarinverbindungen. Früchte: Gerbstoffe, organische Säuren, Zucker, Farbstoffe, Vitamin C.
A: Die Blüten haben schwach abführende und harntreibende Wirkung, auch auswurffördernde Eigenschaften werden ihnen zugeschrieben. Anwendung vor allem in Abführ- und Blutreinigungstees, daneben in Hustenmitteln. In der Homöopathie u. a. bei Herzschwäche und Nervenschmerzen im Kopfbereich. In der Volksheilkunde Zubereitungen der stark zusammenziehend und sauer schmeckenden Früchte gegen Rheuma, zur Blutreinigung, bei Verdauungsschwäche und zur Steigerung der allgemeinen Abwehrkräfte bei Erkältungskrankheiten. Als Gurgelmittel gegen Mund- und Halsentzündungen, zu stoffwechselfördernden Einreibungen und Bädern. Zur Herstellung von Marmelade, Schlehenwein und -schnaps.
F: Coro, Eres, Pascoletten, Wörishofener Darmpflege u. a.

Sauerkirsche, Weichsel *Prunus cerasus* L. Rosengewächse *Rosaceae*
B: Strauch oder Baum mit 6 – 8 cm langen, ovalen, an beiden Enden zugespitzten Blättern. Blüten in armblütigen Dolden an kurzen, beblätterten Trieben. Bis 10 m. ♄; IV – V.
V: Heimat Südwestasien, bei uns eine alte Kulturpflanze.
D: Kirschsirup – Sirupus Cerasi (DAB 6), aus den frischen Früchten bereitet. Sauerkirschenstiele – Stipites Cerasorum (Pedunculi Cerasorum), die getrockneten Fruchtstiele.
I: Früchte: Fruchtsäuren, Zucker, Pektin, Farbstoff Ceracyanin, wenig Gerbstoff, Mineralsalze, im Samen Blausäureglykosid. Fruchtstiele: Gerbstoff, Flavonoide.
A: Der Fruchtsirup als Geschmackskorrigens in Fertigpräparaten und als durststillendes Getränk bei Fieber. Die Fruchtstiele früher volkstümlich gegen Durchfall und als harntreibendes Mittel u. a. in Entfettungstees.

Blüten weiß, radiär, 5 Blütenblätter

Pflaume, Zwetsche *Prunus domestica* L.   Rosengewächse *Rosaceae*
B: Baum oder Strauch mit 4 – 8 cm langen, ovalen, zugespitzten und in den Stiel verschmälerten, gekerbt-gesägten Blättern, in der Knospenlage gerollt. Blüten zu 1 – 3 an Kurztrieben. Bis 6 m. ♄; IV – V.
V: Heimat Südwestasien, heute in vielen Kultursorten von der gemäßigten bis in die subtropische Zone angebaut.
D: Pflaume, Zwetsche – Fructus Pruni domesticae, die getrockneten reifen Früchte. Prunus domestica (HAB 34), die frische Rinde.
I: Verschiedene Zucker, Fruchtsäuren, Pektin, Mineralstoffe, Vitamine, im Samen Blausäureglykosid.
A: Die getrockneten, über Nacht in Wasser eingeweichten und morgens auf nüchternen Magen gegessenen Zwetschen als mildes Abführmittel. Pflaumenmus gelegentlich als Arzneiträger. Zur Branntweinbereitung (Slibowitz).
F: Joghurt-Milkitten

Traubenkirsche *Prunus padus* L.   Rosengewächse *Rosaceae*
B: Strauch oder Baum mit breit-lanzettlichen, 8 – 12 cm langen, zugespitzten, am Rande fein gezähnten Blättern. Blüten in langen, aufrechten bis hängenden traubigen Blütenständen. Bis 15 m. ♄; IV – VI.
V: Auenwälder und -gebüsche, in Europa weit verbreitet, östlich bis Kamtschatka.
D: Traubenkirschenrinde – Cortex Pruni padi. Prunus Padus e cortice (HAB 34), die frische, zur Blütezeit gesammelte Rinde junger Zweige.
I: Blausäureglykoside Amygdalin und Isoamygdalin, Gerbstoffe, Harz.
A: ☠ In der Volksheilkunde früher als hustenreizstillendes Mittel. In der Homöopathie bei Kopfschmerzen, Herzbeschwerden und Mastdarmleiden. Das von Blausäureglykosid freie Fruchtfleisch zu Getränken und Marmeladen. Samen und übrige Pflanzenteile sind dagegen giftig.

Kirschlorbeer *Prunus laurocerasus* L.   Rosengewächse *Rosaceae*
B: Strauch, seltener niedriger Baum, mit immergrünen, ledrig-glänzenden, 10 – 15 cm langen Blättern (übrige Arten sommergrün!). Blüten klein, Kronblätter etwa 3 mm lang, in aufrechten, vielblütigen Trauben. Bis 6 m. ♄; IV – V.
V: Heimat Südwestasien bis Südosteuropa. Heute bei uns beliebte Zierpflanze, nicht sehr frosthart.
D: Kirschlorbeerblätter – Folia Laurocerasi recentia, die frischen Blätter und Zweigspitzen. Laurocerasus (HAB 34).
I: Blausäureglykoside Prulaurasin (= Isoamygdalin) und Prunasin, Enzyme, Gerbstoff.
A: ☠ Außer dem Fruchtfleisch sind alle Teile der Pflanze einschließlich der Samen giftig. Durch Wasserdampfdestillation Gewinnung von Kirschlorbeerwasser (Aqua Laurocerasi), das früher wie Bittermandelwasser als leichtes schmerzstillendes Mittel, gegen Hustenreiz und als Geschmackskorrigens verwendet wurde. Heute bei uns nur noch in der Homöopathie u. a. bei Herzschwäche, Reizhusten, Atemnot.
F: Primula Oligoplex, Rufebran Nr. 12

Purgier-Lein, Wiesen-Lein *Linum catharticum* L.   Leingewächse *Linaceae*
B: Zarte, aufrechte, bitter schmeckende Pflanze. Blätter gegenständig, lanzettlich, bis 1 cm lang. Blüten in der Knospe nickend, klein. 0,1 – 0,3 m. ⊙ – ⊙; VI – VIII.
V: In feuchten bis trockenen Rasen verbreitet; Europa bis Südwestasien.
D: Purgierleinkraut – Herba Lini cathartici. Linum catharticum (HAB 34), die frische, blühende Pflanze.
I: Bitterstoff Linin, Gerbstoff, ätherisches Öl, Harz, geringe Mengen Blausäureverbindungen.
A: Das Kraut wirkt abführend und harntreibend, in höheren Dosen brechenerregend. Anwendung nur noch selten in der Volksheilkunde. In der Homöopathie vor allem bei Bronchitis, Periodenstörungen und Durchfall.

Blüten weiß, radiär, 5 Blütenblätter

Limonenbaum.

Zitrone *Citrus limon* (L.) BURM.FIL. Rautengewächse *Rutaceae*
B: Niedriger Baum, Blätter immergrün, breit-elliptisch, zugespitzt, am Rande gesägt, Blattstiel wenig geflügelt. Blütenblätter weiß, außen oft rötlich. Früchte dünnschalig, gelb. 5 – 10 m. ♄; III – IX.
V: Heimat Südostasien, im Mittelmeergebiet und entsprechenden Klimagebieten kultiviert.
D: Citronenöl – Citri aetheroleum (DAB 8), Oleum Citri, das ätherische Öl der Fruchtschalen. Zitronenschale – Pericarpium Citri (DAB 6), die getrocknete äußere Schicht der Fruchtwand von nicht völlig reifen Früchten der nahe verwandten Zitrat-Zitrone *Citrus medica* L.
I: Ätherisches Öl mit Limonen, Citral, Anthranilsäuremethylester, Cumarinderivate. In den Fruchtschalen außerdem die Flavonoide Hesperidin, Diosmin u. a., Gerbstoff.
A: Das ätherische Öl als Geruchs- und Geschmackskorrigens, äußerlich auch als Hautreizmittel. Zitronenschale bei Appetitlosigkeit. Citrus-Flavonoide u. a. bei Venenerkrankungen und grippalen Infekten.
F: Marvina, Pin-Alcol, Retterspitz Äußerlich, Salus-Kreislauf-Bad u. a.

Pomeranzen

Pomeranze, Bitterorange *Citrus aurantium* L. Rautengewächse *Rutaceae*
B: Baum mit rundlicher Krone. Blätter immergrün, breit-elliptisch, Blattstiel im oberen Teil deutlich geflügelt. Früchte mit bitterem, saurem Fruchtfleisch und rauher Schale, orange. Bis 5 m. ♄; III – V.
V: Heimat Südostasien, im Mittelmeergebiet kultiviert.
D: Pomeranzenblüten – Flores Aurantii (Erg.B.6), die getrockneten Blütenknospen. Pomeranzenblütenöl, Neroliöl – Oleum Aurantii Floris (Erg.B.6). Pomeranzenblätter – Folia Aurantii (Erg.B.6). Pomeranzenschale – Aurantii pericarpium (DAB 8), die äußere Schicht der Fruchtwand der reifen Früchte. Daraus das ätherische Öl, Oleum Aurantii Pericarpii. Außerdem die ganzen, getrockneten, unreifen Früchte (Fructus Aurantii immaturi).
I: In allen Drogen ätherisches Öl ähnlicher Zusammensetzung, Flavonoide, vor allem Hesperidin, Bitterstoffe, im ätherischen Öl der Blüten Linalool, Geraniol, Nerol, Anthranilsäuremethylester.
A: Fruchtschalen und Blätter als appetitanregendes und verdauungsförderndes Mittel. Auch als Geschmackskorrigens und zu Bitterschnäpsen. Die Blüten als mildes Beruhigungs- und Schlafmittel. Neroliöl ist die Grundkomponente der Duftnote „Kölnisch Wasser". Zur Aromatisierung von Arzneimitteln verwendet man auch häufig das ätherische Öl (Ol. Aurantii dulcis) aus der Fruchtwand der Apfelsine (*Citrus sinensis* (L.) OSB.), das einen milderen Geschmack hat.
F: Carminativum-Hetterich, Meteophyt, Nervotonicum Hey, Sedovent u. v. a.

Roßkastanie *Aesculus hippocastanum* L. Roßkastaniengewächse *Hippocastanaceae*
B: Hoher, sommergrüner Baum mit 5 – 7zähligen, gefingerten Blättern. Blütenblätter weiß, mit gelbem bis rotem Fleck, die oberen etwas größer, in reichblütigen Trauben. 20 – 30 m. ♄; IV – V.
Frucht (unten rechts) stachelig, mit großen, braunen Samen.
V: Heimat Südosteuropa, Westasien, als Zier- und Straßenbaum oft gepflanzt.
D: Roßkastaniensamen – Hippocastani semen (DAB 8), die reifen, getrockneten, ungeschälten Samen. Auch Blätter, Rinde und Blüten werden verwendet. Aesculus hippocastanum, Aesculus (HAB 1).
I: Saponingemisch (mit dem Wirkstoff Aescin), Flavonolglykoside. In Blättern und Rinde auch Oxycumaringlykoside (Aesculin, Fraxin, Scopolin).
A: Venentonisierende und ödemausschwemmende Wirkung, die in einer sehr großen Anzahl von Präparaten gegen venöse Stauungen wie Krampfadern und Hämorrhoiden genutzt wird. Auch in Einreibungen und Bädern gegen Muskelprellungen, Frostschäden, Durchblutungsstörungen, Rheuma oder in Schnupftabaken. Die Rinde daneben zur Darstellung des Aesculins, das in Lichtschutzsalben verwendet wird. Die Blüten als Volksheilmittel gegen Rheuma und Gicht. Vielfältige Anwendung auch in der Homöopathie.
F: Aescorin, Essaven, Pernionin, Vasotonin, Venoplant, Venostasin u. v. a.

Blüten weiß, radiär, 5 Blütenblätter

Oxys.
Sawer Klee.

Vitis alba.
Stickwurz.

Wald-Sauerklee *Oxalis acetosella* L.   Sauerkleegewächse *Oxalidaceae*
B: Niedrige Pflanze mit 3zähligen, kleeblattartigen, grundständigen Blättern. Blüten einzeln, auf einem die Blätter überragenden Stiel, Blütenblätter weiß bis rosa, mit deutlich hervortretenden Nerven. 0,05 – 0,15 m. ♃; IV – V.
V: Schattige, feuchte Laub- und Nadelwälder der gemäßigten Breiten.
D: Oxalis Acetosella (HAB 34), die frische, blühende Pflanze.
I: Oxalsäure, saure Alkalioxalate.
A: In der Homöopathie u. a. bei Stoffwechselschwäche, Verdauungsstörungen, Leber- und Gallenerkrankungen, Neigung zu Steinbildungen. Früher volkstümlich auch bei Skorbut und Hauterkrankungen. Einzelne Blätter als Zusatz zu Salaten sollen unbedenklich sein, größere Mengen jedoch bei Kindern zu Gesundheitsstörungen (Nierenschädigung) führen.
F: Akne-Kapseln (Wala), Mucosa compositum (Heel) u. a.

Zweihäusige Zaunrübe *Bryonia cretica* L. ssp. *dioica* (Jacq.) Tutin (*B. dioica* Jacq.)   Kürbisgewächse   *Cucurbitaceae*
B: Zweihäusige Pflanze. Stengel rauhhaarig mit spiralig gedrehten, unverzweigten Ranken kletternd. Blätter gestielt, bis über die Mitte 5teilig, Abschnitte ganzrandig oder stumpf gezähnt, der mittlere kaum länger als die seitlichen. Männliche Blütenstände gestielt, weibliche fast sitzend in den Blattachseln, Kelchzähne etwa halb so lang wie die gelblich-weiße Krone. Reife Beeren scharlachrot. 2 – 4 m. ♃; VI – IX.
V: Gebüsche, Zäune; West-, Mittel- und Südeuropa.
D: Zaunrübenwurzel – Radix Bryoniae, auch von der Weißen Zaunrübe (*Bryonia alba* L.). Bryonia (HAB 34).
I: Harz mit Cucurbitacinen.
A: ⚠ Als Giftpflanze s. S. 242. Stark wirkendes Abführmittel, selten noch in Kombination mit anderen Drogen verwendet. Häufig gebräuchlich in der Homöopathie bei akuten fieberhaften, rheumatischen und katarrhalischen Erkrankungen. Die rübenförmige Pfahlwurzel früher im Volke als Ersatz für Alraune.
F: Arthrosetten, Echtrosept, Silberne Boxberger, Toxi-loges C u. v. a.

Myrtenbaum

Echte Myrte *Myrtus communis* L.   Myrtengewächse *Myrtaceae*
B: Stark verzweigter Strauch mit eilanzettlichen, zugespitzten, aromatischen, immergrünen Blättern. Blüten weiß, bis 3 cm groß, mit zahlreichen Staubfäden. Frucht eine blauschwarze Beere. 3 – 5 m. ♄; VI – VIII.
V: Immergrüne Gebüsche und Wälder im ganzen Mittelmeergebiet.
D: Myrtenblätter – Folia Myrti. Daraus das ätherische Öl – Oleum Myrti mit Myrtol, der bei 160° – 180° C siedenden Fraktion (enthält vorwiegend Cineol). Myrtus communis (HAB 34), die frischen, blühenden Zweige.
I: Ätherisches Öl mit Terpenen, Cineol, Myrtenol, Bitterstoffe, Gerbstoffe.
A: Das stark sekretionsfördernde Myrtol bei Bronchitis und chronischen Lungenerkrankungen. Die Droge volkstümlich zur Anregung des Appetits, als zusammenziehendes Mittel und bei Bronchialkatarrhen. In der Homöopathie bei hartnäckigem Husten und Lungentuberkulose. Als Gewürz.
F: Gelomyrtol

Sanikel, Heildolde *Sanicula europaea* L.   Doldenblütler *Apiaceae*
B: Grundständige Blätter handförmig geteilt, meist 5zählig, Stengelblätter einfacher und kleiner. Blüten mit 1,5 mm langen Blütenblättern in köpfigen Döldchen. Früchte rundlich mit bis 2 mm langen hakenförmigen Stacheln. 0,2 – 0,6 m. ♃; V – VII.
V: Buchen- und Laubmischwälder, in weiten Teilen Europas.
D: Sanikelkraut und -wurzel – Herba (Radix) Saniculae. Sanicula europaea (HAB 34).
I: Saponine, Bitterstoff, Gerbstoff, ätherisches Öl, organische Säuren.
A: Vor allem in der Volksheilkunde noch gelegentlich bei Erkrankungen der Atemwege, Asthma, zum Gurgeln bei Mund- und Halsentzündungen und als Wundheilmittel. In der Homöopathie u. a. bei Magen- und Darmgeschwüren, Nierengrieß.
F: Argentum Oligoplex, Asthma-Divinal, Tussiflorin u. a.

Blüten weiß, radiär, 5 Blütenblätter

Eryngii species.
Mannstreu.

Feld-Mannstreu *Eryngium campestre* L.   Doldenblütler *Apiaceae*
B: Distelartige Pflanze mit fiederteiligen, stachelspitzig gezähnten, starren Blättern. Blüten unscheinbar, in zahlreichen kugeligen, von schmallinealen Hochblättern umgebenen, köpfchenförmigen Blütenständen. 0,2 – 0,7 m. ♃; VI – VIII.
V: Magerrasen, Wegränder, Unkrautfluren; Europa, außer im Norden.
D: Mannstreuwurzel und -kraut – Radix (Herba) Eryngii.
I: Saponine, Gerbstoff, ätherisches Öl.
A: Geringe harntreibende, krampflösende und schleimlösende Wirkung. In der Volksheilkunde vor allem als Blutreinigungsmittel, bei Erkrankungen der Harnwege, gegen Husten und Keuchhusten.
Die Flachblättrige Mannstreu (*Eryngium planum* L.) und die Stranddistel (*Eryngium maritimum* L.) werden gelegentlich ähnlich verwendet.
F: Nieron Tee (*E. campestre*), Thymodrosin (*E. planum*)

Betäubender Kälberkropf   *Chaerophyllum temulentum* L.   Doldenblütler *Apiaceae*
B: Stengel rotgefleckt mit doppelt gefiederten Blättern. Hüllblätter der Dolde fehlend, Hüllchenblätter am Rande behaart. 0,3 – 1 m. ☉; V – VII.
V: Gebüsche, Hecken, Waldränder, fast ganz Europa.
D: Chaerophyllum (HAB 34), die frische, blühende Pflanze.
I: Im Kraut und in den Früchten das Alkaloid Chaerophyllin.
A: ☠ Vergiftungserscheinungen wie Schwindel („Taumeln") und Lähmungen wurden bisher nur beim Vieh beobachtet. Arzneiliche Anwendung ausschließlich in der Homöopathie. Im Kraut des Knollen-Kälberkropfes (*Chaerophyllum bulbosum* L.) wurde ebenfalls giftiges Chaerophyllin nachgewiesen. Die stärkehaltigen Wurzelknollen (Kerbelrüben, Erdkastanien) sind dagegen eßbar.

Körffel

Garten-Kerbel   *Anthriscus cerefolium* (L.) HOFFM.   Doldenblütler *Apiaceae*
B: Frische Pflanze mit Anisgeruch. Blätter dünn, 2 – 4fach gefiedert. Dolden mit 2 – 6 Strahlen, Hülle fehlend, Hüllchenblätter 1 – 4. Früchte bei der angebauten Varietät (var. *cerefolium*) glänzend, kahl. 0,3 – 0,7 m. ☉; V – VIII.
V: Gewürzpflanze, häufig verwildert; Herkunft Westasien.
D: Garten-Kerbel, Kerbelkraut – Herba Cerefolii germanici, das frische Kraut.
I: Flavonglykosid Apiin, Bitterstoff, äther. Öl mit Methylchavicol (Estragol).
A: Die Pflanze hat harn- und schweißtreibende Eigenschaften. Volkstümlich wird das frische Kraut bzw. der Preßsaft zu Frühjahrskuren verwendet, die Früchte früher bei chronischen Ekzemen, Skrofulose und Lungentuberkulose. Die Blätter als Gewürz (Bestandteil der fines herbes.).

Gefleckter Schierling   *Conium maculatum* L.   Doldenblütler *Apiaceae*
B: Unangenehm riechende Pflanze. Stengel mit länglichen, roten Flecken und bläulich bereift. Blätter 2 – 4fach gefiedert, im Umriß dreieckig. Dolden mit 8 – 15 Döldchen. Frucht rundlich mit wellig-gekerbten Rippen, 2,5 – 3,5 mm groß. 0,5 – 2,5 m. ☉; VII – IX.
V: Unkrautfluren wärmerer Gebiete, nicht häufig; Europa bis Zentralasien.
D: Schierlingskraut – Herba Conii (Erg.B.6), die getrockneten Blätter und blühenden Zweigspitzen, Conium (HAB 34).
I: Coniin und verwandte Alkaloide, Flavonglykosid, Cumarine, ätherisches Öl.
A: ☠ Coniin bewirkt Lähmung der motorischen Nervenendigungen und des Rückenmarks. Der Tod tritt durch Atemlähmung bei lange erhaltenem Bewußtsein ein. Im Altertum zum Vollstrecken von Todesurteilen (Schierlingsbecher des Sokrates). Vergiftungen durch Verwechslung mit Küchenkräutern (Petersilie, Kerbel) oder Verunreinigung der Früchte von Anis, Kümmel oder Fenchel. In der Heilkunde früher als beruhigendes, schmerzstillendes und krampflösendes Mittel. Wegen der Vergiftungsgefahr und ungenauen Dosierbarkeit heute nur noch selten in Salben gegen entzündliche Schwellungen und Nervenschmerzen. In der Homöopathie gebräuchlich bei Schwindelzuständen, Drüsenschwellungen, Altersbeschwerden und Augenleiden.
F: Conium Oligoplex, Hevertigon, Nettinerv, Seniovita, Vertigoheel u. v. a.

Blüten weiß, radiär, 5 Blütenblätter

Koriander, Wanzenkraut *Coriandrum sativum* L. Doldenblütler *Apiaceae*
B: Frische Pflanzen unangenehm nach Wanzen riechend. Blätter 1 – 3fach gefiedert, die unteren mit breiten, eiförmigen, die oberen mit schmallinealen Abschnitten. Dolden 3 – 5strahlig, Hülle fehlend, Hüllchen einseitig, meist 3zählig. Blüten weiß bis zartrosa. 0,2 – 0,6 m. ⊙; VI – VII.
Die kugelrunden Früchte (oben rechts) sind in frischem Zustand glatt und 2 – 5 mm groß. Beim Trocknen verliert sich der unangenehme Wanzengeruch und macht einem angenehmen würzigen Aroma Platz. Charakteristisch sind die abwechselnd geschlängelten und gerade verlaufenden Rippen. Im Gegensatz zu vielen anderen Früchten von Doldenblütlern trennen sich die beiden Teilfrüchte nicht voneinander.
V: Als Gewürzpflanze seit dem Altertum kultiviert, in Mitteleuropa selten verwildert. Herkunft wahrscheinlich Westasien.
D: Korianderfrüchte – Fructus Coriandri (Erg.B.6), die getrockneten, reifen Früchte.
I: Ätherisches Öl mit Linalool, Cumarinderivate, Gerbstoff, fettes Öl.
A: Ähnlich wie Kümmel als appetitanregendes, verdauungsförderndes, blähungstreibendes und krampflösendes Mittel. Das ätherische Öl auch zu Einreibungen gegen Rheuma. Die Hauptmenge der Droge wird als Gewürz (u. a. im Currypulver, für Brot) und in der Likörindustrie (Danziger Goldwasser, Karthäuser u. a.) verwendet.
F: Carminativum Babynos, Carminativum-Hetterich, Gastroflorin u. v. a.

Wasserschierling *Cicuta virosa* L. Doldengewächse *Apiaceae*
B: Sumpf- und Wasserpflanze mit kräftigem, durch Querwände gekammertem, hohlem Wurzelstock. Blätter 2 – 3fach fiederschnittig mit langen, lineallanzettlichen, gezähnten Abschnitten. Hülle fehlend oder bis 2blättrig, Hüllchen zahlreich. Frucht rundlich. 0,5 – 1,5 m. ♃; VI – VIII.
V: An Altwässern und Tümpeln, nicht häufig; Europa bis Zentralasien.
D: Cicuta virosa (HAB 34), der frische, zur Zeit der beginnenden Blüte gesammelte Wurzelstock mit den anhängenden Wurzeln.
I: Sehr giftiges Cicutoxin, daneben Cicutol (Acetylenverbindungen), ätherisches Öl.
A: ☠ Cicutoxin ist ein Krampfgift. Vergiftungen kamen vor allem durch Verwechslung des Wurzelstockes mit Sellerie wegen des gleichen Geruchs und Pastinak- oder Petersilienwurzel wegen des ähnlichen Geschmacks vor. Arzneiliche Anwendung häufig in der Homöopathie bei Krampfanfällen, Schwindel, nervösen Störungen, Gesichtsausschlägen, selten in schmerzlindernden Salben.
F: Cuprum-Pentarkan, Neurapas, Novavis C, Tarantula Oligoplex u. a.

Wasserfenchel *Oenanthe aquatica* (L.) Poir. (*Phellandrium aquaticum* L.)
Doldenblütler *Apiaceae*
B: Aufrechte, bis aufsteigende, auch lang kriechende Sumpf- oder Wasserpflanze. Wurzelstock und Stengel unten oft stark verdickt, bis 8 cm im Durchmesser. Blätter 2fach gefiedert mit kurzen, schmalen Endabschnitten, untergetauchte Wasserblätter in zahlreiche faden- bis haarförmige Abschnitte zerteilt. Hülle fehlend, Hüllchenblätter zahlreich. Frucht 3,5 – 4,3 mm lang. 0,3 – 2 m. ⊙ – ⊙; VI – VIII.
V: Altwässer und Tümpel, durch fast ganz Europa bis Westasien.
D: Wasserfenchelfrüchte – Fructus Phellandri (Erg.B.6), die getrockneten, reifen Spaltfrüchte. Phellandrium (HAB 34).
I: Ätherisches Öl mit Phellandren, Myristicin, Apiol; fettes Öl, Harz.
A: Vor allem in der Volksheilkunde als schleimlösendes und hustenstillendes Mittel bei chronischem Bronchialkatarrh, früher besonders bei Lungentuberkulose und gegen Blähungen. Ebenso in der Homöopathie, hier auch bei Kopfschmerzen und Brustdrüsenentzündung. Das ätherische Öl ist durch den hohen Phellandrengehalt giftig.
F: Lophyptan, Methamel, Salus Bronchial-Tee, Teucrium-Plantaplex u. a.

Blüten weiß, radiär, 5 Blütenblätter

Careum.
Echsfümel.

Kümmel *Carum carvi* L. Doldenblütler *Apiaceae*
B: Blätter 2 – 3fach gefiedert, das unterste Paar der Fiederblättchen kreuzweise gestellt, Blattzipfel meist nicht über 1 mm breit. Hülle und Hüllchen fehlend oder wenigblättrig. Blüten weiß bis rosa. 0,3 – 1 m. ☉; ⚄; VI – VIII.
Kümmelfrüchte sind in der Droge immer in die schwach sichelförmig gekrümmten, 3 – 7 mm langen Teilfrüchte (oben rechts) zerfallen, Sie sind dunkelbraun und haben jeweils 5 hervorstehende, hellere Rippen. Bis zum Mittelalter wurden statt des Kümmels unter dem gleichen Namen die grünlichgrauen Früchte des Kreuz- oder Mutterkümmels *Cuminum cyminum* L. (Heimat östliches Mittelmeergebiet) verwendet, die heute bei uns nur noch gelegentlich als Gewürz (holländische Käsesorten) zu finden sind.
V: Wiesen, Wegränder, verbreitet; Europa bis Zentralasien.
D: Kümmel – Carvi fructus (DAB 8), die getrockneten, reifen Früchte, Kümmelöl – Carvi aetheroleum (DAB 8), Oleum Carvi, das äther. Öl der Früchte.
I: Ätherisches Öl mit Carvon (Hauptbestandteil und Geruchsträger), Limonen; Cumarinderivate Umbelliferon und Scopoletin.
A: Kümmel regt die Tätigkeit der Verdauungsdrüsen an und hat blähungswidrige und krampflösende Wirkung. Man verwendet ihn bei Appetitlosigkeit, Verdauungsstörungen und Krämpfen im Magen-Darm- und Gallebereich. Die Milchabsonderung stillender Mütter soll gefördert werden. Das ätherische Öl auch in Mundwässern und hautreizenden Einreibungen. Ein großer Teil der Droge als Gewürz, wobei besonders die Verträglichkeit blähungsfördernder Gerichte wie Kohl verbessert wird. Zur Likör- und Branntweinherstellung („Kümmel").
F: Aspasmon, Carminativum-Hetterich, Carvomin, Magen-Tee Stada u. v. a.

Bärwurz, Bärenfenchel *Meum athamanticum* JACQ. Doldenblütler *Apiaceae*
B: Rhizom dick, mit Faserschopf. Blätter mit würzigem Geruch, 3- bis mehrfach gefiedert, mit haarfeinen, bis 5 mm langen Zipfeln. Blüten gelblich-weiß. Hülle fehlend oder bis 8blättrig. Frucht länglich, 6 – 8 mm. 0,2 – 0,6 m. ⚄; V – VIII.
V: Wiesen, Weiden der Mittelgebirge und Alpen, in weiten Teilen Europas.
D: Bärwurz, Bärenfenchelwurzel – Radix Mei, Radix Foeniculi ursini. Meum athamanticum (HAB 34).
I: Ätherisches Öl, Harz, Gummi, Stärke, Zucker, fettes Öl.
A: In der Volksheilkunde als appetitanregendes und verdauungsförderndes Mittel, auch bei Menstruationsstörungen. Im Bayerischen Wald und im Erzgebirge zur Bereitung eines magenstärkenden Schnapses.

Garten-Möhre *Daucus carota* L. ssp. *sativus* (HOFFM.) ARCANG.
Doldenblütler *Apiaceae*
B: Als Gemüsepflanze einjährig gezogen. Blätter 2 – 4fach gefiedert, mit schmalen, meist zugespitzten Abschnitten. Die bei der Kulturpflanze seltenen Blüten in vielzähligen Dolden mit zahlreichen, langen, dreiteiligen Hüllblättern, Hüllchenblätter kürzer. In der Mitte der Dolde gelegentlich eine schwarzpurpurne „Mohrenblüte", Randblüten strahlend. Früchte mit widerhakigen Stacheln, Fruchtdolde nestförmig eingekrümmt. 0,3 – 1 m. ☉; VI – VII.
V: Als Kulturpflanze weit verbreitet. Die Unterart ssp. *carota* als Wildpflanze in ganz Europa.
D: Möhre, Mohrrübe, Karotte, Gelbe Rübe – Radix Dauci carotae.
I: Äther. Öl, Pektin, Flavonoide, Mineralstoffe, Carotin, Vitamin B1, B2, C.
A: Die frischen Karotten bzw. der Saft durch den Gehalt an ätherischem Öl gegen Würmer, als alleiniges Mittel aber nicht immer zuverlässig wirksam. Gekocht oder Fertigzubereitungen aufgrund des Pektingehaltes bei Durchfall, besonders bei Ernährungsstörungen der Säuglinge (Karottendiät). Wertvoll ist die Mohrrübe auch durch das Carotin, das sich im Körper in das für den Sehvorgang notwendige Vitamin A umwandelt, und durch den hohen Mineralstoffanteil, speziell Kaliumgehalt, der eine Steigerung der Harnausscheidung bewirkt. Das alkaloidhaltige Kraut und die Früchte selten in der Volksmedizin.
F: Daucaron, Floradix Kindervital u. Kräuterblut.

Blüten weiß, radiär, 5 Blütenblätter

Anisum.
Eniß.

Anis *Pimpinella anisum* L. Doldenblütler *Apiaceae*
B: Feinbehaarte Pflanze mit Anisgeruch. Stengel rund, gerillt. Grundblätter ungeteilt, Stengelblätter nach oben zunehmend feiner zerteilt, 2 – 3fach gefiedert. Hülle der 7 – 15strahligen Dolde meist fehlend, Hüllchen wenige, fädlich. 0,3 – 0,6 m. ⊙; VII – VIII.
Die graugrünen, birnenförmigen Früchte (oben rechts) sind in der Droge häufig nicht in ihre Teilfrüchte zerfallen. Sie sind 3 – 5 mm lang, dicht und kurz behaart, mit kurzen Stielresten und etwa 2 mm langen, aufrecht-abstehenden Griffeln versehen. Jede Teilfrucht hat 5 hellere Rippen. Der Geschmack ist würzig, etwas süßlich, das volle Aroma entfaltet sich erst beim Lagern.
V: Gewürzpflanze, in Mitteleuropa kultiviert, selten verwildert. Heimat vermutlich in Asien.
D: Anis – Anisi fructus (Ph. Eur.), die getrockneten Früchte. Anisum (HAB 34). Anisöl – Anisi aetheroleum (DAB 8), Oleum Anisi, das ätherische Öl der reifen Früchte.
I: Ätherisches Öl mit Anethol als Hauptbestandteil und Geruchsträger, Methylchavicol (Isoanethol), Anisketon, Anissäure; fettes Öl, Zucker.
A: Die Droge wie auch das ätherische Öl als wirksamer Bestandteil wird als sekretionsanregendes, schleimlösendes und auswurfförderndes Mittel in zahlreichen Hustenpräparaten verwendet. Auch eine krampflösende und blähungstreibende Wirkung bei Verdauungsbeschwerden und Magendarmkoliken (in Abführmitteln vorbeugend gegen derartige Beschwerden) ist vorhanden, wenn auch schwächer als bei Kümmel oder Fenchel. Ferner soll die Milchsekretion stillender Frauen gesteigert werden. Das ätherische Öl, das darüber hinaus gewisse antibakterielle Wirkung hat, findet man daneben in Mundwässern und Halstabletten. Häufig als Geschmacks- und Geruchskorrigens, in der Bäckerei und Likörindustrie.
F: Aspecton, Hevert-carmin, Liquidepur, Mixtura solvens Compretten u. v. a.

Kleine Bibernelle, Stein-Bibernelle *Pimpinella saxifraga* L. Doldenblütler *Apiaceae*
B: Pflanze mit rundem, feingerilltem Stengel. Grundblätter einfach gefiedert, Fiederchen sitzend, Stengelblätter bis 3fach fiederschnittig. Hülle und Hüllchen meist fehlend. Griffel zur Blütezeit kürzer als der Fruchtknoten, Frucht kahl. Pflanze geruchlos. Formenreiche Art. 0,2 – 0,6 m. ♃; VI – X.
V: Trockenrasen, lichte Wälder, durch ganz Europa bis Zentralasien.
Große Bibernelle *Pimpinella major* (L.) HUDS. (*P. magna* L.)
B: Pflanze mit kantigem Stengel, in allen Teilen größer als vorige Art. Blätter einfach gefiedert, Fiederchen der Grundblätter meist kurz gestielt. Hülle und Hüllchen meist fehlend. Griffel zur Blütezeit länger als der Fruchtknoten, Frucht kahl. 0,4 – 1 m. ♃; VI – IX.
V: Frische Wiesen und Staudenfluren der Bergstufe in weiten Teilen Europas.
D: Bibernellwurzel – Radix Pimpinellae (DAB 6), die getrockneten Wurzeln und Wurzelstöcke beider Arten. Pimpinella alba (HAB 34).
I: Saponin, ätherisches Öl, Cumarinderivate (Pimpinellin u. a.), Gerbstoff, organische Säuren, Harz, Zucker.
A: Durch das ätherische Öl und das Saponin wirkt die Droge auswurffördernd und schleimlösend und ist Bestandteil von Hustenmitteln. In der Volksheilkunde zum Gurgeln und Spülen bei entzündlichen Erkrankungen im Mund- und Rachenraum, ferner wie die Wurzeln mancher anderer Doldenblütler bei Verdauungsstörungen und als harntreibendes Mittel. In der Homöopathie daneben bei Nasenbluten, Kopfschmerzen, steifem Nacken. Zu Bitterschnäpsen und Gewürzextrakten. Auch der Kleine Wiesenknopf *Sanguisorba minor* SCOP. (s. S. 140) wird gelegentlich als Bibernelle bezeichnet und gibt dadurch Anlaß zu Verwechslungen.
F: Bronchicum, Cefabronchin, Majocarmin, Melrosum, Sparheugin u. v. a.

Pimpinella major.
Groß Bibnell.

Blüten weiß, radiär, 5 Blütenblätter

Großer Ammei *Ammi majus* L. Doldenblütler *Apiaceae*
B: Blätter 1–3fach gefiedert, mit breitlanzettlichen, gezähnten Abschnitten, sehr veränderlich. Hüllblätter 3teilig, Hüllchenblätter hautrandig. Frucht 1,5–2 mm lang. 0,3–1 m. ☉; VII–IX.
V: Unkrautfluren, Mittelmeergebiet, Nordafrika, Südwestasien. In Mitteleuropa und weiter gelegentlich eingebürgert.
D: Große Ammeifrüchte – Fructus Ammi majoris.
I: Furocumarine Xanthotoxin (Ammoidin), Imperatorin (Ammidin) u. a.
A: Diuretische und durch die Furocumarine photosensibilisierende Wirkung s. S. 18). Extrakte aus den Früchten oder Ammoidin in Präparaten, die auf ärztliche Verordnung innerlich und äußerlich gegen Pigmentstörungen, Schuppenflechte u. a. Hauterkrankungen angewendet werden können.
F: Maladinine *Rp*

Echter Ammei *Ammi visnaga* (L.) LAM. Doldenblütler *Apiaceae*
B: Blätter 3fach fiederschnittig mit linealen Zipfeln. Dolde mit vielen, dreiteiligen Hüllblättern, Doldenstrahlen sehr zahlreich, bei der Fruchtreife verholzend und im Orient zur Herstellung von Zahnstochern benützt. Hüllchenblätter pfriemlich. Frucht 2–2,5 mm, oval. 0,2–1 m. ☉–⊙; VII–IX.
V: Weiden, auch Unkrautfluren; im südlichen Mittelmeergebiet, Nordafrika, Südwestasien, in Mitteleuropa gelegentlich angebaut und eingeschleppt.
D: Ammi-visnaga-Früchte, Bischofskrautfrüchte, Zahnstocher-Ammeifrüchte – Ammeos visnagae fructus (DAB 8), die getrockneten reifen Früchte. Ammi visnaga (HAB 1).
I: Furochromone Khellin, Visnagin u. a., Pyranocumarine Samidin, Visnadin; Flavonoide.
A: Hauptwirkstoff ist das Khellin, das krampflösende und herzkranzgefäßerweiternde Eigenschaften hat. Letztere sollen von Visnadin noch übertroffen werden. Darüber hinaus hat die Droge harntreibende Wirkung. Häufige Anwendung bei Angina pectoris, Bronchialasthma, Keuchhusten, Spasmen im Magendarmbereich und der Gallen- und Harnwege. Auch in der Homöopathie.
F: Cardisetten, Carduben, Keldrin, Khellicor, Silphoscalin, Stenocrat u. v. a.

Hundspetersilie *Aethusa cynapium* L. Doldenblütler *Apiaceae*
B: Blätter 2–3fach gefiedert, im Gegensatz zur Garten-Petersilie unterseits glänzend und beim Zerreiben unangenehm riechend. Döldchen meist mit 3 nach außen herabhängenden Hüllchenblättern. 0,2–1 m. ☉–⊙; VI–IX.
V: Unkrautfluren, Gebüsche; ganz Europa.
D: Aethusa (HAB 34), die frische, blühende Pflanze.
I: Die Polyacetylene Aethusin und Aethusanol, geringe Mengen ätherisches Öl. Spuren eines coniinähnlichen Alkaloides (früher als Cynapin bezeichnet) im frischen Kraut gelten als fraglich.
A: ☠ Teilweise tödliche Vergiftungen durch Verwechslung der Blätter mit Garten-Petersilie oder Garten-Kerbel bzw. der Früchte mit Anisfrüchten. Anwendung heute noch in der Homöopathie besonders bei Brechdurchfällen und Milchunverträglichkeit bei Säuglingen.
F: Vomitusheel

Giersch, Geißfuß *Aegopodium podagraria* L. Doldenblütler *Apiaceae*
B: Staude mit langen, unterirdischen Ausläufern. Blätter 1–2fach gefiedert, Blattabschnitte groß, gesägt, teilweise zweispaltig, einem Ziegenfuß ähnlich. Dolden mit 15–25 Strahlen, Hülle und Hüllchen fehlend. 0,5–1 m. ♃; V–IX.
V: Auenwälder, Hecken, Gärten; fast ganz Europa, im Süden selten.
D: Aegopodium Podagraria (HAB 34), die frische Pflanze.
I: Bisher wenig erforscht. Ätherisches Öl, in den Wurzeln ein Polyin.
A: Volkstümlich und in der Homöopathie gegen Rheumatismus und Gicht (hiervon der Name: Podagra = Gicht der großen Zehe), ebenso äußerlich das zerquetschte Kraut zu Umschlägen, in Bädern auch gegen Hämorrhoiden.

Blüten weiß, radiär, 5 Blütenblätter

Angelica sativa.
Zam Angelic.

Angelica sylvestris.
Wild Angelic.

Laserpitium germanicum.
Meysterwurz.

Echte Engelwurz *Angelica archangelica* L. Doldenblütler *Apiaceae*
B: Große, kräftige Staude. Blätter 2 – 3fach gefiedert, mit oberseits rundem Blattstiel und aufgeblasener Blattscheide. Dolden sehr groß, Hülle fehlend, Hüllchenblätter lineal, so lang wie die Döldchen. 1 – 3 m. ♃; VII – VIII.
V: Feuchte Standorte. Nord-, Osteuropa bis Westasien, in Mitteleuropa auch verwildert und sich an einigen Flüssen ausbreitend.
D: Angelikawurzel – Radix Angelicae (DAB 6), die getrockneten Wurzeln und Wurzelstöcke aus Kulturen. Angelica Archangelica (HAB 34) von Wildpflanzen.
I: Ätherisches Öl mit Phellandren; Cumarinderivate, vor allem Furocumarine, Harz, Gerbstoff, Bitterstoffe, aromatische Säuren, Zucker.
A: Als aromatisches Bittermittel bei Verdauungsbeschwerden und Appetitlosigkeit, auch eine gewisse krampflösende und harntreibende Wirkung ist vorhanden. Ferner Anwendung bei nervösen Störungen. Äußerlich zu hautreizenden, schmerzstillenden Einreibungen und Bädern bei Rheuma, Muskel- und Nervenschmerzen. In Schnupftabak, Bitterschnäpsen und Kräuterlikören (Bénédictine, Chartreuse). Bei empfindlichen Personen Photosensibilisierung. In der Homöopathie auch bei Katarrhen der Luftwege und Nervenleiden. Das ätherische Öl ist bei Anwendung größerer Dosen giftig.
F: Carvomin, Doppelherz, Klosterfrau Melissengeist, Legastrol u. v. a.

Wilde Engelwurz *Angelica sylvestris* L. Doldenblütler *Apiaceae*
B: Blätter meist zweifach gefiedert, mit oberseits rinnigem Blattstiel und aufgeblasener Blattscheide. Dolden mit 0 – 3 Hüllblättern, Hüllchenblätter halb so lang wie die Döldchen. 1 – 2 m. ☉ – ♃; VII – IX.
V: Feuchte Wiesen, Auwälder, Flachmoore, häufig; Europa, Westasien.
D: Wilde Engelwurz – Radix Angelicae silvestris.
I: Ätherisches Öl, Cumarine und Furocumarine, in den Früchten auch eine herzkranzgefäßerweiternde Substanz (Angesin).
A: In der Volksheilkunde vor allem als auswurfförderndes Mittel bei Husten, sonst wie Echte Engelwurz. Die Samen in homöopathischer Zubereitung bei nervlicher Erschöpfung, nervösen Verdauungsstörungen.
F: Pascovegeton

Meisterwurz *Peucedanum ostruthium* (L.) KOCH (*Imperatoria ostruthium* L.)
Doldenblütler *Apiaceae*
B: Blätter doppelt dreizählig, Teilblättchen eiförmig, grob gezähnt. Hülle der bis zu 50strahligen Dolde fehlend. Frucht rund. 0,3 – 1 m. ♃; VI – VIII.
V: Hochstaudenfluren, Erlengebüsche der Alpen und Pyrenäen.
D: Meisterwurzwurzelstock – Rhizoma Imperatoriae (Erg.B.6), der getrocknete Wurzelstock ohne Wurzeln. Imperatora Ostruthium (HAB 34).
I: Ätherisches Öl, Cumarine, Furocumarine, Gerbstoff, Hesperidin.
A: Galt im Mittelalter als Allheilmittel, so bei Bronchitis, Gicht, Rheuma, Menstruationsstörungen, Fieber u. a. Heute wird hauptsächlich die appetit- und verdauungsanregende, außerdem leicht beruhigende Wirkung genutzt. Auch zu Bitterschnäpsen.
F: Endemol, Floradix Multipretten, Neuro-Fides, Stomachicon forte

Wiesen-Bärenklau *Heracleum sphondylium* L. Doldenblütler *Apiaceae*
B: Grundblätter groß, ungeteilt oder bis 9zählig fiederschnittig. Stengel stark gefurcht, steifhaarig. Hüllblätter der 15 – 30strahligen Dolde meist fehlend (oder bis 3), Hüllchenblätter zahlreich. Randblüten der Döldchen strahlend. Früchte 6 – 10 mm lang, rund oder oval, kahl. 0,5 – 1,8 m. ☉ – ♃; VI – IX.
V: Wiesen, Hochstaudenfluren, Auwälder, ganz Europa und weiter verbreitet.
D: Bärenklaukraut – Herba Heraclei sphondylii (Herba Brancae ursinae). Heracleum Sphondylium (HAB 34).
I: Besonders in den Früchten ätherisches Öl mit Furocumarinen (Bergapten u. a.) und weiteren Cumarinderivaten.
A: Selten noch volkstümlich und in der Homöopathie bei Verdauungsbeschwerden, Husten und Heiserkeit, Hautleiden. Nach Berührung mit dem Saft der Pflanze bei empfindlichen Personen Photosensibilisierung (s. S. 18).
F: Isla-Moos

Blüten weiß, radiär, 5 Blütenblätter

Sumpfporst *Ledum palustre* L.   Heidekrautgewächse *Ericaceae*
B: Immergrüner, stark duftender Strauch. Blätter lanzettlich, ledrig, unterseits rotbraun-filzig. Weiße Blüten mit freien Kronblättern in endständigen doldenartigen Blütenständen. 1 – 1,5 m. ♄; V – VI. Geschützt.
V: Hochmoore, Moorwälder im nördlichen Europa, Nordamerika.
D: Sumpfporstkraut – Herba Ledi palustris. Ledum (HAB 34).
I: Ätherisches Öl mit Ledol (Porstkampfer); Flavonoide, Gerbstoffe, Arbutin.
A: ☠ Früher volkstümlich, heute vorwiegend in der Homöopathie bei Gelenk- und Muskelrheumatismus, Husten, Insektenstichen, Hautausschlägen. Äußerlich in durchblutungsfördernden Einreibungen und zur Wundbehandlung. Ledol wirkt stark reizend auf Haut und Schleimhäute. Der Mißbrauch der Pflanze als Abtreibungsmittel und der Zusatz der Droge zum Bier, um die berauschende Wirkung zu erhöhen (Brauerkraut), haben früher zu Vergiftungen geführt.
F: Arthrosetten, Berberis-Tonicum-Pascoe, Infrotto, Soledum Präparate u. a.

Bärentraube *Arctostaphylos uva-ursi* (L.) SPRENGEL   Heidekrautgewächse *Ericaceae*
B: Niederliegender, teppichbildender Strauch. Blätter immergrün, verkehrteiförmig, derb, mit flachem Rand. Blütenkrone krugförmig mit 5 rötlichen Zipfeln. Rote Beeren. Bis 1,5 m lang kriechend. ♄; IV – VII.
V: Zwergstrauchheiden, Kiefernwälder; Europa, Nordasien, Nordamerika.
D: Bärentraubenblätter – Uvae ursi folium (DAB 8), die getrockneten Laubblätter. Uva ursi (HAB 34).
I: Arbutin (spaltet sich nach Ausscheidung durch die Niere in Glucose und Hydrochinon), Methylarbutin, viel Gerbstoffe, Flavonoide, ätherisches Öl.
A: Häufig verwendet bei bakteriellen Infektionen der Harnwege und der Harnblase. Die Wirkung des Hydrochinons tritt jedoch nur bei alkalischer Reaktion des Harns und genügend hoher Dosierung ein. Daneben ist durch die Flavonoide ein geringer harntreibender Effekt vorhanden. Wegen des hohen Gerbstoffgehaltes sind Reizungen der Magen- und Darmschleimhäute möglich, bei längerem Gebrauch auch Hydrochinonvergiftungen. In der Homöopathie besonders bei Bettnässen und Reizblase.
F: Arctuvan, Blasen- und Nierentee Stada, Buccosperin, Uvalysat u. v. a.

Preiselbeere *Vaccinium vitis-idaea* L.   Heidekrautgewächse *Ericaceae*
B: Zwergstrauch. Blätter immergrün, verkehrt-eiförmig, mit verdicktem, nach unten umgerolltem Rand, unterseits durch braune Drüsenhaare punktiert. Blütenkrone glockig, offen, bis zur Hälfte 5(-4)teilig, weiß bis rötlich. Rote Beeren. 0,1 – 0,3 m. ♄; V – VIII.
V: Nadelwälder, Heiden, auf kalkarmen Böden, ganze nördliche Hemisphäre.
D: Preiselbeerblätter – Folia Vitis Idaeae (Erg.B.6).
I: Arbutin, Pyrosid, Salidrosid, Gerbstoffe, Flavonglykosid.
A: Selten wie Bärentraubenblätter als Harndesinfiziens verwendet. Wegen des geringeren Arbutingehaltes ist eine höhere Dosierung notwendig. Daneben bei rheumatischen Erkrankungen.
F: Uriginex

Fieberklee, Bitterklee *Menyanthes trifoliata* L.   Fieberkleegewächse *Menyanthaceae*
B: Pflanze mit lang kriechendem Wurzelstock und dreizähligen, langgestielten, grundständigen Blättern. Blüten in dichter Traube, Kronblätter weiß bis rosa, am Grunde verwachsen, innen bärtig. 0,1 – 0,3 m. ♃; V – VI.
V: Sumpfwiesen, Moore; durch fast ganz Europa, Asien, Nordamerika.
D: Bitterklee – Folia Trifolii fibrini (DAB 6), die getrockneten Laubblätter. Menyanthes (HAB 34), die frische, ganze Pflanze.
I: Bitterstoffglykosid Loganin (Menyanthin), Gerbstoffe, Flavonoide.
A: Als Bittermittel zur Anregung der Verdauungssaftsekretion bei Appetitlosigkeit, Verdauungsstörungen und Gallenleiden. Volkstümlich früher gegen Fieber. In der Homöopathie bei grippalen Infekten, Kopfschmerzen u. a. In der Likörindustrie (Boonekamp).
F: Gallemolan, Regasinum antiinfectiosum, Salus Chol-Tee, Stovalid u. v. a.

Blüten weiß, radiär, 5 Blütenblätter

Helxine Cissampelos.
Mindrind.

Schwalbenwurz *Vincetoxicum hirundinaria* MED. (*Cynanchum vincetoxicum* (L.) PERS.) Schwalbenwurzgewächse *Asclepiadaceae*
B: Zahlreiche aufrechte, einem Wurzelstock entspringende Stengel. Blätter gegenständig, eilanzettlich, zugespitzt. Blüten klein, weiß bis gelblich, in zusammengesetzten Blütenständen. 0,3 – 1,2 m. ♃; V – VIII.
V: Lichte Wälder, Waldränder, in Kalkschutt; Europa bis Asien, Nordafrika.
D: Vincetoxicum (HAB 34), die frischen Blätter.
I: Glykosidgemisch Vincetoxin, Vincetoxicosid A und B (Flavonglykoside), Alkaloide, in den Samen ein herzwirksames Prinzip.
A: ☠ Vincetoxin hat aconitinähnliche Wirkung und ruft Lähmungen hervor. Früher die Wurzel in der Volksmedizin als harn- und schweißtreibendes Mittel, auch bei Schlangenbissen (Name von lat. Gift besiegen). Heute noch in der Homöopathie u. a. bei Bluthochdruck und zur Aktivierung der unspezifischen körpereigenen Abwehr bei fieberhaften Infekten.
F: Engystol, Isoskleran

Acker-Winde *Convolvulus arvensis* L. Windengewächse *Convolvulaceae*
B: Niederliegend-windende Pflanze mit weit kriechendem Wurzelstock und pfeilförmigen Blättern. Blütenkrone trichterförmig verwachsen, 1 – 2,5 cm lang, weiß bis rosa. Bis 1,2 m lang. ♃; V – IX.
V: Äcker, Wegränder, Unkrautfluren, heute fast weltweit verbreitet.
D: Ackerwindenkraut – Herba Convolvuli arvensis, das getrocknete Kraut. Convolvulus arvensis (HAB 34).
I: Harzglykoside, Gerbstoff, Flavonoide, blutgerinnungsfördernde Stoffe.
A: Die Harzglykoside haben abführende Wirkung. Anwendung meist zusammen mit anderen abführenden Drogen.
F: Carilaxan, Fidaxan

weiß Windglocken

Zaunwinde *Calystegia sepium* (L.) R. BR. Windengewächse *Convolvulaceae*
B: Windende Pflanze mit großen, herz-pfeilförmigen Blättern. Blütenkrone trichterförmig, bis 6 cm lang, meist weiß, Kelch von zwei Vorblättern umgeben. 1 – 3 m lang. ♃; VI – IX.
V: Unkrautfluren, Hecken, Auenwälder, heute weltweit verbreitet.
D: Zaunwindenharz – Resina Convolvuli sepium.
I: Harzglykoside.
A: Starkes Abführmittel, früher unter der Bezeichnung Scammonium germanicum gebräuchlich. Im Unterschied zu den ausschließlich dickdarmwirksamen Anthraglykosiden (siehe Faulbaum) wirkt das Harz der Zaunwinde auf den Dünndarm wie auch die verwandten, häufig in Fertigpräparaten enthaltenen Harze der mexikanischen Skammoniawurzel und Jalapenwurzel (ebenfalls Windengewächse). Die Pflanze selber wird nicht angewendet, da der hohe Gerbstoffgehalt die Abführwirkung beeinträchtigen soll.

Symphytum magnum.
Walwurz.

Gemeiner Beinwell *Symphytum officinale* L. Rauhblattgewächse *Boraginaceae*
B: Borstig behaarte Pflanze mit langen, an beiden Enden verschmälerten Blättern, Blattstiel geflügelt und am Stengel herablaufend. Blütenkrone verwachsen, gelblichweiß oder rotviolett. 0,5 – 1,5 m. ♃; V – VII.
V: Häufig auf feuchten Wiesen, an Bachufern, Europa, Asien.
D: Beinwellwurzel – Symphyti radix (DAC), die getrockneten Wurzeln mit Wurzelstöcken. Symphytum (HAB 34). Daneben die Blätter – Folia Symphyti.
I: Wurzel: Allantoin, Schleimstoffe, Gerbstoffe, in den Blättern außerdem geringe Mengen der giftigen Alkaloide Consolidin und Symphyto-Cynoglossin.
A: Entzündungshemmende, blutstillende und reizmildernde Wirkung. Extrakte der Wurzeln, z. T. zusammen mit Blattextrakten, als heißer Breiumschlag oder in Salben zur lokalen Behandlung von Knochenverletzungen (Anregung der Kallusbildung), Blutergüssen, Prellungen, Verstauchungen, schlecht heilenden Wunden (Allantoin-Wirkung), Drüsenschwellungen, Venenentzündungen und rheumatischen Beschwerden. In Mund- und Gurgelwässern. Innerlich bei Entzündungen der Magenschleimhaut, Durchfall und als Hustenmittel. Auch in der Volksheilkunde und in der Homöopathie gebräuchlich.
F: Arthrodynat, Kytta-Plasma, Rephastasan, W-Emulgat Fink u. v. a.

Blüten weiß, radiär, 5 Blütenblätter

Halicacabum vulgare.
Judenböcklin.

Judenkirsche *Physalis alkekengi* L. Nachtschattengewächse *Solanaceae*
B: Pflanze mit kriechendem Wurzelstock. Blätter lang gestielt, oval, zugespitzt. Blütenkrone grünlichweiß. Kelch zur Fruchtzeit orangerot, lampionartig aufgeblasen, mit kirschgroßer, roter Beere. 0,3 – 0,6 m. ♃; V – VIII.
V: Wälder, Hecken, Schuttplätze; Europa, Asien.
D: Judenkirschen – Fructus Alkekengi, Baccae Alkekengi, die reifen Beeren. Physalis Alkekengi (HAB 34).
I: Bitterstoff Physalin, Carotinoid Physalien, Glykolsäure, Vitamin C.
A: Harntreibende Wirkung. In der Volksmedizin ein mit Branntwein hergestellter Auszug bei Blasen- und Nierensteinen sowie bei Rheuma und Gicht. In der Homöopathie u. a. bei chronischen Nierenstörungen.

Capficon rubeum & nigrum.
Roter und brauner Calecutischer Pfeffer.

Paprika *Capsicum annuum* L. Nachtschattengewächse *Solanaceae*
B: Blätter lanzettlich bis oval, ganzrandig. Blütenkrone weiß, gelblichweiß oder rötlich. Frucht je nach Sorte rundlich bis länglich, rot, orange, gelb oder grün. 0,2 – 0,5 m. ⊙ – ⊙; VI – IX.
V: Heimat Mittelamerika, heute in wärmeren Gegenden weltweit kultiviert.
D: Paprika – Fructus Capsici (DAB 7), die getrockneten reifen Früchte der var. *longum*. Capsicum (HAB 34).
I: Capsaicin (scharf schmeckend), Carotinoide, Flavonglykoside, Vitamin C.
A: Capsaicin wirkt stark durchblutungsfördernd und erzeugt Rötung und Wärmegefühl auf Haut und Schleimhäuten. Anwendung als Pflaster, Salbe oder Tinktur bei rheumatischen Beschwerden, Rippenfell- und Herzbeutelentzündungen, Frostschäden, zu Mundspülungen und in Haarwässern. Innerlich zur Anregung der Magensaftsekretion bei Appetitmangel und Verdauungsschwäche. In zu hoher Dosis Reizung der Darmschleimhaut, äußerlich Blasen- und Geschwürbildung. In der Homöopathie u. a. bei Hals- und Mittelohrentzündungen. Als Gewürz.
F: ABC-Pflaster, Arthrodynat, Capsiplast, Myalgol, Togal u. v. a.

Kartoffel *Solanum tuberosum* L. Nachtschattengewächse *Solanaceae*
B: Pflanze mit unterirdischen Knollen. Blätter unpaarig gefiedert, abwechselnd mit größeren und kleineren Fiederblättern. Blütenkrone verwachsen, ausgebreitet, weiß, rötlich oder lila. Früchte fleischige, gelbgrüne Beeren, giftig. 0,4 – 0,8 m. ♃; VI – VIII.
V: Heimat Südamerika, heute in vielen Sorten kultiviert, selten verwildert.
D: Kartoffelstärke – Amylum solani (Ph. Eur.), die Stärke aus den Knollen. Volkstümlich der Preßsaft aus den frischen Kartoffeln.
I: Im Preßsaft geringe Mengen Solanin, Acetylcholin, Vitamine, Schleim.
A: Die Stärke als Puderzusatz, Tablettensprengmittel (s. auch S. 21). Der Preßsaft als krampflösendes und säurebindendes Mittel bei Magenerkrankungen. Extrakte aus dem frischen Kraut dagegen zur Anregung der Magensaftsekretion. Als Giftpflanze siehe S. 252.
F: Papayasanit

Stechapfel *Datura stramonium* L. Nachtschattengewächse *Solanaceae*
B: Verzweigte Pflanze mit großen, ovalen, buchtig gezähnten Blättern. Blütenkrone trichterförmig, 6 – 10 cm lang, meist weiß, selten violett. Frucht eiförmig, stachelig. 0,3 – 1,2 m. ⊙; VI – X.
V: Heimat Mittelamerika, heute in Unkrautfluren weltweit verschleppt.
D: Stramoniumblätter, Stechapfelblätter – Stramonii folium (Ph.Eur.), die getrockneten Blätter und blühenden Zweigspitzen. Stramonium (HAB 34). Stechapfelsamen – Semen Stramonii (Erg.B.6, HAB 34).
I: Alkaloide, hauptsächlich Hyoscyamin, begleitet von Scopolamin und Atropin, Nicotin, Flavonoide, Cumarine.
A: ☠ Ähnliche Wirkung wie die Tollkirsche. Anwendung auf ärztliche Verordnung besonders als krampflösendes Mittel bei Husten und Asthma, auch in Form von Asthma-Zigaretten und -räucherpulvern, ferner bei Parkinsonscher Krankheit. In der Homöopathie u. a. bei Hirnreizungs- und Erregungszuständen, Krämpfen, Asthma.
F: Asthmacolat *Rp,* Delmasthin, Elero Asthma-Tropfen *Rp* u. a.

Blüten weiß, radiär, 5 oder mehr Blütenblätter

Schwarzer Holunder *Sambucus nigra* L.   Geißblattgewächse *Caprifoliaceae*
B: Hoher Strauch, gelegentlich baumartig, Äste mit reinweißem Mark. Blätter meist 5zählig gefiedert. Blütenkrone am Grunde verwachsen, weiß bis gelblich, Staubblätter gelb, Blüten in doldenförmigen Rispen. Bis 7 m. ♄; VI – VIII. Früchte (oben rechts) schwarz, Fruchtstände überhängend.
V: Waldränder, Hecken, auf feuchten, stickstoffreichen Böden, Europa.
D: Holunderblüten – Flores Sambuci (DAB 7), die getrockneten, durch Sieben von den Stielen befreiten Blüten. Holunderbeeren, Fliederbeeren – Fructus Sambuci. Holunderblätter – Folia Sambuci. Blätter, Blüten, Rinde im HAB 34.
I: Blüten: Flavonoide, ätherisches Öl, Gerbstoffe, Blausäureglykosid Sambunigrin, organische Säuren, Schleim. Früchte: organische Säuren, Gerbstoffe, Zucker, Anthocyanfarbstoff, Vitamine.
A: Die Blüten als heißer Tee (Fliedertee) in großen Mengen getrunken gelten als schweißtreibendes Mittel, das gerne bei fieberhaften Erkältungskrankheiten angewendet wird. Ob dabei die Wirkung auf spezifischen Inhaltsstoffen beruht oder auf die große Menge heißer Flüssigkeit zurückgeführt werden muß, ist umstritten. Außerdem soll die Droge harntreibende Eigenschaften haben. Einigen Teemischungen (Abführtees) ist sie auch nur als Geschmackskorrigens beigegeben. Äußerlich zu Gurgelwässern und Bädern (Gerbstoffwirkung). Die vitamin- und mineralstoffreichen Früchte als Saft oder Mus volkstümlich bei Erkältungskrankheiten, auch bei Rheuma und Nervenschmerzen, roh als Abführmittel. In größeren Mengen roh oder unreif erzeugen sie ebenso wie Rinde und Blätter Übelkeit und Erbrechen. In der Homöopathie Blätter und Blüten u. a. bei Nachtschweiß und Schleimhautschwellungen.
F: Arthrodynat, Grippe-Tee Stada, Mucidan-Hustentee, Sinupret u. v. a.

Zwerg-Holunder, Attich   *Sambucus ebulus* L.   Geißblattgewächse *Caprifoliaceae*
B: Krautige Pflanze mit kriechendem Wurzelstock. Blätter 7 – 9zählig gefiedert. Blütenkrone am Grunde verwachsen, weiß bis rosa, Staubblätter rot. Blüten in doldigen Rispen. Früchte schwarz, Fruchtstand aufrecht. 0,5 – 2 m. ♃; VI – VIII.
V: Waldränder, Lichtungen; Europa, fehlt im Norden.
D: Attichwurzel, Zwergholunderwurzel – Radix Ebuli (Erg.B.6), die getrocknete Wurzel. Sambucus Ebulus (HAB 34) die frischen, reifen Beeren.
I: In allen Organen chemisch noch unerforschter „Bitterstoff", in der Wurzel außerdem Saponin, Gerbstoff.
A: ☠ Als Giftpflanze s. S. 250. Die Droge hat harntreibende und abführende Wirkung und wird heute noch in Fertigarzneimitteln vor allem zur Ausschwemmung von Wasseransammlungen verwendet, in der Volksheilkunde wie auch das Mus der Beeren als Abführmittel. Durch größere Mengen der rohen Beeren kann es zu tödlich verlaufenden Vergiftungen kommen.
F: Cefascillan, Hydropsibletten, Species Urologicae Kneipp, Zet 26 u. a.

Ranunculi quarta apud Dioscoridem species lactea.
Weiß Waldröslein.

Buschwindröschen   *Anemone nemorosa* L.   Hahnenfußgewächse *Ranunculaceae*
B: Pflanze mit kriechendem Wurzelstock. Laubblätter fünfteilig handförmig. Blütenstengel meist mit einer 6(–9)zähligen Blüte und dreiteiligen Hochblättern. Blütenblätter weiß bis blaßviolett überlaufen. 0,1 – 0,3 m. ♃; III – V.
V: Laubwälder, durch fast ganz Europa, im Süden nur im Gebirge.
D: Anemone nemorosa (HAB 34), die frische, vor Entfaltung der Blüte gesammelte Pflanze.
I: Im frischen Kraut Protoanemonin (Anemonol), das beim Trocknen in Anemonin und schließlich in die unwirksame Anemonsäure übergeht; daneben ein Saponosid.
A: ☠ Die Pflanze ist nur frisch giftig (auch fürs Vieh) durch das stark haut- und schleimhautreizende, blasenziehende Protoanemonin. In der Volksheilkunde früher äußerlich bei Gelenkleiden, Brustfellentzündung und Bronchitis gebräuchlich, in der Homöopathie heute noch u. a. bei Zyklusstörungen. Ebenso zu bewerten sind das Große Windröschen (*Anemone sylvestris* L.) und das Gelbe Windröschen (*Anemone ranunculoides* L.).

Blüten weiß, radiär, 6 Blütenblätter

Weißer Germer, Nieswurz *Veratrum album* L. Liliengewächse *Liliaceae*
B: Kräftige Pflanze mit spiralig angeordneten (Unterschied zu *Gentiana*), elliptischen bis lanzettlichen Blättern. Blüten weiß bis grünlich, in dichter, 30 – 60 cm langer Rispe. 0,5 – 1,5 m. ♃; VI – VIII.
V: Alpine Weiderasen und Staudenfluren, Europa, Asien.
D: Weiße Nieswurz – Rhizoma Veratri (DAB 6), der getrocknete Wurzelstock mit Wurzeln. Veratrum (HAB 34).
I: Zahlreiche Alkaloide, hauptsächlich Protoveratrin und Germerin.
A: ☠ Gehört zu den gefährlichsten Giftpflanzen. Protoveratrin hat blutdrucksenkende, daneben digitalisartige Wirkung und wurde zeitweise in Fertigpräparaten verwendet. Die Droge selbst wegen der großen Giftigkeit nur noch selten äußerlich in schmerzstillenden Salben gegen Trigeminusneuralgie, wegen der niesenerregenden Eigenschaften in Schnupfpulvern. Homöopathisch u. a. bei Durchfallerkrankungen, Herz- und Kreislaufschwäche und vegetativer Dystonie gebräuchlich. In der Tiermedizin als Ungeziefermittel.
F: Diarrheel, Dysto-loges, Novavis C, Schneeberger Schnupftabak u. v. a.

Bären-Lauch *Allium ursinum* L. Liliengewächse *Liliaceae*
B: Pflanze mit länglicher, schlanker Zwiebel. Blätter breit lanzettlich, langgestielt, meist zu 2 grundständig. Scheindolde flach, ohne Brutzwiebeln, mit rein weißen Blüten. Intensiver Knoblauchgeruch. 0,2 – 0,5 m. ♃; V – VI.
V: Laubwälder, oft in großen Beständen, Europa.
D: Bärlauchkraut und Bärlauchzwiebel – Herba (Bulbus) Allii ursini.
I: Ätherisches Öl mit Allyl- und Alkylpolysulfiden (übelriechend), Vitamin C. In der Zwiebel eine Substanz mit Wirkung auf die Gebärmutter.
A: Volkstümlich wie Knoblauch bei Verdauungsstörungen, Arteriosklerose und Bluthochdruck, Hautausschlägen. Die Blätter als Gemüse und Gewürz.

Knoblauch *Allium sativum* L. ssp. *sativum* Liliengewächse *Liliaceae*
B: Zwiebel mit länglich-eiförmigen Nebenzwiebeln (Zehen). Stengel bis zur Mitte mit flachen, gekielten, am Rande rauhen Blättern besetzt. Scheindolde mit wenigen, weißlichen, lang gestielten Blüten und Brutzwiebeln, das einzige Hüllblatt lang geschnäbelt. 0,2 – 0,7 m. ♃; VI – VIII.
V: Häufig kultiviert, besonders in Südeuropa, Heimat Zentralasien.
D: Knoblauchzwiebel – Bulbus Allii sativi (Erg.B.6), die Hauptzwiebel mit ihren Nebenzwiebeln. Allium sativum (HAB 34).
I: Ätherisches Öl mit Alliin, das fermentativ zu dem antibakteriell und antimykotisch wirksamen Allicin mit Knoblauchgeruch abgebaut wird. Dieses zerfällt in Verbindungen mit stark unangenehmem Geruch, u. a. Diallyldisulfid.
A: Seit dem Altertum Gewürz und Heilmittel mit darmdesinfizierender, fäulniswidriger und verdauungsfördernder Wirkung. Anwendung vor allem bei Darmstörungen (in warmen Ländern vorbeugend, wie auch gegen einige Wurmkrankheiten), außerdem bei Erkrankungen der Atemwege. In zahlreichen Präparaten vorbeugend gegen Arteriosklerose und erhöhten Blutdruck, Wirksamkeit allerdings umstritten. Äußerlich bei eiternden Wunden.
F: Asgoviscum, Ilja Rogoff, Zirkulin Knoblauch-Perlen u. v. a.

Küchenzwiebel *Allium cepa* L. Liliengewächse *Liliaceae*
B: Röhrige Blätter und Stengel unterhalb der Mitte bauchig aufgeblasen. Blütenstand groß, kugelig, die Blütenstiele bis 8mal so lang wie die grünlich-weißen Blütenblätter. 0,6 – 1,2 m. ♃; VI – VIII.
V: Häufig angebaut, Heimat Westasien.
D: Küchenzwiebel – Bulbus Allii cepae. Cepa (HAB 34).
I: Ätherisches Öl mit Methylalliin (s. bei Knoblauch), Thiopropionaldehyd (tränenerregendes Prinzip), blutzuckersenkende und herzwirksame Substanzen.
A: Vorwiegend als Hausmittel gegen Husten, Erkältungskrankheiten, als Blutreinigungsmittel, zur Anregung von Verdauung und Appetit. Die vermehrte Harnausscheidung soll auf der Kreislaufwirkung beruhen. Äußerlich gegen Insektenstiche, in Fertigarzneimitteln zur Narbenbehandlung. In der Homöopathie bei Schnupfen, Allergien, Bindehautentzündungen, Darmstörungen.
F: Allergo-Dolan, Carito, Contractubex compositum, Nomon u. a.

Blüten weiß, radiär, 6 Blütenblätter

Afparagus altilis.
Zeymisch Spargen.

Scilla.
Meerzwiebel.

Ephemerum non letale.
Meyenblümle.

Spargel *Asparagus officinalis* L. Liliengewächse *Liliaceae*
B: Blätter (Phyllokladien) nadelartig zu 3–8 büschelig in den Achseln von kleinen, häutigen Blättchen. Blüten an dünnen, in der Mitte gegliederten Stielen, nickend, weißlichgelb. Leuchtend rote Beeren. 0,3–1,5 m. ♃; V–VII.
V: Kulturpflanze, zuweilen verwildert, Heimat wohl östl. Mittelmeergebiet.
D: Spargelwurzel – Radix Asparagi, der getrocknete Wurzelstock mit den Wurzeln. Asparagus officinalis (HAB 34), die frischen Sprosse.
I: Saponine, Asparagin, Arginin, Asparagose, Flavonoide, Zucker, fettes Öl.
A: Starke harntreibende Wirkung. In wenigen Fertigpräparaten und volkstümlich bei Wasseransammlungen, manchen Blasen- und Nierenleiden, Nierensteinen, Gicht und Rheuma. Spargelsprosse, die ebenfalls harntreibend wirken, in der Homöopathie und als Gemüse. Die Aminosäure Asparagin verleiht dem Harn den charakteristischen Geruch nach Methylmercaptan.
F: Blasen- und Nieren-Tee Stada, Solvefort

Meerzwiebel *Urginea maritima* (L.) BAK. Liliengewächse *Liliaceae*
B: Blätter alle grundständig, lanzettlich, einer 15–20 cm großen Zwiebel entspringend, zur Blütezeit verwelkt. Hoher Blütenschaft mit reichblütiger Traube aus etwa 1 cm großen Blüten. 0,5–1,5 m. ♃; VIII–X.
V: Felsfluren, Dünen, Weideunkraut; Mittelmeergebiet.
D: Meerzwiebel – Scillae bulbus (DAB 8), die in Streifen geschnittenen, getrockneten, mittleren fleischigen Zwiebelschuppen der weißzwiebeligen Rasse. Scilla (HAB 34), die frische Zwiebel der roten Rasse.
I: Herzglykoside, vor allem Scillaren A (liefert nach fermentativer Spaltung Proscillaridin A). In der roten Rasse Scillirosid.
A: ☠ Auf einen bestimmten Wirkwert eingestellte Präparate, häufig auch Proscillaridin A nach ärztlicher Verordnung, vor allem bei leichterer Herzmuskelschwäche. Die Wirkung ist stärker, aber weniger anhaltend als bei Fingerhutzubereitungen. Auch zur Ausschwemmung herzbedingter Wasseransammlungen, da die Harnabsonderung kräftig angeregt wird. Die rote Rasse in der Homöopathie als Herzmittel und bei Bronchitis, von alters her als Rattengift.
F: Diureticum Medice, Scillaren Rp, Scilla-Perpurat, Scilloral u. v. a.

Maiglöckchen *Convallaria majalis* L. Liliengewächse *Liliaceae*
B: Pflanze mit unterirdisch kriechendem, dünnem Wurzelstock und 2 breitlanzettlichen Blättern. 5–10 duftende, glockenförmige Blüten in langgestielter, einseitswendiger Traube. Früchte rot. 0,1–0,3 m. ♃; V–VI. Geschützt.
V: Laubwälder, auch Zierpflanze; Europa, Asien, Nordamerika.
D: Maiglöckchenkraut – Convallariae herba (DAB 8), die getrockneten, oberirdischen Teile. Convallaria majalis (HAB 34). Maiglöckchenblüten – Flores Convallariae (Erg.B.6).
I: Herzglykoside, vor allem Convallatoxin, Convallatoxol, Convallosid, Lokundjosid; Saponine.
A: ☠ Als Giftpflanze siehe S. 244. Herzmittel wie der Rote Fingerhut. Man verwendet die auf einen bestimmten Wirkwert eingestellte Droge oder die Reinglykoside auf ärztliche Verordnung in Präparaten gegen leichtere Herzmuskelschwäche und zur Ausschwemmung herzbedingter Wasseransammlungen, da auch die Harnabsonderung gesteigert wird. Ähnlich in der Homöopathie. Das Pulver der Blüten wirkt niesenerregend (Schnupftabak).
F: Angioton, Cardiopon, Convacard, Cordi-sanol, Miroton, Neocor u. v. a.

Schneeglöckchen *Galanthus nivalis* L. Narzissengewächse *Amaryllidaceae*
B: Zwiebelpflanze mit 2 blaugrünen, linealen Grundblättern. Blüten einzeln, hängend, von einem Hüllblatt überragt, die 3 äußeren Blütenblätter abstehend, die 3 inneren halb so lang, mit grünem Fleck. 0,1–0,3 m. ♃; II–IV. Geschützt.
V: Feuchte Wälder, häufig aus Gärten verwildert, Süd-, Mitteleuropa, SW-Asien.
D: Alkaloid Galanthamin. In der Homöopathie die frische, blühende Pflanze.
I: Besonders in der Zwiebel die Alkaloide Galanthamin, Lycorin, Nivalin u. a.
A: ☠ Galanthamin hat physostigminähnliche Wirkung (Cholinesterasehemmer) und wird in einigen Ländern u. a. bei Kinderlähmung verwendet. In der Homöopathie als Herzmittel.

Blüten weiß, in Köpfchen

Gänseblümchen, Maßliebchen *Bellis perennis* L.   Korbblütler *Asteraceae*
B: Rosettenpflanze mit einköpfigem, unbeblättertem Stengel. Blütenboden kegelförmig aufgewölbt, hohl, ohne Spreublätter. Bis 0,2 m. ♃; III – XI.
V: Häufige Wiesenpflanze durch fast ganz Europa.
D: Gänseblümchenblüten (-kraut) – Flores (Herba) Bellidis. Bellis perennis (HAB 34), die frische, blühende Pflanze.
I: Saponine, Gerbstoff, Bitterstoff, Schleim, ätherisches und fettes Öl, Inulin.
A: In der Homöopathie gebräuchlich bei Verstauchungen, Prellungen, Furunkulose und Ekzemen. Selten noch in der Volksheilkunde bei Katarrhen der Atemwege, Hautkrankheiten und Leberleiden. Äußerlich gegen Akne und zur Wundbehandlung. Die jungen Blätter als Salat zu Frühjahrskuren.
F: Bellis Oligoplex, Euphorbia-Plantaplex, Traumeel u. a.

Kanadisches Berufkraut *Conyza canadensis* (L.) CRONQ.
(*Erigeron canadensis* L.)   Korbblütler *Asteraceae*
B: Aufrechte, zerstreut behaarte Pflanze mit lanzettlichen Blättern. Blütenköpfe nur 3 – 5 mm breit, mit unscheinbaren, weißen bis rötlichen Zungenblüten, in rispig verzweigten Blütenständen. 0,1 – 1 m. ☉ – ⊙; VI – IX.
V: In offenen Unkrautfluren häufig. Heimat Nordamerika, heute außerhalb der Tropen fast weltweit verbreitet.
D: Erigeron canadensis (HAB 34), die frische, blühende Pflanze.
I: Ätherisches Öl mit Limonen; Gerbstoff, Gallussäure.
A: Vorwiegend in der Homöopathie bei Blutungen verschiedenster Art und Neigung zu Blutungen (u. a. der Nasenschleimhaut), in der Volksheilkunde außerdem als Mittel gegen Durchfall.
F: Gentiana Oligoplex, Millefolium-Pentarkan, Hormeel u. a.

Moschus-Schafgarbe *Achillea moschata* WULFEN   Korbblütler *Asteraceae*
B: Unterirdisch kriechende Pflanze mit aufrechten Stengeln. Blätter einfach fiederteilig. Blütenköpfe 1 – 1,4 cm breit mit 6 – 8 weißen Zungenblüten. 0,1 – 0,2 m. ♃; VII – IX.
V: In Steinschuttfluren und Rasen der Ostalpen, auf kalkarmem Untergrund.
D: Moschusschafgarbenkraut, Ivakraut – Herba Ivae moschatae (Erg.B.6), Herba Genipi veri, das getrocknete Kraut. Auch *Achillea nana* L., *A. erba-rotta* ALL. und *A. atrata* L. werden verwendet.
I: Ätherisches Öl mit Cineol, Campher, Bitterstoffe (Ivain, Achillein), ein moschusartig riechender Stoff.
A: Wie die Gewöhnliche Schafgarbe als aromatisches Bittermittel bei Appetitlosigkeit und Magen- und Darmstörungen, besonders in der Schweiz in Form des Iva-Likörs (Ivabitter).
F: Phosvitanon *Rp*

Gewöhnliche Schafgarbe *Achillea millefolium* L. s.l.   Korbblütler *Asteraceae*

Schaaffripp oder Gerwel.

B: Blätter 2 – 3fach fiederteilig. Blütenköpfe etwa 0,5 cm breit mit meist 5 weißen bis rosa Zungenblüten, in schirmförmigen Rispen. 0,2 – 0,8 m. ♃; VI – XI.
V: Häufig in Rasen und Unkrautfluren, in Europa weit verbreitet.
D: Schafgarbenkraut – Millefolii herba (DAC), die getrockneten, blühenden Sprosse. Millefolium (HAB 34). Schafgarbenblüten – Flores Millefolii (Erg.B.6), die getrockneten Trugdolden.
I: Ätherisches Öl mit Cineol, Chamazulen bzw. Vorstufen, Bitterstoff Betonicin (Achillein), Gerbstoffe, Flavonoide.
A: Neben der anregenden Wirkung auf die Sekretion der Verdauungsdrüsen hat die Droge durch den Gehalt an Chamazulen auch krampflösende und entzündungshemmende Eigenschaften wie die Kamille. Anwendung vor allem bei Appetitmangel, Verdauungsstörungen, Leber- und Gallenleiden, Menstruationsbeschwerden, äußerlich bei Hautleiden und Wunden. In der Homöopathie u. a. bei Blutungen verschiedenster Art. Zu Magenbittern. Die jungen Blätter als Gewürzkraut. Bei empfindlichen Personen kann durch den Saft der Pflanze „Wiesendermatitis" entstehen.
F: Aristochol, Cefakliman, Digestivum-Hetterich, Menodoron u. v. a.

Blüten weiß, in Köpfchen

Die Edel Chamill.

Chamillen.

Artemisiæ ramosæ altera species, Mutterkraut.

Römische Kamille *Chamaemelum nobile* (L.) ALL. (*Anthemis nobilis* L.)
Korbblütler *Asteraceae*
B: Niederliegende bis aufsteigende, aromatische Pflanze. Blätter 2 – 3fach fiederteilig. Blütenboden kegelförmig, mit stumpfen Spreublättern. Kulturformen nur mit weißen Zungenblüten. 0,1 – 0,4 m. ♃; VII – IX.
V: Westeuropa, bei uns nur noch selten kultiviert und verwildert.
D: Römische Kamille – Anthemidis flos (Ph. Eur.), Flores Chamomillae Romanae, die getrockneten Blütenköpfchen der kultivierten Varietät. Chamomilla romana (HAB 34).
I: Ätherisches Öl mit Chamazulen bzw. Vorstufen, Ester der Angelikasäure u. a.; Bitterstoff (Nobilin), Cumarine, Flavonglykoside.
A: Volkstümlich wie Echte Kamille, vor allem als krampflösendes Mittel bei Verdauungsbeschwerden und schmerzhaften Monatsblutungen, zur Appetitanregung, zu Mund- und Wundspülungen. Zum Aufhellen blonder Haare.
F: Ophtol, Species Stomachicae Kneipp, Stovalid, Vier-Winde-Tee u. a.

Echte Kamille *Chamomilla recutita* (L.) RAUSCHERT
(*Matricaria chamomilla* AUCT.) Korbblütler *Asteraceae*
B: Aromatische Pflanze, Blätter 2 – 3fach gefiedert. Blütenköpfe mit kegelförmigem, hohlem Blütenboden, ohne Spreublätter. 0,1 – 0,6 m. ⊙; V – IX.
V: Als Unkraut und Ruderalpflanze häufig und fast weltweit verbreitet, gelegentlich auch kultiviert. Heimat östliches Mittelmeergebiet.
D: Kamillenblüten – Matricariae flos (Ph. Eur.), Flores Chamomillae, die getrockneten Blütenköpfchen. Chamomilla (HAB 34), die ganze, frische Pflanze.
I: Ätherisches Öl mit Chamazulen, Bisabolol, Enolätherpolyin; Flavonoide, Cumarine. Das therapeutisch wertvolle Chamazulen bildet sich erst bei der Gewinnung des ätherischen Öles durch Wasserdampfdestillation bzw. bei der Bereitung von Aufgüssen aus seiner Vorstufe, dem Proazulen Matricin.
A: Als entzündungshemmendes und krampflösendes Mittel bei Erkrankungen im Magendarmbereich und bei Menstruationsbeschwerden. Auch vielfältige Anwendung bei Entzündungen der Haut und Schleimhäute, eiternden Wunden, als Inhalation, Spülung, Salbe, zu Umschlägen und Bädern.
F: Chamo Bürger, Kamillol, Kamillosan, Perkamillon, Rekomill u. v. a.

Mutterkraut, Bertram *Tanacetum parthenium* (L.) SCHULTZ BIP.
(*Chrysanthemum parthenium* (L.) BERNH.) Korbblütler *Asteraceae*
B: Pflanze mit kamillenartigem Geruch. Blätter 1 – 2fach fiederteilig, mit breiten Abschnitten. Blütenköpfe 1,5 – 2 cm breit, in lockerer, doldenartiger Rispe. 0,3 – 0,8 m. ♃; VI – VIII.
V: Östliches Mittelmeergebiet. In Europa und weiter angebaut, verwildert.
D: Mutterkraut – Herba Matricariae, Herba Parthenii, das blühende Kraut.
I: Ätherisches Öl mit Campher, Borneol u. a., Bitterstoff.
A: Nur selten in der Volksheilkunde ähnlich wie die Echte Kamille, u. a. bei Menstruationsbeschwerden, Verdauungsstörungen, im Wochenbett wegen der angeblich günstigen Beeinflussung des Wochenflusses. Äußerlich zu Umschlägen bei Quetschungen und Schwellungen. Das ätherische Öl enthält nicht die wertvollen Bestandteile des Kamillenöles.

Dalmatinische Insektenblume *Tanacetum cinerariifolium* (TREV.) SCHULTZ BIP.
(*Chrysanthemum cinerariifolium* (TREV.) VIS) Korbblütler *Asteraceae*
B: Aromatische, dünnfilzig behaarte Pflanze. Blätter 2 – 3fach fiederteilig mit schmallinealen Abschnitten. Blütenköpfe 2 – 3,5 cm breit, einzeln. 0,3 – 0,6 m. ♃; V – VI.
V: Heimat Jugoslawien und Albanien; selten angebaut und verwildert.
D: Insektenblüten – Flores Chrysanthemi cinerariifolii, Flores Pyrethri (Erg.B.6), die getrockneten, geschlossenen oder halbgeöffneten Blüten.
I: Pyrethrine und Cinerine, ätherisches Öl, Stachydrin.
A: Extrakte der Blütenköpfe haben nach Verbot des DDT wieder größere Bedeutung als Insektizid, da sie für den Menschen weitgehend ungiftig sind. In der Heilkunde gegen Läuse und Krätzmilben, die Droge auch als Wurmmittel.
F: Goldgeist forte

Blüten weiß, in Köpfchen oder zweiseitig-symmetrisch

Hasenpfötchen.

Gemeines Katzenpfötchen *Antennaria dioica* (L.) GAERTN.
(*Gnaphalium dioicum* L.) Korbblütler *Asteraceae*
B: Zweihäusige Pflanze, an oberirdischen Ausläufern Blattrosetten bildend. Blätter lanzettlich bis spatelförmig, besonders unterseits weißfilzig behaart. Hüllblätter der weiblichen Blütenköpfe meist rötlich, die der männlichen weißlich. 0,1 – 0,3 m. ♃; V – VII.
V: Magerrasen bis lichte Wälder; Europa, im Süden selten, Vorderasien.
D: Weiße oder Rosa Katzenpfötchen – Flores Antennariae dioicae, Flores Gnaphalii dioici, Flores Pedis Cati, die getrockneten Blütenstände.
I: Bitterstoff, Gerbstoffe, Harz, Spuren ätherisches Öl, Schleim.
A: Heute nur noch in der Volksheilkunde bei Erkrankungen der Atemwege, Gallenleiden und Durchfall.
Gelbe Katzenpfötchen (Flores Stoechados) stammen von der Sand-Strohblume.
F: Frubiapect *Rp*

Chamaeleon albus.
Eberwurz.

Stengellose Eberwurz, Silberdistel, Wetterdistel *Carlina acaulis* L.
Korbblütler *Asteraceae*
B: Mehr oder weniger kurzstengelige Pflanze mit zahlreichen, stachelig gezähnten oder fiederteiligen Blättern. Blütenköpfe mit silbrig-weißen Hüllblättern, ausgebreitet bis 12 cm im Durchmesser. 0,1 – 0,4 m. ♃; VII – X. Geschützt.
V: Weiderasen und lichte Wälder der Mittelgebirge, Alpen und südeuropäischen Gebirge.
D: Eberwurzel – Radix Carlinae (Erg.B.6), die getrockneten Wurzeln.
I: Ätherisches Öl mit Carlinaoxid, Carlinen; Gerbstoff, Inulin, Harz.
A: Selten noch in Fertigarzneimitteln und in der Volksheilkunde als harn- und schweißtreibendes Mittel und gegen Verdauungsstörungen. Äußerlich bei Wunden und Hautleiden. Für das Carlinaoxid wurde antibakterielle Wirkung festgestellt. Die Blütenböden sind wie Artischocken eßbar (Naturschutz!).
F: Infi-tract, Regasinum Tee, Schwedentrunk u. a.

Schnurbaum, Japanischer Pagodenbaum *Sophora japonica* L.
Schmetterlingsblütler *Fabaceae*
B: Mittelhoher Baum mit großen, bis 25 cm langen, 11 – 15zählig gefiederten Blättern. Blüten klein, gelblichweiß, in vielzähligen, aufrechten Rispen. Schoten perlschnurartig eingeschnürt. Bis 30 m. ♄; VII – VIII.
V: Heimat Ostasien, als Zierbaum häufig gepflanzt.
D: Schnurbaumknospen – Gemmae Sophorae japonicae. Sophora japonica (HAB 34), die reifen Samen.
I: Rutin, in den Blättern Alkaloide.
A: Die Anwendung beruht auf der Wirkung des Rutins, die sich u. a. in einer Verminderung der Kapillardurchlässigkeit äußert. Rutin kann aus der Droge gewonnen werden (siehe auch Buchweizen *Fagopyrum esculentum* MOENCH). Anwendung in Fertigarzneimitteln gegen venöse Stauungen und Arteriosklerose.
F: Ilja Rogoff Knoblauchpillen mit Rutin, Zirkuvenol

Robinie, Falsche Akazie *Robinia pseudacacia* L. Schmetterlingsblütler *Fabaceae*
B: Baum mit tief-längsrissiger Borke. Zweige bedornt. Blätter 9 – 21zählig gefiedert. Blüten weiß, wohlriechend, in hängenden Trauben, Früchte bis 10 cm lange Hülsen. Bis 25 m. ♄; V – VI.
V: Weltweit kultiviert und eingebürgert, Heimat südöstliches Nordamerika.
D: Robinia Pseudacacia (HAB 34), die frische Rinde junger Zweige.
I: Giftige Eiweißstoffe (Robin, Phasin), Glykosid Syringin, Gerbstoff, Harz.
A: ☠ Vergiftungen wurden bei Kindern durch Kauen auf der Rinde hervorgerufen. In der Homöopathie häufig gebräuchlich bei zu viel Magensäure und den damit in Zusammenhang stehenden Störungen. Ferner bei Migräne, Gesichtsneuralgien u. a. In den gelegentlich zum Würzen verwendeten Blüten ätherisches Öl, mit stark duftenden Substanzen. Die Samen sollen nur geringe Mengen Giftstoffe enthalten.
F: Duodenoheel, Bismutum-Pentarkan, Tamarindus Oligoplex u. a.

Blüten weiß, zweiseitig-symmetrisch

Geißraute *Galega officinalis* L.   Schmetterlingsblütler *Fabaceae*
B: Fast kahle Pflanze mit unpaarig gefiederten Blättern, Fiederchen zu 9 – 17, mit aufgesetzter Spitze. Blüten hellblau oder weiß, in Trauben. 0,3 – 1,2 m. ♃; VI – VIII.
V: Gelegentlich angebaut und verwildert, Heimat östliches Mittelmeergebiet.
D: Geißrautenkraut – Herba Galegae (Erg.B.6), die getrockneten, blühenden, oberirdischen Teile.
I: Alkaloid Galegin (Guanidinderivat) und weitere Alkaloide, Flavonglykosid Galuteolin u. a., Saponine.
A: Galegin bewirkt ähnlich wie die synthetischen Guanidinderivate eine Senkung des Blutzuckers. Die Droge wird daher gelegentlich zur unterstützenden Behandlung der Zuckerkrankheit verwendet, ist aber wegen unsicherer Wirkung und möglicher toxischer Nebenwirkungen nur mit Vorsicht zu gebrauchen. Die harntreibenden und die Milchsekretion fördernden Eigenschaften werden nur noch selten volkstümlich genutzt.
F: Antidiabeticum-Tee Hevert, Antidiabeticum Fides, Diabetylin u. a.

Garten-Bohne *Phaseolus vulgaris* L.   Schmetterlingsblütler *Fabaceae*
B: Niedrig-buschige (Buschbohne) oder windende (Stangenbohne) Pflanze mit 3zähligen Blättern. Blüten weiß bis gelblichweiß, rosa oder violett, in armblütigen Blütenständen, diese kürzer als die Stengelblätter. 0,5 – 4 m. ☉; VI – IX.
V: Heimat Mittel- und Südamerika, in zahlreichen Sorten kultiviert.
D: Bohnenhülsen – Phaseoli pericarpium (DAC), Fructus Phaseoli sine Semine, die von den Samen befreiten, getrockneten Hülsen. Phaseolus nanus (HAB 34).
I: Trigonellin, Aminosäuren, eine blutzuckersenkende Substanz, in Spuren ein Blausäureglykosid.
A: Als harntreibendes Mittel besonders bei Nieren- und Herzkrankheiten, Rheuma, in Abführtees. Die vorhandene blutzuckersenkende Wirkung wird zur unterstützenden Behandlung leichter Fälle von Zuckerkrankheit genutzt. Ähnlich in der Homöopathie. Rohe Samen und unreife Hülsen sind giftig (s. S. 252).
F: Carilaxan, Diabetylin, Mellibletten, Nephropur, Rheumex Tee u. a.

Weißer Andorn *Marrubium vulgare* L.   Lippenblütler *Lamiaceae*
B: Dicht filzig behaarte Pflanze. Blätter gestielt, rundlich, runzelig, gekerbtgesägt. Blüten in dichten, vielzähligen Blütenständen in den Blattachseln, Kelch 10zähnig. 0,3 – 0,6 m. ♃; VI – VIII.
V: Heimat Mittelmeergebiet, nördlich selten in Unkrautfluren.
D: Andornkraut – Herba Marrubii (Erg.B.6), die getrockneten Blätter und oberen Pflanzenteile. Marrubium album (HAB 34).
I: Bitterstoff Marrubiin, Gerbstoff, ätherisches Öl.
A: Wirkt sekretionsanregend auf die Drüsen der Atemwege und fördert die Gallenabsonderung. Von alters her bei Bronchialkatarrhen, Gallen- und Leberleiden und Durchfallerkrankungen angewendet. Auch in der Homöopathie. Äußerlich früher zur Wundheilung und bei Hautausschlägen.
F: Asthma-Tee Hevert, Dolichos Oligoplex, Salus Chol-Tee u. a.

Weiße Taubnessel *Lamium album* L.   Lippenblütler *Lamiaceae*
B: Pflanze mit verzweigtem, kriechendem Wurzelstock. Blätter nesselartig, gestielt. Blütenkrone 2 – 2,5 cm groß, Kelch 5zähnig. 0,2 – 0,5 m. ♃; IV – X.
V: In feuchten Unkrautfluren und Gebüschen verbreitet durch weite Teile Europas und Asiens, im Süden meist fehlend.
D: Weiße Taubnesselblüten – Flores Lamii albi (Erg.B.6), die getrockneten Blumenkronen. Lamium album (HAB 34), die frischen Blätter und Blüten.
I: Gerbstoff, Saponin, Schleim, Flavonglykoside, ätherisches Öl, Amine.
A: In der Volksheilkunde verbreitet als Tee und zu Waschungen bei Weißfluß und Periodenstörungen. Die Wirkungsweise ist bisher unbekannt. Saponin- und Gerbstoffgehalt begründen die Anwendung bei Katarrhen der Atem- und Harnwege, Magen- und Darmstörungen. In der Homöopathie auch bei Schlaflosigkeit.
F: Hermes Schlaf-Nerven Tee, Lamioflur, Salus Bronchial-Tee u. a.

Feld Andorn.

Binsaug.

Blüten weiß, zweiseitig-symmetrisch

Echte Katzenminze *Nepeta cataria* L. Lippenblütler *Lamiaceae*
B: Oft am Grunde verzweigt, dicht graufilzig behaarte Pflanze. Blätter gestielt, herzförmig, grob gekerbt-gesägt. Blüten in ährig-gehäuften Scheinquirlen. Blütenkrone gelblich-weiß, bis 1 cm lang, Kelch mit 5 lang zugespitzten Zähnen. 0,4 – 1 m. ♃; VII – IX.
V: Ursprünglich südosteuropäisch-westasiatische Art, in Mitteleuropa und weiter früher öfter kultiviert und verwildert.
D: Echtes Katzenkraut – Herba Nepetae catariae.
I: Ätherisches Öl mit Nepetalacton, Carvacrol, Thymol, Pulegon; Bitterstoff.
A: Früher häufig, heute nur noch selten volkstümlich verwendete Heilpflanze gegen Erkältungskrankheiten und Durchfall. Das ätherische Öl soll wie Baldrian anlockend auf Katzen wirken. Die zitronenartig duftenden Blätter der var. *citriodora* enthalten im ätherischen Öl Geraniol, Citronellol, Citral u. a. Sie können zur Gewinnung dieser Substanzen herangezogen werden. Sonst wie Melisse bei nervösen Störungen verwendet.

Melisse, Zitronen-Melisse *Melissa officinalis* L. Lippenblütler *Lamiaceae*
B: Pflanze mit starkem Zitronengeruch. Blätter gestielt, eiförmig bis länglich, grob gekerbt-gesägt. Blüten zu 3 – 6 in den Blattachseln, etwa 1 cm groß, weißlich bis bläulich, Kelch zweilippig mit 13 Nerven. 0,3 – 0,9 m. ♃; VI – VIII.
V: Heimat östlicher Mittelmeerraum, sonst angepflanzt und verwildert.
D: Melissenblätter – Melissae folium (DAB 8), die getrockneten Laubblätter. Melissa (HAB 34).
I: Ätherisches Öl mit Citral, Citronellal; Bitterstoff, Gerbstoff, Schleim.
A: Die Droge hat krampflösende, blähungstreibende und leichte beruhigende Wirkungen. Häufig angewendet bei nervösen Magen- und Darmstörungen, nervösen Herzbeschwerden, leichten Fällen von Schlaflosigkeit. In Bädern und Einreibungen auch gegen Nervenschmerzen und rheumatische Erkrankungen. Da die Ausbeute an ätherischem Öl gering ist, statt dessen häufig das billigere, ähnlich zusammengesetzte Zitronellöl (Oleum Citronellae) von dem ostindischen Gras *Cymbopogon winterianus* Jow. Zu Kräuterlikören (Chartreuse, Bénédictine) und als Gewürzkraut.
F: Carminativum-Hetterich, Klosterfrau Melissengeist, Tenerval u. v. a.

Bohnenkraut *Satureja hortensis* L. Lippenblütler *Lamiaceae*
B: Stark aromatisch riechende, aufrechte, buschig verzweigte Pflanze mit schmallinealen Blättern. Blütenkrone etwa 0,5 cm lang, weißlich oder lila, Kelch 10nervig. 0,1 – 0,3 m. ⊙; VII – IX.
V: Heimat östliches Mittelmeergebiet, weiter kultiviert, verwildert.
D: Bohnenkraut – Herba Saturejae (Erg.B.6), die getr. oberirdischen Teile.
I: Ätherisches Öl mit Carvacrol, Cymol; Gerbstoff, wenig Schleim.
A: Verdauungsfördernde und appetitanregende, auch gewisse antiseptische Wirkung durch den Cymol- und Carvacrolgehalt des ätherischen Öles. Bei akuten Magendarmentzündungen, Durchfallerkrankungen, auch bei Husten und zum Gurgeln bei Halsentzündungen. Gewürz besonders für Bohnengerichte.

Majoran *Origanum majorana* L. (*Majorana hortensis* MOENCH)
Lippenblütler *Lamiaceae*
B: Stark aromatische, verzweigte Pflanze mit ovalen, kurz gestielten Blättern. Blüten klein, weiß bis rosa, einzeln in den Achseln von Tragblättern in endständigen köpfchenartigen Blütenständen. 0,2 – 0,6 m. ⊙ – ⊙; VII – IX.
V: Heimat Nordafrika, SW-Asien. Als Gewürz kultiviert, selten verwildert.
D: Majorankraut – Herba Majoranae (Erg.B.6), die getrockneten, von den Stengeln abgestreiften Blätter und Blüten. Majorana (HAB 34).
I: Ätherisches Öl, Bitterstoffe, Gerbstoff.
A: Wirkt anregend auf die Magensaftsekretion, krampf- und schleimlösend. Anwendung bei Verdauungsschwäche, Krämpfen im Magendarmbereich, Appetitlosigkeit, außerdem bei Husten, Keuchhusten und Asthma. In Einreibungen und Bädern gegen Erkältungskrankheiten und Rheuma, zu Schnupfensalbe. Als Gewürz.
F: Majorana Oligoplex, Menodoron, TriSept, Ventrovis u. a.

Blüten weiß, zweiseitig-symmetrisch

Wasser Andorn.

Gemeiner Wolfstrapp *Lycopus europaeus* L. Lippenblütler *Lamiaceae*
B: Pflanze mit langen, unterirdischen Ausläufern. Blätter breit-lanzettlich, tief gesägt. Blüten zahlreich in den oberen Blattachseln, Blütenkrone etwa 5 mm lang, kaum länger als der Kelch. 0,2 – 1 m. ♃; VII – IX.
V: Häufig an feuchten Standorten durch fast ganz Europa, Asien.
D: Lycopus europaeus (HAB 34), das frische, blühende Kraut.
I: Bitterstoff Lycopin, Lithospermsäure, Flavonglykoside, Gerbstoffe.
A: Wolfstrapp-Extrakte hemmen durch Beeinflussung des thyreotropen Hormons der Hypophyse die Tätigkeit der Schilddrüse, ohne daß das wirksame Prinzip bisher isoliert werden konnte. Anwendung bei leichten Fällen von Schilddrüsenüberfunktion und den nervösen Begleiterscheinungen, z. B. nervösen Herzstörungen. Häufig ist in Präparaten auch der nordamerikanische Wolfstrapp, *Lycopus virginicus* MICHX., enthalten, der dieselbe Wirksamkeit besitzt.
F: Lycocyn, Schoenenbergers Wolfstrappsaft, Virgilocard-Herzkraft u. a.

Groß Basilgen.

Basilienkraut *Ocimum basilicum* L. Lippenblütler *Lamiaceae*
B: Fast kahle, verzweigte Pflanze mit gestielten, eiförmig zugespitzten, ganzrandigen bis gezähnten Blättern. Blütenkrone gelblichweiß oder rötlich, Kelch glockig. Blüten in meist 6zähligen Wirteln. 0,2 – 0,5 m. ☉; VI – IX.
V: Heimat Südasien, in Mitteleuropa und weiter von alters her kultiviert.
D: Basilienkraut – Herba Basilici, das zur Blütezeit gesammelte Kraut. Basilicum (HAB 34), die frischen Blätter.
I: Ätherisches Öl mit Methylchavicol (Estragol), Linalool, Cineol, Ocimen; Gerbstoff, Saponin.
A: Basilienkraut regt Verdauung und Appetit an, wirkt blähungstreibend und fördert die Milchsekretion. Anwendung bei Magen- und Darmstörungen, auch bei Erkrankungen der Harnwege, Weißfluß und Schleimhautkatarrhen. Ähnlich in der Homöopathie. Als Gewürz.
F: Carminativum-Hetterich, Carvomin, Gastrol, Urologicum Tuben-Tee u. a.

Gnadenkraut *Gratiola officinalis* L. Rachenblütler *Scrophulariaceae*
B: Pflanze mit kriechendem Wurzelstock. Blätter ungestielt, lineal-lanzettlich, entfernt gesägt, gegenständig. Blüten gestielt, einzeln in den Blattachseln, Blütenkrone weiß bis rötlich, etwa 1,5 cm lang. 0,2 – 0,4 m. ♃; VI – VIII.
V: Verlandungsgesellschaften u. a. Feuchtstandorte durch Eurasien. In der Bundesrepublik Deutschland vom Aussterben bedroht.
D: Gottesgnadenkraut – Herba Gratiolae (Erg.B.6), die getrockneten, oberirdischen Teile. Gratiola (HAB 34).
I: Gratiogenin, Gratiosid (Gratiolin), Elaterinide, Cucurbitacine.
A: ☠ Sehr stark wirkendes Abführmittel, wegen der Giftigkeit der Droge aber kaum mehr verwendet. Ebenso wurde eine digitalisähnliche Wirkung bisher nicht genutzt. Gebräuchlich dagegen in der Homöopathie bei Sommerdurchfällen und anderen Magendarmstörungen.
F: Basilicum Oligoplex, Pankrevowen u. a.

Gemeiner Augentrost *Euphrasia rostkoviana* HAYNE Rachenblütler *Scrophulariaceae*
B: Meist in der unteren Hälfte verzweigte, drüsig behaarte Pflanze mit sitzenden, scharf gesägten Blättern. Blüten einzeln in den Achseln der oberen Blätter, Krone 1 – 1,5 cm lang, oft mit lila Aderung. 0,1 – 0,3 m. ☉; VII – X.
V: Wiesen, Weiden, durch weite Teile Europas häufig, im Süden teils fehlend.
D: Augentrostkraut – Herba Euphrasiae (Erg.B.6), die getrockneten, oberirdischen Teile. Euphrasia (HAB 34), die ganze, blühende, frische Pflanze.
I: Glykosid Aucubin, Gallusgerbstoff, Bitterstoffe, ätherisches und fettes Öl.
A: In der Homöopathie und in der Volksheilkunde bei Augenentzündungen, besonders der Augenbindehaut und des Lidrandes infolge von Katarrhen und bei Ermüdung der Augen durch Überanstrengung. Als Augentropfen, Augenbäder, Spülungen und auch innerlich angewendet. Ferner bei Husten und Heiserkeit. Die Verwendung bei Augenleiden geht wohl auf die Signaturenlehre zurück, in der Blüte wurde eine Ähnlichkeit mit dem Auge gesehen.
F: Asthen-Idril, Bulbotruw, Oculosan, Ophtol, Solan u. a.

Blüten gelb, radiär, höchstens 4 Blütenblätter

Cypressene Wolffsmilch.

Zypressen-Wolfsmilch *Euphorbia cyparissias* L. Wolfsmilchgewächse *Euphorbiaceae*
B: Pflanze mit wechselständigen, linealen, ganzrandigen Blättern und einem endständigen, doldenartigen, oft 15strahligen Gesamtblütenstand, darunter nichtblühende Seitentriebe. Hochblatthülle gelb, zuletzt rot überlaufen, Drüsen sichelförmig. 0,1 – 0,5 m. ♃; IV – VI.
V: Rasen, Heiden, Wegränder, häufig; ganz Europa.
D: Euphorbia Cyparissias (HAB 34), die ganze, frische, blühende Pflanze.
I: Gerbstoffe, Cholin, Flavonoide, im Milchsaft eine als Euphorbon bezeichnete Mischung harzartiger Bestandteile.
A: ☠ Der Milchsaft ruft auf der Haut Entzündungen hervor, z. B. bei der zweifelhaften Anwendung zur Entfernung von Warzen. Besonders gefährlich für die Augen! Innere Vergiftungen kamen früher durch Einnahme des eingedickten Milchsaftes als Brech- und Abführmittel (Scammonium europaeum) vor. Heute noch in der Homöopathie bei Hauterkrankungen gebräuchlich.
F: Calendula Oligoplex, Euphorbia Oligoplex, Euphorbia-Plantaplex

Lorbeerbaum

Lorbeerbaum *Laurus nobilis* L. Lorbeergewächse *Lauraceae*
B: Immergrüner Strauch oder Baum. Blätter aromatisch, lanzettlich, am Rande gewellt. Blüten vierzählig, reife Frucht schwarz. 2 – 20 m. ♄; III – IV.
V: Immergrüne Zone des Mittelmeergebietes, gelegentlich auch angepflanzt.
D: Lorbeeren – Fructus Lauri (DAB 6), die getrockneten, reifen Früchte. Lorbeerblätter – Folia Lauri (Erg.B.6). Laurus nobilis (HAB 34).
I: Das Lorbeeröl der Früchte (Oleum Lauri) ist ein salbenartiges Gemenge von fettem und ätherischem Öl. Blätter: ätherisches Öl mit Cineol, Bitterstoff.
A: Das hautreizende Lorbeeröl in Furunkelsalben, häufiger in der Tiermedizin zu Euter- und Schnakenschutzsalben. Die Früchte und besonders die Blätter wirken appetitanregend. Als Gewürz und in der Likörindustrie.
F: Pankrevowen, Pyodermin-Abszess-Salbe, Stovalid u. a.

Kalifornischer Mohn *Eschscholzia californica* CHAM. IN NEES
Mohngewächse *Papaveraceae*
B: Blaugrüne Pflanze. Blätter fein zerteilt, mit linealischen Zipfeln, Blüten 4zählig, einzeln, bis 4 cm breit, gelb bis orangerot, auch gefüllt, mit 2 verwachsenen Kelchblättern. 0,3 – 0,5 m. ☉ – ♃; VI – X.
V: Als Zierpflanze kultiviert und selten verwildert, Heimat Kalifornien.
D: Kalifornisches Mohnkraut – Herba Eschscholziae.
I: Allocryptopin, Protopin, Chelerythrin u. a. Alkaloide, Flavonoide.
A: ☠ Der Pflanze werden krampflösende, schmerzstillende und auch schlaffördernde Wirkungen zugeschrieben. Früher nur in Amerika in der Kinderpraxis verordnet, findet man bei uns die Droge inzwischen in Präparaten gegen Schlafstörungen, nervöse Übererregbarkeit, Gallen- und Lebererkrankungen.
F: Gallitophen, Neurapas, Phytonoxon, Reqiesan, Sanadormin u. a.

Schöllkraut *Chelidonium majus* L. Mohngewächse *Papaveraceae*
B: Verzweigte Pflanze mit orangegelbem Milchsaft. Blätter gefiedert, unterseits blaugrün. Blüten 4zählig, 1 – 2 cm breit mit 2 freien Kelchblättern. 0,3 – 0,8 m. ♃; V – IX.
V: Häufig in Unkrautfluren durch ganz Europa und Asien.
D: Schöllkraut – Chelidonii herba (DAB 8), die zur Blütezeit gesammelten, getrockneten oberirdischen Teile. Schöllkrautwurzel – Radix Chelidonii (Erg.B.6), der getrocknete Wurzelstock mit Wurzeln. Chelidonium (HAB 34).
I: Chelidonin, Chelerythrin, Protopin, Allocryptopin u. a. Alkaloide.
A: ☠ Chelidonin hat ähnlich einigen Opium-Alkaloiden schmerzstillende, auf die glatte Muskulatur krampflösende und zentralberuhigende Wirkung. Anwendung der Droge vor allem bei mit Krämpfen verbundenen Erkrankungen im Magen-Darm-Bereich und der Gallenwege, daneben auch bei Husten. Die Wirkung des frischen Milchsaftes gegen Warzen (Vorsicht!) wird auf bakterientötende und zellteilungshemmende Eigenschaften zurückgeführt. Auch in der Homöopathie bei Leber- und Gallenleiden, Darmbeschwerden.
F: Cheliforton, Chol-Kugeletten, Mediolax, Panchelidon u. a.

Schöllwurz.

Blüten gelb, radiär, 4 Blütenblätter

Eisenkraut das weiblein.

Weg-Rauke *Sisymbrium officinale* (L.) SCOP. (*Erysimum officinale* L.)
Kreuzblütler *Brassicaceae*
B: Abstehend verzweigte Pflanze mit fiederteiligen Blättern. Blütenkronblätter 3 – 4 mm lang, blaßgelb. Früchte 1 – 1,5 cm lange, dünne, dem Stengel anliegende Schoten. 0,3 – 0,8 m. ⊙ – ⊙; V – X.
V: Verbreitet in Unkrautfluren, an Wegrändern durch Europa, Asien.
D: Wegraukenkraut – Herba Erysimi. Erysimum officinale (HAB 34), die frische, blühende Pflanze.
I: Senfölglykoside, Gerbstoffe, vermutlich ein digitalisähnliches, herzwirksames Glykosid.
A: Selten in der Volksmedizin und in der Homöopathie bei Katarrhen der Atemwege und Asthma. Die Herzwirkung wird bisher medizinisch nicht genutzt, kann jedoch bei Überdosierung der Droge zu unerwünschten Nebenwirkungen führen.
F: Ammonium bromatum Oligoplex, Neo-Codion Dragées *Rp*

Goldlack *Cheiranthus cheiri* L. Kreuzblütler *Brassicaceae*
B: Aufrecht verzweigter Halbstrauch mit zahlreichen, länglich-lanzettlichen, behaarten Blättern. Blütenkronblätter 2 – 2,5 cm lang, goldgelb, bei Kultursorten auch bis orangerot oder braun. 0,2 – 0,8 m. ♃; V – VI.
V: Heimat östliches Mittelmeergebiet, in Süd- und Westeuropa oft kultiviert und an Mauern und Felsen eingebürgert.
D: Goldlackkraut – Herba Cheiranthi cheiri. Auch die Blüten und Samen werden daneben verwendet. Cheiranthus Cheiri (HAB 34), die frische, vor der Blüte gesammelte Pflanze.
I: Vor allem in den Samen herzwirksame Glykoside: Cheirotoxin (ein Strophanthidinglykosid), Cheirosid u. a., Senfölglykosid Glucocheirolin, in den Blüten wohlriechendes ätherisches Öl, Flavonoide.
A: Als Herzmittel und bei Leberleiden, vorwiegend in homöopathischen Zubereitungen. In der Volksheilkunde früher auch als Abführmittel und bei Menstruationsstörungen verwendet. Der Farbstoff der Blüten zum Färben.
F: Bilicordan, Cheihepar, Cheiranthol, Lacoerdin, Viscorapas u. a.

Schwarzer Senf *Brassica nigra* (L.) KOCH IN RÖHL. (*Sinapis nigra* L.)
Kreuzblütler *Brassicaceae*
B: Stark verzweigte Pflanze. Blätter gestielt, die unteren fiederteilig, mit großem Endabschnitt, die oberen ungeteilt, länglich. Blütenkronblätter 8 mm lang, Fruchtschoten aufrecht, dem Stengel anliegend, mit kurzem Schnabel, 1 – 2 cm lang. 0,6 – 2 m. ⊙; VI – IX.
Samen (unten rechts) kugelig, je nach Herkunft 1 – 1,6 mm im Durchmesser, Samenschale hell bis dunkelrotbraun. Geschmack zuerst ölig, bald darauf brennend scharf.
V: Heimat Süd- und Westeuropa, durch Kultur fast weltweit verbreitet.
D: Schwarzer Senf – Semen Sinapis (DAB 7), die reifen Samen. Sinapis nigra (HAB 34).
I: Senfölglykosid Sinigrin, das nach Zusatz von Wasser durch enzymatische Spaltung stechend-scharf riechendes und schmeckendes Allylsenföl bildet. Daneben alkaloidartiges Sinapin, fettes Öl, Schleim.
A: Allylsenföl hat stark durchblutungsfördernde Wirkung und kann eingerieben reflektorisch auch auf innere Organe einwirken. In zu hoher Konzentration oder bei zu langer Einwirkungsdauer führt es zu Entzündungen mit Blasenbildung. Die gemahlenen Samen (Senfmehl) werden in Form von Breiumschlägen, Bädern oder Senfpflastern, neben dem auch heute synthetisch hergestellte Allylsenföl (Oleum Sinapis DAB 7) in Einreibungen gegen Durchblutungsstörungen, Rheuma und Nervenschmerzen, bei Erkrankungen der Atemwege und bestimmten Herzbeschwerden verwendet. Innerlich haben Senfsamen appetitanregende und verdauungsfördernde Wirkung z. B. auch als Speisesenf (siehe bei Weißer Senf). In der Homöopathie u. a. bei Schnupfen, Schwindelzuständen, Darmkoliken gebräuchlich.
F: Balsalyt, Cor-Vel, Infrotto, Liberol, Sinapis nigra Oligoplex u. a.

Blüten gelb, radiär, 4 Blütenblätter

Gäler Senff.

Weißer Senf *Sinapis alba* L. Kreuzblütler *Brassicaceae*
B: Pflanze mit unregelmäßig-buchtig gezähnten bis fiederteiligen Blättern. Blütenstiel etwas länger als die Kelchblätter, Blütenkronblätter 0,7 – 1 cm lang, hellgelb. Frucht abstehend, mit langem, abgeflachtem Schnabel, steif behaart. 0,3 – 0,6 m. ⊙; VI – IX.
Samen (oben rechts) fast kugelig, 1,8 – 2,5 mm im Durchmesser, Samenschale gelblichweiß bis gelb. Geschmack anfangs ölig, erst allmählich brennend scharf.
V: Heimat Mittelmeergebiet, weltweit in verschiedenen Sorten kultiviert, bei uns gelegentlich verwildert.
D: Weißer Senfsame – Semen Erucae (Erg.B.6), die reifen Samen. Sinapis alba (HAB 34).
I: Senfölglykosid Sinalbin, das nach Wasserzusatz durch enzymatische Spaltung Sinalbinsenföl (Hydroxybenzylsenföl) liefert. Daneben alkaloidartiges Sinapin, fettes Öl, Schleim.
A: Verwendung wie Schwarzer Senf, aber milder in Geschmack und Wirkung und daher besser für die innerliche Anwendung geeignet. Sinalbinsenföl ist nicht flüchtig wie das Allylsenföl, daher bleibt das mit Wasser versetzte Samenpulver praktisch geruchlos. Speisesenf besteht aus wechselnden Mengen von Weißem und Schwarzem Senf, Essig und Gewürzen. Neben beträchtlicher verdauungsfördernder Wirkung hat Senf gewisse antibakterielle Eigenschaften. In der Homöopathie bei Kopfschmerzen, Verdauungsstörungen, Entzündungen der oberen Luftwege.
F: Silphoscalin

Brasicæ quartum genus. Bappißfraut.

Weißkohl *Brassica oleracea* L. var. *capitata* L. forma *alba* DC. Kreuzblütler *Brassicaceae*
B: Die Wildform der Kohl-Sorten hat kräftige, hohe Stengel mit dicklichen, blaugrünen Blättern und verlängerten Blütenständen mit großen, schwefelgelben Blüten. Zahlreiche Kulturformen, z. B. auch Rosenkohl, Blumenkohl, Wirsing, Rotkohl. Weißkohl bildet große runde bis kegelförmige, feste Köpfe und gelangt meist nicht zur Blüte 0,2 – 3 m. ⊙; V – IX.
V: Häufig kultiviert, Wildform an den Felsküsten des westlichen Mittelmeergebietes und Westeuropas bis Helgoland.
D: Der frische, rohe Weißkohlpreßsaft oder die gereinigte Trockensubstanz – Extractum Brassicae oleraceae sicc. Brassica oleracea (HAB 34), die frische, blühende Pflanze.
I: Antiulcus-Faktor, auch Vitamin U genannt (Methylmethioninsulfoniumbromid).
A: Kohlsaft soll die Heilung von Magen- und Zwölffingerdarmgeschwüren beschleunigen. Fertigpräparate sind inzwischen allerdings vom Markt wieder verschwunden. Sauerkrautsaft hat sich bei Verdauungsbeschwerden bewährt. In der Homöopathie die frische, blühende Pflanze bei Verdauungsstörungen und bei Kropf mit Schilddrüsenunterfunktion (Wirkstoff: Brassica-Factoren).
F: Papayasanit, Sauerkraut-Pflanzensaft Kneipp u. a.

Heptaphyllum. Tormentill.

Blutwurz, Ruhrwurz *Potentilla erecta* (L.) RÄUSCH. (*P. tormentilla* STOKES)
Rosengewächse *Rosaceae*
B: Pflanze mit kräftigem, innen rot gefärbtem Wurzelstock und niederliegend-aufsteigendem Stengel. Grundblätter 3zählig, Stengelblätter meist 5zählig gefingert, sitzend. Blüten meist 4zählig. 0,1 – 0,3 m ♃; V – VIII.
V: Wiesen, Moore, lichte Wälder, auf saurem Untergrund häufig; Eurasien.
D: Tormentillwurzel — Rhizoma-Tormentillae (DAB 6), der von den Wurzeln befreite, getrocknete Wurzelstock. Tormentilla (HAB 34).
I: Catechingerbstoffe, darunter Tormentillrot, das beim Lagern der Droge in zunehmender Menge entsteht, Glykosid Tormentosid, wenig ätherisches Öl.
A: Die gerbstoffreiche Droge innerlich bei Durchfällen, Entzündungen im Magendarmbereich, äußerlich gegen Hämorrhoiden, als Tinktur zu Pinselungen, Mundwässern und Gurgelmitteln bei Schleimhauterkrankungen des Mund- und Rachenraumes. Vor allem in homöopathischen Präparaten zum Stillen von Blutungen.
F: Diarrheel, Duoform-Balsam, Entero-Fides, Kytta-Dentost u. a.

Blüten gelb, radiär, 4 bis 5 Blütenblätter

Zum Rauten.

Weinraute *Ruta graveolens* L.   Rautengewächse *Rutaceae*
B: Am Grunde oft verholzte Pflanze mit starkem, aromatischem Geruch. Blätter 2 – 3fach fiederschnittig, etwas fleischig, blaugrün. Blütenstand trugdoldig mit 4zähligen Seitenblüten und 5zähliger Endblüte. Blütenkronblätter kapuzenförmig, am Rande nicht gewimpert. 0,3 – 0,6 m. ♃; VI – VIII.
V: Heimat östl. Mittelmeergebiet, in warmen Gebieten angebaut, verwildert.
D: Rautenkraut – Rutae graveolentis herba (DAC), das vor der Blüte gesammelte und getrocknete Kraut der ssp. *hortensis* (MILL.) GAMS. Ruta (HAB 34).
I: Ätherisches Öl mit Methyl-n-nonylketon, Rutin, Furocumarine, Alkaloide.
A: ☠ Durch den Gehalt an Rutin hat die Droge Bedeutung in Präparaten gegen Venenerkrankungen, Arteriosklerose, Netzhautblutungen u. a. Daneben sind beruhigende und krampflösende Eigenschaften vorhanden. Das ätherische Öl mit Wirkung auf die Gebärmutter ist in höheren Dosen giftig, äußerlich ruft es Hautentzündungen hervor. Die Furocumarine wirken photosensibilisierend (s. S. 18). Als Gewürzkraut.
F: Anisan, Bulbotruw, Gynacton *Rp*, Noricaven, Venotonic, Viracton u. a.

Buxus. Buchsbaum.

Gemeiner Buchsbaum *Buxus sempervirens* L.   Buchsbaumgewächse *Buxaceae*
B: Immergrüner Strauch oder kleiner Baum. Blätter eiförmig, ledrig, oberseits glänzend dunkelgrün, unterseits heller, gegenständig. Blüten in Knäueln, aus mehreren 4zähligen männlichen und einer endständigen, 6zähligen, weiblichen Blüte. 0,2 – 2 m. ♄; III – IV. Geschützt.
V: Laubwälder in Süd- und Südwesteuropa, bis zur Mosel; Zierstrauch.
D: Buchsbaumblätter – Folia Buxi. Buxus sempervirens (HAB 34).
I: Zahlreiche Alkaloide, u. a. Cyclobuxin D, wenig ätherisches Öl, Gerbstoff.
A: ☠ Die Alkaloide erzeugen Durchfall, Erbrechen und schließlich Krämpfe und Atemlähmung. Einige wirken blutdrucksenkend oder zellschädigend. Früher volkstümlich als Chininersatz in der Malariabehandlung, bei Rheuma, Lues und chronischen Hautleiden. Durch Überdosierung der Droge kam es häufig zu Vergiftungen. Auch in der Homöopathie nur noch selten verwendet.

Echtes Labkraut *Galium verum* L.   Rötegewächse *Rubiaceae*
B: Blätter nadelförmig, bis 1 mm breit, glänzend grün, in Wirteln. Blütenstände rispig, Blütenkrone am Grunde verwachsen, ausgebreitet, mit 4 spitzen Zipfeln. 0,2 – 0,7 m. ♃; VI – IX.
V: Trockene bis wechselfeuchte Rasen, Wegränder, häufig; Europa, Sibirien.
D: Echtes Labkraut – Herba Galii lutei, das getrocknete, blühende Kraut. Galium verum (HAB 34).
I: Galiosin (Anthrachinonglykosid), Asperulosid, Rubiadinglykosid, Gerbstoffe, Aucubin, Flavonoide.
A: Nur noch selten in der Homöopathie und in der Volksmedizin als harntreibendes Mittel, besonders bei Wasseransammlungen verwendet. Ferner bei Magendarmkatarrhen, äußerlich bei Hautleiden und Wunden. Im frischen Kraut soll ein Stoff enthalten sein, der ähnlich dem Labferment aus dem Kälbermagen Milch zum Gerinnen bringt.

Nymphæa lutea. Gel Seeblumen.

Gelbe Teichrose *Nuphar lutea* (L.) SIBTH. & SM.   Seerosengewächse *Nymphaeaceae*
B: Schwimmblattpflanze mit waagrecht im Boden wachsendem, kräftigem Wurzelstock und lang gestielten, rundlich-ovalen Blättern. Blüten 4 – 5 cm breit, 5 große, gelbe Blütenblätter, Narbenscheibe mit 15 – 20 radiären Streifen. 0,5 – 3 m unter der Wasserfläche. ♃; VI – IX. Geschützt.
V: Stehende bis langsam fließende Gewässer, häufig; Europa bis Westasien.
D: Nuphar luteum (HAB 34), der frische Wurzelstock. Teichrosenwurzelstock – Rhizoma Nupharis lutei.
I: Alkaloide, Gerbstoffe, Stärke.
A: ☠ Wurzelstock und Blüten früher in der Volksheilkunde u. a. zur Herabsetzung der sexuellen Erregbarkeit. In der Homöopathie noch gebräuchlich bei Impotenz, Kopfschmerzen und Darmkatarrh. Ähnlich verwendet wird die Weiße Seerose (*Nymphaea alba* L.), die verwandte Alkaloide und daneben ein herzaktives Glykosid enthält.

Blüten gelb, radiär, 5 Blütenblätter

Sumpfdotterblume *Caltha palustris* L.   Hahnenfußgewächse *Ranunculaceae*
B: Aufsteigende bis aufrechte Pflanze mit großen, rundlichen, am Grunde herzförmigen Blättern. Blüten meist mit 5 glänzend gelben Blütenblättern. Früchtchen zu 5 – 8. 0,1 – 0,5 m. ♃; III – VI.
V: Häufig an Gräben, in nassen Wiesen, in der ganzen nördlichen Erdhälfte.
D: Caltha palustris (HAB 34), die frische, blühende Pflanze.
I: Saponine, Flavonoide, Cholin, in den Wurzeln das Alkaloid Magnoflorin.
A: ☠ Nach Genuß der Blätter als Salat kommt es zu Erbrechen, Durchfall, Magen- und Kopfschmerzen, Bläschenausschlag. Anwendung früher in der Volksheilkunde, heute noch in der Homöopathie bei pustulösen Hautausschlägen an Armen und Beinen. Die Blütenknospen als deutsche Kapern.
F: Galium-Heel

Knolliger Hahnenfuß *Ranunculus bulbosus* L.   Hahnenfußgewächse *Ranunculaceae*
B: Stengel am Grunde knollig verdickt. Grundblätter dreiteilig, lang gestielt, Stengelblätter sitzend, mit schmaleren Abschnitten. Blüten 2 – 3 cm breit, Kelch zurückgeschlagen, Blütenstiele gefurcht. 0,1 – 0,5 m. ♃; V – VII.
V: Häufig in Trockenrasen und trockenen Wiesen durch fast ganz Europa.
D: Ranunculus bulbosus (HAB 34), die frische, blühende Pflanze.
I: In der frischen Pflanze Protoanemonin (Anemonol), das beim Trocknen in Anemonin und schließlich in die unwirksame Anemonsäure übergeht.
A: ☠ Das frische Kraut hat starke haut- und schleimhautreizende Wirkung. Äußerlich kommt es zu Rötungen mit Juckreiz und Bläschenbildung, innerlich zu Brennen im Mund, Erbrechen, kolikartigen Leibschmerzen, Magen- und Darmentzündung, Nierenreizung. Die Pflanzen werden vom Vieh gemieden, können aber in noch frischem Zustand zusammen mit Gras verfüttert, Vergiftungen hervorrufen. Früher in der Volksheilkunde vorwiegend äußerlich bei rheumatischen Erkrankungen und Nervenschmerzen verwendet. Ebenso heute noch innerlich in der Homöopathie, auch bei Hirnreizungen, Gürtelrose, Bläschenausschlägen, Schlaflosigkeit. Getrocknet ist die Pflanze wirkungslos.
F: Colchicum-Plantaplex, Ranunculus Oligoplex, Ranunculus-Pentarkan u. a.

Scharfer Hahnenfuß *Ranunculus acris* L.   Hahnenfußgewächse *Ranunculaceae*
B: Stark verzweigte Pflanze. Grundblätter 3 – 5teilig, mit schmalen, mehrfach geteilten Abschnitten. Blüten 2 – 3 cm breit, Kelch der Blütenkrone anliegend, Blütenstengel nie gefurcht. 0,2 – 0,8 m. ♃; V – IX.
V: In Wiesen häufig durch weite Teile Europas und Asiens.
D : Ranunculus acer (HAB 34), das frische Kraut.
I: Protoanemonin und Anemonin, Saponin, Gerbstoff.
A: ☠ Giftwirkung wie beim Knolligen Hahnenfuß. Durch die Häufigkeit der Pflanze auf Wiesen sind auch Vergiftungen durch Lagern oder Barfußlaufen auf frisch geschnittenem Heu möglich. Früher wurden die Hauterscheinungen gelegentlich absichtlich hervorgerufen, um Arbeitsunfähigkeit vorzutäuschen oder Mitleid zu erregen. Anwendung selten in der Homöopathie.

Gift-Hahnenfuß *Ranunculus sceleratus* L.   Hahnenfußgewächse *Ranunculaceae*
B: Kahle Pflanze mit langgestielten, über die Mitte 3zählig geteilten Grundblättern, obere Stengelblätter sitzend, bis zum Grunde geteilt. Blüten nur 0,5 – 1 cm breit, Blütenstiel gefurcht, Kelchblätter zurückgeschlagen, hinfällig. Früchtchen einen eiförmigen Kopf bildend. 0,1 – 0,6 m. ☉; VI – VIII.
V: An sumpfigen, schlammigen Ufern; zerstreut durch Europa, Asien.
D: Ranunculus sceleratus (HAB 34), das frische Kraut.
I: Protoanemonin und Anemonin, Tryptaminderivate, darunter Serotonin.
A: ☠ Gilt als giftigste Hahnenfußart, Wirkung siehe Knolliger Hahnenfuß. Früher volkstümlich, heute nur noch in der Homöopathie bei rheumatisch-gichtischen Beschwerden, daneben bei Störungen der Bauchspeicheldrüsenfunktion, zentralnervösen Symptomen, Hautausschlägen.
F: Graphites-Plantaplex u. a.

Blüten gelb, radiär, 5 Blütenblätter

Katzentreubel.

Mauerpfeffer *Sedum acre* L. Dickblattgewächse *Crassulaceae*
B: Pflanze mit verzweigten, kriechenden Sprossen rasenbildend. Blätter dicklich, halbrund. Blüten zu mehreren in doldenartigen Blütenständen, Blütenkrone goldgelb, Kronblätter zugespitzt. 0,05 – 0,15 m. ♃; VI – VIII.
V: Auf offenem Sand, Fels, an Mauern, häufig; durch weite Teile Europas.
D: Mauerpfeffer – Herba Sedi acris, die frische Pflanze. Sedum acre (HAB 34).
I: Alkaloide, u. a. Sedamin, Sedinin, Sedinon; Rutin, Gerbstoffe.
A: ☠ Scharfer, pfefferartiger Geschmack der frischen Pflanze, ruft in größeren Dosen Brechreiz, Betäubungserscheinungen und Lähmungen hervor, auf der Haut Brennen und Rötung. Früher zur Heilung von Wunden, Verbrennungen und als blutdrucksenkendes Mittel, heute noch in homöopathischen Präparaten vor allem gegen Hämorrhoiden und Analfissuren. Das ganz junge Kraut als Salatwürze (mit Vorsicht). Daneben wird auch die Alpen-Fetthenne *Sedum alpestre* VILL. (*S. repens* SCHLEICH.) verwendet.
F: Duoform, Hamamelis-Plantaplex, Paeonia Oligoplex u. a.

Odermeng.

Gewöhnlicher Odermennig *Agrimonia eupatoria* L. Rosengewächse *Rosaceae*
B: Nur oben verzweigte Pflanze mit unpaarig gefiederten, stengelständigen Blättern. Blüten 0,5 – 0,8 cm breit, in langen, traubigen Blütenständen. Frucht glockenförmig, mit senkrecht abstehendem, hakigem Borstenkranz und deutlichen Rillen. 0,5 – 1 m. ♃; VI – VIII.
V: Trockene Rasen, Gebüsche, lichte Wälder; Europa, SW-Asien.
D: Odermennigkraut – Herba Agrimoniae (Erg.B.6), das getrocknete Kraut.
I: Gerbstoffe, ätherisches Öl, Nicotinsäureamid, im frischen Kraut ein glykosidischer Bitterstoff.
A: Die Gallenabsonderung anregende und milde adstringierende Wirkung. Heute noch in Fertigarzneimitteln gegen Leber- und Gallenleiden, Magen- und Darmkatarrhe und Blasenschwäche enthalten. In der Volksheilkunde besonders als Gurgelmittel bei Rachenentzündungen („für Sänger und Redner"), zu Umschlägen bei Geschwüren und juckenden Hauterkrankungen.
F: Divinal-Bohnen, Hepartean, Inconturina, Losapan, Rhoival, Stomasal u. a.

Argemone altera uel Potentilla. (Gensfeich.)

Gänse-Fingerkraut *Potentilla anserina* L. Rosengewächse *Rosaceae*
B: Pflanze mit bis 1 m lang kriechenden, an den Knoten wurzelnden Trieben. Blätter 13 – 21zählig gefiedert, oberseits grün, unterseits dicht seidenhaarig. Blüten 2 – 3 cm breit, einzeln auf langen Blütenstielen in den Blattachseln. 0,1 – 0,3 m. ♃; V – VIII.
V: Häufig in Trittfluren, an Wegen und Ufern; fast weltweit verbreitet.
D: Gänsefingerkraut – Herba Anserinae (Erg.B.6), die getrockneten Blätter und Blüten. Potentilla anserina (HAB 34).
I: Noch unerforschter, krampflösender Wirkstoff, Gerbstoff, Flavonoide.
A: Häufig als krampflösender Bestandteil von Präparaten gegen schmerzhafte Monatsblutung, Magen- und Darmerkrankungen, Gallenleiden, auch in beruhigenden Mitteln. Als Gerbstoffdroge daneben gegen Durchfall, zum Gurgeln und zu Wundspülungen. In der Homöopathie ebenfalls bei Krampfzuständen.
F: Bekunis-Tee, Esberigal, Spasmi-Tropfen, Species Nervinae Kneipp u. v. a.

Kriechendes Fingerkraut *Potentilla reptans* L. Rosengewächse *Rosaceae*
B: Bis über 1 m lang kriechend, an den Knoten wurzelnd und Blattrosetten bildend. Blätter langgestielt, 5zählig gefingert, beidseitig grün. Blüten einzeln, auf langen Blütenstielen die Blätter überragend. 0,1 – 0,3 m. ♃; VI – VIII.
V: Häufig an Wegen, Ufern, in Äckern, feuchten Wiesen; Europa, Westasien.
D: Fünffingerkraut – Herba Pentaphylli. Potentilla reptans (HAB 34).
I: Gerbstoffe.
A: Wie Tormentillwurzel als Gerbstoffdroge verwendet, die Wirkung ist jedoch schwächer. In der Volksheilkunde vor allem bei Durchfällen, Nasenbluten, Zahnfleischentzündungen und zum Baden schlecht heilender Wunden. Ebenso das in den Alpen beheimatete Gold-Fingerkraut (*Potentilla aurea* L.).

Blüten gelb, radiär, 5 Blütenblätter

Benedictenwurzel.

Echte Nelkenwurz *Geum urbanum* L. Rosengewächse *Rosaceae*
B: Verzweigte Pflanze mit unpaarig gefiederten Blättern, Endfieder oft groß und 3 – 5teilig. Blüten aufrecht, langgestielt, an den Zweigenden. Fruchtgriffel hakig geknickt. 0,2 – 8 m. ♃; V – X.
V: Häufig in Unkrautfluren, feuchten Laubwäldern; Europa, Asien.
D: Nelkenwurzwurzel – Radix Caryophyllatae, die getrockneten Wurzeln und Wurzelstöcke. Geum urbanum (HAB 34).
I: Äther. Öl mit Eugenol aus glykosidischer Bindung, Bitterstoff, Gerbstoffe.
A: Heute nur noch selten in der Volksheilkunde bei Verdauungsstörungen, außerdem als Gurgelmittel bei Hals- und Zahnfleischentzündungen (neben der Gerbstoffwirkung schmerzstillende und keimtötende Wirkung des Eugenols). In der Homöopathie auch bei übermäßiger Schweißabsonderung.
F: Lamioflur, Salvia Oligoplex u.a.

Götterbaum *Ailanthus altissima* (MILL.) SWINGLE (*A. glandulosa* DESF.)
Bittereschengewächse *Simaroubaceae*
B: Baum mit großen, unpaarig gefiederten Blättern. 13 – 25 eilanzettliche, lang zugespitzte Teilblätter, an der Basis mit 2 – 4 drüsentragenden Zähnen. Blüten etwa 8 mm breit, gelblich, von unangenehmem Geruch, zu 2 – 3 gebüschelt in großen, endständigen Rispen. Teilfrüchte geflügelt. Bis 25 m. ♄; VII.
V: Als Zierbaum oft gepflanzt, gelegentlich verwildert, Heimat China.
D: Ailanthus glandulosa (HAB 34), frische Sprosse, Blüten und Rinde.
I: In der Rinde Bitterstoffgemisch Ailanthin, Gerbstoffe, Saponin.
A: ⚕ In Europa nur in der Homöopathie gebräuchlich u. a. zur unterstützenden Behandlung von schweren Infektionskrankheiten und bei chronisch-infektiösen Prozessen des lymphatischen Rachenrings.
F: Belladonna-Pentarkan, Entoxin, Mercurius cyanatus Oligoplex u. a.

Linden

Winter-Linde *Tilia cordata* MILL. Lindengewächse *Tiliaceae*
B: Sommergrüner, hoher Baum. Blätter herzförmig, schief, am Rande gesägt, oberseits kahl, dunkelgrün, unterseits bläulichgrün, in den Aderwinkeln braunbärtig. Blüten hellgelb, 5zählig, zu 5 – 11, Stengel des Blütenstandes mit einem Hochblatt verwachsen. Bis 30 m. ♄; VI – VII.
V: Laubmischwälder wärmerer Standorte; Europa, oft gepflanzt.
D: Lindenblüten – Tiliae flos (DAB 8), die getrockneten Blütenstände, auch von der Sommer-Linde (*Tilia platyphyllos* SCOP.). Tilia europaea (HAB 34).
I: Ätherisches Öl mit Farnesol (wohlriechend), Flavonoide, Gerbstoffe, Schleim.
A: Wie Holunderblüten, oft auch mit diesen gemischt, als schweißtreibender Tee bei fieberhaften Erkältungskrankheiten. Die Wirksamkeit ist umstritten und wird zum Teil allein dem heißen Wasser zugeschrieben. Auch bei Katarrhen der oberen Luftwege, Blasen- und Nierenleiden und als krampflösendes Mittel. In der Homöopathie u. a. bei Ermüdungserscheinungen am Auge.
F: Audrofid, Grippe-Tee Stada, Nephri-Dolan, Salus Bronchial-Tee u. a.

Hypericum.
S. Johans kraut.

Tüpfel-Johanniskraut, Tüpfel-Hartheu *Hypericum perforatum* L.
Johanniskrautgewächse *Hypericaceae*
B: Stengel mit zwei Längsleisten. Blätter gegenständig, länglich bis eiförmig, durchscheinend getüpfelt. Blüten in rispigen Blütenständen. 0,3 – 1 m. ♃; VI – VIII.
V: Häufig an Wegrändern, Gebüschen, in Magerrasen; Europa, Asien.
D: Johanniskraut – Hyperici herba (DAC), die getrockneten, oberirdischen Teile. Hypericum (HAB 34).
I: Hypericin, Flavonoide, Gerbstoffe, ätherisches Öl.
A: In Fertigarzneimitteln zur kurmäßigen Behandlung von depressiven Zuständen und nervösen Erkrankungen, wobei die Wirkung auf dem Gehalt an dem photosensibilisierenden Hypericin beruhen soll. Ferner bei Gallenleiden und Magen- und Darmstörungen. Johannisöl (Oleum Hyperici), ein Auszug der frischen Blüten mit Olivenöl, als Wundheilmittel und bei Hauterkrankungen. In der Homöopathie vor allem bei Nervenschmerzen nach Verletzungen.
F: Aktiv-Kapseln, Befelka-Öl, Hyperforat, Phytogran, Psychatrin, u. v. a.

Blüten gelb, radiär, 5 Blütenblätter

Foeniculum
Fenchel

Garten-Fenchel *Foeniculum vulgare* MILL. ssp. *vulgare* Doldenblütler *Apiaceae*
B: Kahle, blaugrüne Pflanze. Blätter 2–3fach gefiedert mit schmalen, feinen Abschnitten. Blütendolde aus 12–25 Döldchen zusammengesetzt, mit meist ungleich langen Strahlen. Hülle und Hüllchen fehlend. 0,5–2 m. ☉–♃; VII–X.
Die Früchte (oben rechts) sind 5–10 mm lang und meist in 2 Teilfrüchte mit je 5 deutlichen, aber ungeflügelten Rippen zerfallen. Der Geschmack ist süßlich und etwas scharf, kampferähnlich.
V: In verschiedenen Sorten weltweit kultiviert, ssp. *piperitum* (UCRIA) COUT. im ganzen Mittelmeergebiet heimisch.
D: Fenchel – Foeniculi fructus (DAB 8), die getrockneten, reifen Früchte. Fenchelöl – Foeniculi aetheroleum (DAB 8), Oleum Foeniculi, das ätherische Öl. Foeniculum (HAB 34).
I: Ätherisches Öl mit Anethol und Fenchon, fettes Öl, Zucker.
A: Als schleimlösender Bestandteil vieler Hustentees und -säfte, in der Kinderpraxis auch als Fenchelhonig beliebt. Das ätherische Öl hat darüber hinaus krampflösende, blähungstreibende und antibakterielle Eigenschaften und soll auch milchbildend wirken. Häufig als Zusatz zu Abführmitteln und als Tee bei leichten Verdauungsstörungen der Säuglinge. Äußerlich zu Augen- und Gurgelwässern. Als Geschmackskorrigens und als Gewürz.
F: Carilaxan, Dapulmon, Gastricholan, Guakalin, Mutosan, Solan u. v. a.

Gemeiner Epff.

Echte Sellerie *Apium graveolens* L. Doldenblütler *Apiaceae*
B: Pflanze mit rundlich rübenförmig verdickter Wurzel und charakteristischem Geruch. Blätter ein- bis zweifach gefiedert mit rhombischen, oft 3teiligen Abschnitten. Blüten unscheinbar, gelblich bis weißlich, in zahlreichen Dolden, Hülle und Hüllchen fehlend. Früchte rundlich, etwa 1,5–2 mm groß. 0,3–1 m. ☉; IV–X.
V: Wildform (Abb.) eurasiatische Küstenpflanze, in verschiedenen Formen seit alters kultiviert und selten verwildert.
D: Fructus (Semen) Apii graveolentis – Selleriefrüchte. Apium graveolens (HAB 34). Auch die Wurzel und das Kraut werden verwendet.
I: Besonders reichlich in den Früchten ätherisches Öl mit Limonen, Selinen, Sedanonsäureanhydrid (Geruchsträger), Flavonglykosid Apiin, in dem knollig verdickten Wurzelstock außerdem Cholin, Asparagin, Schleim und Stärke.
A: Anregende Wirkung auf die Nierentätigkeit. Anwendung vor allem in der Volksheilkunde bei rheumatischen Beschwerden, manchen Blasen- und Nierenleiden, auch bei Verdauungsstörungen und Appetitlosigkeit. Der mit Zucker eingekochte Wurzelsaft als Hustenmittel. Früher wurde angenommen, daß Sellerie den Geschlechtstrieb anregt, worauf der Name Geilwurz zurückzuführen ist. Gemüse und Gewürz.
F: Salus Nieren-Blasen-Tee, Sellerie-Pflanzensaft Kneipp, Uriginex u. a.

Pastinak *Pastinaca sativa* L. Doldenblütler *Apiaceae*
B: Stengel kantig gefurcht. Blätter gefiedert, mit fiederteiligen oder grob gezähnten Abschnitten. Blütendolden ohne Hülle und Hüllchen, Blütenblätter bis 1,5 mm lang. 0,3–1 m. ☉; VII–IX.
V: Unkrautfluren, Wegränder, Wiesen durch ganz Europa, Westasien, fast weltweit verschleppt, früher öfter kultiviert.
D: Pastinakwurzel – Radix Pastinacae. Pastinaca sativa (HAB 34), die frische zweijährige Wurzel der angebauten Pflanzen.
I: Ätherisches und fettes Öl, Alkaloid Pastinacin, Furocumarine, Vitamin C.
A: In der Volksheilkunde früher als harntreibendes und verdauungsförderndes Mittel. Die Gartenform mit möhrenartiger, verdickter Wurzel als Gemüse, die jungen Blätter und Zweigspitzen zum Würzen. Bei empfindlichen Personen führt der Saft der Pflanze bei gleichzeitiger Sonnenbestrahlung zu Rötungen und Pustelbildung auf der Haut.

Blüten gelb, radiär, 5 Blütenblätter

Dill, Gurkenkraut *Anethum graveolens* L.   Doldenblütler *Apiaceae*
B: Sehr ähnlich dem Fenchel, aber mit charakteristischem Dillgeruch. Stengel fein gestreift. Blätter 3 – 4fach gefiedert mit fädlich-linealen Abschnitten. Blütendolde bei Kulturformen groß, gewölbt, mit 30 – 50 Döldchen, ohne Hülle und Hüllchen. 0,4 – 1,2 m. ⊙; VII – VIII.
Früchte (oben rechts) etwa 3 – 5 mm lang, bräunlich, breit-oval, zusammengedrückt, gewöhnlich in die Teilfrüchte zerfallen. Von den jeweils 5 helleren Rippen sind die beiden seitlichen flügelartig verbreitert.
V: Von alters her kultiviert, selten verwildert; Heimat Südwestasien.
D: Dillfrüchte, Dillsamen – Fructus Anethi (Erg.B.6), die reifen Früchte.
I: Ätherisches Öl mit Phellandren, Limonen, Carvon, Furocumarine, fettes Öl.
A: Ähnlich wie Kümmel, Fenchel und Anis gegen Blähungen, Verdauungsstörungen und Appetitlosigkeit und zur Anregung der Milchsekretion verwendet. Ferner als harntreibendes Mittel und auch bei Schlaflosigkeit. Ebenso in der Homöopathie. Das frische Kraut (Dillkraut, Gurkenkraut) mit den noch unreifen Samen als Gewürz vor allem für saure Gurken und in der Likörfabrikation.
F: Salus Magen-Darm-Tee, Diureticum-Medice u. a.

Garten-Petersilie, Echte Petersilie *Petroselinum crispum* (MILL.) HILL
(*P. sativum* HOFFM., *P. hortense* AUCT.)   Doldenblütler *Apiaceae*
B: Blätter dunkelgrün, 2 – 3fach gefiedert mit 3zähligen, dreieckigen Abschnitten, bei verschiedenen Kultursorten unterschiedlich zerteilt und auch kraus. Blüten klein, grünlichgelb bis rötlich, Hüllblätter wenige, Hüllchenblätter 6 – 8. Früchte grünlichgrau, rundlich-eiförmig bis birnenförmig, 2 mm lang. 0,3 – 1 m. ⊙; VI – VII.
V: Von alters her kultiviert, Heimat wohl Südwestasien, östliches Mittelmeergebiet.
D: Petersilienfrüchte – Fructus Petroselini (Erg.B.6). Petersilienwurzel – Radix Petroselini (Erg.B.6), die getrocknete Wurzel. Petroselinum (HAB 34), die frische, ganze Pflanze.
I: Besonders in den Früchten ätherisches Öl mit Apiol, Myristicin, Flavonglykosid Apiin, Furocumarine, fettes Öl.
A: Bewirkt kräftige Anregung der Harnausscheidung, daneben Kontraktion der Gebärmutter. Bei Überdosierung des ätherischen Öles sind Vergiftungen möglich. Anwendung in Fertigpräparaten vor allem bei Infekten der Harnwege, Wasseransammlungen, Nierensteinen und Menstruationsstörungen. Volkstümlich auch als appetitanregendes Mittel, äußerlich gegen Ungeziefer und Insektenstiche. In der Homöopathie u. a. bei Reizblase. Gewürzpflanze.
F: Dai, Eupond *Rp,* Nephrisan, Nephrubin, Nieral, Salus Uron u. a.

Liebstöckel, Maggikraut *Levisticum officinale* KOCH   Doldenblütler *Apiaceae*
B: Kräftige, aromatische Pflanze. Blätter groß, 2 – 3fach gefiedert, mit rhombischen, grob gezähnten Abschnitten. Blüten sehr klein, mit etwa 1 mm großen, rundlichen, gelben Blütenblättern. Hüll- und Hüllchenblätter zahlreich. 1 – 2 m. ♃, VII – VIII.
V: In weiten Teilen Europas kultiviert, selten verwildert; Heimat Südwestasien.
D: Liebstöckelwurzel – Radix Levistici (DAB 7), die getrockneten, unterirdischen Organe der 2 – 3jährigen Pflanzen. Levisticum officinale (HAB 34).
I: Ätherisches Öl mit Butylphthaliden, Cumarinderivate, Zucker, Harz.
A: Als harntreibendes Mittel u. a. bei Wasseransammlungen, manchen Blasen- und Nierenleiden, Nierensteinen. In der Volksheilkunde auch zur Anregung der Verdauung, bei Menstruationsstörungen und Husten. Zu Magenschnäpsen. Das Kraut als Gewürz (Geruch und Geschmack nach Maggiwürze, in dieser jedoch nicht enthalten).
F: Canephron, Nephroselect, Nieral, Rheumex u. a.

Blüten gelb, radiär, 5 Blütenblätter

Numularia.
Pfennigkraut.

Verbaſculum odoratum.
Geel Schlüſſelblum.

Verbaſculum non odoratum.
Weiß Schlüſſelblum.

Garten-Kürbis *Cucurbita pepo* L. Kürbisgewächse *Cucurbitaceae*
B: Niederliegende oder kletternde Triebe mit fiederartig geteilten Ranken. Blätter groß, lang gestielt, fünflappig, Buchten mehr oder weniger deutlich ausgeprägt. Blütenkrone verwachsen, 7 – 10 cm breit, männliche und weibliche Blüten getrennt, aber an derselben Pflanze, mit fünfkantigem Blütenstiel. Bis 10 m lang. ☉; VI –IX.
V: Heute in vielen Sorten weltweit kultiviert, Heimat Nordamerika.
D: Kürbissamen – Semen Cucurbitae (Erg.B.6), die Samen der reifen Früchte, auch von *C. maxima* DUCH. IN LAM. und *C. moschata* DUCH. EX POIR.; Cucurbita Pepo (HAB 34).
I: Wirkstoff Cucurbitin (eine Aminosäure), fettes Öl, Eiweiß.
A: In hoher Dosis als Wurmmittel, besonders gegen Bandwürmer, heute jedoch nur noch bei Versagen der gut wirksamen chemischen Präparate angewendet. Dagegen häufig in Fertigarzneimitteln gegen Prostataerkrankungen und Blasenstörungen. In der Homöopathie bei Übelkeit und Erbrechen.
F: Carito, Nomon, Prosta-Kapseln-Fink, Prostamed u. a.

Pfennigkraut *Lysimachia nummularia* L. Primelgewächse *Primulaceae*
B: Niederliegende, oberirdisch kriechende Pflanze mit gegenständigen, kurzgestielten, rundlichen Blättern. Blüten einzeln in den Blattachseln, gestielt, mit fünfteiliger, nur am Grunde verwachsener, sattgelber Blütenkrone. 0,1 – 0,6 m kriechend. ♃; V – VII.
V: Häufig in Auenwäldern, feuchten Wiesen; fast ganz Europa.
D: Pfennigkraut – Herba Lysimachiae. Lysimachia Nummularia (HAB 34), die frische, blühende Pflanze.
I: Gerbstoffe, Saponine.
A: Anwendung selten in der Volksheilkunde und in der Homöopathie bei Durchfallerkrankungen, schlecht heilenden Wunden, in einem Fertigpräparat bei Ekzemen im Kindesalter. Äußerlich bei Wunden und rheumatischen Erkrankungen. Der Pflanzenextrakt soll antibiotische Wirkung haben.
F: Dermatodoron

Echte Schlüsselblume, Arzneiprimel *Primula veris* L.
(*Primula officinalis* (L.) HILL) Primelgewächse *Primulaceae*
B: Grundständige Blattrosette. Blätter eiförmig-länglich, runzelig, in den geflügelten Blattstiel verschmälert. Blütenstengel blattlos, mit vielblütiger Dolde. Blütenkrone dunkelgelb, glockenförmig, Fruchtkelch bauchig abstehend. 0,1 – 0,2 m. ♃; IV – V. Geschützt.
V: Trockene bis wechselfeuchte Rasen, durch weite Teile Europas.
Hohe Schlüsselblume *Primula elatior* (L.) HILL
B: Sehr ähnlich der vorigen Art, Blütenkrone aber blaßgelb und ausgebreitet, Fruchtkelch eng anliegend. 0,1 – 0,3 m. ♃; III – V. Geschützt.
V: Feuchte Laubwälder und Wiesen, Mittel- und Südeuropa.
D: Primelwurzel – Primulae radix (DAB 8), der getrocknete Wurzelstock mit den Wurzeln beider Arten. Schlüsselblumenblüten mit bzw. ohne Kelch – Flores Primulae cum bzw. sine calycibus (Erg.B.6), die getrockneten Blüten nur von *P. veris.* Primula veris (HAB 34), die frische, blühende Pflanze.
I: Primulasäure A und andere Saponine, Phenolglykoside. Die Blüten enthalten nur im Kelch Saponin, in den Blumenkronen Phenolglykoside und Flavonoide.
A: Aufgrund des Saponingehaltes als auswurfförderndes Mittel bei Erkrankungen der Atemwege. Die heute häufig verwendete Droge kam erst nach dem 1. Weltkrieg als Ersatz für die Nordamerikanische Art *Polygala senega* L. als Hustenmittel in Gebrauch. Die harntreibende Wirkung der Wurzel wurde dagegen schon länger in der Volksmedizin vor allem gegen rheumatische Leiden genutzt, ebenso die niesenerregende Wirkung. Die honigartig duftenden Blüten gelegentlich zur Schönung von Hustenteemischungen, als harn- und schweißtreibendes Mittel und zur Nervenberuhigung. In der Homöopathie u. a. bei Kopfschmerzen Herz- und Kreislaufschwäche.
F: Expectysat, Guakalin, Pectamed, Primotussan, Solubifix, Vitanurid u. v. a.

Blüten gelb, radiär, 5 Blütenblätter

Färberröte, Krapp *Rubia tinctorum* L. Rötegewächse *Rubiaceae*
B: Stengel sommergrün, stachelig, aufsteigend oder aufrecht. Blätter zu 4–6 quirlförmig angeordnet, lanzettlich spitz. Blüten in lockeren Blütenständen, Krone 2–3 mm breit, grünlichgelb, meist mit 5 Zipfeln. 0,5–1 m. ⚤; VI–VIII.
V: In Südeuropa früher häufiger kultiviert und verwildert, Heimat Asien.
D: Krappwurzel, Färberwurzel – Radix Rubiae tinctorum, der getrocknete Wurzelstock. Rubia tinctorum (HAB 34).
I: Glykosid Ruberythrinsäure, aus dem beim Trocknen der Farbstoff Alizarin entsteht, Galiosin und weitere Farbstoffglykoside, Asperulosid.
A: Die Glykoside bzw. ihre Spaltprodukte sollen auf kalziumhaltige Nierensteine auflösende und gleichzeitig steintreibende Wirkung haben, daneben entzündungshemmende und krampflösende Eigenschaften. Bis zur synthetischen Herstellung des Alizarins 1869 große Bedeutung als Farbstoffdroge.
F: Cefachol, Hepaduran, Nephronorm, Nieral, Nieron, Uralyt, Urol u. a.

Schwarzes Bilsenkraut *Hyoscyamus niger* L. Nachtschattengewächse
Solanaceae
B: Klebrig-zottig behaarte Pflanze mit buchtig gezähnten Blättern. Blütenstände einseitswendig, beblättert, Blütenkrone fast radiär, schmutziggelb mit violetter Aderung. 0,2–0,8 m. ⊙; VI–IX.
V: Schuttplätze, Wegränder, nicht häufig; Europa, Asien, weiter verschleppt.
D: Hyoscyamusblätter, Bilsenkrautblätter – Hyoscyami folium (Ph. Eur.), getrocknete Blätter und blühende Zweigspitzen. Hyoscyamus (HAB 1).
I: Hyoscyamin, Scopolamin, wenig Atropin, weitere Alkaloide, Gerbstoffe.
A: Wirkung wie bei der Tollkirsche, jedoch liegt der Gesamtalkaloidgehalt wesentlich tiefer. Als Droge nur noch selten verwendet (u. a. in Asthma-Zigaretten), Zubereitungen in Fertigarzneimitteln auf ärztliche Verordnung als krampflösendes, beruhigendes und sekretionsbeschränkendes Mittel, besonders bei Bronchialasthma, Koliken, Parkinsonsyndrom. In der Homöopathie bei typhusartigen Zuständen, hysterischen Krämpfen, Husten u. a. Bilsenkrautöl (Oleum Hyoscyami, ein Auszug der Blätter mit Erdnußöl) noch bisweilen als schmerzstillende Einreibung bei Rheuma und Nervenschmerzen. Bilsenkraut ist eines der ältesten Rauschmittel, im Mittelalter war es Bestandteil von Hexensalben und Liebestränken.
F: Asthma 6 *Rp*, Bellacornut *Rp*, Infrotto, Monapax, Togal Liniment u. v. a.

Windblumen-Königskerze *Verbascum phlomoides* L. Rachenblütler
Scrophulariaceae
B: Filzig behaarte Pflanze mit großen, länglich-zugespitzten Grundblättern und in der Größe abnehmenden Stengelblättern, die oberen nicht oder wenig am Stengel herablaufend. Blütenkrone 3,5–5 cm im Durchmesser, am Grunde verwachsen, nicht streng radiär, mit 2 längeren und 3 kürzeren Staubblättern. Blüten zu 2–7 in Büscheln. 0,5–1,5 m. ⊙; VII–IX.
Großblütige Königskerze *Verbascum densiflorum* BERTOL.
(V. thapsiforme SCHRAD.)
B: Ähnlich, aber Blätter flügelartig am Stengel bis zum nächsten Blatt oder weiter herablaufend. 0,5–2 m. ⊙; VII–VIII.
V: Beide Arten in Schlagfluren, an Wegrändern, in Kiesgruben und Flußschotterfluren, verbreitet durch weite Teile Europas und Asiens.
D: Wollblumen – Flores Verbasci (DAB 7), die getrockneten Blumenblätter mit den Staubblättern (ohne Kelch) beider Arten. Verbascum (HAB 34), das frische Kraut von *V. densiflorum*.
I: Schleimstoffe, Saponine, Zucker, gelbe Farbstoffe, Flavonglykosid Hesperidin, wenig ätherisches Öl.
A: Durch den Schleimgehalt reizmildernde und durch den Saponingehalt gleichzeitig auswurffördernde Wirkung. Daher häufig bei Katarrhen der Atemwege verwendet. Volkstümlich auch äußerlich zu feuchtwarmen Umschlägen bei schlecht heilenden Wunden und zu Gurgelmitteln. In der Homöopathie außer bei Husten auch gegen Neuralgien und Blasenreizung. Die Samen früher als Fischgift.
F: Grippe-Tee Stada, Neo-Codion *Rp*, Species Pectorales Kneipp u. a.

Blüten gelb, radiär, 5 oder mehr Blütenblätter

Gentiana. Enzian.

Gelber Enzian *Gentiana lutea* L. Enziangewächse *Gentianaceae*
B: Stattliche, unverzweigte Pflanze mit kräftigem Wurzelstock. Blätter gegenständig, breit-lanzettlich, 5 – 7nervig, blaugrün, die unteren kurz gestielt, die oberen sitzend, in ihren Achseln 3 – 10 gestielte Blüten. Blütenkrone goldgelb, trichterförmig ausgebreitet, mit 5 oder mehr nur am Grunde verwachsenen Zipfeln. 0,5 – 1,2 m. ♃; VI – VIII. Geschützt.
V: Rasen und Staudenfluren der mittel- und südeuropäischen Gebirge.
D: Enzianwurzel – Gentianae radix (Ph. Eur.), die ohne Fermentation getrockneten unterirdischen Organe. Im DAB 7 waren auch *G. pannonica* SCOP., *G. punctata* L. und *G. purpurea* L. für die Droge zugelassen. Gentiana lutea (HAB 34).
I: Glykosidische Bitterstoffe Gentiopikrin und Amarogentin (gehört zu den bittersten bisher bekannten Substanzen), Pseudoalkaloid Gentianin, das bei der Aufarbeitung entsteht, gelber Farbstoff Gentisin u. a., Zucker (Gentianose, Gentiobiose, Saccharose).
A: Die Bitterstoffe steigern die Speichel- und Magensaftsekretion, auch eine gärungswidrige Wirkung wird ihnen zugeschrieben. Anwendung in vielen Fertigarzneimitteln oder auch als Enzianschnaps (siehe *G. purpurea*) bei Verdauungsstörungen und Appetitlosigkeit. Daneben in Leber- und Gallepräparaten und Abführmitteln enthalten. In der Volksheilkunde früher gegen Fieber.
F: Flatuol, Gastricard, Gastrol, Guttamar, Lax-Lorenz u. v. a.

Schwarz Nießwurz.

Adonisröschen, Frühlings-Teufelsauge *Adonis vernalis* L.
Hahnenfußgewächse *Ranunculaceae*
B: Pflanze mit kräftigem Wurzelstock. Blätter stengelständig, 2 – 4fach gefiedert, mit schmallinealen Abschnitten. Blüten einzeln, endständig, 4 – 7 cm breit, mit 10 – 20 hellgelben Blütenblättern. 0,1 – 0,4 m. ♃; IV – V. Geschützt.
V: Steppenrasen; in Deutschland eher selten, Hauptverbreitung Südosteuropa, Westasien.
D: Adoniskraut – Adonidis herba (DAB 8), die getrockneten, oberirdischen Teile. Adonis vernalis (HAB 34).
I: Herzwirksame Glykoside, die mit den K-Strophanthin-Glykosiden verwandt sind, besonders Adonitoxin und Cymarin, Flavonglykosid Adonivernith.
A: ⚕ Wirkung wie beim Roten Fingerhut, schneller einsetzend, aber schwächer und weniger anhaltend, außerdem stark harntreibend und beruhigend. Hauptsächlich zur Behandlung leichterer Fälle von Herzschwäche und bei funktionellen Herzbeschwerden. Man verwendet die auf einen bestimmten Wirkwert eingestellte Droge. In der Homöopathie bei Überfunktion der Schilddrüse und gleichfalls als Herzmittel.
F: Angioton, Card-ompin, Combicor, Corguttin, Cor-myocrat, Miroton, u. v. a.

Berberitze, Sauerdorn *Berberis vulgaris* L. Sauerdorngewächse
Berberidaceae
B: Sommergrüner Strauch mit einfachen bis 7teiligen Blattdornen und kräftigen, kurz gestielten, am Rande grannig gezähnten Blättern. Blüten duftend, in hängenden Trauben an Kurztrieben, meist 6zählig, nur die Endblüte 5zählig. 1 – 3 m. ♄; V – VI.

Früchte (unten rechts) rote, etwa 1 cm lange, walzenförmige Beeren.
V: In trockenen Gebüschen durch West-, Mittel- und Südeuropa bis Westasien. Als Zwischenwirt des Getreiderostes gebietsweise fast ausgerottet.
D: Sauerdornbeeren – Fructus Berberidis (Erg.B.6), die getrockneten Früchte. Berberitzenwurzelrinde – Cortex Berberidis radicis. Berberis (HAB 34).
I: Früchte: Carotinoide, Fruchtsäuren, Oxalsäure, Vitamin C, Zucker, Pektin. Wurzelrinde: Alkaloid Berberin und Nebenalkaloide, Gerbstoffe.
A: Die alkaloidfreien, reifen Früchte als Vitamin-C-Lieferant, wie Hagebutten zu Marmeladen, erfrischenden Getränken, auch als leichtes Abführmittel und gegen Appetitlosigkeit. Die giftige Wurzelrinde ist vor allem in homöopathischen Präparaten bei rheumatischen Erkrankungen, Nierensteinen, Leber- und Gallestörungen und Hautleiden gebräuchlich. Das Alkaloid Berberin ist u. a. gegen den Erreger der Orientbeule wirksam.
F: Arthribosan, Berberis-Tonikum-Pascoe, Hepaduran, Psorifug u. v. a.

Samrauch

Blüten gelb, radiär, 6 Blütenblätter oder in Köpfchen

Gladiolus luteus, uel Acorus uulgaris.
Ger! Schwertl.

Sumpf-Schwertlilie *Iris pseudacorus* L. Schwertliliengewächse *Iridaceae*
B: Blätter schwertförmig, die grundständigen etwa so lang wie der mehrblütige Stengel. Äußere Blütenblätter zurückgebogen, eiförmig bis breit lanzettlich, bartlos, die inneren aufrecht, viel kleiner, schmaler und kürzer als die blumenblattartigen Griffeläste. 0,5 – 1,2 m. ♃; V – VI. Geschützt.
V: Sümpfe, Ufer, Gräben, häufig; Europa, Westasien.
D: Iris Pseudacorus (HAB 34), der frische Wurzelstock.
I: Ein unbekannter scharfer Stoff, Irisin (ein Polysaccharid), Gerbstoffe.
A: ☠ Der brennend scharf schmeckende Pflanzensaft verursacht Erbrechen und mit Koliken einhergehende Durchfälle. Vergiftungen sollen u. a. durch Verwechslung des Rhizoms mit Kalmus vorgekommen sein. Früher volkstümlich zur Wundbehandlung.

Gelbe Narzisse *Narcissus pseudo-narcissus* L. Narzissengewächse *Amaryllidaceae*
B: Blätter breit lineal, stumpf, so lang wie der meist 1blütige Stengel. Freie Zipfel der Blütenblätter abstehend, eiförmig lanzettlich, blaßgelb, am Grunde mit einer etwa ebenso langen, becherförmigen, dunkelgelben Nebenkrone. 0,2 – 0,4 m. ♃; III – IV. Geschützt.
V: Wiesen, lichte Wälder Westeuropas, häufig als Zierpflanze.
D: Narcissus pseudonarcissus (HAB 34), die frische, blühende Pflanze.
I: Lycorin (Narcissin), Galanthamin, Tazettin u. a. Alkaloide, Bitterstoffe.
A: ☠ Vergiftungen beim Vieh und durch Verwechslung der Zwiebel mit Speisezwiebeln wurden beschrieben. Anwendung früher in der Volksheilkunde als Brechmittel, heute noch gelegentlich in der Homöopathie bei Schleimhautreizungen. Ähnlich zu bewerten ist die Weiße oder Echte Narzisse (*Narcissus poeticus* L.), die ebenfalls homöopathisch verwendet wird.

Hohe Goldrute *Solidago gigantea* AIT. (*S. serotina* AIT.) Korbblütler *Asteraceae*
B: Hohe Pflanze mit kahlem, weißlich bereiftem Stengel (dieser bei *S. canadensis* L. behaart). Stengelblätter lanzettlich, lang zugespitzt, sitzend. Blütenköpfe nur 0,4 – 0,8 cm breit, mit 8 – 16 kleinen Zungenblüten, sehr zahlreich in zusammengesetzten, traubigen Blütenständen. 0,5 – 1,5 m. ♃; VIII – X.
V: Beliebte Zierpflanze, häufig verwildert, Heimat Nordamerika.
D: Riesengoldrutenkraut – Herba Serotinae, Herba Solidaginis.
I: Flavonoide, Saponin, Alkaloide, Gerbstoffe.
A: Wie die Echte Goldrute als harntreibendes Mittel, wobei der Gehalt an wirksamen Inhaltsstoffen (Flavonoide und Saponin) erheblich höher liegen soll. Häufig ist in der Droge auch die Kanadische Goldrute (*Solidago canadensis* L.) anzutreffen.
F: Salus Nierenklar, Urologicum fertig aus der Tube Nattermann u. a.

Echte Goldrute *Solidago virgaurea* L. Korbblütler *Asteraceae*
B: Kleiner als vorige Art, untere Stengelblätter länglich-elliptisch, gezähnt und mit geflügeltem Stiel, die oberen schmaler. Blütenköpfchen 1 – 1,5 cm breit mit 6 – 12 rändlichen Zungenblüten, in einfacher oder zusammengesetzter Traube. 0,1 – 1 m. ♃; VII – X.
V: Magerrasen, Staudenfluren, lichte Wälder, fast ganz Europa, Westasien.
D: Goldrutenkraut – Herba Virgaureae (Erg.B.6), die getrockneten, oberirdischen Teile. Solidago Virga aurea (HAB 34), die frischen Blütenköpfchen.
I: Flavonoide, Saponin, ätherisches Öl, Gerbstoffe.
A: Harntreibende Wirkung. In der Volksheilkunde, in Fertigpräparaten teilweise auf einen bestimmten Flavonoid-Gehalt standardisierte Extrakte, zur Ausschwemmung von Wasseransammlungen, gegen Nierenleiden, Rheumatismus, Venenerkrankungen und chronische Hauterkrankungen. Früher äußerlich als Wundheilmittel. Ähnlich in der Homöopathie.
F: Ariven, Diupressan, Solidago „Dr. Klein", Solubitrat, Urol u. v. a.

Blüten gelb, in Köpfchen

Rheinblüm.

Sand-Strohblume, Immortelle *Helichrysum arenarium* (L.) MOENCH
(*Gnaphalium arenarium* L.) Korbblütler *Asteraceae*
B: Weißfilzige Pflanze mit lanzettlichen Blättern. Blüten in zahlreichen, doldig angeordneten, kleinen Köpfchen, gelb, röhrig, mit trockenhäutigen Hüllblättern. 0,1 – 0,3 m. ♃; VII – IX.
V: Sandtrockenrasen, lichte Wälder; Osteuropa bis Mitteleuropa.
D: Ruhrkrautblüten, Gelbe Katzenpfötchen – Flores Stoechados (citrinae) (Erg.B.6), die getrockneten Trugdolden. Gnaphalium arenarium (HAB 34).
I: Flavonoide, Bitterstoff, Gerbstoff, wenig ätherisches Öl.
A: Anregung der Gallenabsonderung, aber auch der Magensaft- und Bauchspeicheldrüsensekretion und der Harnausscheidung. Beliebtes Mittel vor allem bei Gallenleiden. In manchen Tees nur als Schönungsdroge. In der Homöopathie gegen Ischiasschmerzen.
F: Aristochol, Magen-Tee Stada, Salus Leber-Galle-Tee, Stomachysat u. v. a.

Sonnenblume *Helianthus annuus* L. Korbblütler *Asteraceae*
By: Nur gelegentlich oben verzweigt, mit herzförmigen, unregelmäßig gesägten, gestielten Blättern. Blütenköpfe bis 40 cm groß, nickend, randlich mit 6 – 10 cm langen Zungenblüten. 1 – 3 m. ☉; VIII – X.
V: Zier- und Kulturpflanze, selten verwildert, Heimat Nordamerika.
D: Sonnenblumenblütenblätter – Flores Helianthi annui. Sonnenblumenkernöl – Oleum Helianthi annui, das fette Öl. Helianthus annuus (HAB 34).
I: Blütenblätter: Flavonglykosid, Anthocyanglykosid, Xanthophyll. Im fetten Öl: hauptsächlich Linol- und Ölsäure, Carotinoide, Lecithin.
A: Blütenblattextrakte sollen bei Malaria auch nach Versagen der Chinintherapie und auf das Fieber bei Lungentuberkulose günstige Wirkung haben. Ferner in Fertigarzneimitteln gegen Venenerkrankungen. Das Öl der Samen aufgrund seines Gehaltes an ungesättigten Fettsäuren als wertvolles Speiseöl (Vorbeugung der Arteriosklerose) und zu Hautpflegemitteln. In der Homöopathie hauptsächlich äußerlich wie Arnika oder Ringelblume bei Wunden.
F: Arnika-Kneipp, Fromme's Isorien-Ekzemöl, Salus Veno u. a.

Echter Alant, Helenenkraut *Inula helenium* L. Korbblütler *Asteraceae*
B: Hohe Pflanze mit breit lanzettlichen, unregelmäßig gezähnten, bis 80 cm langen Blättern, die unteren in einen langen Stiel verschmälert, die oberen sitzend. Blütenköpfe bis 7 cm breit, mit zahlreichen, schmalen, gelben Zungenblüten, in doldenförmigen Rispen. 0,6 – 2,5 m. ♃; VII – VIII.
V: Zier- und Heilpflanze, selten verwildert; Südosteuropa, Südwestasien.
D: Alantwurzelstock – Rhizoma Helenii (Erg.B.6), getrockneter Wurzelstock mit Wurzeln 2 – 3jähriger Pflanzen. Inula Helenium (HAB 34).
I: Ätherisches Öl mit dem Wirkstoffgemisch Helenin (Alantolactone), Inulin.
A: Hustenreizdämpfende und auswurffördernde Wirkung, die besonders bei chronischen Hustenzuständen und Keuchhusten zur Anwendung kommt. Darüber hinaus sind harntreibende, den Gallenfluß anregende und auch wurmwidrige Eigenschaften vorhanden. Das Inulin, dessen Name sich von der Pflanze ableitet, zur Herstellung von Diabetikernährmitteln.
F: Asthma-Tee Hevert, Eupatal, Klosterfrau Melissengeist, Lophyptan u. a.

Strahlenlose Kamille *Chamomilla suaveolens* (PURSH) RYDB.
(*Matricaria matricarioides* (LESS.) PORT. p. p., *M. discoidea* DC.)
Korbblütler *Asteraceae*
B: Oft buschig verzweigte Pflanze mit aromatischem Geruch. Blätter 2 – 3fach fiederteilig. Blüten klein, röhrenförmig, grünlichgelb, in Köpfen mit kegelförmigem, hohlem Blütenboden, ohne Zungenblüten. 0,1 – 0,4 m. ☉; VI – VIII.
V: In Mitteleuropa seit etwa 100 Jahren in Unkrautfluren zunehmend verbreitet; Heimat Ostasien, Nordamerika.
D: Strahlenlose Kamille – Flores Chamomillae discoideae.
I: Ätherisches Öl, Flavonoide, Cumarinderivate.
A: Volkstümlich gelegentlich wie die Echte Kamille verwendet, jedoch fehlen der Droge die entzündungshemmenden und wundheilungsfördernden Eigenschaften (im ätherischen Öl kein Chamazulen). Dagegen soll eine gewisse krampflösende und wurmwidrige Wirkung vorhanden sein.

Blüten gelb, in Köpfchen

Beifuß

Gemeiner Beifuß *Artemisia vulgaris* L. Korbblütler *Asteraceae*
B: Aromatische Pflanze mit oberseits grünen, unten weißlichen, 1 – 2fach fiederteiligen Blättern. Blüten gelb oder rotbraun, klein, länglich, Köpfchen in reichblütigen Rispen. 0,5 – 1,5 m. ♃; VII – IX.
V: Schuttplätze, Flußufer, Wegränder; Europa, Asien und weiter verschleppt.
D: Beifußkraut – Herba Artemisiae (Erg.B.6), die getrockneten Zweigspitzen. Artemisia vulgaris (HAB 34), der frische Wurzelstock.
I: Ätherisches Öl mit Cineol, wenig Thujon, Bitterstoff.
A: Anregung der Verdauungssaftproduktion, jedoch schwächer als bei Wermut. Anwendung vor allem volkstümlich als appetitanregendes Mittel, bei Verdauungsstörungen und Menstruationsbeschwerden, als Wurmmittel. In der Homöopathie u. a. bei Nervenleiden. Als Gewürz. Das ätherische Öl ist durch den unbedeutenden Gehalt an Thujon wesentlich weniger giftig als Wermutöl.
F: Collinsonia Oligoplex, Noxom, Tanacet-Heel u. a.

Wermut, Bitterer Beifuß *Artemisia absinthium* L. Korbblütler *Asteraceae*
B: Stark aromatischer Halbstrauch mit 2 – 3fach fiederteiligen, beiderseits seidig-filzig behaarten Blättern mit lineal-lanzettlichen Abschnitten. Blüten gelb, Köpfchen klein, fast kugelig, nickend, in reichverzweigten Rispen. 0,5 – 1 m. ♃; VII – IX.
V: In Mitteleuropa seit alters aus Kulturen verwildert, Europa, Asien.
D: Wermutkraut – Absinthii herba (DAB 8), die getrockneten, oberen Sproßteile und die Laubblätter. Absinthium (HAB 34).
I: Ätherisches Öl mit Thujon, Bitterstoffe Absinthin und Artabsin, ein Proazulen, das bei der Wasserdampfdestillation Chamazulen bildet.
A: Starke Anregung der Verdauungssaftproduktion. Anwendung vor allem bei Verdauungsstörungen, Appetitlosigkeit, auch Leber- und Gallenleiden, volkstümlich daneben gegen Würmer und als menstruationsförderndes Mittel. Das ätherische Öl ist durch seinen Thujongehalt giftig. Man verwendet es zu Absinthlikören, deren Herstellung heute aber in fast allen Kulturstaaten verboten ist. Wermutweine enthalten die Bitterstoffe, aber praktisch kein ätherisches Öl, so daß ihr Genuß unbedenklich ist. Zur Herstellung wird meist der Römische Wermut *Artemisia pontica* L. benutzt.
F: Aristochol, Digestivum-Hetterich, Gallemolan, Stomachysat u. v. a.

Groß Stabwurz.

Eberraute, Eberreis *Artemisia abrotanum* L. Korbblütler *Asteraceae*
B: Halbstrauch, zitronenartig-aromatisch, mit 1 – 2fach fiederteiligen, nur unterseits filzig behaarten Blättern mit fädlich schmalen Zipfeln. Blüten gelblich, Köpfchen klein, rundlich, nickend, in stark beblätterten Rispen. 0,5 – 1,2 m. ♃; VII – X.
V: Alte Kulturpflanze, selten verwildert, Herkunft vielleicht Südwestasien.
D: Abrotanum, Zitronenkraut, Eberrautenbeifuß – Herba Abrotani, Blätter und blühende Zweigspitzen. Abrotanum (HAB 1).
I: Ätherisches Öl, Bitterstoff, Gerbstoff, Rutin, ein nicht näher bekanntes Alkaloid (Abrotin), Cumarine.
A: Volkstümlich wie Wermut zur Anregung der Magen- und Gallensaftsekretion. Breite Anwendung in der Homöopathie u. a. bei Drüsenschwellungen, Erschöpfungszuständen, Abmagerung, Brustfellentzündung. Als Gewürz.
F: Cefaktivon, Diabetes-Entoxin, Pasisana, Sensinerv u. a.

Estragon *Artemisia dracunculus* L. Korbblütler *Asteraceae*
B: Kahle, aromatische Staude mit ungeteilten, linealen bis lanzettlichen, bis 10 cm langen, spitzen Blättern. Blüten gelb, Köpfchen klein, kugelig, nickend, in lockeren Rispen, Kultursorten selten blühend. 0,6 – 1,2 m. ♃; VIII – X.
V: Alte Kulturpflanze; Heimat Asien, westliches Nordamerika.
D: Estragon – Herba Dracunculi, die Blätter und Zweigspitzen.
I: Ätherisches Öl mit Estragol (Methylchavicol, fehlt im Russischen Estragon), Ocimen, Phellandren; Bitterstoffe, Gerbstoffe, Cumarine.
A: Gilt als harntreibend und verdauungsfördernd. Verwendung hauptsächlich als Gewürz für Salat, Saucen und zum Einmachen von Gurken, zur Herstellung von Estragonessig und -senf. Estragon ist Bestandteil der „fines herbes".

Blüten gelb, in Köpfchen

Artemisia tenuifolia. Rainfarn.

Tussilago. Roßhub.

Rainfarn *Tanacetum vulgare* L. Korbblütler *Asteraceae*
B: Aromatische, nur im oberen Teil verzweigte Pflanze mit doppelt gefiederten Blättern. Blüten alle röhrenförmig, gelb, Blütenköpfe etwa 1 cm groß, in doldenartigen Blütenständen. 0,3 – 1,5 m. ♃; VII – IX.
V: In ausdauernden Unkrautfluren häufig, durch fast ganz Europa und Asien.
D: Rainfarnblüten – Flores Tanaceti (Erg.B.6), die getrockneten Trugdolden. Rainfarnkraut – Herba Tanaceti (Erg.B.6). Tanacetum vulgare (HAB 34).
I: Ätherisches Öl mit Thujon, Bitterstoff Tanacetin.
A: Anwendung (insbesondere des ätherischen Öles wegen des Thujongehaltes nicht ganz ungefährlich) vorwiegend in der Volksmedizin und in der Homöopathie als Wurmmittel, bei Verdauungsbeschwerden und Menstruationsstörungen. Äußerlich zur Wundbehandlung.
F: Presselin Stoffwechseltee, Tanacet-Heel u. a.

Huflattich *Tussilago farfara* L. Korbblütler *Asteraceae*
B: Blütenschäfte mit spinnwebig behaarten Schuppenblättern und bis 3 cm großen Blütenköpfen aus Zungenblüten, vor den Laubblättern erscheinend; diese herzförmig-rundlich, gezähnt, unterseits weißfilzig mit oben seicht und breit gefurchtem Stiel. 0,1 – 0,3 m. ♃; II – V.
V: Häufig in Unkrautfluren auf lehmigen Böden, Europa, Westasien.
D: Huflattichblätter – Farfarae folium (DAB 8), die getrockneten Laubblätter. Farfara (HAB 34). Huflattichblüten – Flores Farfarae (Erg.B.6).
I: Schleimstoffe, Gerbstoffe, geringe Mengen Bitterstoffe und ätherisches Öl.
A: Die Blätter, seltener die wirkstoffärmeren Blüten als schleimlösender, reizlindernder und entzündungshemmender Bestandteil von Hustenmitteln. Welche Inhaltsstoffe außer dem Schleim für die Gesamtwirkung der Droge verantwortlich sind, ist bisher nicht geklärt.
F: Bronchiflux, Bronchostad, Dapulmon, Expectorans Hey, Mucidan u. v. a.

Arnika, Bergwohlverleih *Arnica montana* L. Korbblütler *Asteraceae*
B: Pflanze mit grundständiger, dem Boden anliegender Blattrosette und 1 – 3 Paaren gegenständiger Stengelblätter. Blütenköpfe 1 – 3 (selten bis 5), endständig, 5 – 8 cm breit, 15 – 25 Zungenblüten. 0,2 – 0,6 m. ♃; V – VIII. Geschützt.
V: Magerrasen, lichte Wälder, bis in die alpine Stufe weiter Teile Europas.
D: Arnikablüten – Arnicae flos (DAB 8), die getrockneten Blütenstände. Arnica (HAB 34), der getrocknete Wurzelstock mit Wurzeln.
I: Ätherisches Öl, Flavonglykoside, ein Bitterstoffkomplex. Die Wirkstoffe bedürfen noch weiterer Aufklärung.
A: Äußerlich viel verwendetes Hausmittel mit hautreizenden, entzündungswidrigen und wundheilungsfördernden Eigenschaften. Zur schnelleren Resorption von Blutungen bei Blutergüssen, bei Prellungen, Verstauchungen, ferner bei rheumatischen Beschwerden und zum Gurgeln und Pinseln bei Mund- und Zahnfleischerkrankungen. Innerlich wirkt Arnika anregend auf Herz und Kreislauf und wird häufig auch in Venenmitteln verwendet. Hier sind wegen der Vergiftungsgefahr durch Überdosierung Fertigpräparate angezeigt. Äußerlich können durch Gebrauch zu hoher Konzentrationen Hautschäden entstehen.
F: Arnica-Kneipp, Arnikamill, Arnicorin, Arniflor, Blend-a-med Fluid u. v. a.

Weißfilziges Greiskraut *Senecio bicolor* (WILLD.) TOD. ssp. *cineraria* CHATER (*Senecio cineraria* DC.) Korbblütler *Asteraceae*
B: Weißfilziger Halbstrauch mit 2fach fiederteiligen Stengelblättern. Blütenköpfchen mit 10 – 12 Zungenblüten in doldenförmigen Rispen. 0,2 – 0,8 m. ♃; V – VIII.
V: Küstenpflanze des Mittelmeergebietes, bei uns häufig als Zierpflanze.
D: Cineraria maritima (HAB 34), die frische, vor der Blüte gesammelte Pflanze.
I: Alkaloide Senecionin und Senecifolidin.
A: In der Homöopathie meist als Augentropfen, aber auch innerlich bei Reizzuständen der Binde- bzw. Hornhaut, Ermüdungserscheinungen am Auge, im Anfangsstadium des Grauen Stars, Hornhauttrübungen.
F: Audrofid, Euphrasia-Pentarkan, Physostigma Oligoplex u. a.

Blüten gelb, in Köpfchen

Senecio.
Creutzwurtz.

Gemeines Greiskraut, Kreuzkraut *Senecio vulgaris* L.   Korbblütler
Asteraceae
B: Kahle bis etwas spinnwebig behaarte Pflanze mit fiederteiligen oder buchtig gelappten, oft etwas fleischigen Blättern. Blüten in walzlichen Köpfchen, umgeben von 21 Hüllblättern, Zungenblüten fehlend 0,1 – 0,4 m. ☉; I – XII.
V: Häufiges Unkraut, Äcker, Gärten, Schuttplätze; ganz Europa, Asien.
D: Gemeines Kreuzkraut – Herba Senecionis vulgaris, das blühende Kraut.
I: Alkaloid Senecionin u. a., Rutin, Vitamin C.
A: ☙Vergiftungen wurden bei Tieren nach Verfüttern von Heu, das Kreuzkraut-Arten enthielt, beim Menschen nach Anwendung der Droge beschrieben. Diese ruft u. a. Kontraktionen der Gebärmutter hervor und wurde früher in der Volksmedizin und in der Homöopathie bei Menstruationsstörungen und Blutungen verschiedener Art, auch äußerlich bei Wunden verwendet. Die Alkaloide können zu Leberschäden führen. Das Jakobs-Kreuzkraut (*Senecio jacobaea* L.) hat ähnliche Inhaltsstoffe.

Solidago Sarracenica,
Heydnisch Wundkraut.

Fuchs'sches Greiskraut, Kreuzkraut *Senecio nemorensis* L. ssp. *fuchsii* (C. GMEL.) ČELAK. (*S. fuchsii* C. GMEL.)   Korbblütler *Asteraceae*
B: Pflanze mit breitlanzettlichen, in einen Stiel verschmälerten, fein gezähnten Stengelblättern. Blütenköpfe 2,5 – 3 cm breit, mit 5 – 8 Zungenblüten, in doldenartigen Rispen. 0,6 – 1,5 m. ♃; VII –IX.
V: Bergmischwälder und Lichtungen, Mittel- und nördliches Südeuropa.
D: Fuchs'sches Kreuzkraut – Herba Senecionis fuchsii.
I: Alkaloid Fuchsisenecin, Rutin.
A: ☙ Wie das Gemeine Greiskraut zum Stillen von Blutungen, besonders der Gebärmutter, der Nasenschleimhaut und nach Zahnextraktionen verwendet. Volkstümlich auch äußerlich der Saft bei Wunden. Bei unkontrollierter Anwendung sind Leberschäden möglich.
F: Hormeel, Senecion

Garten-Ringelblume *Calendula officinalis* L.   Korbblütler *Asteraceae*
B: Stark aromatische Pflanze mit ganzrandigen oder schwach gezähnten, breitlanzettlichen Blättern. Blüten gelb bis orange, in 4 – 7 cm großen Köpfen, diese mit vielen, langen Zungenblüten. 0,2 – 0,5 m. ☉ – ☉; VI –IX.
V: Alte Heil- und Zierpflanze, Heimat nicht sicher bekannt.
D: Ringelblumenblüten – Flores Calendulae sine Calycibus (Erg.B.6), die getrockneten Zungenblüten. Calendula (HAB 34), das frische, blühende Kraut.
I: Wenig ätherisches Öl mit antibiotischer Wirkung, Triterpensaponine, Carotinoide, Flavonoide, Bitterstoff Calendin.
A: Wie Arnika zu Umschlägen, in Salben und Pudern zur Behandlung von Wunden, Unterschenkelgeschwüren, zum Gurgeln und Spülen bei Rachen- und Zahnfleischentzündungen. Außerdem soll eine gewisse krampflösende und entzündungswidrige Wirkung auf innere Organe, vor allem Leber und Galle vorhanden sein. In Teemischungen häufig nur wegen der leuchtenden Farbe. In der Volksheilkunde wie auch in der Homöopathie gebräuchlich.
F: Cesrasanol, Mycatox, Warondo-Wundsalbe u. v. a.

Atractylis hirsutior,
Cardobenedict.

Benediktenkraut *Cnicus benedictus* L.   Korbblütler *Asteraceae*
B: Distelartig steife, verzweigte Pflanze mit schrotsägezähnigen bis fiederspaltigen, bedornten Blättern. Nur Röhrenblüten in endständigen Köpfchen, Hüllblätter mit großen, fiederförmig verzweigten Stacheln. 0,1 – 0,4 m. ☉; VI – VII.
V: Heimat Mittelmeergebiet, sonst nur selten angebaut und verwildert.
D: Benediktenkraut – Cnici benedicti herba (DAC), Herba Cardui benedicti, die getrockneten Blätter und krautigen Zweigspitzen mit den Blütenköpfchen. Carduus Benedictus (HAB 34).
I: Bitterstoff Cnicin u. a., Schleim, Gerbstoff, wenig ätherisches Öl.
A: Als Bittermittel zur Anregung der Verdauungssaftsekretion bei Verdauungsbeschwerden, Appetitlosigkeit, Leber- und Gallenleiden. Häufig in Kräuterlikören. Cnicin hat in größeren Dosen brechenerregende Wirkung. In der Volksheilkunde äußerlich bei Frostbeulen und Geschwüren.
F: Asgocholan, Carvomin, Cheliforton, Esberigal, Solu-Hepar, Stovalid u. a.

Blüten gelb, in Köpfchen

Lactuca capitata.
Groſſer oder weiſſer Lattich.

Hedypnois maior.
Groß Köllkraut.

Pilosella maior.
Nagelkraut.

Gift-Lattich, Stink-Salat *Lactuca virosa* L.   Korbblütler *Asteraceae*
B: Pflanze mit unangenehmem Geruch. Die waagrecht stehenden Blätter blaugrün, dornig gezähnt, unterseits auf den Nerven borstig behaart. Blütenköpfchen aus mehr als 5 hellgelben Zungenblüten in großen, rispigen Blütenständen. 0,6 – 2 m. ☉ – ⊙; VII – IX.
V: Heimat Mittelmeergebiet, nördlich selten verwildert und eingebürgert.
D: Deutsches Lactucarium – Lactucarium germanicum, der eingetrocknete Milchsaft. Lactuca (HAB 34), die ganze, frische Pflanze.
I: Im Milchsaft die Bitterstoffe Lactucin und Lactucopikrin, Lactucerin, Lactucerol, ein atropinartiges Alkaloid.
A: Die Bitterstoffe des Milchsaftes wirken ähnlich wie Morphin oder Kodein beruhigend und hustenreizdämpfend, ohne daß Gewöhnungsgefahr bestehen soll. Zur Zeit werden nur homöopathische Zubereitungen verwendet. Vergiftungen durch Genuß der Blätter als Salat oder durch Überdosierung des in seiner Wirkung unsicheren, da leicht zersetzlichen Lactucariums waren früher nicht selten.
F: Cynobal, Ipecacuanha Oligoplex

Garten-Salat *Lactuca sativa* L.   Korbblütler *Asteraceae*
B: Blätter weich, unbehaart, breitoval, je nach Sorte sehr unterschiedlich. Blüten in kleinen Köpfchen, ähnlich denen des Giftlattichs, in großen doldenförmigen Rispen. 0,2 – 1 m. ☉ – ⊙; VI – VIII.
V: Alte Kulturpflanze, in verschiedenen Sorten angebaut, selten verwildert.
D: Lactuca sativa (HAB 34), die frische, blühende Pflanze.
I: Besonders im blühenden Trieb Milchsaft mit geringen Mengen der Bitterstoffe Lactucin und Lactucopikrin, Lactucerol.
A: Bedeutender Eisen- und Vitaminlieferant. Früher volkstümlich der eingedickte Milchsaft wie auch von *L. serriola* L., der Stammpflanze des Gartensalates, als beruhigendes und hustenreizstillendes Mittel, aber weniger wirksam als jener von *L. virosa* L. Heute noch in der Homöopathie u. a. bei Impotenz.

Löwenzahn *Taraxacum officinale* WEBER S. L.   Korbblütler *Asteraceae*
B: Milchsaftführende, formenreiche Sammelart. Blätter meist tief eingeschnitten bis fiederspaltig, in grundständiger Rosette. Blüten in einzelnen, großen Blütenköpfen, endständig auf blattlosem Schaft. 0,05 – 0,4 m. ♃; IV – VI.
V: Häufig auf Wiesen, in Unkrautfluren, heute weltweit verbreitet.
D: Löwenzahn – Radix Taraxaci cum Herba (Erg.B.6), die getrocknete, ganze Pflanze mit Blütenknospen. Taraxacum (HAB 34).
I: Bitterstoff Taraxacin (Lactucopikrin), Lactucerol, Gerbstoffe, Spuren ätherisches Öl, Flavonoide.
A: Förderung der Gallensekretion und harntreibende Wirkung. Anwendung vor allem bei Leber- und Gallenleiden, Verdauungsstörungen, chronischen rheumatischen Erkrankungen, volkstümlich das frische, junge Kraut zu Frühjahrskuren. Nach Aussaugen des Milchsaftes aus den Blütenstengeln wurden bei Kindern Vergiftungserscheinungen beobachtet.
F: Arthrosetten, Asgocholan, Chol-Arbuz, Cholhepan, Nieren, Urol u. v. a.

Kleines Habichtskraut *Hieracium pilosella* L.   Korbblütler *Asteraceae*
B: Formenreiche Art mit langen, beblätterten Ausläufern. Rosettenblätter breitlanzettlich, ganzrandig oder schwach gezähnelt, mit langen, einfachen Haaren. Zungenblüten gelb, außen mit roten Streifen, in einzelnen, endständigen Köpfchen auf meist blattlosem Stengel. 0,05 – 0,3 m. ♃; V – X.
V: Trockenrasen, offene Stellen; fast ganz Europa, Westasien.
D: Kleines Habichtskraut – Herba Hieracii pilosellae, Herba Auriculae muris. Hieracium Pilosella (HAB 34).
I: Umbelliferon, Flavonoid, Gerbstoffe, Bitterstoff.
A: Selten noch in der Volksheilkunde bei Darmkatarrh und Erkrankungen der Atemwege, auch als harntreibendes Mittel. In einem Präparat gegen Herz- und Kreislaufschäden.
F: Recorsan-liquid

Blüten gelb, zweiseitig-symmetrisch

Osterluzei *Aristolochia clematitis* L. Osterluzeigewächse *Aristolochiaceae*
B: Einfache Stengel mit gelbgrünen, langgestielten, am Grunde tief herzförmigen, rundlichen Blättern. Blüten zu 2 – 8 in den Blattachseln, Blütenhülle am Grunde bauchig, oben in eine Zunge verbreitert. 0,2 – 1 m. ⚃; V – VI.
V: Als Heilpflanze früher öfter angebaut und verwildert; Heimat Südeuropa.
D: Osterluzeikraut(-wurzel) – Herba (Radix) Aristolochiae. Aristolochia (HAB 1), die frischen, oberirdischen Teile.
I: Aristolochiasäure, Gerbstoffe, Bitterstoffe, freie Aminosäuren.
A: Aristolochiasäure bewirkt eine Steigerung der Phagozytoseaktivität und wird wie auch Drogenauszüge bei Infektionskrankheiten, chronischen Eiterungen und zur Verbesserung der Heilerfolge der Antibiotika- bzw. Chemotherapie verwendet. Äußerlich von alters her als Wundheilmittel und bei Hauterkrankungen. In zahlreichen homöopathischen Präparaten auch gegen Darmkatarrhe, Reizblase, Menstruationsstörungen, Venenerkrankungen, Gelenkleiden, Akne. Vergiftungsgefahr bei unkontrollierter Anwendung der Droge.
F: Ossidal, Phytodolor, Stolochal, Tardolyt, Toxyphanil, Traumeel u. v. a.

Wolfswurz.

Wolfs-Eisenhut, Gelber Sturmhut *Aconitum vulparia* RCHB.
(*A. lycoctonum* AUCT.) Hahnenfußgewächse *Ranunculaceae*
B: Pflanze mit handförmigen, 5 – 7teiligen, fiederschnittigen Blättern. Blüten mit helmförmig vergrößertem oberen Blütenblatt, zwei Nektarblätter einschließend, in lockeren Trauben. 0,4 – 1,5 m. ⚃; VI – VIII. Geschützt.
V: Wälder, subalpine Hochstaudenfluren; West-, Mittel- und Südosteuropa.
D: Aconitum Lycoctonum (HAB 34), das frische, blühende Kraut.
I: Alkaloid Lycaconitin (verwandt mit Aconitin) und dessen Spaltprodukt Lycoctonin.
A: ☠ Giftpflanze wie der Blaue Eisenhut (*Aconitum napellus* L.). Lycoctonum bedeutet deutsch wolfstötend und weist auf die frühere Verwendung hin. Als Heilpflanze nur in der Homöopathie bei Mandelentzündung und Drüsenerkrankungen.

Echter Steinklee.

Echter Steinklee *Melilotus officinalis* (L.) PALL. Schmetterlingsblütler *Fabaceae*
B: Blätter 3zählig gefiedert mit länglichen, unregelmäßig gezähnten Teilblättchen. Blüten in 4 – 10 cm langen Trauben, Fahne und Flügel länger als das Schiffchen (bei *M. altissima* etwa gleich lang). Hülsen kahl, querrunzelig. 0,3 – 1,2 m. ☉; V – IX.
V: Unkrautfluren, Wegränder, Schuttplätze, häufig; Europa, Westasien.
D: Steinklee – Herba Meliloti (DAB 6), getr. Blätter und Blütenstände, auch vom Hohen Steinklee (*M. altissima* THUILL.). Melilotus officinalis (HAB 34).
I: Cumaringlykoside, aus denen beim Trocknen das nach Waldmeister duftende Cumarin abgespalten wird, Flavone, Gerbstoffe, Schleim.
A: In Fertigarzneimitteln gegen Venenerkrankungen und zur Thromboseprophylaxe. In der Volksheilkunde gelegentlich noch als schleimlösendes Mittel bei Husten, äußerlich zu erweichenden Umschlägen bei Schwellungen und Geschwüren. In zu hoher Dosis kommt es zu Kopfschmerzen und Schwindel. In der Homöopathie gegen Kopfschmerzen, Migräne, Neigung zu Nasenbluten.
F: Cyclamen Oligoplex, Dapulmon, Jatamansin, Venotonic, Venalot u. a.

Wundklee *Anthyllis vulneraria* L. Schmetterlingsblütler *Fabaceae*
B: Formenreiche Sammelart. Untere Blätter häufig einfach oder wenig gefiedert mit großem Endblatt, die stengelständigen mit bis 7 Fiederpaaren. Blüten in vielblütigen Köpfchen, Kelche zottig behaart, zur Fruchtzeit aufgeblasen. 0,1 – 0,4 m. ☉; V – IX.
V: Trockenrasen, lichte Wälder, Wegränder; fast ganz Europa.
D: Wundkleekraut (-blüten) – Herba (Flores) Anthyllidis vulnerariae.
I: Saponine, Gerbstoff, Farbstoffe.
A: Selten noch volkstümlich in Blutreinigungs- und Abführtees, äußerlich das frische zerquetschte Kraut als Wundheilmittel, zu Waschungen bei Hautleiden, zum Gurgeln bei Zahnfleischerkrankungen und Mandelentzündung.
F: Akne-Wasser „Wala", Salus Blutreinigungs-Tee

Blüten gelb, zweiseitig-symmetrisch

Gemeiner Goldregen *Laburnum anagyroides* MED. (*Cytisus laburnum* L.)
Schmetterlingsblütler *Fabaceae*
B: Strauch oder kleiner Baum. Blätter langgestielt, 3zählig, Blattunterseiten und junge Zweige dicht anliegend behaart. Blütentrauben bis 30 cm lang, hängend. Früchte behaart, mit verdicktem oberen Rand. Bis 7 m. ♄; IV – VI.
V: Zierstrauch, gelegentlich verwildert, ursprünglich im südlichen Europa.
D: Cytisus Laburnum (HAB 34), gleiche Teile frische Blätter und Blüten.
I: In allen Teilen der Pflanze, besonders in den reifen Samen die Alkaloide Cytisin, Methylcytisin, Laburnin u. a.
A: ☠ Vergiftungen bei Kindern nicht selten durch Essen der Samen (schon 2 Stück können gefährlich sein) oder Kauen auf den Zweigen. Arzneiliche Anwendung nur noch in der Homöopathie u. a. bei nervös-depressiven Zuständen, bei Magendarmerkrankungen, Schwindel und Hirnhautentzündung. Extrakte früher als Brech- und Abführmittel, ferner bei Nervenschmerzen und Asthma, die Blätter während des 1. Weltkrieges als Tabakersatz. Ebenso giftig sind *Laburnum alpinum* (MILL.) BERCHT. ET PRESL und der häufig gepflanzte Bastard *L. × watereri* (KIRCH.) DIPP. siehe S. 252.
F: Cocculus Oligoplex

Pfriemen.

Besenginster *Cytisus scoparius* (L.) LK. (*Sarothamnus scoparius* (L.) WIM. EX KOCH) Schmetterlingsblütler *Fabaceae*
B: Strauch mit 5kantigen, rutenförmigen, grünen Zweigen. Blätter hinfällig, obere ungeteilt, untere mit 3 Teilblättchen. Blüten 2 – 2,5 cm lang, einzeln oder zu 2, mit spiralig eingerolltem Griffel. 0,5 – 2 m. ♄; V – VI.
V: Gebüsche, lichte Wälder; durch weite Teile Europas, fehlt im Osten.
D: Besenginsterkraut – Sarothamni scoparii herba (DAC), die getrockneten, holzigen, grünen Sprosse mit Zweigen und Blättern. Besenginsterblüten – Flores Sarothamni scoparii. Spartium scoparium (HAB 34).
I: Spartein und Nebenalkaloide (Sarothamin u. a.), Oxytyramin, vor allem in den Blüten das Flavonglykosid Scoparin.
A: ☠ Anwendung bei Rhythmus- und Reizleitungsstörungen des Herzens, nervösen Herzbeschwerden, ferner bei venösen Erkrankungen. Wegen des wechselnden Spartein-Gehaltes nur als Fertigpräparat, häufig auch das Reinalkaloid. Dieses besonders in Frankreich auch als Wehenmittel. Vor allem die Blüten haben harntreibende Wirkung.
F: Cor-Insuffin, Liruptin, Spartiol, Urealitan, Venacton, Venyl u. v. a.

Flos tinctorius.
Gelbblüm.

Färber-Ginster *Genista tinctoria* L. Schmetterlingsblütler *Fabaceae*
B: Halbstrauch mit dornenlosen, gefurchten, grünen Ästen. Blätter ungeteilt, lanzettlich, dunkelgrün. Blüten 1 – 1,5 cm lang, ebenso wie die Hülsen kahl, in endständigen Trauben. 0,3 – 0,8 m. ♄; VI – VIII.
V: Nicht selten in Magerrasen, lichten Wäldern; Europa, Westasien.
D: Färberginsterkraut (-blüten) – Herba (Flores) Genistae tinctoriae. Genista tinctoria (HAB 34).
I: Alkaloide (Anagyrin, Cytisin, Methylcytisin u. a.), in den Blüten Flavonoide (Luteolin, Genistein).
A: ☠ Als harntreibendes Mittel bei Harnwegsinfektionen, Nierensteinen, auch bei Wasseransammlungen, Rheuma und Gicht. Nur noch selten verwendet.
F: Nephronorm-Tee, Rubia Oligoplex, Urealitan

Colutea.
Welsch Linsen.

Blasenstrauch *Colutea arborescens* L. Schmetterlingsblütler *Fabaceae*
B: Strauch mit 7 – 13zählig gefiederten Blättern. Blütenstände blattachselständig, bis 10 cm lang, kürzer als das tragende Laubblatt, mit 2 – 8 nickenden Blüten. Hülsen blasig aufgetrieben, 6 – 8 cm lang. Bis 2 m. ♄; V – VIII.
V: Häufig kultiviert, gelegentlich eingebürgert; Heimat Südeuropa.
D: Blasenstrauchblätter – Folia Coluteae.
I: Noch nicht erforschter „Bitterstoff", Coluteasäure, in den Samen Canavanin, fettes Öl.
A: Giftverdächtig. Früher in der Volksheilkunde als Abführ- und Blutreinigungsmittel, zeitweise als Ersatz für Sennesblätter empfohlen, obwohl die abführende Wirkung sehr gering ist. Die Samen sollen brechenerregend wirken.

Blüten gelb, zweiseitig-symmetrisch

Foenum graecum.
Bockshorn.

Bockshornklee *Trigonella foenum-graecum* L.   Schmetterlingsblütler
Fabaceae
B: Blätter luzerneähnlich, gestielt, 3zählig gefiedert, Teilblättchen an der Spitze gezähnelt. Blüten zu 1 – 2 fast sitzend in den Blattachseln, mit blaßgelber, am Grunde violetter 1 – 1,8 cm langer Krone. Hülse bis 10 cm, mit 2 – 3 cm langem Schnabel, aufrecht abstehend, gerade oder etwas gekrümmt. Zahlreiche gelbbraune, flache, rautenförmige Samen mit unangenehm bocksartigem Geruch. 0,1 – 0,5 m. ⊙; IV – VII.
V: Kulturpflanze vor allem in Südeuropa, eingebürgert; Heimat SW-Asien.
D: Bockshornsamen – Semen Foenugraeci (DAB 6), die reifen Samen. Foenum graecum (HAB 34).
I: Schleim, Eiweiß, fettes und ätherisches Öl, Saponine, Alkaloid Trigonellin.
A: Selten noch als Kräftigungsmittel, aufgrund des Schleimgehaltes auch bei Katarrhen der Atemwege. In Form von heißen Breiumschlägen als erweichendes Mittel bei Furunkeln, Nagelbettentzündungen, Drüsenschwellungen. Außerdem soll eine blutzuckersenkende Wirkung vorhanden sein, ohne daß der Wirkstoff bisher isoliert werden konnte. In der Tiermedizin als Mastpulver.
F: Species Pectorales Kneipp, Trigoforat u. a.

Herba Trinitatis.
Freyschamkraut.

Wildes Stiefmütterchen *Viola tricolor* L.   Veilchengewächse *Violaceae*
B: Formenreich, meist verzweigt mit gestielten, eiförmig-lanzettlichen bis eirunden gekerbten Blättern und großen, fiederspaltigen Nebenblättern. Blüten 1,5 – 3 cm, gelb, blauviolett oder mehrfarbig, die beiden seitlichen Kronblätter aufwärts gerichtet. 0,1 – 0,4 m. ⊙ – ♃; V – X.
Das Acker-Stiefmütterchen (*V. arvensis* MURR.) mit kleineren Blüten wurde früher als Unterart zu *V. tricolor* L. gestellt.
V: Wiesen, Äcker; Europa, Asien.
Drogen, Inhaltsstoffe, Anwendung und Fertigarzneimittel s. S. 192

Salbei-Gamander *Teucrium scorodonia* L.   Lippenblütler *Lamiaceae*
B: Pflanze mit unterirdischen Ausläufern. Blätter gestielt, eiförmig mit herzförmigem Grund, unregelmäßig gekerbt, mit stark runzeliger, behaarter Oberfläche. Blüten grünlichgelb, zu 1 – 2 in den Achseln kleiner Blättchen, einseitswendig, Oberlippe der Krone fehlend. 0,2 – 0,8 m. ♃; VII – IX.
V: Waldränder, lichte Wälder auf kalkarmen Böden, West- und Mitteleuropa.
D: Waldgamanderkraut – Herba Teucrii scorodoniae. Teucrium Scorodonia (HAB 34), das frische, blühende Kraut.
I: Äther. Öl, Gerbstoff, Bitterstoff, Flavonoide, Anthrachinonverbindungen.
A: Selten noch bei Bronchialleiden, Magen- und Darmerkrankungen, äußerlich als entzündungshemmendes Mund- und Gurgelwasser und bei Wunden. Häufiger in der Homöopathie bei Tuberkulose und chronischem Bronchialkatarrh.
F: Katulcin, Magentiol, Teucrium-Plantaplex, Tussiflorin u. a.

Walde Salbey.

Gelber Hohlzahn *Galeopsis segetum* NECK. (*G. ochroleuca* LAM.)
Lippenblütler *Lamiaceae*
B: Behaarte Pflanze mit eiförmig-lanzettlichen, gestielten Blättern mit wenigen kräftigen, stumpfen Zähnen. Blütenkrone 2,5 – 3 cm lang, hellgelb, mit deutlicher Ober- und Unterlippe, letztere mit 2 hohlen, zahnartigen Höckern. Blüten zu 4 – 8 in Scheinquirlen. 0,1 – 0,4 m. ⊙; VII – VIII.
V: Auf Steinschutt, Äckern und offenen Stellen, kalkmeidend, Westeuropa.
D: Hohlzahnkraut, Blankenheimer Tee, Lieberschers Kraut – Herba Galeopsidis (Erg.B.6), die getrockneten, oberirdischen Teile. Galeopsis (HAB 34).
I: Kieselsäure, Saponine, Gerbstoffe, Bitterstoff, wenig ätherisches Öl.
A: Bei chronischen Katarrhen der Atemwege, wobei die Wirkung auf das auswurffördernde Saponin zurückzuführen ist. Die Anwendung bei Lungentuberkulose aufgrund des Kieselsäuregehaltes hat heute keine Bedeutung mehr (siehe auch Acker-Schachtelhalm und Vogelknöterich). In der Homöopathie bei Milzerkrankungen.
F: Peracon, Pertussin, Pro-Pecton, Propulmo, Silphoscalin u. a.

Blüten gelb, zweiseitig-symmetrisch

Geißkraut.

Gewöhnliches Leinkraut *Linaria vulgaris* MILL.   Rachenblütler
Scrophulariaceae
B: Pflanze mit blaugrünen, schmal-lanzettlichen, wechselständigen Blättern. Blüten gestielt, in dichter Traube, Blütenkrone gelb, Oberlippe zweispaltig, Unterlippe mit kräftigem, dunkelgelbem, den Schlund verschließenden Wulst und etwa 1 cm langem Sporn. 0,2 – 0,6 m. ♃; VI – IX.
V: Offene Unkrautfluren, Bahndämme, Wegränder; Europa, Westasien.
D: Leinkraut – Herba Linariae (Erg.B.6), die getrockneten, oberen Stengelteile. Linaria (HAB 34).
I: In den Blüten die Flavonglykoside Linarin und Pektolinarin.
A: Nur noch selten in der Volksheilkunde als Abführmittel und zur Förderung der Harnabsonderung, als Salbe gegen Hämorrhoiden. In der Homöopathie bei Bettnässen, Dickdarmentzündung und spastischer Bronchitis.
F: Inconturina

Wolliger Fingerhut *Digitalis lanata* EHRH.   Rachenblütler
Scrophulariaceae
B: Blätter schmal-lanzettlich, ganzrandig, meist völlig kahl, Blüten 2 – 3 cm lang, gelbbraun geadert mit weißer Unterlippe, in langen, allseitswendigen Blütenständen, Blütenstiele und Kelche drüsig und weißwollig behaart. 0,4 – 1 m. ☉ – ♃; VI – VII.
V: Lichte Wälder und Gebüsche Südosteuropas, in Mitteleuropa angebaut.
D: Digitalis-lanata-Blätter – Digitalis lanatae folium (DAB 8), die getrockneten Laubblätter.
I: Über 60 herzwirksame Glykoside, vor allem Lanatosid A, B und C mit den Sekundärglykosiden Digoxin, Digitoxin und Gitoxin, von denen die beiden letzteren mit den Sekundärglykosiden des Roten Fingerhutes übereinstimmen, Saponine und Flavonoide.
A: ☤ Anwendung der auf einen bestimmten Wirkwert eingestellten, rezeptpflichtigen Droge bzw. der isolierten Glykoside wie der Rote Fingerhut vor allem bei Herzinsuffizienz. Der Wollige Fingerhut gilt bei Einnahme jedoch allgemein als besser verträglich. Die Glykoside werden rascher resorbiert und wieder ausgeschieden, so daß die Kumulationsgefahr geringer ist. Zubereitungen aus der Pflanze selbst kommen nur gelegentlich in der Homöopathie zur Anwendung, alle anderen Präparate enthalten die reinen Glykoside bzw. deren Abbauprodukte. Die Pflanze gewinnt zunehmend an Bedeutung, da sie leichter anzubauen ist und 3 – 5mal mehr Wirkstoffe enthält, die außerdem leichter zu isolieren sind als beim Roten Fingerhut.
F: Cedilanid *Rp*, Celadigal *Rp*, Ceto sanol *Rp*, Lanacard *Rp* u. v. a.

Digitalis lutea. Gelber Fingerhut.

Großblütiger Fingerhut *Digitalis grandiflora* MILL. (*D. ambigua* MURR.)
Rachenblütler *Scrophulariaceae*
B: Blätter eiförmig bis lanzettlich, unregelmäßig gesägt, unterseits schwach behaart. Blüten über 3 cm lang, glockig, gelb, innen braun, netzartig gezeichnet, in langer einseitswendiger Traube. 0,3 – 1 m. ♃; VI – IX. Geschützt.
V: Lichte Bergwälder, Schläge, Waldränder; Mittel-, Ost- und Südeuropa.
I: Herzwirksame Glykoside, vor allem Lanatosid A, Saponine, Flavonoide.
A: ☤ Bisher als Heilpflanze in Deutschland nicht gebräuchlich, soll aber besser verträglich sein als der Rote Fingerhut.

Gelber Fingerhut *Digitalis lutea* L.   Rachenblütler *Scrophulariaceae*
B: Blätter länglich-lanzettlich, fein gesägt, wie der Stengel kahl. Blüten nur 2 – 2,5 cm lang, eng röhrig, hellgelb, innen bärtig, in langen einseitswendigen Trauben. 0,5 – 1 m. ♃; VI – VIII. Geschützt.
V: Waldränder, Lichtungen, Schläge; westliches Europa, Italien.
D: Digitalis lutea (HAB 34), die frischen Blätter.
I: Herzwirksame Glykoside Lanatoside A, B, C, D, E, Saponine, Flavonoide.
A: ☤ In Deutschland nur gelegentlich in der Homöopathie, in Italien anstelle des Roten Fingerhutes verwendet. Die harntreibende Wirkung soll stärker sein als bei diesem.

Blüten rot, radiär, höchstens 4 Blütenblätter

Asarum.
Haselwurz.

Haselwurz *Asarum europaeum* L. Osterluzeigewächse *Aristolochiaceae*
B: Grundachse kriechend mit schuppenförmigen Niederblättern und 2 langgestielten, nierenförmigen, wintergrünen Blättern. Blüte kurz gestielt, innen rotbraun, glockenförmig, mit 3 Zipfeln. 0,05 – 0,1 m. ♃; III – V.
V: Häufig in Laubwäldern; Mittel- und Osteuropa, Westasien.
D: Haselwurzwurzel – Radix Asari (Erg.B.6), der getrocknete Wurzelstock mit den Wurzeln. Asarum (HAB 34).
I: Ätherisches Öl mit Asaron (Haselwurzkampfer), Gerbstoffe, Flavonoide.
A: ☠ Asaron erzeugt auf der Zunge pfefferartiges Brennen, reizt die Magenschleimhaut so stark, daß Erbrechen eintritt und kann bei Überdosierung tödlich wirken. Anwendung früher als Brechmittel, wegen der starken Nebenwirkungen heute nur noch als Zusatz zu Niespulvern. In der Homöopathie u. a. bei Übelkeit, Schleimhautreizungen, geistiger Erschöpfung.
F: Schneeberger Schnupftabak, Xanthoxylon Oligoplex

Wasserpfeffer, Scharfer Knöterich *Polygonum hydropiper* L.
Knöterichgewächse *Polygonaceae*
B: Pflanze mit scharfem Geschmack. Blätter lanzettlich, kurz gestielt, Nebenblattscheiden kahl, mit wenigen Wimpern. Blüten in lockeren Scheinähren, Blütenhülle meist 4teilig, drüsig punktiert. 0,3 – 0,6 m. ☉; VII – IX.
V: Feuchte Gräben, Waldwege; gemäßigtes Europa, Asien, Nordamerika.
D: Wasserpfefferkraut – Herba Polygoni hydropiperis. Hydropiper (HAB 34).
I: Flavonoide, ein chemisch noch nicht definiertes, blutgerinnungsförderndes Glykosid, Gerbstoffe, ätherisches Öl mit Scharfstoffen, u. a. Tadeonal.
A: Vor allem in der Volksheilkunde bei zu starker Monatsblutung und Hämorrhoidalblutungen. Eine blutgerinnungsfördernde Wirkung konnte in neuerer Zeit bestätigt werden. Junges Laub als Pfefferersatz.

Papauer fatiuũ purpureũ & album.
Zamer Magsomen.

Schlaf-Mohn *Papaver somniferum* L. Mohngewächse *Papaveraceae*
B: Blaugrün bereifte Pflanze. Blätter länglich-eiförmig, unregelmäßig tief gezähnt, die oberen stengelumfassend. Kronblätter violett bis weiß, am Grunde mit dunklem Fleck, bis 6 cm. Kapseln kahl, kugelig bis eiförmig, sehr groß, mit 5 – 12 Narbenstrahlen. 0.,3 – 1,5 m. ☉; VI – VIII.
V: In Südosteuropa, Kleinasien und Südostasien zur Opiumgewinnung angebaut, sonst weltweit in verschiedenen Sorten als Ölpflanze und verwildert.
D: Opium (DAB 8), der aus angeschnittenen unreifen Früchten an der Luft getrocknete Milchsaft (Bild unten rechts). Opium (HAB 34). Unreife Mohnköpfe – Fructus Papaveris immaturi (Erg.B.6), die von den Samen befreiten, unreifen Früchte der var. *album* DC.
I: Im Milchsaft über 30 Alkaloide, u. a. Morphin, Codein, Papaverin, Thebain, Noscapin (Narcotin), Säuren, Schleime, in den Samen fettes Öl.
A: ☠ Das auf einen bestimmten Morphingehalt eingestellte, sonst aber die Gesamtalkaloide enthaltene Opium und seine Zubereitungen zur Ruhigstellung des Darmes bei schweren Durchfällen und Operationen, bei schweren Schmerzzuständen und Depressionen. Häufiger verwendet werden die Reinalkaloide mit unterschiedlichen Einzelwirkungen: Morphin hat vor allem schmerzstillende und betäubende Eigenschaften und führt bei längerer Anwendung zur Sucht. Codein wirkt allein nicht ausreichend schmerzstillend, verstärkt aber die Wirkung anderer Schmerzmittel. Ferner ist es stark hustenreizstillend wie auch das Noscapin. Papaverin wirkt erschlaffend auf die glatte Muskulatur und wird daher bei Krampfzuständen im Magendarmbereich sowie der Gallen- und Harnwege eingesetzt. Früher verwendete man eine Abkochung von Mohnköpfen als Beruhigungsmittel für Säuglinge, was zu tödlichen Vergiftungen geführt hat. Wie die Stengel enthalten sie auch in unserem Klimagebiet geringe Mengen Alkaloide und können heute zur Morphingewinnung herangezogen werden. Ebenso sind unreife Samen alkaloidhaltig und daher giftig. Die reifen, alkaloidfreien Samen in der Bäckerei und zur Herstellung des fetten Öles, das medizinisch und auch als Speiseöl verwendet wird.
F: Alle Präparate unterliegen der Betäubungsmittelverschreibungsverordnung.

Blüten rot, radiär, höchstens 4 Blütenblätter

Klapper Rosen.

Klatsch-Mohn *Papaver rhoeas* L. Mohngewächse *Papaveraceae*
B: Borstig behaarte Pflanze. Blätter 1 – 2fach fiederteilig, die unteren gestielt, die oberen sitzend. 4 Blütenblätter, am Grunde häufig mit einem dunklen Fleck. Kapsel kahl, unten abgerundet, 1 – 2mal so lang wie breit, mit 8 – 12 Narbenstrahlen. 0,2 – 0,8 m. ☉; V – VII.
V: Häufig in Getreidefeldern, Unkrautfluren, heute fast weltweit verbreitet.
D: Klatschrosenblüten – Flores Rhoeados (Erg.B.6), die getr. Kronblätter.
I: Im Milchsaft Alkaloide (Rhoeadin u. a.), Anthocyanglykoside, Schleim.
A: Früher in Form des schön gefärbten Sirupus Rhoeados oder in Teemischungen gegen Husten und Heiserkeit und als Beruhigungsmittel für Kleinkinder. Als Schönungsdroge und zum Färben von Nahrungsmitteln. Bei Kindern sind Klatschmohnvergiftungen beschrieben worden, jedoch ist die Pflanze bei weitem nicht so giftig wie der Schlaf-Mohn.
F: Frubiapect *Rp*, Presselin Stoffwechseltee u. a.

Sanguisorba maior.
Groß Bibiнelkraut.

Großer Wiesenknopf *Sanguisorba officinalis* L. Rosengewächse *Rosaceae*
B: Kahle Pflanze mit unpaarig gefiederten, langen Blättern, Fiederblättchen gestielt, eiförmig, scharf gezähnt. Blüten klein, dunkelrot, 4zählig, in dichten eilänglichen Köpfchen. 0,3 – 1 m. ♃; VI – IX.
V: Feuchte Wiesen, Streuwiesen; gemäßigte Breiten Europas, Asien.
D: Wiesenknopfkraut – Herba Sanguisorbae, das frische, blühende Kraut.
I: Gerbstoffe, Saponin Sanguisorbin, Flavonoide, Vitamin C.
A: In der Volksheilkunde aufgrund des Gerbstoffgehaltes früher gegen Durchfall und innere Blutungen (lat. sanguis = Blut, sorbere = aufsaugen), in der Homöopathie gelegentlich auch bei Stauungen im Venensystem. Daneben wurde der Kleine Wiesenknopf, Pimpinelle (*Sanguisorba minor* SCOP., *Poterium sanguisorba* L.) verwendet, von dem die jungen Blätter frisch noch als Gewürzkraut gebräuchlich sind. Die Art darf nicht mit der Kleinen Bibernelle (*Pimpinella saxifraga* L.) verwechselt werden.

Ricinus.
Wunderbaum.

Rizinus *Ricinus communis* L. Wolfsmilchgewächse *Euphorbiaceae*
B: Blätter groß, handförmig gelappt. Blütenstände rispig, unten männliche Blüten mit verzweigten gelben Staubblättern, darüber weibliche mit roten Narben, Blütenblätter 3 – 5, unscheinbar. Früchte dreifächrig, große Kapseln mit rotbraunen, grauweiß marmorierten Samen. 0,5 – 4 m. ☉ – ♃; II – IX.
V: Im Mittelmeergebiet als Zierpflanze kultiviert und gelegentlich verwildert; Herkunft Tropen und Subtropen.
D: Rizinusöl – Ricini oleum raffinatum (DAB 8), das durch kalte Pressung aus den Samen gewonnene, raffinierte Öl. Ricinus communis (HAB 34), die reifen Samen.
I: Im Öl Glyceride der Ricinolsäure u. a. In den Samen außerdem der sehr giftige Eiweißstoff Ricin, der bei kalter Pressung nur in Spuren in das Öl übergeht und durch Auskochen mit Wasser vollständig entfernt wird.
A: ☠ Die abführende Wirkung des Rizinusöls beruht auf der im Darm freigesetzten Ricinolsäure, deren Natriumsalz die Peristaltik des Dünndarms anregt. Das Öl ist außerdem in vielen kosmetischen Präparaten, z. B. Haarwässern enthalten. Von den sehr giftigen Samen wirken 6 für Kinder tödlich. In der Homöopathie werden sie bei Gallensteinerkrankungen und Durchfällen verwendet.
F: Bandwurmmittel „Pohl" F *Rp*, Rizinuskapseln „Pohl" u. a.

Schmalblättriges Weidenröschen *Epilobium angustifolium* L. (*Chamaenerion angustifolium* (L.) SCOP.) Nachtkerzengewächse *Onagraceae*
B: Blätter wechselständig, länglich-lanzettlich, am Rande zurückgerollt, unterseits blaugrün. Blüten mit 4zähliger, ausgebreiteter Krone, in verlängerten Trauben. Samen mit Haarschopf. 0,6 – 2 m. ♃; VI – VIII.
V: Kahlschläge, Lichtungen, Unkrautfluren; Europa, Asien, Nordamerika.
I: In den Blättern Gerbstoffe, in den Wurzeln daneben Schleimstoffe, Pektin, in den Blüten ein toxisches Phenol.
A: Junges Laub zu Hausteemischungen und als Ersatz für Schwarzen Tee, auch als Salat oder Gemüse genießbar. Die Wurzelstöcke früher volkstümlich als reizlinderndes Mittel.

Blüten rot, radiär, höchstens 4 Blütenblätter

Mastix-Strauch *Pistacia lentiscus* L.   Sumachgewächse *Anacardiaceae*
B: Immergrüner Hartlaubstrauch oder kleiner Baum mit paarig gefiederten Blättern, Blattstiel geflügelt. Blüten zweihäusig in dichten Blütenständen in den Blattachseln, männliche mit dunkelroten Staubbeuteln, weibliche gelblichgrün. Früchte rot, später schwarz. 1 – 3 m. ♄; III – VI.
V: Immergrüne Gebüsche und Wälder, im ganzen Mittelmeergebiet häufig.
D: Mastix (DAB 6), das Harz der auf Chios kultivierten baumartigen Form.
I: Masticoresene, Masticonsäuren, ätherisches Öl mit Pinen, Bitterstoffe.
A: Heute noch vereinzelt in Lösungen zum Befestigen von Wundverbänden (im Theater u. a. zum Ankleben von Bärten), früher auch in Mundwässern, Zahnkitten, Pflastern. In Griechenland als Zusatz zu Weinen. Pistazien (Grüne Mandeln) stammen von der Echten Pistazie (*Pistacia vera* L.), die im Mittelmeergebiet kultiviert wird.
F: Mastofix u. a.

Daphnoídes vulgare. Zedant.

Seidelbast *Daphne mezereum* L.   Seidelbastgewächse *Thymelaeaceae*
B: Sommergrüner Strauch, Zweige nur an den Enden beblättert. Blätter lanzettlich, weich, randlich kurz behaart, nach den Blüten erscheinend. Blüten zu 1 – 4, blaßrosa bis hellrot, 4zählig, stark duftend. Leuchtend rote, beerenartige Früchte. 0,3 – 1,5 m. ♄; II – IV. Geschützt.
V: Laubwälder, besonders Buchenwälder, Europa, Westasien.
D: Seidelbastrinde – Cortex Mezerei (Erg.B.6), die getrocknete Rinde. Mezereum (HAB 34), die frische, vor der Blüte gesammelte Zweigrinde.
I: Daphnetoxin, Mezereumharz, Cumaringlykosid Daphnin.
A: ☠ Entzündungen von Haut und Schleimhäuten sind schon durch Berührung mit dem austretenden Saft beim Abreißen der Zweige oder durch den Staub der Droge möglich. Auch Blätter und Früchte sind stark giftig (s. S. 240). In der Heilkunde früher bei Gicht, Rheuma und Hautleiden, auch äußerlich als Zusatz in Pflastern und Salben. In der Homöopathie noch häufig bei mit starkem Juckreiz einhergehenden Hauterkrankungen, Gürtelrose, Nervenschmerzen.
F: Euphorbia-Plantaplex, Gelsemium Oligoplex, Ranunculus-Pentarkan u. a.

Glockenheide *Erica tetralix* L.   Heidekrautgewächse *Ericaceae*
B: Zwergstrauch, mit dünnen, behaarten Zweigen und nadelförmigen, zu 3 – 4 quirlständigen Blättern. Blütenkrone rosarot, krugförmig, mit 4 kurzen Zipfeln, Staubblätter nicht herausragend. Blüten kopfig gehäuft. 0,1 – 0,5 m. ♄; VI – VIII.
V: In feuchten Heiden, Mooren, von der Atlantikküste bis zur Ostsee, im Binnenland selten, gelegentlich eingebürgert.
D: Glockenheideblüten – Flores Ericae tetralicis.
I: Flavone, Saponine, Gerbstoffe, Ursolsäure.
A: In der Volksheilkunde selten bei fiebrigen Erkrankungen und gegen Husten.

Heidekraut, Besenheide *Calluna vulgaris* (L.) HULL.   Heidekrautgewächse *Ericaceae*
B: Zwergstrauch mit aufsteigenden, besenartig dichten Zweigen. Blätter lineal, immergrün, 1 – 3 mm lang, vierzeilig angeordnet. Blütenstand traubig, reichblütig, Blütenkrone und Kelch blaßviolett, beide vierlappig. 0,2 – 0,8 m. ♄; VIII – X.
V: Zwergstrauchheiden, Moore, Wälder, bis in die alpine Stufe; Europa.
D: Heidekraut – Herba Callunae, Herba Ericae (Erg.B.6), die getrockneten, jungen Triebe. Häufig auch nur die Blüten: Flores Ericae. Erica (HAB 34).
I: Flavonglykoside, Arbutin und das Spaltprodukt Hydrochinon, Gerbstoff.
A: Vor allem in der Volksheilkunde als harntreibendes Mittel (Wirkung der Flavonglykoside) bei Nieren- und Blasenleiden, Steinleiden, Rheumatismus und Gicht. Der Arbutingehalt dürfte zu gering sein, um der Droge auch harndesinfizierende Eigenschaften zu geben (siehe Bärentraube). Dagegen wird Heidekrautextrakten eine gewisse schlafbringende Wirkung nachgesagt.
F: Euvitan, Nephronorm, Regulato Nr. 2, Salus Nieren-Blasen-Tee u. a.

Blüten rot, radiär, 5 Blütenblätter

Vogel-Knöterich *Polygonum aviculare* L. s. l.   Knöterichgewächse
Polygonaceae
B: Sehr formenreiche Art. Junge Sprosse aufrecht, später niederliegend, verzweigt. Blätter an den Haupttrieben bis 5 cm lang, elliptisch, an den Seitentrieben meist kleiner und schmaler. Blüten rot bis grünlich, zu 1 – 3 in den Blattachseln. Bis 1 m lang. ☉; VI – X.
V: Unkrautfluren, Äcker, Wege; heute weltweit verschleppt.
D: Vogelknöterichkraut – Herba Polygoni avicularis (Erg.B.6), die getrockneten, oberirdischen Teile. Polygonum aviculare (HAB 34).
I: Kieselsäure (zum Teil löslich), Gerbstoffe, Flavonglykoside, Schleimstoffe.
A: Vogelknöterich gehört zu den Kieselsäuredrogen, denen man bei Lungentuberkulose eine günstige Wirkung nachsagt. Häufig noch in Fertigarzneimitteln gegen Husten. In der Volksheilkunde auch als harntreibendes Mittel, gegen innere Blutungen und Durchfall, das frische Kraut zur Wundbehandlung. In der Homöopathie als Schleimhautmittel.
F: Dr. Boether Bronchitten, Mucidan, Mutosan, Risinetten, Silphoscalin u. a.

Schlangen-Knöterich *Polygonum bistorta* L.   Knöterichgewächse
Polygonaceae
B: Unverzweigte, kahle Pflanze mit schlangenartig gewundenem Wurzelstock. Blätter länglich-eiförmig, oberseits dunkelgrün, unterseits bläulich-grün, die unteren plötzlich in den geflügelten Stiel verschmälert. Blüten in einer endständigen, dichten, 1 –2 cm dicken Scheinähre. 0,3 – 1 m. ♃; V – VIII.
V: Feuchte Wiesen, Bergwiesen; gemäßigtes Europa, Westasien.
D: Schlangenwurzel – Rhizoma Bistortae, Wurzelstöcke mit Wurzeln.
I: Bis 20% Gerbstoffe, Stärke, Eiweiß, Spuren von Anthrachinonen.
A: In der Volksheilkunde früher ähnlich wie Blutwurz verwendet, so bei Durchfällen, inneren Blutungen, zu Mund- und Gurgelwässern, bei Wunden und Geschwüren. Zur Gerbstoffwirkung kommen einhüllende und reizmildernde Eigenschaften der Stärke.

Korn-Rade *Agrostemma githago* L.   Nelkengewächse *Caryophyllaceae*
B: Aufrechte, behaarte Pflanze. Blätter schmal lanzettlich, Blüten einzeln, mit purpurroten, am Grunde stielartig verschmälerten, 2 – 4 cm langen Blütenblättern, von den verwachsenen Kelchblättern überragt. 0,3 – 1 m. ☉; VI – IX.
V: Getreideunkraut; weltweit verbreitet, heute durch Saatgutreinigung bei uns selten, Herkunft östliches Mittelmeergebiet.
D: Kornradesamen – Semen Githaginis. Agrostemma Githago (HAB 34).
I: Sapotoxin A, dessen Prosapogenin Githagin und Aglucon Githagenin; Agrostemmasäure.
A: ☠ Durch Vorkommen der Samen im Brotgetreide kam es früher häufig zu Vergiftungen (3 – 5 g des Samenmehles wirken bereits toxisch). Darüberhinaus vermutet man einen Zusammenhang zwischen dem Vorkommen der Korn-Rade und der Verbreitung der Lepra. Anwendung nur noch selten in der Homöopathie u. a. bei Magenentzündung und Lähmungen, früher in der Volksheilkunde bei Hautleiden.

Große Fetthenne *Sedum telephium* L.   Dickblattgewächse *Crassulaceae*
B: Völlig kahle Pflanze ohne sterile Triebe. Blätter 2 – 10 cm groß, flach und fleischig, gezähnt. Zwittrige purpurn- oder gelblichgrüne Blüten in doldenartigen Blütenständen. Mehrere Unterarten, die z. T. auch als Arten betrachtet werden. 0,2 – 0,7 m. ♃; VII – IX.
V: Gebüschsäume, Felsfluren; gemäßigtes Europa, Asien.
D: Fetthennenkraut – Herba Sedi telephii, das frische Kraut. Sedum Telephium (HAB 34). Auch die rübenförmigen unterirdischen Organe werden verwendet.
I: Gerbstoffe, Flavonglykosid, Alkaloide, organische Säuren, Schleim.
A: In der Volksheilkunde früher die frischen Blätter oder der Preßsaft als wundheilendes und blutstillendes Mittel. Selten in Fertigpräparaten gegen Hämorrhoiden, venöse Stauungen.
F: Alterans Hey, Azamen

Blüten rot, radiär, 5 Blütenblätter

Hunds-Rose, Hagerose *Rosa canina* L. Rosengewächse *Rosaceae*
B: Hoher Strauch mit überhängenden Ästen und gleichartigen, sichelförmig gekrümmten, am Grunde scheibenförmig verbreiterten Stacheln. Blätter 5- und 7zählig gefiedert, unterseits meist drüsenlos. Kelchblätter mit wenigen, schmalen Fiedern, nach der Blüte zurückgeschlagen und vor der Fruchtreife abfallend. Blütenblätter 2,5 cm lang, hellrosa, seltener weiß, Blütenstiele kahl. Griffel frei, nur wenig aus dem Blütenbecher herausragend. Bis 5 m. ♄; VI.
Die Scheinfrüchte, Hagebutten (oben rechts) stellen die fleischigen Blütenböden dar. Sie sind kahl, eiförmig bis kugelig, 1 – 2 cm groß und innen behaart. Die kantigen, hellen, steinharten Nüßchen sind die eigentlichen Früchte.
V: Häufig in Hecken, Gebüschen, lichten Wäldern; Europa bis Zentralasien.
D: Hagebutten (Entkernte Hagebutten) – Fructus Cynosbati cum (sine) Semine (Erg.B.6), die getrockneten, reifen Scheinfrüchte. Hagebuttensame, Kernlestee – Semen Cynosbati (Erg.B.6), die getrockneten Früchte (Nüßchen). Rosa canina (HAB 34), die frischen Blumenblätter.
I: Gerbstoff, Fruchtsäuren, Zucker, Rutin, Carotinoide, Vitamine, besonders in den frischen Hagebutten viel Vitamin C.
A: Häufig Anwendung als harntreibendes Mittel, besonders bei Blasen- und Nierensteinen. Die Wirksamkeit ist jedoch nicht völlig geklärt. Wegen des angenehmen süßsäuerlichen Geschmacks ein beliebter Haustee. Das vitaminreiche Fruchtfleisch zur Bereitung von Marmeladen (Hegenmus) und Säften, Extrakte auch in Vitaminpräparaten.
F: Aktivanad, Buccosperin, Canephron, Rheumex, Uro-K u. v. a.

Rofa hortenfis & fylueftris. Rofen.

Essig-Rose *Rosa gallica* L. Rosengewächse *Rosaceae*
B: Niedriger, unterirdisch weit kriechender Strauch. Stacheln sehr verschiedenartig, gerade und gekrümmt, oft drüsig. Blätter häufig 5zählig, ledrig, z. T. wintergrün, unterseits grau-grün. Blüten meist einzeln, 5 – 7 cm groß, hell- bis dunkelrot. Reife Früchte kugelig, braunrot, mit Drüsen und Stachelborsten. 0,2 – 1 m. ♄; VI – VII.
V: Lichte, trockene Wälder; Südeuropa und südliches Mitteleuropa.
D: Rosenblütenblätter – Flores Rosae (Erg.B.6), die getrockneten Blütenblätter (meist von gefüllten Kultursorten). Auch *R. centifolia* L. dient als Drogenlieferant. Das ätherische Öl gewinnt man aus den frischen Blüten, besonders von *R. damascena* auct. (Bulgarien, Frankreich).
I: Ätherisches Öl mit Geraniol, Nerol, Citronellol, Phenylaethylalkohol; Gerbstoffe, Anthocyanglykosid Cyanin, Flavonglykosid.
A: Die Blütenblätter aufgrund des Gerbstoffgehaltes früher gegen Durchfall, als Gurgelmittel und zu Bädern bei schlecht heilenden Wunden. Rosenöl (Oleum Rosae), das entzündungshemmende und bakterizide Wirkung hat, in Augentropfen, vor allem aber als Geruchskorrigens für Arzneimittel, in Backwaren (als Rosenwasser), in der Parfümerie- und Kosmetikindustrie. Rosenöl ist sehr teuer: Für 1 g benötigt man 3 – 4 kg Blütenblätter.
F: DuraJod-Augentonicum *Rp*, Melrosum, Solan u. a.

Bach-Nelkenwurz *Geum rivale* L. Rosengewächse *Rosaceae*
B: Rosette aus langgestielten, unterbrochen gefiederten Blättern mit sehr großem, 3lappigem Endblatt. Blüten nickend, zu 2 – 6 an aufrechten Stengeln, mit 5 – 6 gelblichroten Blütenblättern, Kelchblätter rotbraun. 0,2 – 0,5 m. ♃; IV – V.
V: Feuchte Wiesen und Wälder; gemäßigtes Europa, Asien, Nordamerika.
D: Bachnelkenwurz – Radix Caryophyllatae (aquaticae), getrocknete Wurzeln und Wurzelstöcke. Geum rivale (HAB 34), die frische, blühende Pflanze.
I: Ätherisches Öl mit Eugenol, das durch Hydrolyse aus dem Glykosid Gein entsteht, Gerbstoffe, Bitterstoff.
A: In der Volksheilkunde wie die Echte Nelkenwurz bei Verdauungsstörungen, Durchfallerkrankungen, Appetitlosigkeit. Die Wirksamkeit beruht dabei auf dem gleichzeitigen Vorkommen von Bitterstoff und ätherischem Öl (aromatisches Bittermittel). Eugenol, das keimtötende Eigenschaften hat, ist vor allem in Gewürznelken enthalten.

Blüten rot, radiär, 5 Blütenblätter

Mandelbaum

Mandelbaum *Prunus dulcis* (MILL.) D. A. WEBB Rosengewächse *Rosaceae*
B: Kleiner Baum oder Strauch, wilde Pflanzen mit verdornenden Zweigen. Blätter lanzettlich, stumpf gezähnt, mit drüsigem Stiel. Blüten meist zu 2, rosa. Fruchtfleisch ledrig, filzig behaart. Süße und Bittere Mandeln unterscheiden sich nur in ihren Inhaltsstoffen. Bis 8 m. ♄; II – IV.
V: Heimat China, in gemäßigtwarmen Gebieten kultiviert und eingebürgert.
D: Mandelöl – Oleum Amygdalarum (DAB 6), das fette Öl der Süßen (Amygdalae dulces) und Bitteren Mandeln (Amygdalae amarae). Amygdalae amarae (HAB 34).
I: Fettes Öl. In Bitteren Mandeln das Blausäureglykosid Amygdalin, aus dem, z. B. beim Zerkauen, durch ein Ferment giftige Blausäure frei wird. Das durch kaltes Auspressen gewonnene Öl ist amygdalinfrei.
A: Mandelöl, eines der teuersten Öle, zu Salbengrundlagen, auch als Speiseöl und in der Technik. Der Preßkuchen liefert Mandelkleie (Farina Amygdalarum) für kosmetische Zwecke. Der Genuß größerer Mengen bitterer Mandeln kann zu schweren Vergiftungen führen (bei Kindern schon 5 – 12). Das noch gelegentlich als Geschmackskorrigens und gegen Hustenreiz verwendete Bittermandelwasser enthält heute synthetisch hergestelltes Benzaldehydcyanhydrin.
F: Aok-Präparate

Gotsgenad.

Stinkender Storchschnabel, Ruprechtskraut *Geranium robertianum* L.
Storchschnabelgewächse *Geraniaceae*
B: Unangenehm riechende Pflanze, häufig rot überlaufen, drüsig behaart. Blätter mit 3 – 5 gestielten, doppelt fiederspaltigen, abstehend behaarten Abschnitten. Blüten meist zu 2 mit 9 – 13 mm langen, rosa Blütenblättern. Früchte geschnäbelt. 0,1 – 0,5 m. ☉ – ⊙; V – X.
V: Feuchte Wälder, Schuttfluren; gemäßigtes Europa, Asien, Nordamerika.
D: Ruprechtskraut – Herba Geranii Robertiani, Herba Ruperti (Erg.B.6), die getrockneten, oberirdischen Teile. Geranium Robertianum (HAB 34).
I: Bitterstoff Geraniin, Gerbstoff, in der frischen Pflanze ätherisches Öl mit unangenehmem Geruch.
A: Aufgrund der Gerbstoffwirkung in der Volksheilkunde früher gegen Durchfall, Magen- und Darmentzündungen und innere Blutungen. Äußerlich die frische Pflanze bei Geschwüren und Hautausschlägen. Ähnlich in der Homöopathie, auch bei Drüsenschwellungen. Geranium-Öl, Oleum Geranii, ein ätherisches Öl mit rosenartigem Duft, wird aus *Pelargonium*-Arten gewonnen.
F: Boldo „Hanosan" Mixtur, Lymphomyosot u. a.

Geranium Textum. Blutwurz.

Blutroter Storchschnabel *Geranium sanguineum* L. Storchschnabelgewächse
Geraniaceae
B: Blätter bis fast zum Grunde handförmig in lineale Abschnitte geteilt, wie die abstehend behaarten Stengel im Herbst blutrot. Blüten einzeln, mit purpurroten, 1,5 – 2 cm langen Kronblättern. 0,1 – 0,5 m. ♃; V – IX.
V: Trockene Säume, Gebüsche; Europa.
D: Blutkraut (Bluthühnerwurz) – Herba (Radix) Sanguinariae.
I: Gerbstoff, Säuren, in den Wurzeln Gerbstoff, Bitterstoff Geraniin, Harz.
A: Früher in der Volksheilkunde ähnlich wie Ruprechtskraut (siehe oben) gegen Durchfall und Blutungen, äußerlich bei Wunden.

Doldiges Wintergrün *Chimaphila umbellata* (L.) W. BART.
Wintergrüngewächse *Pyrolaceae*
B: Pflanze mit weit kriechendem Wurzelstock. Blätter immergrün, ovallanzettlich, gezähnt. Rosa Blüten in 3 – 7blütigen Dolden. 0,1 – 0,2 m. ♃; VI – VIII. Geschützt.
V: Sand-Föhrenwälder, Mittel-, Nord- und Osteuropa, N-Asien, N-Amerika.
D: Chimaphila umbellata (HAB 34), die frische, blühende Pflanze.
I: Chimaphilin (Dimethylnaphthochinon), Arbutin, Gerbstoffe, Flavon.
A: Harntreibende und harndesinfizierende Wirkung. Früher in der Volksheilkunde, heute noch in der Homöopathie bei chronischen Blasen- und Nierenbeckenentzündungen, Prostataerkrankungen.
F: Cefascillan, Eviprostat, Fidesabel, Prostaforton u. a.

Blüten rot, radiär, 5 Blütenblätter

Weg-Malve *Malva neglecta* WALLR. Malvengewächse *Malvaceae*
B: Stengel niederliegend bis aufsteigend, Blätter nur schwach 5 – 7lappig, gekerbt. Blüten zu 3 – 6 mit 3 freien Außenkelchblättern und nur 9 – 13 mm langen, hellrosa bis weißen Blütenblättern. 0,2 – 0,5 m. ⊙; VI – X.
V: Häufig in Unkrautfluren im Siedlungsbereich, heute weltweit verbreitet.
D: Malvenblätter – Folia Malvae (DAB 6), die getrockneten Laubblätter, auch von der Wilden Malve *Malva sylvestris* L.
I: Schleimstoffe, etwas Gerbstoff.
A: Der Schleimreichtum gibt der Droge reizlindernde, der Gerbstoffgehalt gewisse zusammenziehende Wirkung. Wie Eibisch, jedoch überwiegend äußerlich als Gurgelmittel und zu Umschlägen verwendet, seltener in Husten- und Magentees.

Wilde Malve *Malva sylvestris* L. Malvengewächse *Malvaceae*
B: Stengel niederliegend, aufsteigend oder aufrecht, Blätter handförmig 3 – 7-lappig, gekerbt. Blüten zu 2 – 6 mit 3 freien Außenkelchblättern und 2 – 3 cm langen Kronblättern. 0,3 – 1,2 m. ⊙ – ♃; V – IX.
V: Trockene, meist nährstoffreiche Unkrautfluren, fast weltweit verbreitet.
D: Malvenblüten – Flores Malvae (DAB 7), die getrockneten Blüten, auch von der im südlichen Mittelmeergebiet heimischen *Malva sylvestris* ssp. *mauritiana* (L.) A. ET GR., die zunehmend zur Drogengewinnung angebaut wird. Malvenblätter – Folia Malvae (DAB 6) siehe oben. Malva silvestris (HAB 34).
I: Schleimstoffe, Anthocyanglykosid Malvin, etwas Gerbstoff.
A: Reizmildernde Wirkung bei Katarrhen der oberen Luftwege und Schleimhautentzündungen von Magen und Darm. Als Gurgelmittel und für Bäder und Umschläge bei entzündlichen Ekzemen und Geschwüren. Schmuckdroge in Teemischungen. Die als „Afrikanische Malvenblüten" oder „Hibiscusblüten" im Handel befindliche Droge sind die dunkelroten Kelchblätter von *Hibiscus sabdariffa* L.
F: Dapulmon, Salus Magen-Darm-Tee, Species Pectorales Kneipp u. a.

Echter Eibisch *Althaea officinalis* L. Malvengewächse *Malvaceae*
B: Samtig behaarte Pflanze. Blätter 3 – 5lappig, länger als breit, unregelmäßig gezähnt. 1,5 – 2 cm lange, rosa bis weißliche Blüten, meist zu mehreren, mit 6 – 9 am Grunde verwachsenen Außenkelchblättern. 0,6 – 1,5 m. ♃; VII – IX.
V: Feuchte, besonders salzhaltige Standorte; Asien, östliches Europa bis zur deutschen Ostseeküste, sonst aus Kulturen verwildert und eingebürgert.
D: Eibischwurzel – Althaeae radix (DAB 8), die getrockneten, geschälten oder ungeschälten Wurzeln. Althaea (HAB 34). Eibischblätter – Folia Althaeae (DAB 6), die getrockneten Laubblätter.
I: Schleimstoffe, Stärke, Zucker, Pektin, in den Blättern auch ätherisches Öl.
A: Aufgrund der einhüllenden Wirkung des Schleimes Reizmilderung bei entzündlichen Erkrankungen des Rachens und der oberen Luftwege, aber auch bei Schleimhautentzündungen im Magendarmbereich. Ähnlich die Blätter, die außerdem zu erweichenden Umschlägen und Bädern verwendet werden.
F: Bronchostad, Peracon, Phardol-Pect, Priatan, Solubifix, Thymitussin u. a.

Stockrose, Baumrose *Alcea rosea* L. (*Althaea rosea* (L.) CAV.)
Malvengewächse *Malvaceae*
B: Hohe, rauhhaarige Pflanze, Blätter rundlich, schwach 3 – 7lappig, stumpf gezähnt. Blüten einzeln, mit weißen, rosa oder schwarzvioletten, 3 – 5 cm langen Kronblättern, auch gefüllt. 6 – 9 am Grunde verwachsene Außenkelchblätter. 1 – 3 m. ♃; VI – X.
V: Alte Zier- und Heilpflanze, Herkunft unsicher.
D: Stockrosenblüten – Flores Malvae arboreae (Erg.B.6), Flores Alceae, die mit den Kelchen gesammelten, getrockneten Blüten der dunkelvioletten Sorte.
I: Schleimstoffe, Anthocyanfarbstoff Althaein, wenig Gerbstoffe.
A: Wie Eibisch- oder Malvenblüten aufgrund des Schleimgehaltes bei Husten und Heiserkeit, seltener bei Magendarmkatarrhen. Zu Umschlägen bei Geschwüren und Entzündungen. Früher zum Färben von Wein, Limonaden u. a.
F: Frubiapect *Rp*

Blüten rot, radiär, 5 Blütenblätter

Rosmarinheide *Andromeda polifolia* L. Heidekrautgewächse *Ericaceae*
B: Zwergstrauch mit kleinen, immergrünen, lineal-lanzettlichen, unterseits hellblaugrünen Blättern, Rand nach unten eingerollt. Blüten zu 2 – 8, nickend, mit eiförmig-kugeliger Krone. 0,1 – 0,3 m. ♄; V – VII.
V: Häufige Hochmoorpflanze; nördliches Europa, Asien, Nordamerika.
I: In Blättern und Blüten giftiges Acetylandromedol (Andromedotoxin, Asebotoxin).
A: ☠ Vergiftungen wurden außer bei Weidetieren beim Menschen durch Verwechslung mit Rosmarinblättern beobachtet. Auch der Bienenhonig acetylandromedolhaltiger Arten soll giftig sein. In der Heilkunde wird die Substanz als blutdrucksenkendes Mittel eingesetzt.

Rostblättrige Alpenrose *Rhododendron ferrugineum* L. Heidekrautgewächse *Ericaceae*
B: Immergrüner, buschiger Strauch. Blätter ganzrandig, oval-lanzettlich, am Rande umgerollt, kahl, später unterseits rostbraun. Blüten zu 6 – 12 an den Zweigenden, Krone bis zur Hälfte 5teilig. 0,5 – 1,2 m. ♄; V – VII. Geschützt.
V: Bestandsbildend in den Alpen, Pyrenäen, auf Urgestein, 1500 – 2300 m.
D: Alpenrosenblätter – Folia Rhododendri ferruginei. Rhododendron ferrugineum (HAB 34), die getrockneten Blätter.
I: Ätherisches Öl, Gerbstoff, Arbutin, Rhododendrin, Acetylandromedol.
A: Nur noch selten als harn- und schweißtreibendes Mittel vor allem bei rheumatischen Gelenk- und Muskelerkrankungen und Steinleiden. Häufiger verwendet wird Rhododendron (HAB 34), das von der Sibirischen Alpenrose, *Rhododendron aureum* GEORGI (*Rh. chrysanthum* PALL.), stammt.
F: Arthrosenex, Arthrosetten

Heidelbeere, Blaubeere *Vaccinium myrtillus* L. Heidekrautgewächse *Ericaceae*
B: Sommergrüner Zwergstrauch mit kantigen, grünen Zweigen und eiförmig zugespitzten, feingezähnten Blättern. Blüten einzeln in den Blattachseln, Krone kugelig, rot bis grün mit 4 – 5 kurzen Zipfeln. 0,2 – 0,5 m. ♄; V – VIII.
V: Nadelwälder, Laubwälder, Zwergstrauchheiden; Europa, NW-Asien.
D: Heidelbeeren – Myrtilli fructus (DAC), die getrockneten, reifen Früchte. Myrtillus (HAB 34). Heidelbeerblätter – Folia Myrtilli (Erg.B.6).
I: Früchte: Gerbstoffe, Fruchtsäuren, Zucker, Pektin, Vitamine, Farbstoffgemisch Myrtillin (Anthocyanidinglykoside), Flavonoide. Blätter: Gerbstoffe, Flavonoide, blutzuckersenkende Glykoside.
A: Die getrockneten Beeren sind ein beliebtes Volksheilmittel gegen Durchfall, ebenso der mit Rotwein angesetzte Heidelbeerwein, dem antibakterielle Eigenschaften zugeschrieben werden. Frische Früchte in größeren Mengen wirken dagegen abführend. Der Saft als Gurgelmittel bei Entzündungen im Mund- und Rachenraum, die isolierten Anthocyanoside in einem Präparat gegen Augenerkrankungen. Die Blätter zur unterstützenden Behandlung der Zuckerkrankheit.
F: Diabetylin, Difrarel E, Glycobosan, Mellibletten, Syamplex u. a.

Gift-Primel *Primula obconica* HANCE Primelgewächse *Primulaceae*
B: Drüsig behaarte Pflanze. Blätter herzförmig-rundlich, gezähnt bis lappig gezähnt, lang gestielt, in einer Grundrosette. Blüten in reichblütigen Dolden mit roter bis lilafarbener Krone und becherförmig erweitertem Kelch. 0,1 – 0,3 m. ♃; I – XII.
V: Heimat Zentralasien, als Topfpflanze kultiviert.
D: In der Homöopathie die ganze, frische, blühende Pflanze.
I: Im Sekret der Drüsenhaare das Primelgift Primin.
A: ☠ Primin kann bei dafür empfänglichen Personen Primeldermatitis hervorrufen, eine oft heftige und hartnäckige Hautentzündung. Sie entsteht entgegen früherer Ansicht nur durch unmittelbaren Kontakt mit dem Drüsen-Sekret. Auch andere ausländische Primelarten können hautreizend wirken. Einheimische Primeln enthalten dagegen kein Primin. Anwendung in der Homöopathie gegen Primelausschlag, Nesselsucht und nässende Ekzeme.

Blüten rot, radiär, 5 Blütenblätter

Cyclaminus rotunda.
Rund Schweinbrot.

Europäisches Alpenveilchen *Cyclamen purpurascens* MILL.
(*C. europaeum* AUCT.)   Primelgewächse   *Primulaceae*
B: Pflanze mit allseitig bewurzelter Knolle. Blätter immergrün, silbrig gefleckt, nieren- bis herzförmig, am Grunde abgerundet, schwach gezähnt. Blütenkrone mit 1,5 – 2 cm langen, rückwärts gerichteten Zipfeln, stark duftend. Blütenstiele zur Fruchtzeit eingerollt. 0,05 – 0,15 m. ♃; VI – X. Geschützt.
V: Wälder, Gebüsche; Kalkalpen, besonders im Südosten.
D: Cyclamen (HAB 34), der frische Wurzelstock mit Wurzeln.
I: Triterpensaponin Cyclamin.
A: ☠ Cyclamin erzeugt heftige Haut- und Schleimhautreizungen, bereits nach Einnahme von 0,3 g Droge treten Erbrechen und Durchfälle auf, nach größeren Dosen Krämpfe, Lähmungen, schließlich Atemlähmung. In der Homöopathie gebräuchlich bei Zyklusstörungen, Migräne bei Frauen und Tubenkatarrh.
F: Cyclamen Oligoplex, Hypericum-Plantaplex, Mastodynon, Unotex F u. a.

Acker-Gauchheil 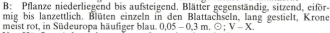 *Anagallis arvensis* L.   Primelgewächse   *Primulaceae*
B: Pflanze niederliegend bis aufsteigend. Blätter gegenständig, sitzend, eiförmig bis lanzettlich. Blüten einzeln in den Blattachseln, lang gestielt, Krone meist rot, in Südeuropa häufiger blau. 0,05 – 0,3 m. ⊙; V – X.
V: Häufiges Ackerunkraut, heute fast weltweit verbreitet.
D: Anagallis arvensis (HAB 34), die frische, blühende Pflanze.
I: Saponine unbekannter Zusammensetzung mit stark hämolytischer und fungistatischer Wirkung, Flavonoide, Gerbstoff, Fermente, in den Wurzeln ein weiteres, hochgiftiges Saponin.
A: ☠ Vergiftungserscheinungen wurden vor allem bei Haustieren beobachtet. In der Volksheilkunde nützte man früher die harntreibende Wirkung. Heute noch bisweilen Anwendung in der Homöopathie bei Leber- und Gallenleiden, Verstimmungs- und Erschöpfungszuständen, Hautausschlägen.
F: Anagallis comp. (Wala), Gallcusan u. a.

Anagallis mas.
Gauchheyl mennle.

Centaurium minus.
Klein Tausentgulden.

Echtes Tausendgüldenkraut *Centaurium erythraea* RAFN. (*C. umbellatum* GIL., *C. minus* MOENCH)   Enziangewächse   *Gentianaceae*
B: Pflanze kahl mit aufrechtem, nur oben verzweigtem Stengel. Blätter der grundständigen Rosette oval, die oberen viel schmaler und spitz. Blütenstand schirmförmig, Kronröhre beim Aufblühen länger als der Kelch, mit 5 – 8 mm langen, ausgebreiteten Zipfeln. 0,1 – 0,5 m. ⊙ – ⊙; VII – IX. Geschützt.
V: Waldlichtungen, Wegränder, Rasen; Europa, Asien.
D: Tausendgüldenkraut – Centaurii herba (DAB 8), die getrockneten, oberirdischen Teile blühender Pflanzen.
I: Gentiopikrin (Erytaurin) mit dem Aglykon Gentiogenin (Erythrocentaurin), Amarogentin, Gentianin.
A: Wie Gelber Enzian als Bittermittel, aber mit geringeren Bitterwerten. Wirksam durch Vermehrung der Speichel- und Magensaftsekretion bei Appetitlosigkeit und Verdauungsbeschwerden, auch bei gleichzeitigen Leber- und Gallenstörungen. Volkstümlich früher gegen Fieber. Zu Bitterschnäpsen.
F: Cholagogum vegetabile Nattermann, Magen-Tee Stada, Ventrodigest u. v. a.

Purpurroter Enzian *Gentiana purpurea* L.   Enziangewächse   *Gentianaceae*
B: Kräftige Pflanze mit gegenständigen, eilanzettlichen, 5 – 7nervigen Blättern. Blüten groß, purpurrot, innen gelblich, 5 – 8teilig. Kelch einseitig bis fast zum Grunde eingeschnitten, 2zipfelig. 0,2 – 0,6 m. ♃; VII – IX. Geschützt.
V: Weiderasen, Staudenfluren; Westalpen, Apennin, Skandinavien.
D: Früher zusammen mit *Gentiana lutea* L., *G. pannonica* SCOP. und *G. punctata* L. als Enzianwurzel, Radix Gentianae, offizinell. Heute ist nur noch *G. lutea* im Europäischen Arzneibuch zugelassen.
I: Wie Gelber Enzian *Gentiana lutea* s. S. 116.
A: Arzneiliche Anwendung siehe Gelber Enzian. Die Hauptmenge der gestochenen Enzianwurzeln dient der Herstellung von Enzianschnaps. Man überläßt sie zunächst einem Gärungsprozeß, bei dem Aromastoffe gebildet, dagegen die Bitterstoffe weitgehend zersetzt werden. Diese sind außerdem bei der nachfolgenden Destillation nicht flüchtig, so daß der Schnaps kaum bitter schmeckt.

Blüten rot, radiär, 5 Blütenblätter

Oleander, Rosenlorbeer *Nerium oleander* L. Hundsgiftgewächse
Apocynaceae
B: Strauch, auch baumförmig, mit immergrünen, lanzettlichen, oft zu 3 quirlständigen Blättern. Blütenstände trugdoldig an den Zweigenden, Krone rosa, seltener weiß, bei Gartenformen auch gefüllt, mit 5 nach rechts gedrehten, ausgebreiteten, stumpfen Zipfeln. Früchte 8 – 16 cm lang. 1 – 4 m. ♄; VII – IX.
V: An Wasserläufen im Mittelmeergebiet, häufig als Zierpflanze.
D: Oleanderblätter – Oleandri folium (DAC). Oleander (HAB 34).
I: Oleandrin (Folinerin) u. a. herzwirksame Glykoside, Flavonolglykoside.
A: ⚠ Oleander gehört zu den Pflanzen mit digitalisähnlicher Wirkung (s. S. 20) und wird bei Herzinsuffizienz gewöhnlich zusammen mit weiteren herzwirksamen Drogen in standardisierten Fertigpräparaten verordnet. Die Wirkung setzt rascher ein als bei *Digitalis*, ist jedoch weniger anhaltend. Der harntreibende Effekt soll stärker sein. In der Homöopathie ebenfalls als Herzmittel, daneben bei Darmkatarrhen und Ekzemen.
F: Ariven, Cordigon, Corvasal, Miroton, Stabilocard *Rp*, u. a.

Echtes Lungenkraut *Pulmonaria officinalis* L. Rauhblattgewächse
Boraginaceae
B: Rauh behaarte Pflanze, im Frühjahr zuerst einen Blütentrieb mit sitzenden Blättern treibend, danach grundständige, gestielte, weißgefleckte, herzförmige Rosettenblätter. Blüten zuerst hellrot, dann blauviolett. Ähnlich *P. obscura* Dum. mit ungefleckten Blättern. 0,1 – 0,3 m. ♃; III – V.
V: In Laubwäldern nicht selten, gemäßigtes Europa.
D: Lungenkraut – Herba Pulmonariae (Erg.B.6), die getrockneten, oberirdischen Teile. Pulmonaria vulgaris (HAB 34).
I: Schleimstoffe, Gerbstoffe, Saponine, Flavonoide, viel Mineralstoffe mit löslicher Kieselsäure.
A: Durch den Gehalt an Saponinen und Schleimstoffen auswurffördernde und reizlindernde Wirkung bei Erkrankungen der Atmungsorgane. Die angeblich günstige Wirkung bei Lungentuberkulose wird auf den Kieselsäuregehalt zurückgeführt, aber auch die Signaturenlehre dürfte für diese Anwendung eine Rolle gespielt haben (Fleckung der Blätter). In der Volksheilkunde ferner bei Durchfall, Hämorrhoiden und zur Wundbehandlung.
F: Bronchiflux, Dapulmon, Peracon, Pro-Pecton, Propulmo u. a.

Gemeine Hundszunge *Cynoglossum officinale* L. Rauhblattgewächse
Boraginaceae
B: Zahlreiche weich behaarte, graugrüne, lanzettliche Blätter. Blüten mit violetter, später rotbrauner Krone in zunächst gedrungenen, später traubig verlängerten Blütenständen. Früchte 4teilig mit widerhakigen Stacheln, am Rande wulstig verdickt. 0,3 – 0,8 m. ⊙; V – VII.
V: Unkrautgesellschaften, vor allem in wärmeren Gebieten, Europa, Asien.
D: Hundszungenkraut (-blätter) – Herba (Folia) Cynoglossi, das getrocknete blühende Kraut, daneben die Wurzeln. Cynoglossum (HAB 34).
I: Im Kraut Alkaloid Heliosupin u. a., Schleimstoffe, Gerbstoffe, ätherisches Öl, Allantoin, Cholin. In der Wurzel nach älteren Angaben Alkaloide Cynoglossin und Consolidin.
A: Wie Beinwell, jedoch nicht so häufig verwendet. Heute noch in wenigen Fertigpräparaten innerlich bei Magen- und Darmerkrankungen, äußerlich vor allem bei Rheuma, Neuralgien, Venenentzündungen und Sportverletzungen.
F: A-Salbe Fink, W-Emulgat Fink

Symphytum magnum. Waldwurg.

Gemeiner Beinwell *Symphytum officinale* L. Rauhblattgewächse
Boraginaceae
B: Borstig behaarte Pflanze mit langen, an beiden Enden verschmälerten Blättern, Blattstiel geflügelt und am Stengel herablaufend. Blütenkrone verwachsen, gelblichweiß oder rotviolett. 0,5 – 1,5 m. ♃; V – VII.
V: Häufig auf feuchten Wiesen, an Bachufern, durch weite Teile Europas, Asien.
Drogen, Inhaltsstoffe, Anwendung und Fertigarzneimittel siehe S. 72.

Blüten rot, radiär, 5 Blütenblätter

Krainer Tollkraut, Glockenbilsenkraut *Scopolia carniolica* JACQ.
Nachtschattengewächse *Solanaceae*
B: Laubblätter verkehrt-eiförmig, länglich, in den Stiel verschmälert, ganzrandig. Blüten einzeln, gestielt, nickend, Krone röhrig-glockig, schwach 5zipfelig, außen braun-violett, innen gelblich-grün. 0,2 – 0,6 m. ♃; IV – V.
V: Laubwälder Südosteuropas, sonst selten aus Gärten verwildert.
D: Skopoliawurzel – Rhizoma Scopoliae carniolicae. Hyposcyamus Scopolia (HAB 34).
I: Alkaloid Hyoscyamin, wenig Scopolamin u. a., Cumarinderivat Scopoletin.
A: ☠ Wirkung wie bei der Tollkirsche, jedoch schwächer. Anwendung ähnlich, nur in Fertigpräparaten.
F: Chelidophyt, Infi-tract, Ludoxin, Mandrorhinon, Nervogastrol u. a.

Mandragora morion.
Tollkraut.

Tollkirsche *Atropa bella-donna* L. Nachtschattengewächse *Solanaceae*
Beschreibung und Vorkommen siehe S. 248.
D: Belladonnablätter, Tollkirschenblätter – Belladonnae folium (Ph. Eur.). Belladonna (HAB 34). Tollkirschenwurzel – Radix Belladonnae (Erg.B.6).
I: Alkaloide, vor allem Hyoscyamin, wenig Atropin und Scopolamin. Atropin (DL-Hyoscyamin) entsteht zunehmend während Trocknung und Aufbereitung.
A: ☠ Giftwirkung s. S. 248. Hyoscyamin und Atropin haben in relativ niedrigen, medizinisch gebräuchlichen Gaben lähmende Wirkung auf die Nervenendigungen des Parasympathicus. Daraus ergibt sich die krampflösende Wirkung der Belladonnaextrakte bei Spasmen im Bereich des Magendarmkanals, der Gallen- und Harnwege und bei Bronchialasthma. Außerdem wird die Sekretionseinschränkung der Speichel- und Schweißdrüsen und der Schleimdrüsen der Atemwege und des Magendarmkanals wie auch die zentral beruhigende Wirkung therapeutisch genutzt. Wurzelauszüge sind als sogenannte Bulgarische Kur bei der Behandlung von Parkinsonerkrankungen bekannt. In der Homöopathie häufig bei Entzündungen, Erkältungskrankheiten, Kopfschmerzen u. a.
F: Belladonnysat *Rp*, Bellergal *Rp*, Contramutan, Homburg 680 *Rp* u. v. a.

Virginischer Tabak *Nicotiana tabacum* L. Nachtschattengewächse *Solanaceae*
B: Drüsige Pflanze mit großen, bis über 50 cm langen, sitzenden Blättern, die unteren am Stengel herablaufend. Blütenstand rispig, zahlreiche rosa bis weißliche, trichterförmige Blüten. 0,8 – 2 m. ☉; VI – IX.
V: In vielen Sorten weltweit kultiviert, Heimat tropisches Amerika.
D: Tabakblätter – Folia Nicotianae. Tabacum (HAB 34).
I: Alkaloid Nikotin.
A: ☠ Nikotin ist ein starkes Gift. 40 – 60 mg (1 – 2 Zigarren) gelten eingenommen als tödliche Dosis. Früher zu Klistieren bei hartnäckiger Verstopfung und Würmern, wegen der Vergiftungsgefahr heute nicht mehr verwendet. Jedoch als Ausgangsstoff für therapeutisch wichtige Substanzen wie Nikotinsäure, ferner zu Schädlingsbekämpfungsmitteln. In der Homöopathie bei Kreislaufschwäche, Schwindel, Reisekrankheit, Folgen übermäßigen Tabakgenusses.
F: Cardaminol, Dysto-loges, Hevertigon, Naupathon u. a.

Gemein Baldrian.

Großer Baldrian, Arznei-Baldrian *Valeriana officinalis* L.
Baldriangewächse *Valerianaceae*
B: Formenreiche Art mit unpaarig fiederschnittigen oder gefiederten, gegenständigen Blättern. Blütenstand oft stark verzweigt, Teilblütenstände doldenartig, Krone trichterförmig, ausgesackt, rosa bis weiß. 0,3 – 1,5 m. ♃; V – VIII.
V: Feuchte Wiesen, Gräben, Wälder; Europa, Asien, im Süden selten.
D: Baldrianwurzel – Valerianae radix (Ph. Eur.), die getrockneten, unterirdischen Organe. Valeriana (HAB 34). Der spezifische Geruch der Droge entwikkelt sich erst beim Trocknen.
I: Valepotriate (beruhigend, angst- und spannungslösend), Valerensäure (krampflösend), Alkaloide, ätherisches Öl.
A: Mildes Beruhigungsmittel bei nervösen Erregungszuständen und Herzbeschwerden, Schlaflosigkeit, auch bei nervösen Magen- und Darmbeschwerden.
F: Baldrian-Dispert, Baldiparan, Hovaletten, Recvalysat, Valamane u. v. a.

Blüten rot, radiär, mehr als 5 Blütenblätter

Arznei-Rhabarber *Rheum palmatum* L. Knöterichgewächse *Polygonaceae*
B: Kräftige, hohe Pflanze mit großen, handförmig gelappten Blättern, Abschnitte ungeteilt bis fiederspaltig. Blütenstand rispenförmig, Blüten zwittrig mit 6zähliger Blütenhülle. Früchte geflügelt. 1 – 2,5 m. ♃; V – VI.
V: Als Arznei- und Zierpflanze kultiviert, Heimat China.
D: Rhabarber – Rhei radix (DAB 8), die unterirdischen, getrockneten und geschälten Organe, auch von *Rheum officinale* BAILL. Rheum (HAB 34).
I: Anthrachinonderivate (Rhein, Rheum-emodin, Aloe-emodin, Chrysophanol, Physcion) und deren Glykoside, Gerbstoffe.
A: In niedriger Dosierung bei Magen- und Darmkatarrhen (Gerbstoffwirkung) und als appetitanregendes Mittel. In höheren Gaben überwiegt die Wirkung der Anthraderivate, so daß der Rhabarber ein mildes, dickdarmwirksames Abführmittel darstellt. Häufig auch als Zusatz zu Gallenmitteln. In der Homöopathie bei Durchfallerkrankungen. Zu Bitterschnäpsen. Die Wurzeln des Speise-Rhabarbers (*Rheum rhabarbarum* L., *Rh. undulatum* L.) werden arzneilich nicht verwendet.
F: Becolax forte, Bisflatan, Chol-Grandelat, Ilioton, Rheogen *Rp* u. v. a.

Sawrampffer.

Großer Sauerampfer *Rumex acetosa* L. Knöterichgewächse *Polygonaceae*
B: Zweihäusig, Grundblätter lang gestielt, am Grunde pfeilförmig. Blütenstand locker, äußere Blütenhüllblätter zur Fruchtzeit zurückgeschlagen, innere rundlich, mit einer kleinen Schwiele, rot bis blaßgrün. 0,3 – 1 m. ♃; V – VII.
V: Wiesen, Unkrautgesellschaften; Europa, Asien und weiter verschleppt.
D: Sauerampferkraut – Herba Rumicis acetosae. Rumex Acetosa (HAB 34).
I: Im Kraut primäres Kaliumoxalat (Kleesalz), freie Oxalsäure, Flavonglykosid, Vitamin C. Wurzeln: geringe Mengen Anthraverbindungen, Gerbstoffe.
A: In der Volksmedizin zu blutreinigenden Frühjahrskuren, bei Hautleiden und Erkrankungen der Mundschleimhaut, als Salat und Gewürzkraut. Vergiftungen mit Nierenschädigungen bei Kindern nach zu reichlichem Genuß der rohen Blätter. In der Homöopathie die Wurzel bei Hautkrankheiten, Krämpfen, Halsschmerzen.
F: Sinupret

Feld Rößlein.

Sommer-Adonis, Kleines Teufelsauge *Adonis aestivalis* L.
Hahnenfußgewächse *Ranunculaceae*
B: Blätter 3 – 4fach fiederteilig mit linealen Abschnitten. Blütenkrone meist 6 (5 – 8)zählig, rot, (selten auch gelb), Kelchblätter grün, über 2/3 der Länge der Kronblätter. 0,2 – 0,5 m. ☉; V – VII.
V: Getreideunkraut; Mitteleuropa, Mittelmeergebiet bis Südwestasien.
D: Ackerröschenkraut – Herba Adonidis aestivalis. Adonis aestivalis (HAB 34).
I: In geringen Mengen das herzwirksame Glykosid Adonin.
A: Früher wie das Frühlings-Teufelsauge verwendet, die Wirksamkeit und damit die Giftigkeit beträgt jedoch nur einen Bruchteil. Ebenso *Adonis annua* L. und *Adonis flammea* JACQ.

Pæonia fœmina, Pæonien weible.

Echte Pfingstrose *Paeonia officinalis* L. Pfingstrosengewächse *Paeoniaceae*
B: Pflanze mit knolligen Wurzeln und krautigen, unverzweigten Stengeln. Blätter doppelt 3zählig gefiedert. Blüten einzeln, 7 – 13 cm breit, mit meist 8 dunkelroten Blütenblättern. Gefüllte Gartenformen. 0,3 – 0,6 m. ♃; V – VI. Geschützt.
V: In lichten Wäldern Südeuropas bis Kleinasien, Zierpflanze.
D: Pfingstrosenblüten – Flores Paeoniae (Erg.B.6), die Kronblätter der gefüllten Gartenform. Paeonia officinalis (HAB 34), die frischen Wurzeln.
I: Blüten: Anthocyanglykosid Paeonin, Gerbstoff. Wurzeln: Glykoside Paeoniflorin, Peregrinin, ätherisches Öl, wohlriechendes Paeonol, Gerbstoffe.
A: Die Blütenblätter als Schönungsdroge in Teemischungen. Die Wurzel in der Homöopathie häufig gegen Hämorrhoiden, in der Volksheilkunde früher gegen Gicht (Gichtrose) und Krampfanfälle. Der Genuß von Blütenblättern und Samen soll Erbrechen und Durchfälle erzeugen.
F: Aescosulf, Hämofides, Hermes Bronchial Tee, Grippe-Tee Stada u. v. a.

Blüten rot, radiär, mehr als 5 Blütenblätter

Hauswurz

Echte Hauswurz *Sempervivum tectorum* L. Dickblattgewächse *Crassulaceae*
B: Pflanze mit kurzen Ausläufern. Große Blattrosette aus flachen, fleischigen, am Rande bewimperten Blättern. Stengel beblättert, drüsig-wollig behaart, mit verzweigtem, dichtem Blütenstand. Meist 13 rosarote Blütenblätter. 0,2 – 0,6 m. ♃; VII – IX. Geschützt.
V: Felsrasen von den Alpen bis zu den Pyrenäen, außerdem früher häufig auf Mauern und Dächern als Schutz vor Blitzschlag angepflanzt.
D: Hauswurzblätter – Folia Sedi magni. Sempervivum tectorum (HAB 34).
I: Gerbstoffe, Schleimstoffe, Äpfelsäure, Harz.
A: Früher in der Volksmedizin der Saft der Blätter bei Verbrennungen, Wunden, Hautentzündungen, Quetschungen, Hühneraugen, Warzen und Sommersprossen, innerlich auch zu kühlenden Getränken bei Fieber und gegen Magengeschwüre. In der Homöopathie u. a. bei Zungenschmerzen und Menstruationsstörungen.
F: Boldo „Hanosan", Galium-Heel.

Blut-Weiderich *Lythrum salicaria* L. Weiderichgewächse *Lythraceae*
B: Blätter sitzend, eilanzettlich, in 3zähligen Quirlen oder gegenständig, die oberen auch wechselständig. Blüten zu mehreren in den Blattachseln, in ährigen, über 10 cm langen Blütenständen, mit 6 purpurroten Blütenblättern und verschieden langen Staubfäden. 0,5 – 1,5 m. ♃; VI – IX.
V: An Gewässern und anderen feuchten Standorten; Europa, Asien.
D: Blutweiderich – Herba Salicariae, Herba Lysimachiae purpureae, die getrockneten, blühenden Zweigspitzen. Lythrum Salicaria (HAB 34).
I: Glykosid Salicarin, Gerbstoffe, Pektin, Harz, wenig ätherisches Öl.
A: Selten noch in der Volksheilkunde und in der Homöopathie gegen Durchfall. Auch bei Ruhr und Typhus wird der Droge Wirksamkeit nachgesagt. Daneben innerlich und äußerlich als blutstillendes Mittel.

Granatapfel *Punica granatum* L. Granatapfelgewächse *Punicaceae*
B: Sommergrüner, dorniger Strauch oder kleiner Baum mit glänzenden, ganzrandigen, ovalen bis lanzettlichen Blättern. Blüten an den Zweigenden, Kelchblätter wie die 5 – 8 zerknitterten Blütenblätter leuchtend rot. Frucht apfelförmig, zahlreiche Samen mit eßbarem Samenmantel. 2 – 5 m. ♄; V – IX.
V: Im Mittelmeergebiet kultiviert und verwildert; Herkunft Südwestasien.
D: Granatrinde – Cortex Granati (DAB 6), die getrocknete Rinde der oberirdischen Achsen und der Wurzel. Granatum (HAB 34).
I: Alkaloide Pseudopelletierin, Isopelletierin u. a., Gerbstoffe.
A: Früher als Bandwurmmittel gebräuchlich, heute nur noch bei Versagen der modernen Mittel, da es infolge des hohen Gerbstoffgehaltes leicht zu Magenreizungen, in höheren Dosen auch zu Vergiftungserscheinungen, u. a. Sehstörungen, durch die Alkaloide kommt. In der Homöopathie bei Schwindel.

Colchici folia & semen.
Zeitlosen mit blettern vnd samen.

Herbst-Zeitlose *Colchicum autumnale* L. Liliengewächse *Liliaceae*
B: Blätter meist 3, im Frühjahr zusammen mit der Fruchtkapsel erscheinend, länglich-lanzettlich, stumpf, zur Blütezeit verwelkt. Blüten blaßviolett, 6zählig, Fruchtknoten unterirdisch. 0,05 – 0,4 m. ♃; VIII – X.
V: Feuchte Wiesen, gemäßigtes Europa.
D: Herstzeitlosensamen – Colchici semen (DAC), die reifen Samen. Colchicum (HAB 34), die frischen Knollen.
I: Colchicin und Nebenalkaloide, u. a. Demecolcin.
A: ☠ Colchicin ist ein Kapillargift. Mehrere Stunden nach der Einnahme treten Erbrechen, schwere Durchfälle und Lähmungen auf, nicht selten Tod durch Atemlähmung. Standardisierte Präparate oder reines Colchicin werden nach ärztlicher Verordnung bei Gicht, besonders im akuten Anfall verwendet. Colchicin wirkt auch zellteilungshemmend. Zur Behandlung der Leukämie wird Demecolcin herangezogen, das bei gleicher Wirksamkeit weniger giftig ist. In der Homöopathie u. a. bei Gicht, Rheuma, Magen- und Darmkatarrhen.
F: Arthrifid, Colchicum-Dispert *Rp*, Cholchysat *Rp*, Uriginex u. a.

Blüten rot, in Köpfchen

Wilde Karde, Kardendistel   *Dipsacus fullonum* L. (*Dipsacus sylvestris* HUDS.)
Kardengewächse   *Dipsacaceae*
B: Hohe, stachelige Stengel mit paarweise verwachsenen, breitlanzettlichen, gekerbt-gesägten bis ganzrandigen Blättern. Blüten mit violetter, selten weißer, 4zipfeliger Kronröhre, kürzer als die spitzen Spreublätter, in eiförmigen, 3 – 8 cm langen Köpfen, diese am Grunde mit steifen, lineal-lanzettlichen, bogig aufsteigenden, verschieden langen Hochblättern. 0,5 – 2 m. ☉; VII – VIII.
V: Schuttplätze, Ufer; Europa, besonders im Süden, Südwestasien.
D: Dipsacus silvestris (HAB 34), die frische, blühende Pflanze.
I: Glykosid Scabiosid u. a., organische Säuren, Saponin.
A: In der Volksheilkunde früher bei rissiger Haut und Afterfisteln. Selten noch in der Homöopathie bei chronischen Hautleiden und Tuberkulose.

Scabiosa vulgaris.
Gemein Spoßirnkraut.

Acker-Witwenblume   *Knautia arvensis* (L.) COULT. (*Scabiosa arvensis* L.)
Kardengewächse   *Dipsacaceae*
B: Gegenständige, graugrüne Blätter, die unteren eine Rosette bildend, oft ungeteilt, die oberen meist fiederteilig. Blüten blauviolett, 4zipfelig, ohne Spreublätter, in lang gestielten, 2 – 4 cm breiten, flachen Köpfchen. Randblüten vergrößert, mit ungleichen Kronzipfeln. 0,3 – 1 m. ♃; V – IX.
V: Trockene Wiesen, Wegränder; Europa, Westasien.
D: Knautia arvensis (HAB 34), die frische, blühende Pflanze.
I: Pseudoindikan Dipsacan, Bitterstoffe, Gerbstoffe, Triterpenglykosid Knautiosid, Saponosid.
A: Selten in der Volksheilkunde sowie in der Homöopathie bei chronischen Hautleiden, auch gegen Husten, Halsentzündungen und Blasenkatarrh.
F: Scabiosa Oligoplex, Pareira brava-Pentarkan

Wasserdost, Wasserhanf   *Eupatorium cannabinum* L.   Korbblütler
Asteraceae
B: Zahlreiche gegenständige, bis zum Grunde handförmig 3 – 5teilige Blätter. Blüten rosa bis weißlich, in meist 5blütigen Köpfchen, mit lang herausragenden Griffeln. Die Köpfchen in endständigen, schirmförmigen Gesamtblütenständen. 0,5 – 1,5 m. ♃; VII – IX.
V: Ufer, feuchte Wälder, Schlagfluren; Europa, Asien.
D: Wasserhanfkraut, Kunigundenkraut – Herba Eupatorii cannabini. Eupatorium cannabinum (HAB 34).
I: Euparin, Eupatoriopikrin, Lactucerol, ätherisches Öl, Gerbstoff, Saponine.
A: Früher als abführendes, harntreibendes, die Gallenabsonderung anregendes Mittel. In neuerer Zeit Extrakte der Droge bzw. Polysaccharid-Fraktionen in Präparaten zur Stärkung der körpereigenen Abwehr bei grippeartigen Erkrankungen, in der Rekonvaleszenz und zur Unterstützung der Antibiotika-Therapie. In der Homöopathie wird häufig auch die nordamerikanische Art *Eupatorium perfoliatium* L. verwendet.
F: Arnica-Heel, Perdiphen, Resplant u. a.

Gemeine Pestwurz   *Petasites hybridus* (L.) G. M. SCH. (*P. officinalis* MOENCH) Korbblütler   *Asteraceae*
B: Pflanze mit großen, langgestielten, rundlich-herzförmigen, unregelmäßig gezähnten Blättern, die zu Ende der Blütezeit erscheinen. Blüten alle röhrenförmig, rosa, in kleineren weiblichen oder größeren männlichen Köpfchen, Blütenstand dicht walzlich, nach der Blüte verlängert. 0,2 – 1 m. ♃; III – V.
V: Bach- und Flußufer, feuchte Stellen; Europa, Westasien.
D: Pestwurzel (Pestwurzblätter) – Radix (Folia) Petasitidis. Petasites (HAB 34).
I: Petasin (krampflösender Wirkstoff), ätherisches Öl, Schleimstoffe.
A: Die Droge hat nach neueren Untersuchungen krampflösende und schmerzstillende Eigenschaften, außerdem beruhigenden und regulierenden Einfluß auf neurovegetative Fehlregulationen u. a. im Magen-Darm- und Leber-Galle-Bereich. In der Volksmedizin noch selten als harn- und schweißtreibendes Mittel (im Mittelalter gegen die Pest) und bei Erkrankungen der Atemwege. Die frischen Blätter zur Wundbehandlung.
F: Frenon-Elixir, Neurochol, Petaforce, Pneumonium LA, Somnuvis u. a.

Blüten rot, in Köpfchen

Perfonatia.
Groß Kletten.

Große Klette *Arctium lappa* L. Korbblütler *Asteraceae*
B: Pflanze mit herz-eiförmigen Blättern, die grundständigen sehr groß, mit rinnig gefurchtem, markerfülltem Stengel. Blüten alle röhrenförmig, violett, in 3 – 4,5 cm großen Köpfchen mit zahlreichen stechenden und hakenförmigen Hüllblättern, in doldenartigen Blütenständen. 0,6 – 1,5 m. ☉; VII – IX. Ähnlich die Kleine Klette – *Arctium minus* BERNH. mit hohlem Blattstiel und bis 2,5 cm großen, etwas behaarten Blütenköpfen (ohne Abb.).

Filzige Klette *Arctium tomentosum* MILL.
B: Ähnlich den vorigen, aber Blütenköpfe 1,5 – 3 cm groß, Hüllblätter dicht spinnwebig behaart. 0,5 – 1,5 m. ☉; VII – IX.
V: An Wegrändern, Schuttplätzen, Ufern; Europa, Asien.
D: Klettenwurzel – Radix Bardanae (Erg.B.6), die getrockneten Wurzeln der drei genannten Arten. Arctium Lappa (HAB 34).
I: Bis 25% Inulin, Schleimstoffe, Gerbstoffe, ätherisches und fettes Öl, Polyacetylene mit fungizider und bakteriostatischer Wirkung.
A: Harn- und schweißtreibende, außerdem gallensekretionsfördernde Eigenschaften. In der Volksheilkunde als Blutreinigungsmittel und gegen Rheuma, äußerlich gegen chronische Hautleiden und Geschwüre. Die mit fettem Öl (Oliven- oder Erdnußöl) hergestellten Auszüge in Einreibungen und Badeölen gegen rheumatische Muskel- und Gelenkerkrankungen, als „Klettenwurzelöl" gegen Kopfschuppen und Haarausfall. In der Homöopathie u. a. auch gegen Hauterkrankungen. Die jungen Triebe sind eßbar.
F: Echinacea Oligoplex, Pasisana, Rheuma-Badeöl (Wala), Sparheugin u. a.

Gemeine Eselsdistel *Onopordum acanthium* L. Korbblütler *Asteraceae*
B: Hohe, stark verzweigte, filzig behaarte Pflanze mit großen, fiederteiligen, stachelig gezähnten Blättern, die am Stengel als langer Flügel herablaufen. Blüten hellpurpurrot, in 3 – 5 cm großen, kugeligen, endständigen Köpfen, Hüllblätter mit kräftigen Dornen. 0,5 – 3 m. ☉; VI – IX.
V: Trockene Unkrautfluren; Europa, Westasien, in wärmeren Gebieten häufiger.
D: Eselsdistelblüten (-kraut) – Flores (Herba) Onopordonis acanthii. Onopordon Acanthium (HAB 34), die frische Pflanze.
I: Onopordopikrin, Flavonglykoside, Gerbstoffe.
A: In homöopathischen Kombinationspräparaten gegen Herz- und Kreislaufstörungen. Früher in der Volksheilkunde als verdauungsförderndes Mittel, gegen Gallenleiden und Husten, äußerlich der Saft der Blätter zur Behandlung von Ausschlägen und Geschwüren. Wurzeln, junge Sprosse und der Blütenboden wie Artischocken in verschiedenen Ländern als Gemüse.
F: Cardiodoron *Rp*, Primula comp. (Wala)

Mariendistel *Silybum marianum* (L.) GAERTN. (*Carduus marianus* L.) Korbblütler *Asteraceae*
B: Blätter glänzend dunkelgrün, weiß geadert und gefleckt, buchtig gelappt mit dornigem Rand. Blüten rotviolett, alle röhrenförmig, in einzelnen, 4 – 8 cm großen Köpfen, äußere Hüllblätter mit kräftigen, zurückgebogenen Dornen. 0,3 – 1,5 m. ☉; IV – VIII.
V: Wegränder, Schuttplätze, Viehweiden, im ganzen Mittelmeergebiet.
D: Mariendistelfrüchte, Stechkörner – Cardui mariae fructus (DAB 8), die reifen, vom Pappus befreiten Früchte. Carduus marianus (HAB 34).
I: Silymarin (Silybin) u. a. Flavonoide, Bitterstoffe, ätherisches Öl.
A: Das isolierte Silymarin, das sich als wirksamer Leberschutzstoff erwiesen hat, wird bei chronischen Leberschäden, Leberentzündungen, Fettleber und Vergiftungen verwendet. Es soll auch Leberschädigungen bei Zufuhr leberbelastender Stoffe vorbeugen. Die Droge, der von alters her anregende Wirkung auf die Gallensekretion nachgesagt wird, ist in zahlreichen Präparaten gegen Leber- und Gallenleiden enthalten.
F: Bilicura, Hepadestal, Hepata, Legalon, Marianon, Solu-Hepar u. v. a.

Blüten rot, zweiseitig-symmetrisch

Rund Holwurg.

Hohler Lerchensporn *Corydalis bulbosa* (L.) DC. (*C. cava* (L.) SCHW. & K.) Mohngewächse *Papaveraceae*
B: Pflanze mit hohl werdender, rundlicher Knolle. Stengel kahl mit 2 gestielten, blaugrünen, doppelt 3zähligen Blättern und einer endständigen, 10–20 blütigen Traube. Blüten purpurrot, oder weiß, gespornt, 2–3 cm lang, in den Achseln von eiförmigen, ganzrandigen Tragblättern. 0,1–0,3 m. ♃; III–V.
V: Feuchte Laubwälder im gemäßigten Europa.
D: Lerchenspornknollen – Tubera (Rhizoma) Corydalidis cavae.
I: Zahlreiche Alkaloide, u. a. Bulbocapnin, Corydalin, Corycavin.
A: ☠ Vergiftungen aber bisher nicht bekannt. Die Droge wird nur in industriell hergestellten Fertigpräparaten verwendet, u. a. gegen nervöse Erregungszustände und Schlafstörungen. Die einzelnen Alkaloide haben unterschiedliche Wirkungen: Bulbocapnin verstärkt u. a. die Wirkung von Narkotika und beeinflußt den Tremor bei der Parkinsonschen Krankheit.
F: Neurapas, Oenanthe crocata Oligoplex, Phytonoxon, Salus-Dorm u. a.

Erdrauch.

Gemeiner Erdrauch *Fumaria officinalis* L. Mohngewächse *Papaveraceae*
B: Zierliche, blaugrün bereifte, kahle Pflanze. Blätter gestielt, doppelt fein gefiedert. Blüten an der Spitze dunkelrot, das obere Kronblatt gespornt, Kelchblätter schmaler als die Krone, Blütenstand traubig. 0,1–0,3 m. ☉; IV–X.
V: Häufiges Ackerunkraut; ganz Europa bis Zentralasien.
D: Erdrauchkraut – Herba Fumariae (Erg.B.6). Fumaria officinalis (HAB 34).
I: Alkaloid Protopin (Fumarin), Fumarsäure, Bitterstoffe, Flavonoide.
A: Fumarin hat regulierende Wirkung auf den Gallenfluß, so daß die Droge vorwiegend bei Gallenerkrankungen angewendet wird. Daneben sind auch verdauungsfördernde und leichte harntreibende und abführende Eigenschaften vorhanden. In der Volksheilkunde bei chronischen Hauterkrankungen. Ähnlich in der Homöopathie.
F: Akne-Kapseln (Wala), Choldestal, Lymphomyosot, Oddibil, Zet 26 u. a.

Glycyrrhiza.
Süßholz.

Süßholz *Glycyrrhiza glabra* L. Schmetterlingsblütler *Fabaceae*
B: Pflanze mit holzigem, innen gelbem Wurzelstock. Blätter mit 9–17 unterseits drüsig-klebrigen Teilblättchen. Lila Blüten in 8–15 cm langen, aufrechten Trauben, die kürzer als die Blätter sind. 0,5–1,3 m. ♃; VI–VII.
V: Früher häufig kultiviert, Heimat östliches Mittelmeergebiet, SW-Asien.
D: Süßholzwurzel – Liquiritiae radix (Ph. Eur., DAB 8: sine cortice) die ungeschälten, getrockneten Wurzeln und Ausläufer. Glycyrrhiza glabra (HAB 34).
I: Glycyrrhizinsäure (40mal süßer als Rohrzucker), Flavonoid Liquiritin.
A: Glycyrrhizinsäure wirkt schleimverflüssigend und auswurffördernd. Süßholzwurzel ist daher ein häufiger Bestandteil von Hustenmitteln. Die günstige Wirkung bei Magengeschwüren beruht auf cortisonähnlichen Eigenschaften, so daß es bei längerer hochdosierter Einnahme durch Beeinflussung des Mineralund Wasserhaushaltes zu Ödembildungen kommen kann. Süßholzsaft, Lakritze (Succus Liquiritiae), wird durch Auskochen der Wurzeln mit Wasser und Eindampfen des Extraktes hergestellt.
F: Aspecton, Optipect, Rabro, Rheila, Suczulen, Ulgastrin, Wybert u. v. a.

Dornige Hauhechel *Ononis spinosa* L. Schmetterlingsblütler *Fabaceae*
B: Am Grunde holzige, meist dornige Pflanze mit aufsteigenden oder aufrechten, 1–2reihig behaarten Stengeln. Untere Blätter 3zählig, die oberen einfach, gezähnt. Blüten kurz gestielt, Krone rosa-weiß. 0,2–0,8 m. ♃; V–IX.
V: Trockenrasen, Feuchtwiesen, Weiden, im gemäßigten Europa.
D: Hauhechelwurzel – Ononidis radix (DAC), die getrockneten Wurzelstöcke und Wurzeln. Ononis spinosa (HAB 34), die frische, blühende Pflanze.
I: Ätherisches Öl mit den bisher bekannten Bestandteilen Spinosin und Onocerin, Isoflavonglykosid Ononin, glycyrrhizinartiges Onionid, Zuckeralkohole.
A: Harntreibende Wirkung, die vor allem auf dem ätherischen Öl und dem Ononin beruhen soll. Häufige Anwendung bei Wasseransammlungen, Blasen- und Nierenleiden, rheumatischen Erkrankungen, Ekzemen, auch in der Volksheilkunde.
F: Buccotean, Diureticum-Medice, Nephropur, Rheumex, Uro-K u. a.

Blüten rot, zweiseitig-symmetrisch

Katzenklee.

Hasen-Klee *Trifolium arvense* L. Schmetterlingsblütler *Fabaceae*
B: Verzweigte, behaarte Pflanze mit 3zähligen Blättern. Mehrere deutlich gestielte, dichte, eiförmige, 1 – 2 cm lange Blütenstände. Krone sehr klein, anfangs weißlich, später rosa, kürzer als der dicht behaarte Kelch. 0,05 – 0,4 m. ☉ – ☉; V – IX.
V: Sandige Rasen, Äcker, Wegränder; Europa außer im Norden, Westasien.
D: Hasenklee, Katzenklee – Herba Trifolii arvensis. Trifolium arvense (HAB 34).
I: Noch wenig bekannt. Gerbstoff, ätherisches Öl, Harz.
A: In der Volksheilkunde bei Durchfällen. Die Droge soll sich bei verschiedenen epidemisch aufgetretenen Durchfallerkrankungen u. a. in der Nachkriegszeit bewährt haben. Rotkleeblüten (von *Trifolium pratense* L.) wurden früher volkstümlich vor allem gegen Husten verwendet, Weißkleeblüten (von *Trifolium repens* L.) gegen rheumatische Erkrankungen, Gicht und Drüsenschwellungen.

Bunte Kronwicke *Coronilla varia* L. Schmetterlingsblütler *Fabaceae*
B: Niederliegende bis aufsteigende Pflanze. Blätter mit 11 – 23 Fiederchen. Blüten in langgestielten 10 – 20blütigen, kronenförmigen Köpfchen, bunt, Fahne rötlich, Flügel weiß, Schiffchen weiß mit violetter Spitze. 0,2 – 1,2 m. ♃; V – IX.
V: Waldränder, Rasen, Wegränder; Europa, Westasien
D: Kronwickenkraut – Herba Coronillae variae.
I: Glykosid Coronillin, Gerbstoffe, in den Blüten Alkaloide, Flavonoide.
A: ☠ Das Glykosid Coronillin hat digitalisähnliche Wirkung. Drogenauszüge fanden zeitweise in Fertigpräparaten bei leichter Herzschwäche Anwendung.

Kapuzinerkresse *Tropaeolum majus* L. Kapuzinerkressengewächse *Tropaeolaceae*
B: Kriechende oder mit Hilfe der Blatt- und Blütenstiele kletternde, ausdauernde, aber nicht frostharte Pflanze. Blätter schildförmig, etwas fleischig. Blüten rot, gelb oder orange mit langem Sporn. Bis 5 m kriechend. ♃; VI – IX.
V: Häufig als Zierpflanze kultiviert, Heimat Peru bis Kolumbien.
D: Kapuzinerkresse – Herba Tropaeoli.
I: Senfölglykosid Glucotropaeolin, das nach fermentativer Spaltung Benzylsenföl liefert.
A: Der isolierte Wirkstoff Benzylsenföl wurde als pflanzliches Antibiotikum mit breitem Wirkungsspektrum erkannt. Man verwendet es bzw. die Droge erfolgreich bei Infekten der Harnwege und der Atemwege. Ferner wird dem Benzylsenföl eine Reizwirkung auf unspezifische Resistenzfaktoren zugesprochen, die die Abwehrreaktionen des Körpers anregen. Bisher konnte keine Entstehung resistenter Keime wie bei anderen Antibiotika beobachtet werden. Benzylsenföl ist auch in der Gartenkresse enthalten. Die in Essig eingelegten Blütenknospen wurden früher als „Deutsche Kapern" verwendet.
F: Angocin, Echtrosept, Nephroselect, Tromacaps u. a.

Gemeiner Dictam.

Weißer Diptam *Dictamnus albus* L. Rautengewächse *Rutaceae*
B: Stark duftende, drüsige Pflanze mit unverzweigten Stengeln. Stengelblätter mit 5 – 11 fein gezähnten, eiförmig-lanzettlichen Teilblättchen. Blüten in endständiger Traube, Kronblätter 2 – 2,5 cm lang, rosa, dunkler geadert, die 4 oberen aufrecht, das untere herabgebogen. 0,4 – 1 m. ♃; V – VI. Geschützt.
V: Warme, lichte Gebüsche und Wälder; Mittel- und Südeuropa, Asien.
D: Dictamnus albus (HAB 34), die frischen Blätter. Diptamwurzel, Spechtwurzel – Radix Dictamni.
I: Furochinolinalkaloide Dictamnin und Fagarin, Dictamnolacton, Saponin, Bitterstoff, wohlriechendes ätherisches Öl, Bergapten.
A: ☠ Noch gelegentlich in der Homöopathie u. a. bei starker, schmerzhafter Monatsblutung, Weißfluß, früher auch in der Volksheilkunde als harntreibendes Mittel, gegen Würmer und bei Nervenleiden. Dictamnin ist giftig und wahrscheinlich für die Wirkung auf die Gebärmutter verantwortlich.
F: Spasmi-Tropfen.

Blüten rot, zweiseitig-symmetrisch

Eisenkraut *Verbena officinalis* L.   Eisenkrautgewächse *Verbenaceae*
B: Unten verholzende, steif aufrechte Pflanze. Blätter gegenständig, ungleich gekerbt, die mittleren 3spaltig mit großem Endlappen. Blüten in dünnen, zur Fruchtzeit 10 – 25 cm langen Ähren. Krone blaßlila, 3 – 5 mm lang, mit 5teiligem, schwach 2lippigem Saum. 0,3 – 0,7 m. ♃; VII – IX.
V: Schuttplätze, Wegränder, Weiden; Europa außer im Norden, weltweit verschleppt.
D: Eisenkraut – Herba Verbenae (Erg.B.6), die getrockneten Blätter und oberen Stengelabschnitte. Verbena officinalis (HAB 34).
I: Glykosid Verbenalin (Verbenin, Cornin), Gerbstoff, Adenosin, wenig ätherisches Öl, zum Teil lösliche Kieselsäure.
A: In der Volksheilkunde früher in hohem Ansehen, heute kaum noch verwendet, als harntreibendes und milchförderndes Mittel, auch bei Menstruationsstörungen, Erschöpfungszuständen, Schleimhautkatarrhen der Atmungs- und Verdauungsorgane. Äußerlich zur Behandlung von Wunden und Ekzemen. In der Homöopathie u. a. bei Epilepsie.
F: Pasisana, Sinupret, Unguentum herbale Obermeyer

Gamanderlein.

Echter Gamander *Teucrium chamaedrys* L.   Lippenblütler *Lamiaceae*
B: Niedriger, Ausläufer treibender Halbstrauch mit aromatischem Geruch. Blätter elliptisch, gekerbt, am Grunde keilig in den Stiel verschmälert. Blüten in endständigen, einseitswendigen Scheintrauben, Krone purpurrot, seltener weiß, ohne Oberlippe. 0,1 – 0,3 m. ♄; VII – VIII.
V: Trockene Rasen, Felsfluren, lichte Wälder; Mittel- und Südeuropa, Südwestasien.
D: Edelgamanderkraut – Herba Chamaedryos, das getrocknete, blühende Kraut. Chamaedrys (HAB 34).
I: Ätherisches Öl, Bitterstoffe, Gerbstoffe, Polyphenole.
A: Nur noch in der Volksheilkunde bei Verdauungsstörungen und Appetitlosigkeit, auch gegen Gallenleiden und Gicht. Äußerlich zum Baden schlecht heilender Wunden.

Katzen-Gamander, Amberkraut *Teucrium marum* L.   Lippenblütler *Lamiaceae*
B: Intensiv duftender, kleiner Strauch mit filzig behaarten Stengeln. Kleine, immergrüne, eiförmig-lanzettliche, unterseits graufilzige Blättchen. Blüten etwa 1 cm groß, purpurrot, zu 1 – 2 in den Blattachseln, einen ährenartigen Blütenstand bildend. 0,2 – 0,5 m. ♄; IV – VIII.
V: Immergrüne Gebüsche, lichte westlichen Mittelmeergebietes, in Deutschland früher als Heilpflanze kultiviert.
D: Marum verum (HAB 34), die frische Pflanze.
I: Ätherisches Öl, Bitterstoff Marrubiin, Gerbstoffe, Saponine, Harz.
A: Vor allem in der Homöopathie gebräuchlich bei chronischen Katarrhen der oberen Luftwege, bei Polypenbildung im Nasenraum, auch lokal als Salbe oder Schnupfpulver. Daneben bei Gallenerkrankungen.
F: Kalium chloratum Oligoplex, Rapako, Thuja Oligoplex, Zyrhin u. a.

Herzgespann.

Echtes Herzgespann *Leonurus cardiaca* L.   Lippenblütler *Lamiaceae*
B: Blätter gestielt, die unteren handförmig 3 – 7teilig, grob gezähnt, nach oben allmählich kleiner werdend. Blüten zahlreich, einen beblätterten, ährigen Blütenstand bildend. Krone schmutzigrosa, behaart. 0,5 – 2 m. ♃; VI – IX.
V: Schuttplätze, Wegränder; gemäßigtes Europa, Asien.
D: Herzgespannkraut – Herba Leonuri cardiacae (Erg.B.6), die getrockneten, oberirdischen Teile der osteuropäischen var. *villosus* (DESF.) BENTH. Leonurus Cardiaca (HAB 34).
I: Herzwirksame Bitterstoffglykoside, Gerbstoffe, Flavonoide, Alkaloide, Spuren ätherisches Öl.
A: Der Droge wird baldrianähnliche, leichte beruhigende Wirkung zugeschrieben. Anwendung bei nervösen und funktionellen Herzstörungen, auch bei Beschwerden in den Wechseljahren und Verdauungsstörungen.
F: Biovital, Cardisetten, Concardisett, Crataezyma, Thyreogutt u. v. a.

Blüten rot, zweiseitig-symmetrisch

Betonica purpurea, Braun Betonick.

Echter Ziest, Heil-Ziest, Betonie *Stachys officinalis* (L.) TREV.
(*Betonica officinalis* L.) Lippenblütler *Lamiaceae*
B: Rosette aus langgestielten, eiförmig-länglichen, regelmäßig gekerbt-gezähnten Blättern. Stengel nur mit 1 – 3 Blattpaaren. Rosa bis purpurrote Blüten in ährenförmig angeordneten Scheinquirlen. 0,2 – 0,8 m. ♃; VII – VIII.
V: Feuchtwiesen, Trockenrasen, lichte Wälder; Europa, Westasien.
D: Betonienkraut, Heilziest – Herba Betonicae. Betonica (HAB 34).
I: Gerbstoffe, die Betaine Betonicin, Stachydrin, Turicin; Bitterstoffe.
A: Alte Heilpflanze, heute nur noch selten hauptsächlich in der Volksheilkunde gegen Durchfall, Katarrhe der Atemwege und Asthma verwendet, äußerlich als Wundheilmittel. Auch in der Homöopathie.
F: Tartephedreel, Tonorob, Unguentum herbale Obermeyer u. a.

Origanum sylvestre, seu vulgare. Gemeiner Wolgemüt.

Echter Dost *Origanum vulgare* L. Lippenblütler *Lamiaceae*
B: Oft rot überlaufene, aromatisch duftende Pflanze. Blätter gestielt, eiförmig, drüsig punktiert. Blüten blaßrot, seltener weiß, köpfchenförmig genähert, in doldig-rispigen Gesamtblütenständen. 0,2 – 0,9 m. ♃; VII – IX.
V: Im Saum von Gebüschen und Wäldern; Europa, Asien.
D: Dostenkraut – Herba Origani (Erg.B.6). Origanum vulgare (HAB 34).
I: Ätherisches Öl mit Caryophyllen, Bisabolen, Dipenten u. a., nur in südeuropäischen Vorkommen Thymol, daneben Triterpene, Rosmarinsäure.
A: In der Volksheilkunde ähnlich wie Majoran bei Verdauungsstörungen. Der Droge wird auch krampflösende Wirkung nachgesagt, so daß sie bei Keuch- und Krampfhusten sowie Unterleibsbeschwerden Anwendung findet. Gewürz.
F: Erigotheel, Mucidan-Hustentee, Peracon-Hustentee u. a.

Thymus. Römisch Quendel.

Echter Thymian *Thymus vulgaris* L. Lippenblütler *Lamiaceae*
B: Stark aromatisch duftender, reich verzweigter Zwergstrauch, nördlich der Alpen jedoch nicht winterhart. Blätter lineal bis elliptisch, unterseits dicht weißfilzig behaart, mit eingerolltem Rand. Blüten hellviolett in ährig oder köpfchenförmig angeordneten Scheinquirlen. 0,1 – 0,3 m. ♄; IV – VII.
V: Immergrüne Gebüsche im westlichen Mittelmeergebiet, sonst kultiviert.
D: Thymian – Thymi herba (DAB 8), die abgestreiften und getrockneten Laubblätter und Blüten, auch von *Thymus zygis* L. Thymus vulgaris (HAB 34).
I: Ätherisches Öl mit Thymol und Carvacrol; eine chemisch noch unbekannte krampflösende Substanz, Gerbstoffe, Bitterstoff, Flavone.
A: Häufig gebrauchtes schleimlösendes, auswurfförderndes und krampflinderndes Mittel bei Husten und Keuchhusten. Daneben vor allem in der Volksheilkunde im Magen- und Darmstörungen. Das ätherische Öl wegen seiner keimtötenden und geruchshemmenden Eigenschaften (Thymolgehalt) in Mund-, Gurgel- und Rasierwässern, als Hautreizmittel in Einreibungen und Badezusätzen. Als Gewürz und in der Likörfabrikation.
F: Gastricholan, Pectamed, Pertussin, Piniolin, Thymipin, Rheumyl u. v. a.

Serpyllum. Quendel.

Quendel, Feld-Thymian *Thymus pulegioides* L. Lippenblütler *Lamiaceae*
B: Am Grunde verholzte, aromatisch duftende Pflanze mit niederliegenden bis aufsteigenden Stengeln und kleinen, gestielten, eiförmigen, nur am Grunde gewimperten Blättchen. Blühende Triebe 4 kantig, an den Kanten behaart, mit länglich kopfigen Blütenständen. Krone blaßviolett. 0,05 – 0,3 m. ♃; VI – X. *Th. pulegioides* wurde früher zusammen mit weiteren Thymian-Arten als *Th. serpyllum* bezeichnet. *Th. serpyllum* L., der Sand-Thymian, ist eine seltene, nach heutiger Auffassung für die Droge wenig geeignete Art.
V: Häufig auf Trockenrasen, Weiden; Europa, Asien.
D: Quendel – Herba Serpylli (DAB 6), die blühenden, getrockneten Zweige. Serpyllum (HAB 34).
I: Ätherisches Öl mit Cymol, wenig Carvacrol und Thymol; Bitterstoff Serpyllin, Gerbstoffe, ein Flavon.
A: Hustenmittel wie Echter Thymian, aber weniger wirksam. In der Volksheilkunde ebenfalls bei Magen- und Darmstörungen, wobei neben dem ätherischen Öl der Bitterstoff und die Gerbstoffe wirksam sind.
F: dorex-Hustensaft, Mucidan, Peracon, Pro-Pecton, Thymusyl u. a.

Blüten rot, zweiseitig-symmetrisch

Echte Pfefferminze *Mentha* × *piperita* L. Lippenblütler *Lamiaceae*
B: Aus der Kreuzung von *Mentha aquatica* L. und *M. spicata* L. entstandene Art, wie alle *Mentha*-Arten stark aromatisch. Blätter länglich-eiförmig, zugespitzt, deutlich gestielt, mit flachem, gezähntem Rand. Blüten in langen, ährenartigen Blütenständen, an Seitenzweigen kopfig. 0,3 – 0,9 m. ♃; VI –VIII.
V: Von alters her häufig kultivierte Pflanze, gelegentlich verwildert.
D: Pfefferminzblätter – Menthae piperitae folium (Ph. Eur.), die getrockneten Blätter. Mentha piperita (HAB 34). Pfefferminzöl – Menthae piperitae aetheroleum (Ph. Eur.), Oleum Menthae piperitae, das ätherische Öl.
I: Ätherisches Öl mit Menthol als Hauptbestandteil, Methylacetat, Menthon, Gerbstoff, Flavonoide.
A: In der Volksheilkunde sowie in zahlreichen Fertigpräparaten bei Beschwerden im Magendarmbereich und von Leber und Galle. Neben den Gerbstoffen beruht die Wirkung vor allem auf dem ätherischen Öl und dessen Hauptkomponente Menthol, das krampflösende, blähungstreibende, appetitanregende, gärungswidrige, Gallensekretion und Gallenfluß anregende Eigenschaften besitzt. Auf Haut und Schleimhäuten ruft es Kältegefühl und Herabsetzung der Schmerzempfindlichkeit hervor und wirkt desinfizierend. Man verwendet es daher auch in schmerzstillenden Einreibungen, Inhalationen, Mund- und Zahnpflegemitteln. Geruchs- und Geschmackskorrigens, auch Gewürz.
F: Bilgast, Cholaktol, Gastricholan, Hepartean, Inspirol, Stomachysat u. v. a.

Krause Minze *Mentha spicata* L. var. *crispata* SCHRAD. Lippenblütler *Lamiaceae*
B: Blätter kahl, sitzend, beiderseits grün, bei der Varietät kraus und zerschlitzt gezähnt. Blüten klein, blaßviolett, in langen, ährenartigen Blütenständen. 0,3 – 1 m. ♃; VII – IX. Mehrere *Mentha*-Arten werden in krausblättrigen Varietäten kultiviert.
V: Kulturpflanze, selten verwildert; Heimat nicht sicher bekannt.
D: Krauseminzblätter – Folia Menthae crispae (Erg.B.6), die getrockneten Laubblätter.
I: Ätherisches Öl mit Carvon als Hauptbestandteil und Dihydrocarveolacetat, kein Menthol; Gerbstoffe, Flavonoide.
A: Wie Pfefferminze bei Magen- und Gallenbeschwerden, das ätherische Öl in Einreibungen, vor allem aber in Kaugummi, Zahnpasten und Mundwässern. Der Geschmack ist kümmelartig und nicht kühlend.
F: Cedrapin, Nervencreme-Fides, Nervosyx

Wasser-Minze, Bach-Minze *Mentha aquatica* L. Lippenblütler *Lamiaceae*
B: Pflanze mit langen Ausläufern. Blätter eiförmig, gekerbt-gezähnt, gestielt. Blüten kopfig genähert an den Enden der Triebe. 0,2 – 0,8 m. ♃; VII – X.
V: Häufig an Gewässern in fast ganz Europa, Asien und weiter.
D: Wasserminzenblätter – Folia Menthae aquaticae.
I: Ätherisches Öl mit Menthofuran, nur wenig Menthol, Gerbstoffe.
A: In der Volksheilkunde wie Pfefferminze gegen Magenbeschwerden und als galletreibendes Mittel verwendet. Früher ebenso die Acker- oder Feld-Minze (*Mentha arvensis* L.). Die japanische var. *piperascens* HOLMES EX CHRISTY liefert das mentholreiche Minzöl (Menthae arvensis aetheroleum DAB 8).

Polei-Minze *Mentha pulegium* L. Lippenblütler *Lamiaceae*
B: Aufsteigende oder niederliegende, Ausläufer treibende Pflanze mit kleinen, gestielten, ovalen Blättern. Blüten lila, in mehreren blattachselständigen Scheinquirlen übereinander. 0,1 – 0,4 m. ♃; VI – IX.
V: Feuchte Stellen der großen Stromtäler; Europa, Westasien, fehlt im Norden.
D: Poleiminzenkraut – Herba Pulegii. Mentha Pulegium (HAB 34).
I: Ätherisches Öl mit Pulegon als Hauptbestandteil, Menthol, Gerbstoffe.
A: ☠ Früher in der Volksheilkunde ähnlich wie Pfefferminze gebraucht, daneben aber auch als menstruationsförderndes Mittel. Das sehr giftige Pulegon hat besonders bei Verwendung des ätherischen Öles als Abtreibungsmittel nicht selten zu tödlichen Vergiftungen geführt.

Blüten rot, zweiseitig-symmetrisch

Digitalis purpurea.
Brauner Fingerhut.

Knotige Braunwurz *Scrophularia nodosa* L. Rachenblütler *Scrophulariaceae*
B: Pflanze mit knollig verdicktem Wurzelstock. Stengel 4kantig, Blätter gegenständig, gestielt, eiförmig-lanzettlich, am Grunde herzförmig, scharf doppelt gesägt. Unscheinbare, braunrote, 2lippige Blüten in endständigen, rispenartigen Blütenständen. 0,4 – 1,2 m. ♃; VI – VIII.
V: Wälder, Schlagfluren; Europa, Asien.
D: Braunwurzkraut – Herba Scrophulariae. Scrophulariae nodosa (HAB 34).
I: Saponine, Flavonglykoside, Alkaloid Scrophyllarin, Herzglykoside.
A: Gilt als giftig. Außer gewissen harntreibenden und abführenden Eigenschaften ist eine geringe Herzwirksamkeit vorhanden. Anwendung früher in der Volksheilkunde, heute noch in der Homöopathie vor allem bei Drüsenschwellungen, Schleimhautentzündungen, Skrofulose.
F: Aesculus Oligoplex, Fidaxan, Jsostoma, Mellibletten u. a.

Roter Fingerhut *Digitalis purpurea* L. Rachenblütler *Scrophulariaceae*
B: Grundblätter gestielt, obere Stengelblätter sitzend, eiförmig bis lanzettlich, oben runzelig, unterseits graufilzig. Blüten purpurrot bis weißlich, innen gefleckt, in einseitswendigen Blütenständen. 0,6 – 1,8 m. ☉ – ♃; VI – VIII.
V: Schlagfluren, lichte Wälder; im westlichen Europa, weltweit verschleppt.
D: Digitalis-purpurea-Blätter – Digitalis purpureae folium (Ph. Eur.), die getrockneten Blätter. Digitalis (HAB 34).
I: Purpureaglykosid A und B (Primärglykoside), aus denen nach enzymatischer Abspaltung eines Moleküls Glucose Digitoxin bzw. Gitoxin (Sekundärglykoside) entstehen. Über 20 weitere Herzglykoside, Saponine, u. a. Digitonin.
A: ⚕ Klassisches Mittel gegen Herzinsuffizienz (siehe auch Wolliger Fingerhut und S. 20). Die auf einen bestimmten Wirkwert eingestellte Droge nur noch selten in rezeptpflichtigen Präparaten, dagegen häufig die Reinglykoside, besonders das gut resorbierbare Digitoxin mit genauerer Dosierungsmöglichkeit. Äußerlich Drogenzubereitungen noch gelegentlich zu wundheilenden Mitteln und bei Venenerkrankungen. Vielfältige Anwendung in der Homöopathie. Vergiftungen durch die Pflanze selten, jedoch möglich durch Überdosierung, da wirksame und giftige Dosis nahe beieinander liegen.
F: Digilong *Rp,* Digimerck *Rp,,* Digitalysat *Rp,* Ditaven, Herzotial u. v. a.

Rote Spornblume *Centranthus ruber* (L.) DC. Baldriangewächse *Valerianaceae*
B: Blätter eiförmig-lanzettlich, ganzrandig oder schwach gezähnt. Rosarote Blüten in doldenartigen Blütenständen, Blütenkrone ca. 1 cm groß mit dünnem Sporn und einem herausragenden Staubblatt. 0,3 – 0,6 m. ♃; IV – IX.
V: Mauern, Felsschutt im Mittelmeergebiet, in Mitteleuropa als Zierpflanze.
D: Roter Baldrian, Spornblumenwurzel – Radix Centranthi.
I: Valepotriate in größerer Menge als im Arznei-Baldrian (*Valeriana officinalis* L.), jedoch kein ätherisches Öl und keine Alkaloide.
A: Wie Baldrian als leichtes beruhigendes Mittel, im Augenblick nur in homöopathischen Präparaten.
F: Passiflora-Pentarkan

Kleines Knabenkraut *Orchis morio* L. Orchideengewächse *Orchidaceae*
B: Blätter länglich oval, die oberen den Stengel scheidenartig umfassend. Blüten etwa 13 mm groß, Blütenblätter hell- bis dunkelrot, meist grün gestreift, mit Ausnahme der Lippe helmförmig zusammenneigend, Lippe breiter als lang, 3lappig, gespornt. 0,1 – 0,4 m. ♃; IV – VI. Geschützt.
V: Trockene Grasfluren; Süd- und Mitteleuropa, Asien.
D: Salep – Tubera Salep (DAB 6), Tochterknollen verschiedener Arten der Orchidaceen, die rundliche, nicht handförmig geteilte Knollen besitzen.
I: Ca. 50% Schleimstoffe, Stärke, Eiweißstoffe, Zucker.
A: In Form von Salepschleim früher als schleimhautschützendes und reizmilderndes Mittel gegen Durchfall besonders bei Kindern, zu Einläufen bei entzündetem Darm und als Zusatz zu reizenden Arzneistoffen. In der Volksmedizin auch als Kräftigungsmittel und als Aphrodisiakum, was nach der Signaturenlehre wohl auf die hodenförmige Gestalt der Knollen zurückzuführen ist.

Blüten blau, radiär, 4 oder 5 Blütenblätter

Veronica mas.
Ehrenbreiß mennle.

Echter Ehrenpreis *Veronica officinalis* L. Rachenblütler *Scrophulariaceae*
B: Niederliegende, nur mit dem Blütenstand aufsteigende, behaarte Pflanze. Blätter gegenständig, kurz gestielt, eiförmig-breitlanzettlich, gesägt. Blüten in verlängerten Trauben, Blütenkrone blaßblau, die 4 etwas ungleichen Zipfel am Grunde verwachsen, 0,1 – 0,2 m, ♃; V – VIII.
V: Heiden, Magerrasen, lichte Wälder; Europa, Asien, Nordamerika.
D: Ehrenpreiskraut – Herba Veronicae (Erg.B.6), die getrockneten, oberirdischen Teile, Veronica (HAB 34).
I: Glykosid Aucubin, Bitterstoff, Gerbstoff.
A: Selten noch in der Volksheilkunde und in wenigen Fertigpräparaten, vor allem gegen Husten, daneben bei Magen- und Darmkatarrhen, Blasenleiden, Rheuma und Hauterkrankungen, insbesondere Juckreiz. Auch in der Homöopathie.
F: Jsostoma, Kalmacal, Vitanurid u. a.

Aquileia vulgaris.
Gemein Zeikley.

Gemeine Akelei *Aquilegia vulgaris* L. Hahnenfußgewächse *Ranunculaceae*
B: Grundständige Blätter doppelt 3zählig mit keilförmigen, stumpf gelappten Endblättchen. Stengel aufrecht, verzweigt, mit großen, langgestielten, 5zähligen, nickenden, dunkelblauen Blüten. Innere Blütenhüllblätter kapuzenförmig, mit am Ende hakig gekrümmtem Sporn. Staubblätter kaum aus der Blüte hervorragend. Zahlreiche verschiedenfarbige Kulturformen. 0,3 – 0,8 m. ♃; V – VII. Geschützt.
V: Lichte Wälder, Wiesen; gemäßigtes Europa, Asien.
D: Akeleikraut – Herba Aquilegiae, gelegentlich auch die Samen. Aquilegia (HAB 34), die frische, blühende Pflanze.
I: In Spuren eine blausäureliefernde Verbindung, Alkaloide Magnoflorin und Berberin. Noch wenig untersucht.
A: Giftverdächtig. Nach Aussaugen von Blüten wurden bei Kindern Vergiftungserscheinungen beobachtet, auch wird die Pflanze von Tieren gemieden. Früher in der Volksheilkunde bei Leber- und Gallenleiden, äußerlich bei Hautausschlägen und Mundgeschwüren. In der Homöopathie noch gebräuchlich bei Nervosität, Schwächezuständen, Menstruationsstörungen.
F: Alterans Hey, Hormeel u. a.

Linum.
Flachß.

Echter Lein, Flachs *Linum usitatissimum* L. Leingewächse *Linaceae*
B: Im Blütenstand verzweigte, kahle Pflanze mit zahlreichen wechselständigen, lineal-lanzettlichen, 3nervigen, bis 4 cm langen Blättern. Blüten 5zählig, Kronblätter 12 – 15 mm lang, himmelblau. 0,3 – 1,5 m. ☉; VI – VIII.
Samen (Bild unten rechts) 4 – 6 mm lang, länglich-eiförmig, flachgedrückt, mit brauner bis rötlichbrauner glänzender Samenschale. Bei Einlegen in Wasser umgeben sie sich mit einer dicken Schleimhülle.
V: Schon seit vorgeschichtlicher Zeit kultiviert, heute in verschiedenen Sorten zur Gewinnung von Samen, Öl oder Fasern (Flachs). Herkunft unsicher.
D: Leinsamen – Lini semen (DAB 8), die getrockneten reifen Samen. Leinöl – Oleum Lini (DAB 7), das aus den reifen Samen durch kaltes Pressen gewonnene Öl. Linum usitatissimum (HAB 34), die frische, blühende Pflanze.
I: Schleimstoffe, Pektin, bis 40% fettes Öl mit hohem Gehalt ungesättigter Fettsäuren, Blausäureglykosid Linamarin, Eiweißstoffe.
A: Die Samen aufgrund ihres Quellungsvermögens als mildes Abführmittel, daneben zur Reizminderung bei entzündlichen Prozessen des Verdauungsapparates und bei Katarrhen der Atemwege. Für den innerlichen Gebrauch bestimmter, zerkleinerter Leinsamen muß frisch sein, da das Öl schnell ranzig wird. Leinsamenpulver oder die bei der Ölgewinnung anfallenden Preßrückstände (Placenta Seminis Lini) zu heißen Breiumschlägen bei Drüsenschwellungen und Geschwüren. Das Öl in Salben, früher zusammen mit Kalkwasser als „Brandliniment", wegen seiner schnelltrocknenden Eigenschaften aber vor allem in der Technik (Farben, Linoleum u. a.). Die Fasern auch zur Herstellung von chirurgischem Nahtmaterial.
F: Duoventrin, Dysfurmase, Linusit, Pascomag, Salus Abführ-Tee u. a.

Blüten blau, radiär, 5 Blütenblätter

Kleines Immergrün *Vinca minor* L.   Immergrüngewächse *Apocynaceae*
B: Am Grunde verholzte Pflanze mit aufrechten blütentragenden und langen niederliegenden, sterilen Sprossen. Blätter immergrün, glänzend kahl, breitlanzettlich. Langgestielte, einzelne Blüten in den oberen Blattachseln, Krone mit flach ausgebreiteten, stumpfen Abschnitten. 0,1 – 0,2 m. ♃; IV – VI.
V: Laubwälder, häufig auch als Zierpflanze; Europa, Westasien.
D: Immergrünkraut – Herba Vincae pervincae. Vinca minor (HAB 34).
I: Vinca-Alkaloide, vor allem Vincamin.
A: Die lange in Vergessenheit geratene Droge hat erst in jüngster Zeit durch die Isolierung des Vincamins wieder an Bedeutung gewonnen. Das Alkaloid wird gegen Stoffwechsel- und Durchblutungsstörungen des Gehirns verwendet. In der Homöopathie Zubereitungen aus der frischen Pflanze bei Blutungen und nässenden Hautausschlägen.
F: Bursa-Plantaplex, Cetal retard *Rp*, Pervincamin *Rp*, Vincapron *Rp* u. a.

Färber-Alkanna *Alkanna tinctoria* (L.) TAUSCH   Rauhblattgewächse
Boraginaceae
B: Niederliegende oder aufsteigende, rauhhaarige Pflanze mit lanzettlichen Blättern. Blüten mit leuchtend blauer, unbehaarter Krone, Tragblätter kaum länger als der Kelch. 0,05 – 0,3 m. ♃; IV – VI.
V: Sandstrand, Felsfluren; Südosteuropa, Mittelmeergebiet.
D: Alkannawurzel – Radix Alkannae (Erg.B.6), die getrockneten Wurzelstökke und Wurzeln.
I: In der Wurzelrinde der sich beim Trocknen bildende rote Farbstoff Alkannin, giftiges Consolidin und Consolicin, Cholin.
A: Früher als adstringierendes Mittel. Heute noch gelegentlich zum Rotfärben u. a. von Kosmetika, pharmazeutischen Präparaten, zum Nachweis von Fetten und Ölen in der Mikroskopie, für Lebensmittel in Deutschland nicht mehr zugelassen.
F: Uho-Elixier nach Ottinger

Echte Ochsenzunge *Anchusa officinalis* L.   Rauhblattgewächse
Boraginaceae
B: Rauh behaarte Pflanze mit lanzettlichen, flachen, am Grund etwas verschmälerten Blättern. Stengel oben verzweigt, Seitenzweige mit langen Blütenständen endend. Blütenkrone rot- bis blauviolett, bis 1 cm breit. 0,3 – 1 m. ♃; V – IX.
V: Offene, trockene Stellen, Trockenrasen, Wegränder; gemäßigtes Europa.
D: Ochsenzungenkraut – Herba Anchusae (Herba Buglossi).
I: Alkaloid Cynoglossin, Glykoalkaloid Consolidin und als dessen Alkaloidkomponente Consolicin, Allantoin, Schleim, Gerbstoff, Cholin.
A: Nur noch selten in der Volksheilkunde gegen Husten und Durchfall, äußerlich als erweichendes und kühlendes Mittel ähnlich wie Beinwell (*Symphytum officinale* L.). Die Blüten aufgrund des Schleimgehaltes auch gegen Husten.

Boretsch *Borago officinalis* L.   Rauhblattgewächse *Boraginaceae*
B: Rauhhaarige Pflanze mit am Grunde rosettig genäherten, großen, ovalen, in einen geflügelten Blattstiel verschmälerten Blättern. Blüten lang gestielt, nikkend, mit sehr kurzer Kronröhre und ausgebreiteten Zipfeln, himmelblau, 2–3 cm breit, in lockeren, verzweigten Blütenständen. 0,2 – 0,7 m. ☉; V – IX.
V: Verbreitet kultiviert, auch in Unkrautfluren; Heimat Mittelmeergebiet.
D: Boretschkraut, Gurkenkraut – Herba Boraginis, das frische bzw. getrocknete Kraut. Borrago officinalis (HAB 34).
I: Schleimstoffe, Gerbstoffe, Saponin, Flavonoide, Mineralstoffe.
A: Harn- und schweißtreibende und entzündungswidrige Eigenschaften, auch stimmungsanregende Wirkungen werden der Pflanze nachgesagt. Anwendung vorwiegend in der Volksheilkunde als Blutreinigungsmittel, bei Rheuma, Husten und Halserkrankungen. In der Homöopathie u. a. bei Venenerkrankungen, Depressionen. Das frische Kraut mit gurkenartigem Geruch und Geschmack als Gewürzkraut, besonders zum Einlegen von Gurken.
F: Borago-Essenz (Wala), Dystoselect, Propulmo u. a.

Blüten blau, radiär, 5 Blütenblätter

Acker-Vergißmeinnicht *Myosotis arvensis* (L.) HILL. Rauhblattgewächse
Boraginaceae
B: Grau behaarte, vom Grunde an verzweigte Pflanze mit länglichen Blättern. Blütenstand traubenartig, blattlos, mit hellblauen 2 – 3 mm breiten, trichterförmigen Blüten, Fruchtstiel 2 – 3mal so lang wie der abstehend behaarte Kelch. 0,1 – 0,6 m. ⊙ – ⊙; IV – IX.
V: Äcker, Wegränder; Europa und weiter verschleppt.
D: Myosotis arvensis (HAB 34), das frische, blühende Kraut.
I: Bisher kaum untersucht. Angegeben werden Rosmarinsäure und Gerbstoff.
A: In der Homöopathie bei chronischen Atemwegsinfekten, Lungentuberkulose, Nachtschweiß.
F: Lymphomyosot, Myosotis Oligoplex

Gemeiner Bocksdorn *Lycium barbarum* L. (*L. halimifolium* MILL.)
Nachtschattengewächse *Solanaceae*
B: Strauch mit überhängenden, oft dornigen Zweigen und lanzettlichen, allmählich in den Stiel verschmälerten, graugrünen Blättern. Blüten zu 1 – 3 mit tief 5zipfeliger, ausgebreiteter, blauvioletter Krone. Frucht eine längliche, rote Beere. 1 – 3 m. ♄; VI – IX.
V: Heimat Mittelmeergebiet, in Deutschland gepflanzt, z. T. eingebürgert.
D: Lycium Berberis (HAB 34), die frische, blühende Pflanze.
I: Hyoscyamin oder ein ähnliches Alkaloid, in den Früchten Physalien.
A: ☠ Aufgrund der Inhaltsstoffe giftig, jedoch scheinen bisher bei Menschen keine Vergiftungsfälle bekannt zu sein. Früher als abführendes und harntreibendes Mittel, heute nur noch in der Homöopathie.

Bittersüßer Nachtschatten *Solanum dulcamara* L. Nachtschattengewächse
Solanaceae
Beschreibung und Vorkommen siehe S. 242.
D: Bittersüßstengel – Stipites Dulcamarae (Erg.B.6), die getrockneten, 2 – 3jährigen Stengelstücke. Dulcamara (HAB 34), junge Schößlinge mit Blättern.
I: In drei verschiedenen chemischen Rassen die Alkaloide Soladulcidin bzw. Tomatidenol und Solasodin als Glykoside, Saponine, Gerbstoffe, in den Früchten außerdem carotinoider Farbstoff Lycopin.
A: ☠ Als Giftpflanze siehe S. 242. Der Droge werden abführende, harn- und schweißtreibende und auswurffördernde Eigenschaften nachgesagt. Selten noch in Hustensäften, als Blutreinigungsmittel und äußerlich bei chronischen Hautleiden verwendet, häufiger in der Homöopathie bei rheumatischen Erkrankungen, Erkältungen, Hautausschlägen, Magendarmkatarrhen u. a.
F: Arthrosetten, Darmatodoron, Rheuma-Tee Stada, Tussiflorin u. a.

Alraune *Mandragora autumnalis* BERTOL. Nachtschattengewächse
Solanaceae
B: Blätter gestielt, eiförmig-länglich, am Rande gewellt, in einer großen, dem Boden anliegenden Rosette. In der Mitte kurz gestielte Blüten mit aufrecht glockenförmiger, 3 – 4 cm langer, violetter, 5zipfeliger Krone. Frucht eine gelblich-rote, eiförmige Beere. 0,1 – 0,2 m. ♃; IX – XI.
Ähnlich *M. officinarum* L. (ohne Abb.) mit kleineren, grünlich-weißen Blüten und gelben, kugeligen Beeren. Frühlingsblüher.
V: Unkrautfluren, steinige Rasen; Mittelmeergebiet.
D: Alraunwurzel, Zauberwurzel – Radix Mandragorae, die Wurzel beider Arten. Mandragora (HAB 34), das frische Kraut von *M. officinarum* L.
I: Alkaloide, u. a. Hyoscyamin, Scopolamin und Atropin, Cumarinderivate.
A: ☠ Giftpflanze wie die Tollkirsche (s. S. 158). Die auffallende, dick rübenförmige, meist zweigeteilte Wurzel (Alraunmännchen) spielte im Altertum vor allem als Schlaf- und Schmerzmittel und als Heilmittel gegen Depressionen eine große Rolle und wurde dann im Mittelalter zu Kult- und Zauberzwecken verwendet. Heute findet sich die Droge wieder in einigen Präparaten gegen Gallenstörungen, Erkältungskrankheiten, in Abführmitteln und Salben gegen Gelenkleiden.
F: Kräuterlax, Mandrorhinon, Syviman, Toheriosalbe Fides u. a.

Blüten blau, radiär, mehr als 5 Blütenblätter

Leberblümchen *Hepatica nobilis* MILL. (*Anemone hepatica* L.)
Hahnenfußgewächse *Ranunculaceae*
B: Blätter grundständig, nach der Blüte erscheinend und überwinternd, 3lappig. Blüten einzeln, 1,5 – 2,5 cm breit, mit 6 – 7 blauen Blumenblättern und 3 ganzrandigen, kelchartigen Hochblättern. 0,05 – 0,15 m. ♃; III – IV. Geschützt.
V: Laubwälder; Europa, fehlt im Westen, Asien, N-Amerika.
D: Hepatica triloba (HAB 34), die frischen Blätter.
I: Protoanemonin, Anthocyane, Flavonoide.
A: Wie Anemonen frisch giftig durch Protoanemonin. Früher volkstümlich u. a. bei Leber- und Gallenleiden (Signaturenlehre), in der Homöopathie noch gebräuchlich bei Rachenkatarrhen, Bronchitis und Lebererkrankungen.
F: Tartephedreel u. a.

Anemone sylueftris.
Bußenschell.

Gewöhnliche Küchenschelle, Kuhschelle *Pulsatilla vulgaris* MILL.
(*Anemone pulsatilla* L.) Hahnenfußgewächse *Ranunculaceae*
B: Blätter 2 – 3fach gefiedert, zur Blütezeit noch nicht voll entwickelt. Stengel mit am Grunde verwachsenem, vielzipfeligem Hochblattquirl und einzelnen, 3 – 4 cm langen, rotvioletten, außen weißhaarigen Blüten. 0,05 – 0,15 m, zur Fruchtzeit bis 0,5 m. ♃; III – V. Geschützt.
V: Trockenrasen, Föhrenwälder, vorwiegend auf Kalk; Mittel- u. Westeuropa.
D: Pulsatilla (HAB 34), die frische Pflanze von *P. pratensis* (L.) MILL. Im neuen HAB wird auch *P. vulgaris* zugelassen werden. Herba Pulsatillae (Erg.B.6).
I: In der frischen Pflanze Protoanemonin, das beim Trocknen über Anemonin in unwirksame Anemoninsäure übergeht. Saponin, Gerbstoffe.
A: Starke Reizwirkungen auf die Haut sowie bei Einnahme durch das Protoanemonin. Das getrocknete Kraut ist ungiftig. Homöopathische Zubereitungen, in denen Protoanemonin noch in geringen Mengen enthalten ist, u. a. bei Zyklusstörungen, Migräne, Depressionszuständen, Hautleiden.
F: Nettisabal, Pubersan, Repha-Akne-Mittel, Praefeminon, Unotex-F u. v. a.

Croci folia. Croci flores.
Saffran bletter. Saffran Blůmen.

Echter Safran *Crocus sativus* L. Schwertliliengewächse *Iridaceae*
B: Blätter schmal lineal mit weißem Mittelstreifen, meist länger als die hellvioletten, geaderten Blüten. Narbenschenkel orangerot, ungefähr so lang wie der freie Teil der Blütenblätter. 0,1 – 0,3 m. ♃; IX – XI.
V: Früher auch bei uns kultiviert, heute noch im Süden.
D: Safran – Croci stigma (Ph. Eur.), die getrockneten Narbenschenkel. Crocus (HAB 34).
I: Glykosid Protocrocin, zerfällt leicht in Crocin (Farbstoff) und Picrocrocin (Safranbitter), aus diesem entsteht beim Lagern Safranal (Geruchsstoff).
A: Früher als verdauungsanregendes, beruhigendes sowie menstruationsförderndes Mittel. Relativ häufig waren Vergiftungen infolge Mißbrauchs der Droge als Abtreibungsmittel. In der Homöopathie noch gebräuchlich bei Nasen- und Gebärmutterblutungen, Gemütsstörungen, Augenleiden. Gewürz.
F: Arthrosenex, DuraLentan *Rp,* Infi-tract, Rosmarinus Oligoplex u. a.

Iris germanica.
Gemein Blaw Gilgen.

Deutsche Schwertlilie *Iris germanica* L. Schwertliliengewächse *Iridaceae*
B: Grundblätter schwertförmig, kürzer als der mehrblütige Stengel. Äußere, zurückgebogene Blütenblätter dunkler, am Grunde gelbbärtig, innere heller, gleich groß. Griffeläste oben am breitesten. 0,3 – 1 m. ♃; V – VI. Geschützt.
V: Aus Gärten und Kulturen verwildert, besonders in Südeuropa.
D: Veilchenwurzel – Rhizoma Iridis (DAB 6), der geschälte, getr. Wurzelstock, auch von *I. florentina* L. und *I. pallida* LAM. Iris germanica (HAB 34).
I: Ätherisches Öl mit veilchenartig duftendem Iron, Schleimstoffe, Glykosid Iridin, Gerbstoff, Stärke.
A: Gelegentlich noch als auswurfförderndes und reizlinderndes Mittel bei Katarrhen der Atemwege, u. a. im „Brusttee". Auf die Verwendung des Wurzelstockes als Beißwurzel für zahnende Kinder verzichtet man heute, da die feuchte Oberfläche einen guten Nährboden für Mikroorganismen bildet. In der Parfümerie und Likörindustrie. In der Homöopathie bei Migräne heute häufiger die Buntfarbige Schwertlilie, *Iris versicolor* L.
F: Bronchitussin, Salus Tuss Tee

Blüten blau, in Köpfchen

Teufelsabbiß *Succisa pratensis* MOENCH Kardengewächse *Dipsacaceae*
B: Kurzer, wie abgebissen erscheinender Wurzelstock. Stengel mit grundständiger Rosette und wenigen, gegenständigen, oval bis lanzettlichen, meist ganzrandigen Blättern. Blauviolette, selten weiße, 4zipfelige Blüten in kugeligen, langgestielten Köpfchen mit Spreublättern. 0,2 – 0,8 m. ♃; VII – IX.
V: Feuchtwiesen, Flachmoore; Europa, westliches Asien.
D: Scabiosa Succisa (HAB 34), die frische Wurzel.
I: Saponine, Scabiosid (Glykosid), Gerbstoff.
A: In der Homöopathie bei chronischen Hautleiden. In der Volksmedizin früher häufig zur Blutreinigung (u. a. die jungen Blätter im Frühjahr als Salat), aber auch als auswurfförderndes Mittel bei Erkrankungen der Atmungsorgane. Äußerlich bei Ekzemen, Geschwüren und Quetschungen.
F: Euphorbia-Plantaplex

Gemeine Wegwarte, Zichorie *Cichorium intybus* L. Korbblütler *Asteraceae*
B: Sparrig verzweigte Pflanze mit Milchsaft, Grundblätter fiederteilig, gezähnt. Zahlreiche 3 – 4 cm breite, nur vormittags geöffnete Blütenköpfchen in den oberen Blattachseln und endständig. Alle Blüten zungenförmig, hellblau, selten rosa oder weiß. 0,2 – 1,2 m. ♃; VII – X.
V: Wegränder, Unkrautfluren; Europa, Asien, weltweit verschleppt.
D: Zichorienwurzel – Radix Cichorii. Cichorium (HAB 34), die frische Wurzel.
I: Im Milchsaft Bitterstoffe Intybin (identisch mit Lactucopikrin aus Lactuca virosa) und Lactucin, in kultivierten Formen bis 58% Inulin.
A: Vorwiegend in der Volksheilkunde als kräftigendes, verdauungsförderndes, harn- und galletreibendes Mittel. Auch in der Homöopathie. Aus der fleischig ausgebildeten Wurzel von Kulturformen (var. *sativum*) Gewinnung von Zichorien-Kaffee durch Rösten. Auch gekocht als Gemüse, die jungen Blätter als Salat. Die var. *foliosum* als Salat- und Gemüsepflanze (Chicorée).
F: Eupond *Rp*, Bilisan, Salus Gastrin Tee, Zet 26 u. a.

Artischocke *Cynara scolymus* L. Korbblütler *Asteraceae*
B: Kräftige Pflanze mit großen, einfachen bis fiederspaltigen, unterseits filzig behaarten Blättern. Blütenköpfe sehr groß, 8 – 15 cm breit, mit eiförmig stumpfen Hüllblättern und blauen Röhrenblüten. 0,5 – 1,5 m. ☉; IV – VIII.
V: In mehreren Zuchtformen im Mittelmeergebiet und weiter angebaut.
D: Artischockenextrakt – Extractum Cynarae scolymi, der Extrakt aus den Blättern. Daneben der isolierte Wirkstoff Cynarin. Cynara Scolymus (HAB 34).
I: Bitterstoff Cynarin (Kaffeesäurederivat), Cynaropikrin, Flavonoide, Gerbstoff.
A: Cynarin fördert Gallenbildung und Gallenfluß und verbessert die entgiftende Funktion der Leber. Ferner senkt es den Cholesterinspiegel im Serum, woraus man eine günstige Wirkung bei Arteriosklerose ableitet. In zahlreichen Fertigpräparaten vor allem gegen Gallenerkrankungen. Als Gemüse verwendet man den Blütenboden zusammen mit den unteren fleischigen Hüllblättern der kurz vor dem Aufblühen stehenden Blütenköpfe.
F: Bilicura, Corsenex, Cynarix, Cynarzym, Hepatofalk, Methiocholin u. a.

Kornblume *Centaurea cyanus* L. Korbblütler *Asteraceae*
B: Stengel weißfilzig behaart mit schmal lanzettlichen Blättern, die mittleren fiederspaltig oder entfernt gezähnt. Blütenköpfchen einzeln an den Zweigenden, Blüten blau, die randständigen stark vergrößert. 0,2 – 0,8 m. ☉; VI – IX.
V: Getreidefelder, auch in Unkrautfluren, heute fast weltweit verbreitet.
D: Kornblumenblüten – Flores Cyani (Erg.B.6), die getrockneten Strahlenblüten.
I: Blauer Komplex Cyanocentaurin, Centaur-Verbindungen (Polyacetylene).
A: Selten als Bittermittel bei Appetitlosigkeit und Verdauungsstörungen oder als harntreibendes Mittel. Äußerlich früher bei Bindehautentzündungen und Kopfschuppen. Meist jedoch nur Schmuckdroge in Teegemischen. Ebenso die Blüten der Berg-Flockenblume *Centaurea montana* L. (Flores Cyani majoris).
F: Dapulmon, Rheuma-Tee Stada, Rheumex-Tee, Salus Gastrin Tee u. a.

Blüten blau, zweiseitig-symmetrisch

Eisenhütlein.

Blauer Eisenhut, Sturmhut *Aconitum napellus* L. s. L. Hahnenfußgewächse
Ranunculaceae
B: Kräftige Pflanze mit rübenartig verdickter Wurzel. Stengelblätter zahlreich, bis zum Grunde 5- oder 7teilig mit fiederteiligen Abschnitten. Blütenstand dichtblütig, Krone tiefblau, Helm meist breiter als hoch. 0,2 – 2 m. ♃; VII – IX. Geschützt.
V: Rasen, Staudenfluren, Gebüsche der Gebirge Süd- und Mitteleuropas.
D: Eisenhutknollen – Tubera Aconiti (Erg.B.6), die getrockneten Tochterknollen. Aconitum (HAB 1), die oberirdischen Teile und Wurzelknollen.
I: Hauptalkaloid Aconitin, daneben Hypaconitin, Mesaconitin, Neopellin u. a.
A: ☣ Aconitin ist eines der stärksten Pflanzengifte überhaupt. Es wird bereits durch die unverletzte Haut aufgenommen. Zentral hat es zunächst erregende, später lähmende Wirkung und löst Temperatursenkung, Kälte- und Taubheitsgefühl aus. Der Tod erfolgt durch Atemlähmung oder Herzlähmung. Anwendung auf ärztliche Verordnung lokal als schmerzstillendes Mittel besonders bei Trigeminusneuralgie, innerlich bei chronischen, schmerzhaften Gelenkerkrankungen, Muskel- und Nervenschmerzen. In der Homöopathie häufig, vor allem bei fieberhaften Erkältungskrankheiten, Neuralgien und Herzstörungen.
F: Aconitysat *Rp,* Contramutan, Histacon *Rp,* Influex, Meditonsin u. v. a.

Bunter Eisenhut *Aconitum variegatum* L. s. L. Hahnenfußgewächse
Ranunculaceae
B: Ähnlich, mit weniger stark zerteilten, deutlich netznervigen Blättern. Blütenstand locker, fast immer verzwegt, mit blauen oder weiß gescheckten Blüten. Helm höher als breit. Bis 2,5 m. ♃; VII – IX. Geschützt.
V: Staudenfluren, Bachufer; mittel- und südeuropäische Gebirge.
A: ☣ Enthält ebenso wie die als Zierpflanzen angebauten Arten Aconitin und kann Anlaß zu Vergiftungen geben.

Staphis agria. Bißmünz.

Stephanskraut, Scharfer Rittersporn *Delphinium staphisagria* L.
Hahnenfußgewächse *Ranunculaceae*
B: Einfache, behaarte Pflanze mit langer Blütentraube. Blätter handförmig geteilt mit 5 – 9 breiten Lappen. Dunkelblaue Blüten mit sehr kurzem, 3 – 4 mm langem, sackartigem Sporn. 0,3 – 1 m. ☉; V – VIII.
V: Immergrüne Gebüsche, Unkrautfluren, im ganzen Mittelmeergebiet.
D: Stephanskörner, Läusekörner – Semen Staphisagriae. Staphisagria (HAB 34).
I: Alkaloide Delphinin, Staphisin u. a., fettes Öl.
A: ☣ Das Alkaloid Delphinin hat aconitinähnliche Wirkung. Anwendung der Pflanze noch häufig in der Homöopathie, besonders bei Prostataleiden, Reizblase, Erschöpfungszuständen des Nervensystems, Zahnschmerzen, Gerstenkorn, Ekzemen. In der Volksmedizin früher gegen Zahnschmerzen und als Ungeziefermittel gebräuchlich.
F: Nettisabal, Oculoheel, Staphisagria Oligoplex, Urotruw u. a.

Consolida regia. Rittersporen.

Acker-Rittersporn *Consolida regalis* S. F. GRAY (*Delphinium consolida* L.)
Hahnenfußgewächse *Ranunculaceae*
B: Zierliche, oberwärts ästige Pflanze. Stengelblätter geteilt, fiedrig mit sehr schmalen Zipfeln. Blütenstand locker, wenigblütig, 5 dunkelblaue Blütenhüllblätter, das oberste mit langem Sporn. 0,2 – 0,4 m. ☉; V – VIII.
V: Äcker, Wegränder, kalkliebend; gemäßigtes Europa.
D: Rittersporublüten – Flores Calcatrippae (Erg.B.6), die getrockneten Blüten. Delphinium Consolida (HAB 34).
I: Blaues Anthocyanglykosid Delphin, Flavonoide, in den Samen die Alkaloide Delcosin, Delsolin, Lycoctonin, Consolidin, im Kraut Calcatrippin.
A: ☣ Das Kraut und besonders die Samen sind giftig, während die alkaloidfreien Blüten mit schwach harntreibenden Eigenschaften in Blasen- und Nierentees, ansonsten als Schönungsdroge verwendet werden. Auch durch die in Gärten kultivierten Rittersportarten sind Vergiftungen möglich.
F: Hermes Nieren-Blasen Tee, Richter's Frühstücks-Kräutertee u. a.

Blüten blau, zweiseitig-symmetrisch

Kleinblütige Kreuzblume *Polygala amarella* CR. (*P. amara* L. ssp. *amarella* (CR.) CHOD.) Kreuzblumengewächse *Polygalaceae*
B: Grundrosette aus breitlanzettlichen Blättern, Stengelblätter kleiner. Blüten blau, selten rötlich oder weißlich, in Trauben, 2 – 4 mm lang (bei der ähnlichen *P. amara* L. 4,5 – 7 mm). 0,05 – 0,2 m. ⚄; IV – VI.
V: Wiesen, Flachmoore, gemäßigtes Europa.
D: Bitteres Kreuzblumenkraut – Herba Polygalae amarae cum Radicibus (Erg.B.6), das getrocknete Kraut mit der Wurzel. Polygala amara (HAB 34).
I: Saponine, vor allem Senegin, Bitterstoff Polygalin, Glykosid Gaultherin (Aglykon Salicylsäuremethylester), wenig Gerbstoff und ätherisches Öl.
A: Als saponinhaltige Droge vor allem gegen Husten, aufgrund des Bitterstoffgehaltes auch als verdauungsförderndes Mittel. Von alters her zur Steigerung der Milchsekretion bei stillenden Frauen und beim Vieh (Polygala bedeutet griechisch: viel Milch). Insgesamt nur noch selten verwendet.
F: Tussiflorin

Viola purpurea.
Mergen Veicl.

Wohlriechendes Veilchen *Viola odorata* L. Veilchengewächse *Violaceae*
B: Pflanze mit oberirdischen, wurzelnden Ausläufern. Alle Blätter grundständig, langgestielt, nieren- bis herzförmig, gekerbt. Blüten dunkelviolett, wohlriechend. 0,05 – 0,15 m. ⚄; III – IV.
V: Gebüsche, Waldränder, auch als Zierpflanze; gemäßigtes Europa.
D: Märzveilchenwurzelstock – Rhizoma Violae (Erg.B.6), nicht zu verwechseln mit der Veilchenwurzel s. bei *Iris germanica* L. Viola odorata (HAB 34), die frische, blühende Pflanze.
I: Saponine, ein Methylsalicylat abspaltendes Glykosid, in den Blüten ein stark duftendes ätherisches Öl.
A: Der Wurzelstock als mildes schleimlösendes und auswurfförderndes Mittel bei Bronchialkatarrhen. Der blau gefärbte Sirup aus den frischen Blüten hat wegen des geringen Saponingehaltes als Hustenmittel keine Bedeutung mehr. Die Duftstoffe der Blüten sollen nervenberuhigende Wirkung haben.
F: Expectysat, Frubiapect *Rp,* Inconturina, Primotussan u. a.

Herba Trinitatis.
Freyschamfraut.

Wildes Stiefmütterchen *Viola tricolor* L. Veilchengewächse *Violaceae*
Beschreibung und Vorkommen siehe Seite 134.
D: Stiefmütterchen – Herba Violae tricoloris (DAB 6). Viola tricolor (HAB 34).
I: Saponine, Flavonglykoside, Violutosid (Salicylsäuremethylesterglykosid), Carotinoide, Schleimstoffe.
A: Innerlich und äußerlich bei chronischen Hauterkrankungen (insbesondere Milchschorf der Säuglinge), daneben bei Katarrhen der Atemwege und Rheuma. In der Homöopathie außer bei Hautleiden auch bei Blasenbeschwerden. Die Droge hat vor allem harntreibende Wirkung.
F: Befelka-Öl, Bronchitussin, Inconturina, Psorifug Salbe *Rp* u. v. a.

Mönchspfeffer *Vitex agnus-castus* L. Eisenkrautgewächse *Verbenaceae*
B: Strauch mit langgestielten, 5 – 7fach handförmig geteilten, unterseits weißfilzigen Blättern. Blüten in endständigen, verzweigten, ährenartigen Blütenständen, mit blauer, seltener rosa, 8 – 10 mm langer, 2lippiger Krone. 1 – 4 m. ♄; VI – IX.
V: Flußufer, feuchte Standorte, auch als Zierstrauch; Mittelmeergebiet.
D: Mönchspfeffer – Fructus Agni casti. Agnus castus (HAB 34), die Früchte.
I: Flavon Casticin, Iridoidglykoside Agnusid und Aucubin, ätherisches Öl.
A: Man nimmt an, daß Drogenauszüge indirekt über die Hypophyse eine Anregung der Gelbkörperhormonbildung bewirken. Anwendung in Fertigpräparaten u. a. bei Menstruationsstörungen infolge Gelbkörperinsuffizienz, praemenstruellem Syndrom und zur Steigerung der Milchsekretion. In der Homöopathie bei sexuellen Störungen des Mannes. Die scharf schmeckenden Früchte von alters her zur Beruhigung des Geschlechtstriebes und als Pfefferersatz.
F: Agnolyt, Auroplatin, Femisana *Rp*, Mastodynon, Mulimen, Sejungin u. a.

Blüten blau, zweiseitig-symmetrisch

Gulden Gunsel.

Kriechender Günsel *Ajuga reptans* L. Lippenblütler *Lamiaceae*
B: Blühende Triebe mit grundständiger Rosette und kurzen oberirdischen Ausläufern. Blätter oval, die obersten kürzer als die Blüten, diese meist zu 6 in dicht ährenförmig angeordneten Scheinquirlen, Krone blau, mit sehr kurzer Oberlippe. 0,1 – 0,3 m. ♃; V – VIII.
V: In Wiesen und Wäldern verbreitet; Europa, Asien.
D: Günselkraut – Herba Ajugae. Ajuga reptans (HAB 34).
I: Gerbstoffe, Glykoside des Cyanidins und Delphinidins, Heteroside.
A: Aufgrund des hohen Gerbstoffgehaltes zusammenziehende Wirkung. Nur noch selten in der Volksheilkunde bei Verdauungsstörungen und Gallenerkrankungen, gegen Entzündungen im Mund- und Rachenraum und als Wundheilmittel verwendet.

Chamæcissos. Gundelreb.

Gundermann *Glechoma hederacea* L. Lippenblütler *Lamiaceae*
B: Pflanze mit über 1 m lang kriechenden, oberirdischen, wurzelnden Ausläufern und aufrechten blütentragenden Trieben. Blätter lang gestielt, nieren- bis herzförmig, grob gekerbt. Blüten zu 2 – 3, oft einseitswendig in den Blattachseln mit blauviolletter, 1,5 – 2 cm langer Krone. 0,1 – 0,4 m. ♃; IV – VI.
V: Verbreitet in feuchten Wäldern, Hecken, Wiesen; gemäßigtes Europa.
D: Gundelrebenkraut – Herba Hederae terrestris (Erg.B.6), die getrockneten, oberirdischen Teile. Glechoma hederacea (HAB 34).
I: Bitterstoff Marrubiin, Gerbstoffe, ätherisches Öl, Saponin, Cholin.
A: Noch selten, vorwiegend volkstümlich bei Magen- und Darmkatarrhen und Erkrankungen der Atemwege, äußerlich bei schlecht heilenden Wunden. Auch in der Homöopathie. Die jungen Blätter als Beigabe zu Salaten und als Gemüse. Die Pflanze ist für Pferde giftig.
F: Eres Elixier, Presselin 214

Prunella. Braunellen.

Kleine Braunelle *Prunella vulgaris* L. Lippenblütler *Lamiaceae*
B: Meist aufsteigende Pflanze mit Ausläufern. Blätter gestielt, eiförmig, ganzrandig. Blüten blauviolett, 1 – 1,5 cm lang, in köpfchenförmig genäherten Scheinquirlen, Kelch 2lippig. 0,05 – 0,3 m. ♃; VI – IX. Die Großblütige Braunelle *P. grandiflora* (L.) SCHOLL. (ohne Abb.) hat 2 – 3 cm lange Blüten.
V: Häufig auf Wiesen und Weiden; Europa, Asien, weltweit verschleppt.
D: Brunellenkraut – Herba Prunellae, das getrocknete Kraut beider Arten. Prunella vulgaris (HAB 34).
I: Gerbstoffe, Bitterstoff, Saponine, Flavonoide, Harz.
A: Die Gerbstoffwirkung der Droge wird heute nur noch selten in der Volksheilkunde genützt, so bei Magen- und Darmerkrankungen, Augenentzündungen, in Mund- und Gurgelwässern. Das frische Kraut als Wundheilmittel. Auch in der Homöopathie.

Echte Salbei *Salvia officinalis* L. Lippenblütler *Lamiaceae*
B: Aromatischer, graufilzig behaarter Halbstrauch. Dickliche, runzelige, gestielte, länglich-eiförmige, oberseits verkahlende Blätter. Blüten mit 2 – 3 cm langer, meist blauviolletter Krone zu 5 – 10 quirlig in lockeren, ährenförmigen Blütenständen. 0,2 – 0,7 m. ♄; V – VII.
V: Weit verbreitet kultiviert, Heimat Mittelmeergebiet.
D: Salbeiblätter – Salviae folium (DAB 8), die getrockneten Laubblätter. Daneben im DAB 8 Salviae trilobae folium, die Blätter von *Salvia triloba* L. FIL., die häufig im Handel anzutreffen sind. Salvia officinalis (HAB 34).
I: Ätherisches Öl mit Thujon, Cineol, Campher; Bitterstoff, Carnosolsäure, Gerbstoff, Saponine, ein östrogener und ein schweißhemmender Wirkstoff.
A: Innerlich zur Einschränkung der Schweißsekretion, z. B. bei Tuberkulose und Nervosität, auch die Milchsekretion wird gehemmt. Ferner gegen Entzündungen der Atmungsorgane, bisweilen des Magen- und Darmkanals, vor allem aber zum Gurgeln bei Schleimhautentzündungen der Mundhöhle und des Rachens. Reines Salbeiöl hat bakterizide Eigenschaften. In höheren Dosen ist es aufgrund des teilweise hohen Thujongehaltes giftig. Ebenso sollte der Tee nicht in beliebiger Dosis lange Zeit getrunken werden. Als Gewürz.
F: Cional-Kreussler, Salviathymol, Salvysat, Sweatosan, Vitosal Fluid u. v. a.

Blüten blau, zweiseitig-symmetrisch

Ysop *Hyssopus officinalis* L. Lippenblütler *Lamiaceae*
B: Aromatisch duftender Halbstrauch mit fast sitzenden, lanzettlichen Blättern. Blüten zu 7 – 15 quirlig in einseitswendigen, ährenartigen Blütenständen. Krone blau, seltener rosa oder weiß. 0,2 – 0,6 m. ♃; VII – IX.
V: In Mitteleuropa angebaut, Heimat Mittelmeergebiet, Westasien.
D: Ysopkraut – Herba Hyssopi (Erg.B.6), die oberirdischen Teile.
I: Ätherisches Öl, Flavonoide, Gerbstoffe.
A: Volkstümliche Anwendung wie Salbei zum Gurgeln bei Hals- und Zahnfleischentzündungen, zu Waschungen und innerlich bei übermäßiger Schweißabsonderung. Ferner als blähungstreibendes Mittel und gegen Husten. In der Likörindustrie und als Gewürz.
F: Ullus Leber-Galle-Tee

Roßmarein.

Rosmarin *Rosmarinus officinalis* L. Lippenblütler *Lamiaceae*
B: Immergrüner, stark duftender Strauch. Blätter sitzend, schmallineal, nach unten umgerollt, oben kräftig grün, unterseits weißfilzig. Blütenkrone blaßblau mit 2 lang herausragenden Staubblättern. 0,5 – 2 m. ♄; I – XII.
V: Immergrüne Gebüsche im Mittelmeergebiet, kultiviert.
D: Rosmarinblätter – Rosmarini folium (DAC), die getrockneten Laubblätter. Das ätherische Öl – Rosmarini aetheroleum (DAB 8), Oleum Rosmarini. Rosmarinus officinalis (HAB 34).
I: Ätherisches Öl mit Cineol, Campher, Borneol; Bitterstoff, Rosmarinsäure.
A: Das ätherische Öl in hautreizenden, schmerzstillenden Einreibungen bei Rheumatismus, Nervenschmerzen, Durchblutungsstörungen, in Bronchialbalsamen, Gurgellösungen und als belebender Badezusatz. Innerlich können bei Gebrauch größerer Mengen des Öles Vergiftungserscheinungen auftreten. Deshalb verwendet man die Droge u. a. bei Erschöpfungszuständen und Kreislaufstörungen. Auch in der Homöopathie. Als Gewürz und in der Likörindustrie.
F: Cardalept, Dolorsan, Opino gel, Rosmarin-Aquasan, Stringiet u. v. a.

Lafander.

Echter Lavendel *Lavandula angustifolia* MILL. (*L. officinalis* CHAIX) Lippenblütler *Lamiaceae*
B: Niedriger, stark duftender Strauch mit 2 – 4 cm langen, lineallanzettlichen, filzig behaarten, verkahlenden Blättern. Blüten blauviolett in Scheinähren mit breit-eiförmigen, zugespitzten Hochblättern. Bis 1 m. ♄; VII – VIII.
V: Häufig kultiviert, auch als Zierpflanze; Heimat Mittelmeergebiet.
D: Lavendelblüten – Flores Lavandulae (DAB 6), die vor völliger Entfaltung mit dem Kelch gesammelten, getrockneten Blüten. Lavendelöl – Lavandulae aetheroleum (DAB 8), Oleum Lavandulae, das ätherische Öl aus den frischen Blüten oder Blütenständen. Lavandula (HAB 34).
I: Ätherisches Öl, vor allem mit Linalylacetat und Linalool, Gerbstoffe.
A: Lavendel gilt als leichtes Beruhigungsmittel u. a. bei Migräne, Erschöpfung und nervösen Herzbeschwerden. Daneben soll die Droge den Gallenfluß anregen. In der Volksheilkunde ist sie auch als krampflösendes und verdauungsförderndes Mittel in Gebrauch. Äußerlich das ätherische Öl in hautreizenden Einreibungen und Bädern bei rheumatischen Erkrankungen, wegen der keimtötenden Wirkung auch in Gurgellösungen. In großen Mengen in der Parfüm- und Kosmetikindustrie. Als Gewürz die jungen Blätter.
F: Amol, Chedolind, Chol-Truw, Lindoliment u. v. a.

Spica.

Spik-Lavendel *Lavandula latifolia* MED. Lippenblütler *Lamiaceae*
B: Ähnlich voriger Art, Blätter breiter und dichter behaart, Hochblätter im Blütenstand lineallanzettlich. Bis 1 m. ♄; VII – IX.
V: Immergrüne Gebüsche im westlichen Mittelmeergebiet, auch kultiviert.
D: Spiköl – Oleum Spicae (Erg.B.6), das ätherische Öl der Blüten.
I: Weniger Linalool und Linalylacetat als in voriger Art, dagegen 30% Cineol.
A: Als auswurfförderndes Mittel bei Erkrankungen der Atmungsorgane, wie echtes Lavendelöl auch in Gallenpräparaten und in Einreibungen gegen Rheuma. Daneben gibt es Lavandinöl, das aus einer Hybride zwischen dem Echten und dem Spik-Lavendel destilliert wird. Verwendung nur in der Parfümindustrie.
F: Carmol, Rheumasan flüssig, Tavipec-Montavit, Toheriosalbe Fides u. a.

Blüten grün oder unscheinbar

Wadenbaum.

Silber-Weide *Salix alba* L. Weidengewächse *Salicaceae*
B: Hoher Baum, auch Strauch, zweihäusig. Blätter lanzettlich, fein gesägt, unterseits dicht anliegend seidig behaart und silbrig glänzend. Blütenkätzchen schlank, gleichzeitig mit den Blättern erscheinend. Bis 25 m. ♄; IV – V.
Bruch-Weide *Salix fragilis* L.
B: Zweige leicht brechend. Blätter kahl, oberseits dunkelgrün glänzend, lanzettlich, knorpelig gesägt, am Blattstiel mit einigen Drüsen. Blütenkätzchen an 3 cm langen Stielen, mit den Blättern erscheinend. Bis 15 m. ♄; III – V.
Die Purpur-Weide *Salix purpurea* L. (ohne Abb.) ist meist strauchförmig. Blätter lanzettlich, unterseits blaugrün, nur im oberen Teil fein gesägt, kahl. Alle einheimischen Arten als Schmuckreisig geschützt.
V: Auenwälder und -gebüsche, auch gepflanzt; Europa, Asien.
D: Weidenrinde – Cortex Salicis (Erg.B.6), die von 2 – 3jährigen Zweigen gesammelte und getrocknete Rinde, vor allem der drei genannten Arten. Salix alba (HAB 34), Salix purpurea (HAB 34).
I: Phenolglykosid Salicin, in den einzelnen Arten verschiedene weitere, verwandte Glykoside, Gerbstoffe.
A: Die Wirkung der Weidenrinde beruht auf der Bildung von Salicylsäure aus dem Glykosid Salicin im Körper. Seitdem Salicylsäure synthetisch hergestellt werden kann, hat die Droge nur noch geringe Bedeutung als schmerzlinderndes, fiebersenkendes, entzündungshemmendes und antirheumatisches Mittel. In einigen Präparaten, vor allem gegen rheumatische und Erkältungskrankheiten und chronische Magendarmkatarrhe enthalten, volkstümlich daneben zu schweißhemmenden Fußbädern. Auch in der Homöopathie gebräuchlich.
F: Bronchiflux, Entero sanol, Grippe-Tee Stada, Rheumapressan u. a.

Zitterpappel, Espe *Populus tremula* L. Weidengewächse *Salicaceae*
B: Zweihäusiger Baum mit langgestielten, rundlichen, stumpf gezähnten Blättern, die beim leisesten Luftzug zittern. Vor den Blättern erscheinen die männlichen und weiblichen, hängenden Blütenkätzchen mit handförmig zerschlitzten, dicht zottigen Tragblättern, Narben rot. 5 – 20 m. ♄; III – IV. Geschützt.
V: Häufig in Vorwäldern, an Waldrändern; Europa, Asien.
D: In der Homöopathie die frische, innere Rinde junger Zweige und die Blätter zu gleichen Teilen. Häufig verwendet anstelle der Amerikanischen Zitterpappel (Populus tremuloides HAB 34) mit gleichen Inhaltsstoffen.
I: Phenolglykoside Salicin, Populin, Salicortin, Tremuloidin, Tremulacin, Flavonglykoside, Gerbstoffe.
A: In der Homöopathie bei Blasenkatarrh, Prostataerkrankungen, Gelenkentzündungen (s. auch bei der Kanadischen Pappel).
F: Eviprostat, Nettisabal, Petroselinum-Plantaplex u. a.

Kanadische Pappel *Populus × canadensis* MOENCH S. L. Weidengewächse *Salicaceae*
B: Bastard aus der einheimischen Schwarzpappel *P. nigra* L. und der nordamerikanischen *P. deltoides* MARSH. Blätter breit dreieckig, zugespitzt, mit gekerbt-gesägtem, kurz gewimpertem Blattrand. Männliche und weibliche Kätzchen vor den Blättern an verschiedenen Bäumen. 15 – 30 m. ♄; III – IV.
V: In verschiedenen Rassen eine der am häufigsten kultivierten Pappeln.
D. Pappelknospen – Gemmae Populi (Erg.B.6), die frischen oder getrockneten, geschlossenen Laubknospen, auch von anderen heimischen und angepflanzten Arten (*P. balsamifera* L., *P. monilifera* AITON, *P. nigra* L.).
I: Phenolglykoside Salicin, Populin, Salicortin, Tremulacin, ätherisches Öl, Flavonglykoside, Gerbstoffe.
A: In der Volksheilkunde noch gelegentlich in Salbenform (Unguentum Populi) gegen Hämorrhoiden und zur Wundheilung. Innerlich als harntreibendes Mittel, vor allem bei Erkrankungen der Harnwege. Der Gesamtglykosidkomplex Salipopulin wird zur Behandlung von chronischen Gelenkentzündungen empfohlen. Er bewirkt eine vermehrte Harnsäureausscheidung und Senkung des Harnsäurespiegels im Blut.
F: Carito, Nomon u. a.

Blüten grün oder unscheinbar

Hänge-Birke, Warzen-Birke   *Betula pendula* ROTH. (*B. verrucosa* EHRH.)
Birkengewächse   *Betulaceae*
B: Zweige überhängend, die jungen mit Harzdrüsen. Blätter dünn, kahl, aus keilförmigem Grund rhombisch, lang zugespitzt. Männliche Blüten in hängenden Kätzchen, weibliche viel kürzer, zur Blütezeit aufrecht. Fruchtschuppen 3lappig, reif mit den geflügelten Früchten abfallend. Bis 25 m. ♄; IV – V.
V: Wälder, Vorwälder, häufig gepflanzt; Europa, Westasien.
Moor-Birke   *Betula pubescens* EHRH.
B: Zweige abstehend oder aufwärts gerichtet, jung dicht flaumig behaart. Blätter dicklich, aus meist herzförmigem, abgerundetem Grund eiförmig, kurz zugespitzt, unterseits in den Aderwinkeln behaart. Bis 20 m. ♄; IV – V.
V: Moore, Gebüsche der Bergregionen; Europa, Westasien.
D: Birkenblätter – Betulae folium (DAB 8), die getrockneten Laubblätter beider Arten. Birkenteer – Pix betulina (DAB 6), Oleum Rusci, der durch trockene Destillation der Rinde und der Zweige gewonnene Teer. Betula alba (HAB 34), der durch Anbohren junger Birken gesammelte Saft von *Betula pendula* ROTH.
I: In den Blättern Flavonglykoside, vor allem Hyperosid, ätherisches Öl, Gerbstoffe, nur in den jungen Blättern Saponine.
A: Birkenblätter gelten als stark harntreibend und auch schweißtreibend, ohne eine Reizung des Nierenparenchyms hervorzurufen. Allerdings sollen nach manchen Autoren nur die Sommerblätter wirksam sein, während junge Blätter im Tierversuch die Harnausscheidung hemmen. Häufige Anwendung in Tees und anderen Fertigpräparaten gegen Blasen- und Nierenleiden, Wasseransammlungen, Nierensteine, rheumatische Erkrankungen und Hautausschläge. Birkenteer noch bisweilen gegen Hautleiden sowie Rheuma und Gicht, als Ungeziefermittel heute auf die Tiermedizin beschränkt. Der Kambiumsaft der Stämme junger Birken in der Volksheilkunde wie Birkenblätter, vor allem aber in Haarwässern. Ähnlich in der Homöopathie.
F: Amorphan neu, Cellichnol, Cystinol, Rheumadrag, Solubitrat u. v. a.

Nußbaum

Echte Walnuß   *Juglans regia* L.   Walnußgewächse   *Juglandaceae*
B: Blätter anfangs rötlich, mit 7 – 9 elliptischen, ganzrandigen Fiederblättchen. Männliche Blüten in hängenden Kätzchen, weibliche an derselben Pflanze zu 2 – 3 an den Zweigenden. „Walnüsse" umgeben von einer glatten, grünen, später braunen, fleischigen Schale. 10 – 25 m. ♄; IV – V.
V: Kultiviert, auch verwildert, Heimat Balkanhalbinsel, SW-Asien.
D: Walnußblätter – Folia Juglandis (DAB 6), die getrockneten Fiederblättchen. Juglans (HAB 34), frische, grüne Fruchtschalen und Blätter.
I: Gerbstoffe, Flavonoide, wenig ätherisches Öl, in den frischen Pflanzenteilen Juglon (Naphthochinonderivat).
A: Als Gerbstoffdroge noch zuweilen bei Magen- und Darmkatarrhen, als Blutreinigungsmittel, zum Baden bei Hautleiden und Fußschweiß, bei Augenentzündungen. In der Homöopathie vor allem bei nässenden Hautausschlägen. Die frischen Fruchtschalen zum Braunfärben von Haaren und Haut.
F: Entero sanol, Magentinol, Salus Blutreinigungs-Tee u. a.

Schwarz-Erle   *Alnus glutinosa* (L.) GAERTN.   Birkengewächse   *Betulaceae*
B: Baum oder Strauch mit rundlichen, stumpfen oder ausgerandeten, unregelmäßig gezähnten Blättern, junge Zweige klebrig. Männliche Blüten in hängenden Kätzchen, weibliche an denselben Zweigen in kleinen, zapfenartigen Blütenständen, die bei der Fruchtreife verholzen. Bis 20 m. ♄; III – IV.
V: Häufig in Bruch- und Auenwäldern; Europa.
D: Schwarzerlenrinde – Cortex Alni.
I: Viel Gerbstoffe, Phlobaphene, roter Farbstoff, Alnulin, Protoalnulin.
A: In der Volksheilkunde früher die Abkochung der Rinde als Gurgelwasser gegen Mandel- und Rachenentzündungen und zum Spülen bei Darmblutungen. In der Homöopathie selten noch bei Hauterkrankungen und Drüsenvergrößerungen. Als Gerbmittel. Ebenso verwendet wurden Grau-Erle *Alnus incana* (L.) MOENCH und Grün-Erle *Alnus viridis* (CHAIX) DC.

Blüten grün oder unscheinbar

Gewöhnliche Hasel *Corylus avellana* L.   Haselnußgewächse *Corylaceae*
B: Einhäusiger Strauch mit rundlich-herzförmigen, häufig mehrspitzigen, grob doppelt gesägten Blättern. Männliche Blüten in hängenden Kätzchen, weibliche knospenförmig mit fadenförmigen, roten Narben. Fruchthülle zerschlitzt, nicht länger als die reife Frucht. 2 – 6 m. ♄; II – IV. Geschützt.
V: Wälder, Gebüsche, auch angepflanzt; Europa.
D: Haselnußblätter – Folia Coryli avellanae.
I: Ätherisches Öl, Taraxerol, Sitosterin.
A: In einem Teegemisch gegen Leber- und Gallenerkrankungen. Volkstümlich Blätter und Rinde anstelle von *Hamamelis* bei Venenerkrankungen und Blutungen. Die Samen als Nahrungsmittel und selten zur Speiseölgewinnung.
F: Ullus Leber-Galle-Tee

Caftanien nuß

Echte Kastanie, Edelkastanie   *Castanea sativa* MILL. (*C. vesca* GAERTN.)
Buchengewächse *Fagaceae*
B: Blätter länglich-lanzettlich, am Rand stachelig gezähnt. Blüten in langen, aufrechten Kätzchen, männliche gebüschelt, weibliche am Grunde der Blütenstände zu 1 – 3 mit gemeinsamem, schuppigem Fruchtbecher, dieser bei der Reife dicht stachelig. Bis 30 m. ♄; VI.
V: Laubwälder Südeuropas, SW-Asien, auch weiter nördlich gebietsweise kultiviert und verwildert.
D: Kastanienblätter – Folia Castaneae (Erg.B.6), die getrockneten Laubblätter. Castanea vesca (HAB 34).
I: Gerbstoffe, Flavonoide, Harz, Fett, Zucker, Pektinstoffe.
A: Die hustenreizstillende und auswurffördernde Droge in Präparaten gegen Husten und Keuchhusten. Die stärkereichen Samen (Maronen) volkstümlich gegen Durchfall, besonders in Südeuropa zur Bereitung von Kastanienmehl.
F: Equisil, Eupatal, Guakalin, Thymusyl, Thymosirol, Tussamag u. a.

Rotbuche *Fagus sylvatica* L.   Buchengewächse *Fagaceae*
B: Blätter breit lanzettlich, fast ganzrandig, in der Jugend vor allem am Rand seidig behaart. Männliche Blüten in hängenden, kugelförmigen Blütenständen, weibliche zu zweien an kürzerem und dickerem Stiel, von einem später verholzenden, weichstacheligen Fruchtbecher umgeben. Bis 40 m. ♄; IV – V.
V: Waldbildend in Mittel- und Westeuropa, Gebirge Südeuropas.
D: Buchenteer – Pix Fagi, Oleum Fagi empyreumaticum (Erg.B.6), durch trockene Destillation aus dem Holz gewonnen.
I: Guajakol, Kreosol, Kresole.
A: Buchenholzteer heute nur noch selten in Präparaten gegen Hauterkrankungen, früher auch gegen Rheuma. Das Holz zur Herstellung von Holzkohle (Carbo vegetabilis), selten wird auch die Asche (Cinis Fagi) medizinisch verwendet. Die Giftigkeit der Bucheckern scheint unterschiedlich zu sein, Vergiftungssymptome wurden schon nach dem Verzehr von weniger als 50 Samen beobachtet. Die verursachende Substanz ist bisher nicht sicher bekannt. Das gereinigte fette Öl ist dagegen ungiftig und kann als Speiseöl verwendet werden.
F: Balnacid, Cellichnol, Lignopix, Uplex

Feld-Ulme, Feld-Rüster   *Ulmus minor* MILL. (*U. campestris* AUCT.)
Ulmengewächse *Ulmaceae*
B: Baum oder Strauch, Zweige zuweilen mit Korkleisten. Blätter asymmetrisch, die längere Hälfte am Grunde rechtwinklig zum Blattstiel, doppelt gesägt. Blüten zwittrig, Narben gelb, in dichten Büscheln, vor den Blättern erscheinend. Früchte geflügelt, Same oberhalb der Mitte. Bis 40 m. ♄; III – IV.
V: Auenwälder, Laubmischwälder; südliches und gemäßigtes Europa.
D: Ulmenrinde – Cortex Ulmi, die innere Rindenschicht der jungen Zweige. Ulmus campestris (HAB 34).
I: Gerbstoffe, Schleimstoffe, Flavonoide und noch unbekannte Wirkstoffe.
A: Selten noch in der Volksheilkunde gegen Durchfall, rheumatische Beschwerden und chronische Ekzeme. In der Homöopathie besonders bei Schmerzen der Hand- und Fußgelenke.
F: Berberis-Tonikum-Pascoe, Fromme's Isorien-03 Essenz u. a.

Blüten grün oder unscheinbar

Stiel-Eiche *Quercus robur* L. (*Qu. pedunculata* EHRH.) Buchengewächse *Fagaceae*
B: Blätter buchtig gelappt, am Grunde herzförmig, geöhrt, Blattstiel nicht länger als 1cm. Männliche Blüten in hängenden Kätzchen, weibliche zu 1 – 5 an langem, aufrechtem Stiel. Fruchtstand lang gestielt. Bis 50 m. ♄; IV – V.
V: Eichen-Hainbuchen- und Auenwälder, häufig gepflanzt; fast ganz Europa.
Trauben-Eiche *Quercus petraea* (MATT.) LIEBL. (*Qu. sessiliflora* SAL.)
B: Blätter am Grunde keilförmig verschmälert mit 1 – 3 cm langem Blattstiel. Fruchtstand meist sitzend. Bis 40 m. ♄; IV – V.
V: Trockenere Eichen- und Laubmischwälder; gemäßigtes Europa.
D: Eichenrinde – Quercus cortex (DAC), die getrocknete, borkenfreie Rinde junger Zweige und Stockausschläge beider Arten. Quercus e cortice (HAB 34).
I: Bis 20% Eichenrindengerbstoffe (Catechine und Ellagengerbstoffe).
A: Adstringierende Wirkung der Gerbstoffe. Hauptsächlich äußerliche Anwendung der Abkochung zu Bädern, Umschlägen oder Spülungen bei Hautkrankheiten, Fußschweiß, Frostschäden, Hämorrhoiden, auch bei Zahnfleisch- und Halsentzündungen. Innerlich in wenigen Fertigpräparaten gegen Durchfall und Magendarmkatarrhe. Die Anwendung bei inneren Blutungen ist heute wegen wirksamerer Mittel verlassen. Früher die gerösteten, ebenfalls gerbstoffhaltigen Samen (Eichelkaffee – Semen Quercus tostum (Erg.B.6)) als Kaffee-Ersatz, aber auch gegen Durchfall, Skrofulose und Rachitis besonders in der Kinderpraxis.
F: Entero sanol, Magentinol, Silvapin Eichenrinden-Extrakt, Tonsilgon u. a.

Echter Feigenbaum *Ficus carica* L. Maulbeergewächse *Moraceae*
B: Baum oder Strauch mit großen, meist 3 – 5lappigen Blättern. Männliche und weibliche Blüten unscheinbar an den Innenwänden fleischiger, birnenförmiger Gebilde, die sich zu den eßbaren Feigen entwickeln. 2 – 5 m. ♄; VI – IX.
V: Ursprünglich an Felsen, als Fruchtbaum im ganzen Mittelmeergebiet und entsprechenden Klimazonen weltweit kultiviert.
D: Feigen – Caricae (Erg.B.6), die reifen, getrockneten Fruchtstände.
I: 50% Invertzucker, Pektine, Schleim, organische Säuren, Mineralstoffe, Vitamine, Enzyme.
A: Mildes Abführmittel, meist zusammen mit weiteren, stärker wirkenden Drogen verwendet. Ferner als Geschmackskorrigens, Bestandteil von Kaffeesurrogaten (Karlsbader Kaffeegewürz), frisch oder getrocknet als Nahrungsmittel. Unreife Feigen sind giftig.
F: Joghurt Milkitten, Neda, Pastapalm, Uriginex

Gemeiner Hanf *Cannabis sativa* L. Hanfgewächse *Cannabaceae*
B: Hohe, zweihäusige Pflanze. Blätter gefingert mit 3 – 11 lanzettlichen, grob gesägten Abschnitten. Männliche Blütenstände rispenartig, weibliche Blüten zu 1 – 2 in den Blattachseln. 0,3 – 2,5 m. ☉; VII – VIII.
V: Als Öl- und Faserpflanze von alters her fast weltweit angebaut und verwildert; Heimat Zentralasien.
D: Cannabis (HAB 34), frische Stengelspitzen mit Blüten und Blättern einheimischer männlicher und weiblicher Pflanzen. Indischer Hanf, Haschischkraut – Herba Cannabis indicae (Erg.B.6), die getrockneten Zweigspitzen weiblicher Pflanzen der var. *indica*.
I: Cannabidiolsäure (beruhigend) und Tetrahydrocannabinol (rauscherzeugend) im Harz, das besonders im weiblichen Blütenstand ausgeschieden wird. Der Gehalt dieser Substanzen ist klimaabhängig, einheimische Pflanzen besitzen keine Rauschwirkung.
A: Die Droge sowie das Harz, beide als Haschisch, in Mexiko als Marihuana bezeichnet, haben als Rauschgift verhängnisvolle Bedeutung erlangt. Medizinisch werden sie nur noch selten zur Schmerzlinderung, bei nervöser Unruhe, Depressionen und in Hühneraugentinkturen verwendet. Zubereitungen einheimischer Pflanzen sind in der Homöopathie u. a. bei Blasen- und Harnröhrenentzündungen und Augenerkrankungen durchaus gebräuchlich.
F: Fidesabal, Petroselinum-Plantaplex, Sabal-Pentarkan u. a.

Blüten grün oder unscheinbar

Hopfen *Humulus lupulus* L. Hanfgewächse *Cannabaceae*
B: Zweihäusig, Stengel rechtswindend mit Klimmhaaren. Blätter lang gestielt, gegenständig, oberseits rauhhaarig, aus herzförmigem Grund tief 3 – 7lappig, gesägt. Männliche Blüten (oben links) grünlichweiß, in lockeren Rispen, weibliche (oben rechts) in grünen, kleinen Scheinähren, aus denen sich durch Vergrößerung der blütendeckenden Blätter die Hopfenzapfen entwickeln. 3 – 6 (–12) m. ♃; VII – VIII.
V: Auenwälder; Europa, Asien, Nordamerika, weltweit kultiviert.
D: Hopfenzapfen – Lupuli strobuli (DAC), die getrockneten Fruchtstände. Lupulus (HAB 34). Hopfendrüsen – Glandulae Lupuli (Erg.B.6), das durch Abklopfen der Fruchtstände gewonnene Pulver. Lupulinum (HAB 34).
I: In den Drüsen Harz mit Hopfenbittersäuren Humulon und Lupulon, ätherisches Öl mit Myrcen, Humulen.
A: Als mildes Beruhigungs- und Schlafmittel, häufig kombiniert mit Baldrian. Träger der Wirkung sind vor allem die Hopfenbittersäuren. Sie haben daneben aromatisierende und antibakterielle Eigenschaften, was für Geschmack und Konservierung des Bieres wichtig ist. In der Volksheilkunde die Drogen ferner zur Anregung von Appetit und Verdauung und bei sexueller Übererregbarkeit, äußerlich zur Wundbehandlung. Auch in der Homöopathie, u. a. bei Schlaflosigkeit, Blasenreizung, Hautleiden. Frische Hopfenzapfen können Hautreizungen hervorrufen (Hopfenpflückerkrankheit). Die jungen Sprosse liefern ein spargelartiges Gemüse.
F: Euvegal, Baldriparan, Bonased, Hicoton, Hovaletten, Plantival u. v. a.

Große Brennessel *Urtica dioica* L. Brennesselgewächse *Urticaceae*
B: Zweihäusige Pflanze mit Brenn- und Borstenhaaren. Blätter dunkelgrün, eiförmig, lang zugespitzt, am Grunde herzförmig, grob gesägt. Die rispenartigen männlichen bzw. weiblichen Blütenstände meist länger als der benachbarte Blattstiel. 0,3 – 2 m. ♃; VI – X.
V: Auenwälder, Unkrautfluren, weltweit verbreitet.
D: Brennesselkraut – Herba Urticae (Erg.B.6), die getrockneten, oberirdischen Teile, auch von *U. urens* L. Urtica dioica (HAB 34).
I: In den Brennhaaren ein noch unaufgeklärter Nesselgiftstoff, Acetylcholin, Histamin, Ameisensäure; Glukokinine, Vitamin C, viel Chlorophyll.
A: Harntreibendes Mittel, vor allem bei rheumatischen Erkrankungen und bei Nierenkonkrementen, auch bei Wasseransammlungen und chronischen Hautleiden. Darüberhinaus hat die Droge auch milchbildende und geringe blutzuckersenkende Eigenschaften, die weniger arzneilich genutzt werden. In der Volksheilkunde sind Peitschungen mit frischen Brennesseln (Urtication) gegen Rheuma, Hexenschuß und Ischias noch gelegentlich gebräuchlich, ebenso Brennesselhaarwässer mit durchblutungsfördernder Wirkung. Zur Gewinnung von Chlorophyll, das in der Heilkunde u. a. in Präparaten zur Förderung der Wundheilung und gegen Mundgeruch Anwendung findet. Die jungen Blätter (noch ohne Nesselwirkung) als Gemüse oder Salat.
F: Arthrodynat, Cefarheumin, Rheumadrag, Rheumapressan u. v. a.

Kleine Brennessel *Urtica urens* L. Brennesselgewächse *Urticaceae*
B: Verzweigte Pflanze mit Brennhaaren. Blätter hellgrün, eiförmig, am Grunde keilförmig verschmälert, eingeschnitten gesägt. Männliche und weibliche Blüten gemeinsam in rispigen Blütenständen, die meist kürzer als die benachbarten Blattstiele sind. 0,1 – 0,5 m. ☉; V – X.
V: Stickstoffreiche Böden im Siedlungsbereich, fast weltweit verbreitet.
D: Urtica (HAB 34) die frische, blühende Pflanze. Brennesselkraut – Herba Urticae (Erg.B.6), siehe auch *U. dioica* L.
I: Wie bei der großen Brennessel.
A: Wie die Große Brennessel, in der Homöopathie jedoch bevorzugt. Die aus frischen Pflanzen hergestellten alkoholischen Extrakte zeigen Nesselwirkung mit Jucken, Brennen und Quaddelbildung, so daß sie in homöopathischer Dosierung u. a. bei nesselsuchtartigen Hautausschlägen, leichten Verbrennungen, ferner bei Milchmangel oder Gelenkentzündungen angewendet werden.
F: Combudoron, Urtica-Pentarkan, Wund- und Brandgel (Wala) u. a.

Blüten grün oder unscheinbar

Helxine seu Parietaria.
Tag und nacht.

Viscum.
Mistel.

Aufrechtes Glaskraut *Parietaria officinalis* L. (*P. erecta* MERT. & KOCH)
Brennesselgewächse *Urticaceae*
B: Stengel meist einfach, mit wechselständigen, ganzrandigen, eilanzettlichen Blättern. Blütenstände kugelig in den Blattachseln. 0,3 – 1 m. ♃; VI – IX.
V: Schuttplätze, Mauern, Auenwälder; aus dem Mittelmeergebiet bis nach Mitteleuropa eingeschleppt und eingebürgert, früher als Heilpflanze angebaut.
D: Glaskraut – Herba Parietariae, die getrocknete, ganze Pflanze.
I: Bitterstoff, Gerbstoff, Flavonoid, viel Kaliumnitrat, noch wenig erforscht.
A: Harntreibende Wirkung. Nur noch selten in Fertigtees gegen Blasen- und Nierenleiden und Leber- und Gallenerkrankungen. Volkstümlich früher auch gegen Rheumatismus und Husten, die frischen Blätter zur Wundbehandlung.
F: Buccotean Tee, Ullus Leber-Galle-Tee

Mistel *Viscum album* L. Mistelgewächse *Loranthaceae*
B: Kleiner, gabelig verzweigter, zweihäusiger Strauch, auf Laub- und Nadelbäumen schmarotzend. Blätter immergrün, ledrig, länglich-verkehrteiförmig, gegenständig. Blüten gelbgrün, unscheinbar, zu 3 – 5. Weißliche, beerenartige Scheinfrüchte mit schleimig klebrigem Inhalt. 0,2 – 0,6 m. ♄; II – V.
V: In drei Unterarten auf verschiedenen Baumarten; Europa, Asien.
D: Mistelkraut – Herba Visci albi (Erg.B.6), die getrockneten, jüngeren Triebe. Viscum album (HAB 34), gleiche Teile frische Beeren und Blätter.
I: Viscotoxin, ein tumorhemmender Protein-Komplex, Cholin, Acetylcholin, Histamin.
A: In vielen Präparaten gegen zu hohen Blutdruck und Arteriosklerose, wobei die Wirksamkeit allerdings umstritten ist und nur nach intravenöser Injektion eine Blutdrucksenkung nachgewiesen wurde. Ferner zur Injektionsbehandlung von Gelenkentzündungen und als unterstützendes Mittel in der Krebstherapie.
F: Antisklerosin, Asgoviscum, Craviscum, Eucebral, Viscratyl, Viscysat u. v. a.

Zucker-Rübe *Beta vulgaris* L. ssp. *vulgaris* var. *altissima* DÖLL
Gänsefußgewächse *Chenopodiaceae*
B: Kulturpflanze mit weißfleischiger, rübenförmiger Wurzel, die nur zu 1/10 aus dem Boden herausragt. Grundblätter rosettig, lang keilförmig in den Stiel verschmälert. Blüten grünlich, unscheinbar, in hohem, rispenförmigem Blütenstand. 0,5 – 2 m. ☉; VII – IX.
V: In vielen Sorten kultiviert.
D: Saccharose – Saccharum (Ph. Eur.).
I: Ca. 20% Saccharose (Rohrzucker, Rübenzucker) u. a. Zucker, mehrere Aminosäuren, darunter Betain, Pflanzensäuren, Mineralsalze, Saponine.
A: Betain wirkt einer überhöhten Anhäufung von Fetten in der Leber entgegen und wird bei der Behandlung von Lebererkrankungen eingesetzt. Hohe Zuckerkonzentrationen, z. B. in Sirupen, hemmen infolge osmotischer Effekte die Entwicklung von Bakterien und Pilzen und wirken so als Konservierungsmittel. In Hustensäften wird dem Zucker eine zusätzliche auswurffördernde Wirkung nachgesagt.
F: Flacar

Rote Rübe, Rote Bete *Beta vulgaris* L. ssp. *vulgaris* var. *conditiva* ALEF.
(auch als var. *rubra* bezeichnet) Gänsefußgewächse *Chenopodiaceae*
B: Rübe rotschalig und rotfleischig. Blätter und Blattstiele rot überlaufen, Blüten unscheinbar in rispigen Blütenständen. 0,5 – 1 m. ☉; VII – IX.
V: Kulturpflanze, Herkunft unsicher.
D: Wurzelextrakte und der frische Preßsaft.
I: Farbstoffglykosid Betanin, Betacyane, Betaxanthine, Saponine, Allantoin, zahlreiche Vitamine und Mineralsalze, Zucker.
A: In der Volksmedizin bei Blutarmut, als allgemeines Stärkungsmittel, zur Steigerung der Widerstandsfähigkeit gegen Infektionskrankheiten. Das Betanin und die Betacyane sollen als Redoxkatalysatoren Einfluß auf den Zellstoffwechsel haben. Über die Bedeutung der Pflanze als unterstützendes Mittel in der Krebs-Therapie wird diskutiert.
F: DHG 2000, Das Rote Bete-Eisentonikum u. a.

Blüten grün oder unscheinbar

Krauser Ampfer *Rumex crispus* L.   Knöterichgewächse *Polygonaceae*
B: Grundblätter lang gestielt, länglich-lanzettlich, am Grunde keilförmig oder gestutzt, derb, mit wellig-krausem Rand. Blüten zwittrig, innere Blütenhüllblätter mehr oder weniger ganzrandig, eines mit großer Schwiele, die anderen ohne oder mit kleiner Schwiele. 0,3 – 1,2 m. ♃; VI – VIII.
V: Feuchte Unkrautgesellschaften, fast weltweit verbreitet.
D: Rumex (HAB 34), die frische, im Frühling gegrabene Wurzel.
I: Anthraverbindungen, ätherisches Öl, Gerbstoff.
A: Die Wurzel früher als Abführmittel (Ersatz für den Arznei-Rhabarber), die gerbstoffreichen Früchte dagegen bei Durchfall. Ähnlich wurden *R. obtusifolius* L. und *R. alpinus* L. genutzt. Heute noch bisweilen in der Homöopathie bei Katarrhen der Atemwege, Durchfällen und Hautausschlägen.
F: Sticta-Pentarkan

Wohlriechender Gänsefuß *Chenopodium ambrosioides* L.   Gänsefußgewächse *Chenopodiaceae*
B: Pflanze drüsig, mit aromatischem Geruch. Blätter breitlanzettlich, ganzrandig oder gezähnt bis buchtig gelappt. Blüten unscheinbar, in rispigen, stark verzweigten, durchblätterten Blütenständen. 0,2 – 0,8 m; ☉; VII – IX.
V: Selten noch angebaut und verwildert; Heimat Südamerika.
D: Mexikanisches Traubenkraut, Jesuiten-Tee – Herba Chenopodii ambrosioides (Erg.B.6). Chenopodium ambrosioides (HAB 34).
I: Ätherisches Öl mit wechselndem Gehalt an Askaridol, Saponine.
A: Nur noch selten, vor allem in der Volksheilkunde als appetitanregendes, verdauungsförderndes Mittel und gegen Wurmerkrankungen. Auch als Gewürz. Askaridol, das aus dem ätherischen Öl der nahe verwandten Art *Ch. anthelminticum* L. gewonnen wird, ist gegen Spul- und Hakenwürmer wirksam, wird aber wegen seiner großen Giftwirkung bei uns kaum mehr verwendet.
F: Amara-Tropfen-Pascoe

Spinachia. Spinet.

Spinat *Spinacia oleracea* L.   Gänsefußgewächse *Chenopodiaceae*
B: Zweihäusig, Blätter gestielt, 3eckig-pfeilförmig, spießförmig oder länglicheiförmig. Männliche Blüten in unbeblätterten end- und achselständigen Scheinähren, weibliche sitzend in den Blattachseln. 0,3 – 0,5 m. ☉; VI – IX.
V: Als Kulturpflanze weltweit verbreitet.
D: Spinat – Folia Spinaciae.
I: Spinat-Sekretin, geringe Mengen Saponin, Histamin, Oxalsäure, Mineralstoffe, Vitamine, viel Chlorophyll.
A: Das Sekretin hat eine günstige Wirkung auf die Verdauungsvorgänge, es regt u. a. die Bauchspeicheldrüsensekretion und den Gallenfluß an. Die Pflanze auch zur Chlorophyllgewinnung, als vitamin- und mineralstoffreiches Gemüse.
F: Cholagogum vegetabile Nattermann, Floradix Kräuterblut u. a.

Garnkraut/Widdertod

Kahles Bruchkraut *Herniaria glabra* L.   Nelkengewächse *Caryophyllaceae*
B: Flach dem Boden anliegende, ausgebreitet verzweigte Pflanze. Blättchen eiförmig bis lanzettlich, 3 – 10 mm lang, in den Achseln gelblichgrüne Blütenknäuel. Blütenhülle kahl, kürzer als die Frucht. Bis 0,3 m lang. ☉ – ♃; VII – IX.
Behaartes Bruchkraut *Herniaria hirsuta* L. (ohne Abb.): Ganze Pflanze behaart, Blütenhüllblätter borstig, etwa so lang wie die Frucht.
V: Offene sandige oder kiesige Standorte; Europa, Westasien.
D: Bruchkraut – Herba Herniariae (Erg.B.6), die getrockneten, oberirdischen Teile beider Arten.
I: Saponine, Flavonoide, Cumarine Herniarin und Umbelliferon, ätherisches Öl, Gerbstoff.
A: Vor allem krampflösende und desinfizierende Wirkung auf die ableitenden Harnwege, während der harntreibende Effekt nur sehr gering sein soll. Anwendung u. a. bei chronischem Blasenkatarrh, Nierenkoliken, vorbeugend gegen Steinbildungen. Volkstümlich als Blutreinigungsmittel.
F: Blasen- und Nieren-Tee Stada, Diureticum-Medice, Nephri-Dolan u. a.

Blüten grün oder unscheinbar

Schwarze Johannisbeere *Ribes nigrum* L. Stachelbeergewächse
Grossulariaceae
B: Strauch mit charakteristischem Geruch. Blätter 3 – 5lappig, doppelt gesägt, unterseits gelbdrüsig. Blütentrauben hängend, Kelchblätter zurückgebogen, länger als die grünlichen oder weißen Kronblätter. Bis 2 m. ♄; IV – V.
V: Bruch- und Auenwälder, oft aus Kulturen verwildert; Europa, Asien.
D: Schwarze Johannisbeerblätter – Folia Ribis nigri (Erg.B.6), die getrockneten Laubblätter (von kultivierten Sträuchern).
I: Spuren ätherisches Öl, Gerbstoff, Rutin, Vitamin C.
A: Volkstümlich als harn- und schweißtreibender Tee u. a. bei rheumatischen Erkrankungen, auch gegen Durchfall und Keuchhusten. Häufig in Hausteemischungen. Der Aufguß der Beeren zum Gurgeln, der Fruchtsaft, heiß getrunken, bei beginnenden Erkältungskrankheiten, ferner bei leichten Durchfallerkrankungen, als Stärkungsmittel und Geschmackskorrigens.
F: Floradix Kindervital, Kinder-Punkt, Vitatonin C-Saft u. a.

Alpen-Frauenmantel *Alchemilla alpina* L. Rosengewächse *Rosaceae*
B: Stengel niederliegend-aufsteigend, Blätter fingerförmig 5 – 7teilig, die mittleren Abschnitte meist bis zum Grunde frei, unterseits dicht anliegend silbrig behaart. Bis 0,1 m. ♃; VI – VIII.
V: Rasen, Gebüsche, auf Urgestein; Nordeuropa, Gebirge Mittel-, Südeuropas.
D: Silbermäntelikraut – Herba Alchemillae alpinae, das getrocknete Kraut, auch von der ähnlichen *A. conjuncta* BAB.
I: Wie beim Gewöhnlichen Frauenmantel.
A: Die besonders in den Alpenländern gebräuchliche Droge gilt in der Volksheilkunde als wirksamer als der Gewöhnliche Frauenmantel.

Pes leonis.
Synnaw.

Gewöhnlicher Frauenmantel *Alchemilla vulgaris* L. s. L. Rosengewächse
Rosaceae
B: Vielgestaltige Sammelart. Stengel aufrecht oder aufsteigend, Blätter rundlich, gefaltet, mit 7 – 11 gezähnten Abschnitten. Blüten unscheinbar, gelblichgrün, geknäuelt, in verzweigten Blütenständen. 0,1 – 0,5 m. ♃; V – IX.
V: Wiesen, Weiden, Gebüsche, häufig; Europa, Asien, Nordamerika.
D: Frauenmantelkraut – Herba Alchemillae (Erg.B.6), die getrockneten, oberirdischen Teile.
I: Gerbstoffe, in Spuren Salicylsäure, Wirkstoffe noch unbekannt.
A: In der Volksheilkunde innerlich sowie äußerlich beliebtes Mittel bei Unterleibsleiden („Frauenmantel"), auch bei Darmkatarrhen und als entzündungswidriges Gurgelwasser.
F: Cefakliman, Lamioflur, Menstrualin, Salviathymol, Umkehr Tee 14 u. a.

Johannisbrotbaum *Ceratonia siliqua* L. Johannisbrotgewächse
Caesalpiniaceae
B: Immergrüner Baum, Blätter paarig gefiedert mit 4 – 10 verkehrt-eiförmigen, ledrigen Einzelblättchen. Blütenstände mit kronenlosen Blüten direkt an den Ästen. Braune, ledrige, bis 20 cm lange Hülsen. 5 – 10 m. ♄; VIII – X.
V: Im Mittelmeergebiet heimisch und häufig kultiviert.
D: Johannisbrot – Fructus Ceratoniae (Siliqua dulcis) (Erg.B.6), die reifen, getrockneten Hülsen.
I: Viel Zucker, Pektin, Schleimstoffe, Gerbstoffe, Fruchtsäuren, Isobuttersäure (ranziger Geruch), in den Samen das Polysaccharid Carubin.
A: Die Früchte in Präparaten zur Behandlung von Durchfallerkrankungen und bei Magenschleimhautentzündungen. Als Viehfutter, selten noch als Nahrungsmittel, zur Herstellung von Fruchtsäften und vergorenen Getränken, geröstet als Kaffee-Ersatz. Das Endosperm der reifen Samen zur Herstellung von Johannisbrotkernmehl, das zur Eindickung der Nahrung z. B. bei habituellem Erbrechen der Säuglinge verwendet wird, zur Bereitung von kleberfreiem Stärkebrot bei Zöliakie und von Schlankheitskost. Die Samen wegen ihres konstanten Gewichtes früher als Juwelen- und Goldgewichte (Karat).
F: Arobon, Nestargel, Maffee, Stomaxyl, Ventricon u. a.

212

Blüten grün oder unscheinbar

Wald-Bingelkraut

Wald-Bingelkraut *Mercurialis perennis* L.   Wolfsmilchgewächse
Euphorbiaceae
B: Zweihäusige, unverzweigte Pflanze, Blätter nur in der oberen Hälfte, gestielt, lanzettlich, stumpf gesägt. Männliche Blüten in dünnen Scheinähren, weibliche zu 1 – 2, lang gestielt in den Blattachseln. 0,1 – 0,4 m. ♃; IV – V.
V: Buchenwälder, Laubmischwälder; gemäßigtes Europa, SW-Asien.
Einjähriges Bingelkraut *Mercurialis annua* L. (ohne Abb.), Stengel verzweigt, in der ganzen Länge beblättert. 0,1 – 0,4 m. ☉; V – X.
V: Äcker, Schuttplätze, heute fast weltweit verbreitet.
D: Bingelkraut – Herba Mercurialis, das frische Kraut beider Arten. Mercurialis (HAB 34), nur von *M. perennis* L.
I: Saponine, ätherisches Öl, ein Farbstoff, Methylamin und Trimethylamin.
A: ☠ Nur das vor der Blüte geerntete frische Kraut soll stark abführende und harntreibende Wirkung haben. Früher in der Volksheilkunde, heute jedoch wegen möglicher Vergiftungen nicht mehr verwendet. In der Homöopathie bei Rheumatismus, Entzündungen der Mundschleimhaut, Bläschenausschlag.

Vitis vinifera.
Weinreb.

Weinrebe *Vitis vinifera* L.   Weinrebengewächse *Vitaceae*
B: Mit verzweigten, blattgegenständigen Ranken kletternder Strauch, Rinde sich streifenförmig ablösend. Blätter rundlich, 3 – 5lappig, grob gezähnt, unterseits behaart. Blüten in dichten Rispen, die 5 Kronblätter an der Spitze verwachsen und gemeinsam abfallend. Bis 30 m. ♄; VI – VII.
V: Auenwälder; SO-Europa, W-Asien, in vielen Sorten weltweit angebaut.
D: Weinblätter – Folia Vitis viniferae. Vitis vinifera (HAB 34).
I: Flavonglykoside, Gerbstoffe, Wein- und Äpfelsäure, weinsaure Salze.
A: Blattextrakte in Fertigpräparaten u. a. gegen Venenerkrankungen und Durchblutungsstörungen. Der bei der Weinbereitung an den Gärbottichen abgesonderte Weinstein (Kaliumhydrogentartrat) als Abführmittel. Auch die Traubenkuren beruhen auf der abführenden und harntreibenden Wirkung der Tartrate. Der Wein selbst wird zu medizinischen Weinen mit appetitanregender Wirkung verwendet.
F: Hepatodoron, Kavaform, Pedopur, Veno-Rugard u. a.

Purgier-Kreuzdorn *Rhamnus catharticus* L.   Kreuzdorngewächse
Rhamnaceae
Beschreibung und Verbreitung s. S. 246.
D: Kreuzdornbeeren – Fructus Rhamni catharticae (recentes) (Erg.B.6), die getrockneten (frischen), reifen Früchte. Rhamnus cathartica (HAB 34).
I: Anthrachinonverbindungen, Flavonglykoside, Farbstoffe, unreif Saponine.
A: ☠ Als Giftpflanze s. S. 246. Wie Faulbaumrinde auf den Dickdarm wirkendes Abführmittel, aber milder. Vorwiegend bei chronischer Verstopfung, früher häufig in Form des Sirups (Sirupus Rhamni catharticae) in der Kinderpraxis oder die getrockneten Beeren, heute noch in wenigen Fertigpräparaten. In der Volksheilkunde auch als harntreibendes und Blutreinigungsmittel.
F: Laxysat, Presselin Stoffwechseltee, Salus Abführ-Tee u. a.

Faulbaum *Frangula alnus* MILL. (*Rhamnus frangula* L.)   Kreuzdorngewächse
Rhamnaceae
Beschreibung und Verbreitung s. S. 246.
D: Faulbaumrinde – Frangulae cortex (Ph. Eur.), die getrocknete Rinde der Stämme und Zweige, vor Verwendung mindestens ein Jahr gelagert oder unter Luftzutritt und Erwärmen künstlich gealtert. Frangula (HAB 34).
I: In frischem Zustand brechenerregende Anthronderivate, die sich beim Lagern in die Anthrachinonderivate Glucofrangulin und Frangulin umwandeln; Alkaloide Frangulanin und Franganin, Gerbstoffe, Bitterstoffe, Saponin.
A: ☠ Als Giftpflanze s. S. 246. Auf den Dickdarm wirkendes Abführmittel. Darmbakterien reduzieren kleine Mengen der im Darm freiwerdenden Anthrachinone zur Anthronform, die die Dickdarmmotorik anregen und die Sekretion der Schleimdrüsen steigern. Auch häufig in Leber- und Gallenpräparaten enthalten.
F: Carilaxan, Franguforton, Leo-Pillen, Normacol, Solubilax, Tirgon u. v. a.

Blüten grün oder unscheinbar

Sanddorn *Hippophaë rhamnoides* L.   Ölweidengewächse   *Elaeagnaceae*
B: Dorniger, zweihäusiger Strauch, auch kleiner Baum. Blätter lineallanzettlich, unterseits silbergrau bis kupferrot glänzend. Blüten vor den Blättern erscheinend, männliche in kopfartigen Blütenständen, weibliche in kurzen, wenigblütigen Trauben. Frucht eine orangerote Scheinbeere. 2 – 6 m. ♄; IV. Geschützt.
V: Schotterauen der Gebirgsflüsse, Küstendünen, häufig gepflanzt; Eurasien.
D: Sanddornbeeren – Fructus Hippophaë rhamnoides.
I: Viel Vitamin C und weitere Vitamine, Flavonoide, Farbstoffe, organische Säuren, fettes Öl.
A: Wertvoll durch das reichliche Vorkommen von Vitamin C und Bioflavonoiden. Zur Bereitung von Konzentraten, Säften, Reform-Erzeugnissen u. a. gegen Erschöpfungszustände, Anfälligkeit für Erkältungskrankheiten und Appetitlosigkeit.
F: Kinder-Punkt, Vitatonin C-Saft, Säfte verschiedener Firmen

Hedera nigra.
Maur Epheuw.

Efeu *Hedera helix* L.   Efeugewächse   *Araliaceae*
Beschreibung und Verbreitung s. S. 246.
D: Efeublätter – Folia Hederae helicis. Hedera helix (HAB 34), frische Sprosse.
I: Triterpensaponine, u. a. Hederasaponin C, das nach enzymatischer Spaltung α-Hederin liefert, geringe Mengen Alkaloide, darunter Emetin, Jod.
A: ☠ Als Giftpflanze s. S. 246. Efeublätter haben schleimlösende und besonders auf die Bronchien krampflösende Wirkung. Häufig in Fertigpräparaten gegen Keuchhusten, Bronchitiden, Reiz- und Krampfhusten. Früher auch in der Volksheilkunde äußerlich bei parasitären Hauterkrankungen und Rheuma. In der Homöopathie besonders bei Bronchialasthma, Gallenerkrankungen und Schilddrüsenüberfunktion.
F: Bronchoforton, Bronchiflux, Losapan, Monapax, Prospan u. a.

Gewöhnliche Esche *Fraxinus excelsior* L.   Ölbaumgewächse   *Oleaceae*
B: Baum mit schwarzen Blattknospen. Blätter unpaarig gefiedert, die 9 – 13 Teilblätter sitzend, lanzettlich, fein gesägt. Blüten in reichblütigen Rispen ohne Blütenhülle, vor den Blättern erscheinend. Zahlreiche zungenförmige Früchte an dünnen Stielen. Bis 40 m. ♄; IV – V.
V: Häufig in Laubwäldern, besonders Auenwäldern; gemäßigtes Europa.
D: Eschenblätter – Folia Fraxini (Erg.B.6), die getrockneten Laubblätter. Seltener die Rinde – Cortex Fraxini, diese auch im HAB 34.
I: Blätter: Flavonglykoside, Cumarinverbindungen, ätherisches Öl, Mannit, Äpfelsäure. Rinde: Cumarinverbindungen Fraxin, Aesculin u. a., Mannit.
A: Fast nur noch volkstümlich als leicht harntreibendes Mittel bei Rheuma und Gicht, wobei Fraxin die Harnsäureausscheidung steigern soll. Daneben als mildes Abführmittel (Wirkung der Äpfelsäure und des Mannits).
F: Phytodolor Tropfen, Ullus Leber-Galle-Tee

Psyllium/ Flöhkraut.

Flohsamen-Wegerich *Plantago afra* L. (*P. psyllium* L.)   Wegerichgewächse
Plantaginaceae
B: Gegenständig verzweigte Pflanze mit sitzenden, schmallinealen Blättern. Blüten trockenhäutig, unscheinbar, in blattachselständigen, langgestielten, eiförmigen Köpfchen. Samen kahnförmig. 0,1 – 0,3 m. ☉; IV – VII.
V: Wegränder, Felder, Ödland; Mittelmeergebiet, SW-Asien.
D: Flohsamen – Psyllii semen (DAC), die reifen Samen, auch von *P. arenaria* W. & K. (*P. indica* L.).
I: Hoher Schleimgehalt, Gerbstoff, fettes Öl, Glykosid Aucubin, Proteine.
A: Starkes Quellungsvermögen durch den hohen Schleimgehalt. Wie Leinsamen als mildes Abführmittel besonders bei chronischer Verstopfung. Daneben als reizmilderndes Mittel bei Darmentzündungen und gegen Husten. Häufig ist im Drogenhandel und auch in Fertigpräparaten heute der ähnliche Indische Flohsamen, Ispaghula-Samen von *Plantago ovata* FORSK. anzutreffen.
F: mit *P. ovata*: Agiolax, Bekunis Granulat, Laxiplant

Blüten grün oder unscheinbar

Plantago major.
Roter Wgrich.

Großer Wegerich *Plantago major* L.   Wegerichgewächse *Plantaginaceae*
B: Blätter in einer Grundrosette, deutlich gestielt, elliptisch, bis 1,5mal so lang wie breit, mit parallelen Hauptnerven. Stiel der Blütenähre kürzer als die Blätter. Blüten unscheinbar, durch die herausragenden Staubblätter blaßlila bis gelblich. 0,1 – 0,3 m. ♃; VI – X.
V: Häufig in Trittrasen, auf Wegen, heute weltweit verschleppt.
D: Breitwegerichkraut – Herba Plantaginis majoris (Erg.B.6), das getrocknete oder frische, blühende Kraut. Plantago major (HAB 34).
I: Schleimstoffe, Gerbstoffe, Glykosid Aucubin, Vitamin C, Kieselsäure.
A: In der Volksheilkunde wie Spitzwegerich, vor allem gegen Husten verwendet, jedoch weniger wirksam. Die frischen Blätter als Wundheilmittel. In der Homöopathie häufiger als die folgende Art, u. a. bei Wundschmerzen nach Zahnextraktionen, Zahnschmerzen, Mittelohrkatarrhen, Bettnässen, Reizblase.
F: Aranea Oligoplex, Uva ursi Oligoplex, Viburcol u. a.

Spitzer Wegerich.

Spitz-Wegerich *Plantago lanceolata* L.   Wegerichgewächse *Plantaginaceae*
B: Grundrosette aus lineallanzettlichen, am Grunde verschmälerten, parallelnervigen Blättern. Stiel der Blütenähre länger als die Blätter, Blüten unscheinbar, bräunlich, in walzlicher bis eiförmiger Ähre. 0,1 – 0,4 m. ♃; V – IX.
V: Wiesen, Trockenrasen, Ruderalfluren; Europa, Asien, weltweit verschleppt.
D: Spitzwegerichkraut – Herba Plantaginis lanceolatae (Erg.B.6), das getrocknete oder frische, blühende Kraut. Plantago lanceolata (HAB 34).
I: Schleimstoffe, Gerbstoffe, Glykosid Aucubin, Vitamin C, Kieselsäure.
A: Gebräuchlich als schleimlösendes und reizmilderndes Mittel bei Katarrhen der Atemwege, seltener auch bei Schleimhautentzündungen von Magen und Darm. Die in der Volksheilkunde verwendeten frischen Blätter bzw. der ausgepreßte Saft haben wundheilende und blutgerinnungsfördernde Eigenschaften. Antibakterielle Wirkung wurde für das Hydrolyseprodukt des Aucubins nachgewiesen. Die Samen aufgrund ihrer (allerdings geringen) Quellfähigkeit zeitweise in Abführmitteln.
F: Bronchostad, Dr. Boether Bronchitten, Novotussin, Ullus-Magentee u. a.

Stechender Mäusedorn *Ruscus aculeatus* L.   Liliengewächse *Liliaceae*
B: Zweihäusiger, immergrüner Halbstrauch mit zweizeilig angeordneten, blattartig verbreiterten, stechenden Zweigen. Darauf die grünlich-weißen unscheinbaren Blüten einzeln oder zu wenigen in der Achsel eines kleinen Hochblattes. Frucht eine rote Beere. 0,2 – 0,8 m. ♄; IX – X, II – IV. Geschützt.
V: Wälder und Gebüsche im Mittelmeergebiet und Westeuropa.
D: Stechmyrtenwurzelstock – Rhizoma Rusci aculeati.
I: Sapogenine Ruscogenin und Neoruscogenin.
A: Harntreibende, außerdem gefäßverengende und entzündungshemmende Wirkung. In Fertigarzneimitteln gegen venöse Durchblutungsstörungen, Krampfadern, Hämorrhoiden u. ä. In der Volksmedizin als harntreibendes Mittel. Die Zweige werden zu Trockensträußen verwendet.
F: Maudor, Ruscorectal (enthält Ruscogenin), Tissan-Veno u. a.

Sand-Segge *Carex arenaria* L.   Sauergräser *Cyperaceae*
B: Pflanze mit sehr weit kriechendem Wurzelstock, Triebe oft gerade Reihen bildend. Stengel scharf 3kantig, zur Blütezeit etwa so lang wie die Blätter, mit ährenartigem, oft etwas überhängendem Blütenstand. 0,1 – 0,5 m. ♃; V – VI.
V: Dünen, Heiden, Sandkiefernwälder im Norddeutschen Tiefland, Küsten Westeuropas.
D: Sandriedgraswurzelstock – Rhizoma Caricis (Erg.B.6), der getrocknete Wurzelstock.
I: Saponine, Kieselsäure, Spuren ätherisches Öl, Gerbstoffe, ein Glykosid, Harz, Schleim, Stärke.
A: Harn- und schweißtreibende Wirkung. In der Volksheilkunde als Blutreinigungsmittel bei Ekzemen und rheumatischen Erkrankungen. Früher spielte die Droge bei der Behandlung der Lues eine Rolle und wurde daher auch als „Deutsche Sarsaparille" bezeichnet.

Blüten grün oder unscheinbar

Taumel-Lolch, Tollgerste *Lolium temulentum* L. Süßgräser *Poaceae*
B: Nur blühende, steif aufrechte Triebe. Ähre bis 20 cm lang, Ährchen zweizeilig sitzend, vielblütig, begrannt, mit der Schmalseite der rauhen Achse zugekehrt. Hüllspelze 7- oder 9nervig. 0,3 – 0,8 m. ⊙; VI – VIII.
V: Getreideunkraut, bei uns heute fast ausgestorben; Heimat Mittelmeergebiet.
D: Lolium temulentum (HAB 34), die reifen Früchte.
I: In den reifen Früchten das Alkaloid Temulin. Die Früchte sind meist von einem Pilz befallen, der für die Giftwirkung jedoch ohne Bedeutung sein soll.
A: ☠ Noch zu Beginn dieses Jahrhunderts Massenvergiftungen durch Verunreinigung des Getreides oder Leins mit den Früchten. Zu den Vergiftungserscheinungen gehören u. a. Schwindel und Taumeln, Verwirrungszustände, Erbrechen und Koliken, selten auch tödliche Atemlähmung. In der Homöopathie noch gebräuchlich bei Schwindel und Magenkrämpfen.

Gemeine Quecke *Agropyron repens* (L.) P. B. Süßgräser *Poaceae*
B: Pflanze mit langen unterirdischen Ausläufern. Ähre bis 15 cm lang, Ährchen dicht in 2 Zeilen sitzend, mehrblütig, die breite Seite der kahlen Achse zugekehrt. 0,3 – 1,5 m. ♃; VI – VII.
V: Äcker, Gärten, Wegränder, Flußufer, häufig; Europa, Asien.
D: Queckenwurzelstock – Rhizoma Graminis (Erg.B.6), der getrocknete Wurzelstock. Triticum repens (HAB 34).
I: Ätherisches Öl mit Agropyren, Carvon; Polysaccharid Triticin, Schleimstoffe, Kieselsäure.
A: Von alters her harntreibendes Mittel bei Erkrankungen der Harnwege, Rheuma und Hautausschlägen, auch als mildes Abführmittel und reizmildernd bei Katarrhen der Atemwege. Für Agropyren konnte antibiotische Wirkung nachgewiesen werden. Wegen des Kohlenhydratreichtums in Notzeiten als Nahrungsmittel.
F: Antiviscosin-Schlankheitstee, Contravenenum, Nephropur u. a.

Tritici primum genus.
Gemeiner Weyzen.

Weizen *Triticum aestivum* L. (*T. vulgare* VILL.) Süßgräser *Poaceae*
B: Blattspreite am Grunde geöhrt und bewimpert, mit kurzem, gestutztem Blatthäutchen. Ähren regelmäßig 4kantig, Ährchen sitzend, 2 – 5blütig, die breite Seite der Ährenachse zugekehrt, kurz begrannt. 0,5 – 1,6 m. ⊙; VI.
V: In vielen Sorten als Winter- oder Sommerweizen angebaut.
D: Weizenstärke – Amylum tritici (Ph. Eur.). Weizenkeime – Germina Tritici.
I: In den Weizenkeimen fettes Öl u. a. mit Ölsäure, Linolsäure, Lezithin, Vitaminen (besonders Vitamin E).
A: Liefert über 70% der arzneilich verwendeten Stärke (s. S. 21). Die Weizenkeime, ihre Extrakte und das Öl zur Regulierung der Keimdrüsenfunktionen, bei Herz- und Kreislaufschäden, Hautleiden, in der Kosmetik. Weizenkleie als Badezusatz bei Hautleiden.
F: E-Grandelat, Granoton, „Töpfer" Teerkleiebad, Triticum-Kapseln u. v. a.

Ruchgras *Anthoxanthum odoratum* L. Süßgräser *Poaceae*
B: Horstbildendes Gras. Stengel aufrecht bis aufsteigend, Blätter mit kurzer, am Grunde bewimperter Spreite. Ährchen einblütig, in dichter, ährenartiger Rispe. 0,3 – 0,5 m. ♃; V – VIII.
V: Wiesen, lichte Wälder, häufig; Europa und weiter eingeführt.
D: Heublumen – Flores Graminis, die Blütenstände und Blätter verschiedener Gräser und anderer Wiesenpflanzen. Zusammensetzung wechselnd je nach Herkunft und Erntezeit der Droge. Häufiger und wertvoller Bestandteil ist das Ruchgras mit Cumaringeruch. Anthoxanthum odoratum (HAB 34).
I: Kein besonderer Wirkstoff bekannt, enthalten sind unterschiedliche Mengen an ätherischen Ölen, Gerbstoffe, Carotin, Vitamin D, Cumarin, Kieselsäure.
A: Zu Bädern und Packungen mit stoffwechselanregender, durchblutungsfördernder, schmerzlindernder, krampflösender und beruhigender Wirkung u. a. bei rheumatischen Erkrankungen, Hexenschuß, Nervenentzündungen.
F: Heublumen-Aquasan, Perozon Heublumen-Ölbad u. v. a.

Blüten grün oder unscheinbar

Saat-Hafer *Avena sativa* L. Süßgräser *Poaceae*
B: Blattspreite am Grund ohne Öhrchen, Blatthäutchen kurz, gezähnt. Allseitswendig ausgebreitete, lockere Rispe mit meist 2blütigen, zur Reifezeit hängenden Ährchen. Deckspelzen kahl. 0,6 – 1,5 m. ☉; VI – VIII.
V: Als Kulturpflanze in den gemäßigten Zonen der Erde.
D: Hafermehl – Farina Avenae. Haferstroh – Stramentum Avenae. Avena sativa (HAB 34), die frische, blühende Pflanze.
I: In den Früchten neben Eiweiß, Kohlenhydraten, Fetten und Saponinen fragliches Alkaloid Avenin.
A: Die Früchte in Form von Haferflocken als Diätetikum bei Magen- und Darmstörungen. Aus dem Hafermehl gewonnene Bestandteile äußerlich gegen Hautleiden, ebenso Haferstrohbäder, die auch bei rheumatischen Erkrankungen Anwendung finden. In der Homöopathie häufiges Mittel gegen nervöse Erschöpfung und Schlaflosigkeit.
F: Avena-Bad Cooper, Eupronerv, Plantival, Requiesan, Sanadormin u. v. a.

Hordeum polystichum.
Große Gerst.

Mehrzeilige Gerste *Hordeum vulgare* L. Süßgräser *Poaceae*
B: Blattöhrchen sichelförmig stengelumfassend, kahl, Blatthäutchen kurz. Reife Ähren nickend, 4- oder 6zeilig, Ährchen 1blütig, bis 15 cm lang begrannt. 0,5 – 1,5 m. ☉; V – VI.
V: Als 4- und 6zeilige Gerste in zahlreichen Sorten angebaut.
D: Malzextrakt – Extractum Malti, der wäßrige Auszug aus Malz, den gekeimten, getrockneten Gerstenkörnern.
I: Maltose, Dextrin, Glucose, Eiweißstoffe, Enzyme, Vitamine, Mineralbestandteile.
A: Gerstenschleim volkstümlich bei Magen- und Darmerkrankungen. Malzextrakt bei Katarrhen der Luftwege (Malzbonbons), als Geschmackskorrigens und Kräftigungsmittel, z. T. mit Zusätzen von Kalk, Lebertran u. a. Das in den Gerstenkeimen enthaltene Alkaloid Hordenin stimuliert durch Verengung der Blutgefäße den peripheren Kreislauf und wirkt broncheolytisch.
F: Eugoa, Lemavit, Pantona, Sensinerv Roborans, Tetravitol, Thymomalt u. a.

Reis *Oryza sativa* L. Süßgräser *Poaceae*
B: Rispengras mit bis 1,5 cm breiten Blättern und sehr langer Blattscheide, Blatthäutchen zweispaltig. Rispe zusammengezogen, bis 30 cm lang. Bis 1,3 m. ☉; VII – IX.
V: Alte Kulturpflanze, Heimat Asien, heute weltweit in vielen Sorten angebaut.
D: Reisstärke – Amylum oryzae (Ph. Eur.).
A: Die sehr kleinkörnige Stärke ist als Pudergrundlage geschätzt, da durch die große Oberfläche die Kühlwirkung entsprechend groß ist (s. auch S. 21). Polierter Reis als Hauptnahrungsmittel verursacht aufgrund des niedrigen Gehaltes an Vitamin B1 die Beri-Beri-Krankheit.
F: Dermazellon u. a.

Mais, Welschkorn *Zea mays* L. Süßgräser *Poaceae*
B: Hohes, kräftiges Gras. Männliche Ähren in endständigen Rispen, weibliche in langen Kolben. 1,5 – 3 m. ☉; VII – IX.
V: In Mittelamerika entstandene Kulturpflanze, heute weltweit angebaut.
D: Maisstärke – Amylum maydis (Ph. Eur.). Maiskeimöl – Oleum Maydis. Maisgriffel – Stigmata Maidis (Erg.B.6), die getrockneten Griffel der weiblichen Blüten. Stigmata maydis (HAB 34).
I: In den Maisgriffeln Saponine, Flavone, ätherisches Öl, geringe Mengen eines chemisch noch nicht näher bekannten Alkaloids, Gerbstoff, Bitterstoff.
A: Frische Maisgriffel haben harntreibende, angeblich auch blutzuckersenkende Wirkung. In Peru werden sie als Rauschmittel geraucht (Alkaloidwirkung). In der Homöopathie bei Reizzuständen der Harnwege, Nierensteinen, Wasseransammlungen bei Herzleiden und Zuckerkrankheit. Maiskeimöl wegen seines hohen Gehaltes an ungesättigten Fettsäuren als wertvolles Speiseöl und vorbeugend gegen Arteriosklerose. Anwendung der Stärke s. S. 21.
F: Anaesthesin Puder, Antidiabeticum Fides, Klinoren, Mellibletten u.a.

Blüten grün oder unscheinbar

Acorus Diofcoridis.

Kalmus, Magenwurz *Acorus calamus* L. Aronstabgewächse *Araceae*
B: Pflanze mit aromatischem, unterirdisch weit kriechendem Wurzelstock. Blätter lineal, schwertförmig, Stengel 3kantig, 2zeilig beblättert, Blütenstand kolbenförmig, scheinbar seitenständig mit laubblattartigem Hochblatt, das die Fortsetzung des Stengels bildet. In Europa ohne Früchte. 0,5 – 1,5 m. ♃; VI – VII.
V: Langsam fließende und stehende Gewässer; in Europa seit dem 16. Jahrhundert eingebürgert, Asien, Nordamerika.
D: Kalmus – Rhizoma Calami (DAB 6), der für innere Zwecke geschälte und getrocknete Wurzelstock. Calamus aromaticus (HAB 34).
I: Ätherisches Öl mit Asaron, Bitterstoff Acorin, Gerbstoff.
A: Das gleichzeitige Vorkommen von ätherischem Öl und Bitterstoff machen Kalmus zu einem aromatischen Bittermittel, das bei Appetitmangel und Magen- und Darmstörungen wirksam ist. Häufiger Bestandteil von Magenbittern. Äußerlich zu Mund- und Gurgelwässern und zu hautreizenden Umschlägen und Bädern.
F: Amorphan, Carminativum-Hetterich, Carvomin, Gastrol, Stomasal u. v. a.

Kleine Wasserlinse *Lemna minor* L. Wasserlinsengewächse *Lemnaceae*
B: Auf der Wasserfläche schwimmende, blattartige, beiderseits flache Glieder, zu 2 – 6 zusammenhängend, mit je 1 Wurzel auf der Unterseite. Blüten selten in einer Spalte am Rand, 2 Staubblätter und 1 Fruchtknoten. 2 – 6 mm. ♃; V – VI.
V: Stehende und langsam fließende Gewässer, fast weltweit verbreitet.
D: Lemna minor (HAB 34), die frische Pflanze.
I: Flavonoide, Gerbstoffe, Schleimstoffe, Zucker, Vitamine.
A: In der Homöopathie gebräuchlich bei ödematösen Schwellungen in der Nase und Schleimhautpolypen. Früher in der Volksheilkunde als harntreibendes Mittel und bei Augenleiden.
F: Kalium chloratum Oligoplex, Naso-Heel, Stipo-Spray.

Meerträubel *Ephedra distachya* L. (*E. vulgaris* L. C. M. Rich.) Meerträubelgewächse *Ephedraceae*
B: Wie die Nadelhölzer zu den nacktsamigen Pflanzen gehörender, niedriger, zweihäusiger Strauch mit besenartigen, grünen Zweigen und schuppenförmigen Blättern. Männliche Blüten in Knäueln, weibliche zu zweien. Rote Beerenzapfen. Bis 1 m. ♄; III – IV. Geschützt.
V: An Küsten und Flußufern Südeuropas, ssp. *helvetica* in den SW-Alpen.
D: Ephedra vulgaris (HAB 34), die frischen Blätter und Zweige.
I: Alkaloid Pseudoephedrin neben wenig Ephedrin, Gerbstoff, Saponin, ätherisches Öl.
A: Ephedrin hat gefäßverengende, bronchienerweiternde und zentralerregende Wirkung. Es ist in europäischen *Ephedra*-Arten – im Gegensatz zu den früher medizinisch häufig gebrauchten und auch zur Ephedrin-Gewinnung herangezogenen asiatischen Arten – in geringerem Maße enthalten. Heute kann es synthetisch hergestellt werden. Anwendung der Pflanze noch in homöopathischen Präparaten gegen Kreislaufstörungen, Husten, Bronchialasthma, Heuschnupfen und allergische Erkrankungen.
F: Allergo-Dolan, Cardaminol, Ephecuan, Mediocard, Michalon u. a.

Ginkgo *Ginkgo biloba* L. Ginkgogewächse *Ginkgoaceae*
B: Zweihäusiger, sommergrüner Baum mit fächerförmigen, gabelnervigen Blättern. Männliche Blüten kätzchenartig, weibliche gestielt mit je 2 Samenanlagen. Reife Samen gelb, der faulende Samenmantel mit unangenehmem Geruch, weibliche Bäume daher nur selten kultiviert. Bis 30 m. ♄; IV – V.
V: Häufig als Parkbaum, erst seit 1730 in Europa, Heimat China.
D: Ginkgoblätter – Folia Ginkgo bilobae.
I: Flavonoide, Biflavonyle (Ginkgetin u. a.), Catechine, Ginkgolide.
A: Extrakte in Fertigpräparaten gegen periphere und zerebrale, arterielle Durchblutungsstörungen, auch in Geriatrika. Alte chinesische Heilpflanze gegen Husten.
F: Panstabil, Tebonin, Veno-Tebonin u. a.

Blüten grün oder unscheinbar, Nadelhölzer

Weiß-Tanne, Edel-Tanne   *Abies alba* MILL.   Kieferngewächse   *Pinaceae*
B: Hoher Nadelbaum mit storchennestartiger Krone. Nadeln gescheitelt, unterseits mit 2 hellen Streifen. Fruchtzapfen aufrecht stehend, Schuppen bei der Reife sich einzeln lösend. 30 – 60 m. ♄; V, VI.
V: In höheren Lagen der Mittelgebirge und Alpen bis Südeuropa.
D: Edeltannenöl – Oleum Abietis albae (Oleum Abietis pectinatae), das ätherische Öl der Nadeln. Edeltannenzapfenöl, Templinöl – Oleum Templinum, das ätherische Öl der Fruchtzapfen. Edeltannenextrakt – Extractum Abietis albae, wäßriger Auszug aus Nadeln und dünnen Zweigen. Straßburger Terpentin – Terebinthina argentoratensis.
I: Ätherisches Öl mit Bornylazetat, Pinen, Limonen.
A: Wie die Drogen aus Fichte und Kiefer zu Inhalationen bei Erkrankungen der Atemwege, zu Einreibungen und Bädern auch bei rheumatischen Beschwerden, Durchblutungsstörungen und nervösen Erschöpfungszuständen. Straßburger Terpentin früher zu hautreizenden Pflastern und Salben.
F: Aerosol Spitzner, Compinol, Piniminthol-Bad, Terpestrol u. a.

Fichte, Rottanne   *Picea abies* (L.) KARSTEN   Kieferngewächse   *Pinaceae*
B: Hoher, spitz-pyramidenförmiger Nadelbaum mit hängenden Zapfen, die im Ganzen abfallen. Nadeln spitz, gleichmäßig um die Zweige gestellt. 30 – 50 m (– 60 m). ♄; IV – VI.
V: Von den Alpen und höheren Lagen der östl. Mittelgebirge bis Nordeuropa und Sibirien waldbildend, im übrigen Mitteleuropa häufig kultiviert.
D: Fichtennadelextrakt – Extractum Pini (Erg.B.6), aus den frischen, jungen Zweigen. Fichtennadelöl – Oleum Piceae foliorum, das ätherische Öl der Nadeln. Pinus abies (HAB 34), die frischen Sprosse.
I: Ätherisches Öl mit Terpenen, Bornylacetat.
A: Das ätherische Öl zu Einreibungen bei Erkrankungen der Atmungsorgane, Rheuma, Muskelschmerzen (häufig in Franzbranntwein), wie auch Fichtennadelextrakte zu stärkenden Bädern. In geruchsverbessernden Raumsprays („Tannenduftessenzen"). Die jungen Sprosse volkstümlich wie Kiefernsprosse.
F: Cedrapin Bad, Contrheuma, Terbintil-Bade-Essenz u. v. a.

Larix.
Lerchbaum.

Lärche   *Larix decidua* MILL.   Kieferngewächse   *Pinaceae*
B: Baum mit hellgrünen Nadelblättern, büschelig an Kurztrieben, im Herbst goldgelb und dann abfallend. Zapfen rundlich mit eng anliegenden Samenschuppen. 20 – 30 m (–50 m). ♄; IV – VI.
V: In den Alpen bis zur Baumgrenze, in tieferen Lagen häufig gepflanzt.
D: Lärchenterpentin, Venezianisches Terpentin – Terebinthina laricina (Erg.B.6), Terebinthina veneta, der Balsam aus den angebohrten Stämmen.
I: Ätherisches Öl, Bitterstoff, Harzsäuren, vor allem Laricinolsäure.
A: Noch selten wie gewöhnliches Terpentin (s. S. 228) in hautreizenden Salben und Pflastern, gegen Furunkel, Abszesse, Rheuma und Erkrankungen der Atemwege. Technisch zu Lacken, Klebemitteln u. a. In der Homöopathie bei Augenerkrankungen.
F: Josimitan Salbe u. a.

Zypresse   *Cupressus sempervirens* L.   Zypressengewächse   *Cupressaceae*
B: Säulenförmiger Baum mit aufstrebenden (f. *sempervirens*) oder abstehend aufsteigenden Ästen (f. *horizontalis*). Blätter schuppenförmig, stumpf, in 4 dichten Reihen, Zapfen kugelig, 2,5 –4 cm im Durchmesser. Bis 30 m. ♄; IV.
V: Ostmediterran, heute im ganzen Mittelmeergebiet eingebürgert.
D: Zypressenöl – Oleum Cupressi (Erg.B.6), das ätherische Öl der Blätter und jüngeren Zweige. Cupressus sempervirens (HAB 34), die frischen Früchte und Blätter.
I: Im ätherischen Öl Furfurol, Pinen, Cadinen, Cedrol (Zypressenkampfer), Cymol
A: Als Bestandteil von Inhalationen und Einreibungen gegen Husten, Keuchhusten und Bronchialasthma. In Raumsprays. Grundstoff der „Chypre"-Parfums.
F: Drosera Oligoplex, Lyobalsam, Makatussin u. a.

Blüten grün oder unscheinbar, Nadelhölzer

Latsche, Legföhre *Pinus mugo* TURRA Kieferngewächse *Pinaceae*
B: Strauch mit bogig aufsteigenden Ästen. Nadeln stumpflich, zu 2 an Kurztrieben, bis 5 cm lang. Rinde schwarzbraun. Zapfen rundlich, aufrecht oder waagerecht stehend. 1 – 2 (–5) m. ♃; V – VI. Geschützt.
V: Bestandbildend in der subalpinen Stufe, Alpen, Karpaten, auch in Hochmooren.
D: Latschenkiefernöl – Oleum Pini pumilionis (Erg.B.6), das ätherische Öl aus den frischen Nadeln und jüngeren Zweigspitzen.
I: Phellandren, Limonen, Pinen, Bornylacetat („Tannennadelduft").
A: Ähnliche Anwendung wie Eucalyptusöl: zu Inhalationen bei Erkrankungen der Atemwege, in Bronchialbalsamen und Schnupfentropfen, zu Einreibungen und Bädern bei rheumatischen Erkrankungen und Nervenschmerzen, zum Desinfizieren und Parfümieren der Luft.
F: Bormelin, Mabex, Macoel, Piniol, Pumilen, Stas, Tyrospirol, Usalin u. v. a.

Wald-Kiefer, Föhre *Pinus sylvestris* L. Kieferngewächse *Pinaceae*
B: Baum mit rötlicher Rinde. Nadelblätter zugespitzt, 4 – 6 cm lang, zu 2 an Kurztrieben. Zapfen rundlich, bis 7 cm lang, reif hängend. Bis 45 m. ♃; V – VI.
V: Auf extremen, sandigen, kalkfelsigen oder torfigen Böden waldbildend, Europa.
D: Kiefernsprosse – Turiones Pini (Erg.B.6), die getrockneten, zu Beginn des Frühjahrs gesammelten Langtriebe. Pinus silvestris (HAB 34). Kiefernnadelöl – Oleum Pini silvestris (Erg.B.6), das ätherische Öl der Nadeln und Jungtriebe. Holzteer – Pix liquida (DAB 6, HAB 34), der durch trockene Destillation des Holzes gewonnene Teer.
I: In den Sprossen ätherisches Öl mit Phellandren, Pinen, Cadinen, Bornylacetat; Bitterstoff, Gerbstoff, Vitamin C. Im Holzteer Phenole, Kresole, Xylol, Naphthalin.
A: Das ätherische Öl wie das der Latsche. Volkstümlich die Kiefernsprosse als Badezusatz bei Rheuma, Erschöpfungszuständen, zur Förderung der Durchblutung und der Harnausscheidung, als Sirup bei Luftröhrenkatarrh. Der Holzteer äußerlich bei Hauterkrankungen.
F: Aerosol Spitzner, Denosol, Infrotto, Polytar, Sebopona fest mit Teer u. v. a.

Stern-Kiefer *Pinus pinaster* AITON Kieferngewächse *Pinaceae*
B: Baum mit 10 – 25 cm langen, 2 mm dicken Nadeln zu 2, Zapfen 8 – 22 cm lang, kegelförmig, zu 3 – 8 sternförmig gestellt. Bis 40 m. ♄; IV – VI.
V: Auf kalkarmen Böden im westlichen Mittelmeergebiet.
D: Gereinigtes Terpentinöl – Terebinthinae aetheroleum rectificatum (DAB 8), Oleum Terebinthinae rectificatum, das ätherische Öl aus dem Terpentin von *Pinus*-Arten, besonders *P. pinaster* AITON und der amerikanischen *P. australis* MICHAUX FIL. Oleum Terebinthinae (HAB 34). Unter Terpentin schlechthin versteht man den Balsam von Nadelholzarten, der bei Verwundung lebender Bäume ausfließt. Zur Gewinnung werden die Stämme mit übereinanderliegenden V-förmigen Einkerbungen versehen, und am Scheitel des untersten Einschnittes wird ein Auffanggefäß befestigt (unten rechts). Die Terpentine haben je nach Baumart unterschiedliche chemische Zusammensetzung. Durch Wasserdampfdestillation des Terpentins erhält man Terpentinöl und als Rückstand ein Harz, das Kolophonium (Colophonium DAB 6). *Pinus sylvestris* L. und *Pinus nigra* ARNOLD liefern Terpentinöl, das nicht den Forderungen der neuen Arzneibücher nach einem hohen Pinen-Gehalt entspricht.
I: Terpentinöl: überwiegend Pinen, Phellandren, Limonen, Colophonium: verschiedene Harzsäuren, Resen, Reste ätherischen Öles.
A: Terpentinöl innerlich und zu Inhalationen bei Erkrankungen der Atemwege, als Injektion zur unspezifischen Reizkörpertherapie; äußerlich als durchblutungsförderndes Mittel bei rheumatischen Muskel- und Gelenkbeschwerden. In der Homöopathie u. a. bei Gallensteinkoliken, Blasen- und Nierenbeckenentzündungen. Kolophonium (Geigenharz) nur noch selten zu Pflastern und Salben bei Rheuma und Furunkeln.
F: Ilon Abszeß-Salbe, Inspirol, Lindoliment, Ozothin u. v. a.

Blüten grün oder unscheinbar, Nadelhölzer

Amerikanischer Lebensbaum *Thuja occidentalis* L.   Zypressengewächse *Cupressaceae*
B: Strauch oder Baum mit ausgebreiteten Zweigen. Blätter schuppenförmig, beim Zerreiben stark aromatisch. Zapfen bis 1 cm, reif hellbraun, mit 8 – 10 Schuppen. Bis 8 m (–20 m). ♄; IV – V.
V: Häufig gepflanzt, Heimat atlantisches Nordamerika.
D: Lebensbaumspitzen – Summitates Thujae (Erg.B.6), die getrockneten, jüngeren Zweige. Thuja (HAB 34).
I: Ätherisches Öl mit Thujon, Gerbstoff, Bitterstoffglykoside, Flavonoide.
A: ☠ Wie der Sadebaum giftig. Das stark hautreizende ätherische Öl in Einreibungen gegen Rheuma und Erkältungskrankheiten. Innerlich häufig in der Homöopathie u. a. gegen Warzen, Muskel- und Gelenkschmerzen, chronische Bindehautentzündung, als unspezifisches Reiztherapeuticum.
F: Echtrosept, Esberitox, Rheuma-Pasc, Stoyet, Wick VapoRub u. a.

Sadebaum *Juniperus sabina* L.   Zypressengewächse *Cupressaceae*
B: Niederliegender Strauch mit aufsteigenden Ästen. Blätter nur an jungen Pflanzen und Trieben nadelförmig, sonst schuppenartig, anliegend, beim Zerreiben unangenehm riechend. Beerenzapfen kurz gestielt, hängend, dunkelblau, etwa 5 mm groß. Bis 2 m. ♄; IV – V. Geschützt.
V: Selten in den Alpen und südeuropäischen Gebirgen, häufiger kultiviert.
D: Sadebaumspitzen – Summitates Sabinae (Erg.B.6), die getrockneten, jüngsten Zweigspitzen. Sabina (HAB 34).
I: Ätherisches Öl mit Sabinen, Sabinol, Thujon u. a., Bitterstoffglykosid.
A: ☠ Das sehr giftige ätherische Öl hat äußerlich wie innerlich starke örtliche Reizwirkung. Die Pflanze ist seit alters als Abtreibungsmittel bekannt, jedoch tritt die Wirkung meist nur nach einer tödlichen Dosis ein. Äußerlich gelegentlich zur Behandlung von Warzen, innerlich nur noch in der Homöopathie, u. a. bei Menstruationsstörungen, Reizzuständen der Blase und Warzen.
F: Cimicifuga Oligoplex, Millefolium-Pentarkan, Sabina-Plantaplex u. a.

Juniperus minor.
Klein Weckholder.

Gemeiner Wacholder *Juniperus communis* L.   Zypressengewächse *Cupressaceae*
B: Schmaler Strauch oder niedriger Baum, Blätter immer nadelförmig, 6 – 20 mm lang, mit einem breiten, helleren Streifen auf der Oberseite. Beerenzapfen 6 – 9 mm groß, schwarzblau. 3 – 6 (–12) m. ♄; IV – V. Geschützt.
V: Heiden, Magerrasen, lichte Nadelwälder; Ebene bis Gebirge, Europa.
D: Wacholderbeeren – Juniperi fructus (DAB 8), die getrockneten, reifen Beerenzapfen. Juniperus communis (HAB 34). Wacholderbeeröl – Oleum Juniperi (DAB 7). Wacholderholz – Lignum Juniperi (ErgB.6).
I: Ätherisches Öl mit Pinen und Terpinenol-4 als Wirkstoff, daneben Flavonglykoside, Gerbstoffe, Invertzucker, Harz.
A: Die Beeren als harntreibendes Mittel u. a. in Entfettungsmitteln, bei Gelenkerkrankungen und Infekten der ableitenden Harnwege (wegen der nierenreizenden Wirkung mit Vorsicht), auch bei Katarrhen der Atemwege und zur Anregung von Appetit und Verdauung. Das ätherische Öl in Einreibungen gegen Rheuma. Zur Herstellung von Schnäpsen (Steinhäger, Genever, Gin), als Gewürz. Das Holz früher in Tees gegen chronische Hautleiden.
F: Amorphan neu, Atmulen, Dai, Solubitrat, Uriginex u. v. a.

Stech-Wacholder *Juniperus oxycedrus* L.   Zypressengewächse *Cupressaceae*
B: Kräftiger Strauch oder Baum, Blätter nadelförmig-stechend, bis 25 mm lang, oberseits mit 2 weißlichen Streifen. Reife Beerenzapfen rötlichbraun. 3 – 5 m (–14) m. ♄; II – IV.
V: In immergrünen Gehölzen des Mittelmeergebietes weit verbreitet.
D: Wacholderteer, Kadeöl – Pix Juniperi (DAB 6), Oleum Juniperi empyreumaticum, durch trockene Destillation aus Holz und Zweigen gewonnen.
I: Guajakol, Kresol u. a. Phenole, Cadinen, Cadinol, Harze.
A: Nur noch selten äußerlich gegen Hautleiden, in medizinischen Haarwaschmitteln gegen Schuppen und Seborrhoe. Volkstümlich bei Rheumatismus.
F: Psoralon, Polytar

Filix femina.
Waldfarn weible.

Sporenpflanzen: Farne

Adlerfarn *Pteridium aquilinum* (L.) KUHN Adlerfarngewächse
Hypolepidaceae
B: Wurzelstock verzweigt, weit kriechend. Wedel einzeln, aufrecht, im Umriß dreieckig, 2 – 4fach gefiedert. Sporenbehälter am umgerollten Blattrand. 0,5 –2 m. ♃; VII – IX.
V: Lichte Wälder, Schlagfluren, weltweit verbreitet.
D: Adlerfarnwedel – Folia Pteridii aquilini.
I: Thiaminase (Vitamin B1 zerstörendes Enzym), Blausäureglykosid, eine carcinogene Substanz, Saponin Pteridin, Flavonoide, Gerbstoffe.
A: ☠ Verursacht Viehvergiftungen. Gekocht sollen die Wedel ungiftig sein und werden in ganz jungem Zustand gelegentlich als Wildgemüse gegessen. In der Heilkunde früher in Rheumatees, heute noch in wenigen Fertigarzneimitteln u. a. gegen Störungen der Verdauungstätigkeit.
F: Aquilinum comp. (Wala), Digestodoron u. a.

Hemionitis.
hirßungen.

Hirschzunge *Phyllitis scolopendrium* (L.) NEWM. (*Scolopendrium vulgare* SM.)
Streifenfarngewächse *Aspleniaceae*
B: Farnwedel mit ungeteilter, ganzrandiger Blattspreite, bis 50 cm lang und bis 8 cm breit, am Grunde herzförmig. Sporenbehälter in strichförmigen Lagern auf der Blattunterseite. 0,2 – 0,5 m. ♃; VII – IX. Geschützt.
V: Schattig-feuchte, felsige Wälder; Europa, Asien.
D: Hirschzunge – Herba Scolopendrii. Scolopendrium (HAB 34).
I: Gerbstoffe, Schleim, freie Aminosäuren.
A: In der Volksheilkunde früher als Bestandteil schleimlösender Teemischungen gegen Bronchitis und Lungentuberkulose, auch bei chronischem Darmkatarrh, Milz- und Leberleiden. Heute nur noch in der Homöopathie.
F: Aquilinum comp. (Wala), Digestodoron u. a.

Gemeiner Wurmfarn *Dryopteris filix-mas* (L.) SCHOTT Schildfarngewächse
Aspidiaceae
B: Wedel bis zu 1,2 m lang, die Fiederblätter 1. Ordnung nochmals fiederteilig mit abgerundeten, gezähnten Abschnitten. Sporenbehälter in kleinen, rundlichen, von einem Schleier bedeckten Häufchen. 0,3 – 1,2 m. ♃; VII – IX.
V: In Wäldern und Hochstaudenfluren; Europa, Asien, Amerika.
D: Farnwurzel – Rhizoma Filicis (DAB 6), der Wurzelstock mit den daran sitzenden Blattbasen. Filix (HAB 34).
I: Phloroglucinderivate (Aspidinol, Filixsäure, Albaspidin), Gerbstoff, Bitterstoff, fettes und ätherisches Öl, Zucker.

Filix mas.
Waldfarn mennle.

A: ☠ Der Ätherextrakt der Droge ist ein spezifisches Mittel gegen Bandwürmer, wird aber heute wegen der leicht zersetzlichen Inhaltsstoffe und der Giftigkeit (Sehstörungen, unter Umständen Erblindung) nur noch bei Versagen moderner Bandwurmmittel verordnet. Der durch die Phloroglucinverbindungen gelähmte Bandwurm wird durch ein Abführmittel aus dem Darm entfernt. Äußerlich bei Venenentzündungen. In der Homöopathie u. a. bei Migräne.
F: Bandwurmmittel „Pohl"E *Rp*, Thrombosanol *Rp* u. a.

Gemeiner Tüpfelfarn *Polypodium vulgare* L. Tüpfelfarngewächse
Polypodiaceae
B: Farn mit langkriechendem Wurzelstock und einfach-fiederteiligen, bis 40 cm langen Wedeln. Sporenbehälter in rundlichen Häufchen auf der Blattunterseite. 0,1 – 0,4 m. ♃; VIII – IX.
V: An schattigen Felsen durch ganz Europa, Asien und Nordamerika.
D: Engelsüßwurzelstock – Rhizoma Polypodii (Erg.B.6), der getrocknete, von Spreuschuppen, Wedelresten und Wurzeln befreite Wurzelstock.
I: Schleimstoffe, Gerbstoffe, ätherisches und fettes Öl, Saponine, süß schmeckende Stoffe, Zucker.
A: In der Volksheilkunde selten noch als schleimlösendes und auswurfförderndes Mittel bei Erkrankungen der Luftwege, früher auch bei Gallenerkrankungen, als mildes Abführmittel und gegen Würmer. Zu Bitterschnäpsen. Ähnlich verwendet wurde das Venushaar *Adiantum capillus-veneris* L.
F: Digestodoron

Sporenpflanzen: Schachtelhalme, Bärlapp

Sumpf-Schachtelhalm, Duwock *Equisetum palustre* L.
Schachtelhalmgewächse *Equisetaceae*
B: Sprosse deutlich gerippt, meist quirlig verzweigt, Stengelscheiden mit 6 – 10 weiß berandeten Zähnen, länger als das unterste Astglied. Sporentragende und sterile Triebe gleich gestaltet. 0,2 – 0,7 m. ⚃; Sporen V – VII.
V: Feuchte, sumpfige Standorte, häufig; Europa, Asien, Nordamerika.
I: Alkaloid Palustrin (Equisetin) u. a., Saponin, Kieselsäure.
A: ☠ Vergiftungen bei Haustieren, die auf den hohen Gehalt an Palustrin zurückgeführt werden. Auch der Wald-Schachtelhalm *E. sylvaticum* L. ist giftig. Beide dürfen in Teemischungen nicht enthalten sein.

Acker-Schachtelhalm, Zinnkraut *Equisetum arvense* L.
Schachtelhalmgewächse *Equisetaceae*
B: Sterile, sommergrüne, quirlig verzweigte Sprosse, Stengelscheiden mit 6 – 18 dunkelbraunen Zähnen. Sporentragende Sprosse nur im Frühjahr, gelbbraun, unverzweigt. 0,2 – 0,5 m. ⚃; Sporen III – IV.
V: Wegränder und Unkrautfluren, häufig; nördliche Hemisphäre.
D: Schachtelhalmkraut – Equiseti herba (DAB 8), die getrockneten, sterilen Sprosse. Equisetum arvense (HAB 34).
I: Flavonglykoside, Saponin (Equisetonin), Kieselsäure (teilweise wasserlöslich), geringe Mengen Alkaloide.
A: Häufig gebrauchtes harntreibendes Mittel bei Nieren- und Blasenerkrankungen und Gelenkleiden. Die Wirkung beruht auf den Flavonen und dem Saponin. Bei Lungentuberkulose sollen durch die Kieselsäure die natürlichen Heilungsvorgänge unterstützt werden. Ferner hat die Droge blutstillende Eigenschaften. Äußerliche Anwendung in Augentropfen, Gurgelmitteln und Bädern gegen Hauterkrankungen. Früher zum Putzen von Zinngeschirr (Scheuerwirkung der Kieselsäure).
F: Equisil, Nephroselect, Nieron Tee, Solubitrat, Uralyt, Visdentol u. v. a.

Winter-Schachtelhalm *Equisetum hyemale* L. Schachtelhalmgewächse *Equisetaceae*
B: Unverzweigte, wintergrüne Sprosse mit 10 – 30 Rippen. Scheidenzähne, früh abfallend und einen schwarzen, gekerbten Rand hinterlassend. Sterile und sporentragende Sprosse gleich gestaltet. 0,3 – 1,5 m. ⚃; Sporen VI – VIII.
V: In Wäldern an feuchten, kalkhaltigen Stellen; nördliche Hemisphäre.
D: Equisetum hyemale (HAB 34), die frische Pflanze.
I: Kieselsäure, geringe Mengen Alkaloide.
A: In der Homöopathie anstelle des Acker-Schachtelhalms gebräuchlich, u. a. bei Blasen- und Nierenbeckenentzündungen, Bettnässen und Prostataerkrankungen.
F: Cheplaren, Lymphomyosot, Pascorenal, Solidago-Pentarkan u. a.

Keulen-Bärlapp *Lycopodium clavatum* L. Bärlappgewächse *Lycopodiaceae*
B: Bis 4 m weit kriechende, rundum dichtbeblätterte Triebe mit bogig aufsteigenden Seitenzweigen. Schmale Blätter mit 2 – 4 mm langer, haarfeiner Spitze. Sporangienähren zu 2 – 3 auf hohem, locker beblättertem Stengel. 0,05 – 0,3 m, ⚃; Sporen VII – VIII. Geschützt.
V: Nadelwälder, Heiden, Magerrasen; verbreitet in den kühlen Zonen.
D: Bärlappsporen – Lycopodium (DAB 7), die reifen Sporen. Lycopodium (HAB 34). Bärlappkraut – Herba Lycopodii (Erg.B.7), das getrocknete Kraut.
I: Kraut: Fettes Öl, Kohlenhydrat Sporonin, Spuren von Alkaloiden. Kraut: Alkaloide (Lycopodin, Clavatin, Clavotoxin).
A: ☠ Heute nur noch selten die mit Wasser nicht benetzbaren Sporen (Hexenmehl) zum Bestäuben von Pillen, damit sie nicht zusammenkleben, früher als Puder bei Wundsein. Häufig dagegen in der Homöopathie bei chronischen Leber- und Gallenleiden, Verdauungsstörungen, Nieren- und Blasenerkrankungen, Rheuma, Ekzemen. Das giftige Kraut früher als harntreibendes Mittel.
F: Cystibosin, Fidessanil, Nettigall, Rheuma-Pasc, Sulfolitruw u. v. a.

Bärlapp/Gürtelkraut.

Sporenpflanzen: Pilze

Mutterkornpilz *Claviceps purpurea* (FR.) TUL. Schlauchpilze *Ascomycetes*
B: Auf verschiedenen Gräsern, vorzugsweise Roggen schmarotzender Pilz, dessen Überwinterungsform das eigentliche Mutterkorn darstellt. An diesem im Frühjahr Ausbildung winziger Fruchtkörper mit Sporen und erneute Infektion blühenden Roggens. 0,5 – 5 cm.
V: Gewinnung durch künstliche Infektion von Roggen oder auf Nährböden.
D: Mutterkorn – Secale cornutum (DAB 6), die auf Roggen gewachsenen Überwinterungsformen (Sklerotien) des Pilzes. Secale cornutum (HAB 34).
I: Alkaloide der Ergotamin-, Ergotoxin- und Ergometringruppe, Clavinalkaloide, Amine, fettes Öl.
A: 🕮 Mutterkornhaltiges Getreide führte noch im 19. Jahrhundert zu Massenerkrankungen, die sich in Krämpfen oder Durchblutungsstörungen bis zum Absterben ganzer Gliedmaßen äußern und als Antoniusfeuer, Kriebelkrankheit usw. vielfach beschrieben wurden. Rezeptpflichtige, standardisierte Zubereitungen der Droge heute noch zur Stillung von Gebärmutterblutungen, häufiger die isolierten Alkaloide mit unterschiedlicher Anwendung: Ergometrin bevorzugt in der Nachgeburtsperiode bei starken Blutungen, Ergotamin, das außer der uteruskontrahierenden auch sympathicolytische Wirkung hat, vor allem bei Migräne, vegetativer Dystonie und Überfunktion der Schilddrüse. Häufig auch in der Homöopathie, u. a. bei peripheren Durchblutungsstörungen.
F: Bellacornut *Rp*, Bellafarm *Rp*, Gastrobellal *Rp*, Secalysat *Rp* u. v. a.

Fliegenpilz *Amanita muscaria* (L. EX FR.) HOOK. Ständerpilze *Basidiomycetes*
B: Blätterpilz mit rotem, weißgetupftem Hut, unterseits dicht stehende, weiße Lamellen. Stiel mit herabhängender, großer Manschette, am Grunde knollig verdickt. 0,1 – 0,2 m.
V: Wälder, Heiden, in allen Erdteilen.
D: Agaricus (HAB 34), der frische Fruchtkörper.
I: Muscarin, Ibotensäure, Muscazon, Bufotenin und weitere Wirkstoffe.
A: 🕮 Stark wechselnder Wirkstoffgehalt, daher unterschiedliche Giftigkeit. Der Pilz kann zu tödlichen Vergiftungen führen, in Sibirien wird er auch heute noch als Rauschmittel verwendet. In der Homöopathie häufig gebräuchlich bei Erschöpfungs- und Unruhezuständen, Kopfschmerzen, Durchblutungsstörungen.
F: Abropernol, Agaricus Oligoplex, Brachiapas, Meloprompt u. v. a.

Zunderschwamm *Fomes fomentarius* (L. EX FR.) FR. Ständerpilze *Basidiomycetes*
B: Konsolenpilz, oberseits grau, bräunlich gebändert, mit kräftigem, geschichtetem, braunem Röhrenlager. Bis 0,5 m breit.
V: Vor allem an Buchen und Birken, verursacht Weißfäule.
D: Wundschwamm – Fungus chirurgorum (Erg.B.6), die mittlere Fruchtkörperschicht.
I: Fomentarsäure, Mannofucogalactan, Glucoronoglucan.
A: Früher zum Stillen von Blutungen; zum Feuerschlagen.
Der seltene Lärchenschwamm *Polyporus officinalis* FR. mit der Droge Fungus Laricis (Agaricus albus) heute noch selten in Abführmitteln, bitteren Magen-Elixieren und homöopathischen Präparaten gegen zu starke Schweißabsonderung. Aufgrund des Gehaltes an Agaricinsäure früher als schweißhemmendes Mittel bei Lungentuberkulose bedeutend.

Riesenbovist *Langermannia gigantea* (BATSCH EX PERS.) ROSTK.
(*Bovista gigantea* (BATSCH EX PERS.) NEES) Ständerpilze *Basidiomycetes*
B: Sehr großer, rundlicher, weißlicher bis gelblichbrauner, glatter und brüchiger Fruchtkörper, innen mit junger weißer, später gelb-grünlicher Fruchtmasse. Sporenpulver braun. Bis 0,5 m.
V: Auf Wiesen und Weiden, nicht häufig.
D: Bovista (HAB 34), die Sporen des reifen Pilzes.
I: Aminosäuren, Sterole, Pilzcerebrin, Lycoperdin (Farbstoffglykosid) u. a.
A: In der Homöopathie bei Blutungen aus der Nase und der Gebärmutter, auch gegen Hautausschläge, Katarrhe der Atemwege und Verdauungsorgane.
F: Gentiana Oligoplex, Ovarium compositum u. a.

Sporenpflanzen: Flechten, Algen

Isländisches Moos *Cetraria islandica* (L.) ACH.   Flechten *Lichenes*
B: Bodenbewohnende, strauchig verzweigte Flechte mit bandförmigen Lappen, oberseits braun bis seltener graugrün, am Rand borstig gewimpert, am Grund meist rot angelaufen. 0,1 m.
V: Heiden, Nadelwälder, bis in die alpine Stufe.
D: Isländisches Moos – Lichen islandicus (DAB 6), die getrocknete Flechte. Cetraria islandica (HAB 34).
I: Schleimstoffe (Lichenin, Isolichenin), Fumarprotocetrarsäure, Usninsäure u. a. Flechtensäuren, Vitamine, Enzyme, Jod.
A: Aufgrund des Schleimgehaltes als reizmilderndes Mittel bei Katarrhen der Atemwege, auch bei Entzündungen im Magendarmbereich. Anregung des Appetits durch bittere Flechtensäuren. Äußerlich früher zur Wundbehandlung. In den nördlichen Ländern in Notzeiten nach Entbitterung durch Kochen als Nahrungsmittel.
F: Bronchitussin, Cefabronchin, Isla-Moos, Pertussin, Solubifix u. a.

Pulmonaria, Lungenkraut.

Lungenflechte *Lobaria pulmonaria* (L.) HOFFM. (*Sticta pulmonaria* (L.) BIROLA) Flechten *Lichenes*
B: Rindenbewohnende, großblättrige, tief lappig zerteilte Flechte mit grob netzförmig-grubiger, grünlichbrauner bis graugrüner Oberseite und hellfilziger Unterseite. 0,1 – 0,4 m.
V: Auf alten Bäumen, auch Felsen, in luftfeuchten Bergwäldern.
D: Lungenflechte – Herba Pulmonariae arboreae. Sticta (HAB 34), nur die in Nord- und Südamerika auf dem Zuckerahorn wachsende, frische Flechte soll Verwendung finden.
I: Stictinsäure, Nor-Stictinsäure u. a. Flechtensäuren, Schleim- u. Gerbstoffe.
A: Nur noch in der Homöopathie gebräuchlich bei beginnenden Erkältungskrankheiten, Reizhusten, trockenen Schleimhäuten. Früher in der Volksheilkunde beliebtes Mittel gegen Lungenleiden und Bronchialkatarrhe.
F: Bronchosyx, Naso-Heel, Pulmocordio, Sticta-Pentarkan u. a.

Bartflechte *Usnea barbata* s. L.   Flechten *Lichenes*
B: Rindenbewohnende, lang herabhängende, buschig verzweigte, fadenförmige, gelbliche oder grüne Flechten mit kurzen, abstehenden Seitenästchen. 0,1 –0,2 m. Zahlreiche, schwer unterscheidbare Arten.
V: Luftfeuchte Bergwälder.
D: Bartflechtenextrakt – Extractum Usneae barbatae.
I: Usninsäure u. a. Säuren.
A: Usninsäure, nach ihrem Vorkommen in *Usnea*-Arten benannt, wurde in zahlreichen Flechten nachgewiesen. Sie hat antibiotische Eigenschaften und ähnelt in ihrem Wirkungsspektrum dem Penicillin. Anwendung bei Katarrhen der Atemwege, Entzündungen im Mund- und Rachenraum, zur lokalen Behandlung von Furunkeln, Abszessen und infizierten Wunden, Pilzinfektionen.
F: Granobil

Blasentang *Fucus vesiculosus* L.   Braunalgen *Phaeophyceae*
B: Oliv bis gelbbrauner, bandförmiger, gabelig verzweigter Vegetationskörper mit Mittelrippe und paarweise angeordneten Schwimmblasen. Fortpflanzungsorgane in Anschwellungen an den Zweigenden. 0,1 – 0,8 m.
V: An Felsen und Steinen, oft angespült; Atlantikküste, Nordsee, Ostsee.
D: Tang – Fucus (DAB 8), der getrocknete Thallus, auch vom Knotentang *Ascophyllum nodosum* (L.) LE JOL. Fucus vesiculosus (HAB 34).
I: Jod- und Bromverbindungen, Carotinoide, Schleim, Zucker, Fucosterin.
A: Die Wirkung der Droge beruht auf dem Jodgehalt, der zu einer vermehrten Bildung von Schilddrüsenhormonen führt. Der dadurch erhöhte Grundumsatz hat u. a. Gewichtsabnahme zur Folge. Diese Tatsache wird in Entfettungsmitteln ausgenutzt, jedoch ist die Anwendung nicht ganz ungefährlich. Auch die Einnahme gegen Arteriosklerose ist umstritten. In der Homöopathie bei Über- sowie Unterfunktion der Schilddrüse (in verschiedener Dosierung) und bei Drüsenschwellungen.
F: Alymphon, Antiviscosin Schlankheitstee, Dai, Lipozet, Lymphozil u. a.

Giftpflanzen mit roten Früchten

Eibenbaum

Eibe *Taxus baccata* L. Eibengewächse *Taxaceae*
B: Zweihäusiger Baum mit gescheitelten, flachen, unterseits grünen Nadeln. Männliche Blüten in kleinen, kugeligen Kätzchen, weibliche unscheinbar, einzeln. Samen von einem fleischigen, roten Samenmantel (Arillus) umgeben. Bis 15 m. ♄; III – IV. Geschützt.
V: Laubwälder, in vielen Sorten auch als Zierpflanze; Europa, SW-Asien.
D: Taxus baccata (HAB 34), die frischen Blätter.
I: Alkaloidgemisch Taxin, Ephedrin, blausäurehaltige Glykoside.
A: ☠ Vergiftungen bei Tieren, insbesondere Pferden, durch Fressen der Zweige, beim Menschen nach Verzehr der Früchte. Der rote, süßlich schmeckende Samenmantel ist giftfrei, nicht jedoch der Same. Medizinische Anwendung nur in der Homöopathie u. a. bei pustulösen Hautausschlägen, Nachtschweiß, Gicht und Rheuma. Extrakte früher als Kampf- und Pfeilgift.

Stechpalme *Ilex aquifolium* L. Stechpalmengewächse *Aquifoliaceae*
B: Zweihäusiger Strauch oder kleiner Baum mit immergrünen, ledrig glänzenden, dornig gezähnten Blättern. Blüten klein, weißlich, meist 4zählig. Frucht eiförmig bis kugelig, rot. 2 – 10 m. ♄; V – VI. Geschützt.
V: Wälder, Gebüsche; West-, Mittel- und Südeuropa bis Südostasien.
D: Ilex Aquifolium (HAB 34), die frischen Blätter. Stechpalmenblätter – Folia Aquifolii.
I: Rutin, Kaffeegerbsäure, Ilexsäure, Saponin, Theobromin, fraglicher Bitterstoff Ilicin, in den Früchten unbekannte Wirkstoffe.
A: ☠ Die früher als Abführmittel verwendeten Früchte können in größeren Mengen zu tödlichen Magendarmentzündungen führen. Die Blätter heute noch selten in der Volksheilkunde als fiebersenkendes und harntreibendes Mittel, in der Homöopathie u. a. bei Gelenkleiden und Augenerkrankungen.
F: Araniforce

Pfaffenhütchen *Euonymus europaeus* L. Spindelbaumgewächse *Celastraceae*
B: Strauch mit vierkantigen jungen Zweigen. Blätter eilanzettlich, fein gesägt. Blüten vierzählig, grünlichweiß. Fruchtkapsel vierteilig, karminrot, Samen weißlich, von einem orangeroten Samenmantel umhüllt. 2 – 6 m. ♄; V – VII.
V: Gebüsche, Laubwälder, durch weite Teile Europas.
D: Evonymus europaea (HAB 34), die frischen, reifen Früchte. Das fette Öl der Früchte – Oleum Evonymi.
I: Herzwirksame Glykoside (Evonosid u. a.), Alkaloide (Evonin u. a.), noch unerforschter Bitterstoff, fettes Öl mit Triacetin, Farbstoffe.
A: ☠ Die Früchte haben heftige örtliche Reizwirkungen auf den Magendarmkanal und führen in größeren Mengen auch zu tödlichen Vergiftungen. Bei Tieren sind Vergiftungen durch Fressen der Zweige bekannt. Anwendung der gepulverten Früchte früher als Ungeziefermittel (Wirkung des Triacetins), heute noch in der Homöopathie, das fette Öl selten in Präparaten zur Wundbehandlung und bei Infektionen der Nasennebenhöhlen.
F: Dermatofides, Zyrhin

Seidelbast *Daphne mezereum* L. Seidelbastgewächse *Thymelaeaceae*
B: Sommergrüner Strauch, Zweige nur an den Enden mit lanzettlichen, weichen Blättern, die erst nach den Blüten erscheinen. Blüten zu 1 – 4, blaßrosa bis hellrot, 4zählig, stark duftend. Leuchtend rote, beerenartige Früchte. 0,3 – 1,5 m. ♄; II – IV. Geschützt.
V: Laubwälder, besonders Buchenwälder; Europa, Westasien.
I: In den Beeren Mezerein, Daphnetoxin, Daphnin, Coccognin, Daphnorin.
A: ☠ Die Früchte wie die übrigen Pflanzenteile rufen schon bei äußerer Einwirkung auf Haut und Schleimhäuten Entzündungen hervor, nach Einnahme kommt es zu Brennen und Kratzen im Mund, Erbrechen, blutigen Durchfällen, Krämpfen, Nierenschädigung, Kreislaufkollaps. Bereits wenige Beeren können dem Tod herbeiführen. Trotz der großen Giftwirkung benutzte man sie früher zum Scharfmachen von Essig (Deutscher Pfeffer). Drogen s. S. 142.

Giftpflanzen mit roten Früchten

Vitis alba.
Stickwurz.

Zweihäusige Zaunrübe *Bryonia cretica* L. ssp. *dioica* (JACQ.) TUTIN
(*B. dioica* JACQ.) Kürbisgewächse *Cucurbitaceae*
B: Zweihäusige Pflanze mit rübenartig verdickter Wurzel. Stengel rauhhaarig, mit spiralig gedrehten, unverzweigten Ranken kletternd. Blätter gestielt, bis über die Mitte handförmig 5lappig. Abschnitte ganzrandig oder stumpf gezähnt, der mittlere kaum länger als die seitlichen. Männliche Blütenstände gestielt, weibliche fast sitzend in den Blattachseln. Kelchzähne etwa halb so lang wie die gelblich-weiße Krone. Reife Beeren scharlachrot. 2 – 4 m. ⚤; VI – IX.
Ähnlich die Weiße Zaunrübe *Bryonia alba* L. (ohne Abb.), mit schwarzen Beeren.
V: Gebüsche, Zäune; West-, Mittel- und Südeuropa.
I: Cucurbitacine, in den Samen Saponine.
A: ☠ Auf der Haut erzeugt der Pflanzensaft Entzündungen mit Blasenbildung, innerlich rufen die Beeren Brennen im Mund, Erbrechen und Delirien hervor. Schon wenige sollen für Kinder tödlich sein. Ebenso sind tödliche Vergiftungen durch Überdosierung der Droge mit heftigen Koliken, Durchfällen, Erregungszuständen und Lähmungen bekannt. Drogen und arzneiliche Anwendung siehe S. 56.

Bittersüßer Nachtschatten *Solanum dulcamara* L. Nachtschattengewächse
Solanaceae
B: Stengel unten holzig, kletternd. Blätter gestielt, eiförmig-lanzettlich, ganzrandig, am Grunde zum Teil mit 1 – 2 abgetrennten Lappen. Blütenstand lokker, verzweigt, Krone violett, mit 5 ausgebreiteten Zipfeln. Beeren eiförmig, rot. Bis 2 m. ♄; VI – VIII.
V: Auenwälder, feuchte Gebüsche; Europa.
I: In drei verschiedenen chemischen Rassen die Alkaloide Soladulcidin bzw. Tomatidenol und Solasodin als Glykoside, Saponine, Gerbstoffe, in den Früchten außerdem carotinoider Farbstoff Lycopin.
A: ☠ Vergiftungen nach Verzehr der Beeren oder der anfangs bitter, dann süßlich schmeckenden Stengel äußern sich in Erbrechen, starken Durchfällen, Krämpfen, Benommenheit, Aufhebung des Sprechvermögens, selten auch Tod nach Atemlähmung. Drogen und arzneiliche Anwendung siehe S. 184.

Wald Holder

Trauben-Holunder, Roter Holunder *Sambucus racemosa* L.
Geißblattgewächse *Caprifoliaceae*
B: Strauch, Zweige mit gelbbraunem Mark. Blätter mit 3 – 7 gesägten Fiederblättchen. Kleine 5zählige, grünlichgelbe Blüten in dichten aufrechten Rispen, gleichzeitig mit den Blättern erscheinend. Reife Früchte rot. 1 – 4 m. ♄; III – V.
V: Schläge, Waldränder; gemäßigtes Europa.
I: In den Samen eine schleimhautreizende, harzartige Substanz, im Fruchtfleisch Vitamin B1, C, Carotinoide, Pektine, Gerbstoffe, fettes Öl.
A: ☠ Die beerenartigen Früchte führten zu leichten Vergiftungen mit Übelkeit und Brechreiz. Nach Entfernung der giftigen Samen können sie dagegen zu vitaminreichen Gelees, Marmeladen usw. verarbeitet werden. Früher in der Volksheilkunde als Brech- und Abführmittel. ▪

Gemeiner Schneeball *Viburnum opulus* L. Geißblattgewächse
Caprifoliaceae
B: Strauch mit unregelmäßig gezähnten, meist 3lappigen Blättern. Blüten in Trugdolden, die randständigen viel größer, steril, mit 5zähliger, flach ausgebreiteter Blumenkrone. Reife Früchte rot. In Gärten häufig Formen nur mit sterilen, vergrößerten Blüten in kugelförmigen Blütenständen. 1,5 – 4 m. ♄; V – VII.
V: Auenwälder, Gebüsche, Waldränder; gemäßigtes Europa, Asien.
D: Viburnum Opulus (HAB 34), die frische Rinde.
I: Krampflösend wirkender Bitterstoff (früheres Viburnin), in den Früchten außerdem Saponin, Gerbstoff, Pektin.
A: ☠ Nach Genuß der beerenartigen Früchte Magendarmentzündungen, gekocht dagegen angeblich ungiftig. In der Homöopathie ist noch heute die Rinde bei Menstruationskrämpfen gebräuchlich.
F: Hypericum Oligoplex, Viburnum-Pentarkan.

Giftpflanzen mit roten Früchten

Rote Heckenkirsche *Lonicera xylosteum* L. Geißblattgewächse *Caprifoliaceae*
B: Strauch mit ganzrandigen, eiförmigen, kurz zugespitzten, unterseits graugrünen, beiderseits weichhaarigen Blättern. Blüten zu 2 auf gemeinsamem Stiel in den Blattachseln, Krone 1 – 1,5 cm lang, gelblichweiß, 2lippig. Reife Beeren hellrot, paarweise. 1 – 2 m. ♄; IV – V.
V: Laubwälder, Gebüsche; fast ganz Europa, Westasien.
D: Xylosteum (HAB 34), die frischen, reifen Beeren.
I: Chemisch noch nicht erforschter „Bitterstoff" Xylostein, Glykosid Syringin, Gerbstoff, Pektin, Zucker, im Samen fettes Öl.
A: ☠ Vergiftungen nicht selten mit Erbrechen und Durchfällen, auch Todesfälle. Über Massenvergiftungen bei Schulausflügen wurde berichtet. Arzneiliche Anwendung ist nur in der Homöopathie bekannt.
Die Früchte anderer *Lonicera*-Arten eventuell mit Ausnahme von *L. caerulea* L. sind giftverdächtig.

Ephemerum non letale, Meyenblümle.

Maiglöckchen *Convallaria majalis* L. Liliengewächse *Liliaceae*
Beschreibung, Vorkommen und Drogen siehe S. 80.
I: Herzglykoside, vor allem Convallatoxin, Convallatoxol, Convallosid, Lokundjosid; Saponine.
A: ☠ Kauen der Blätter, der Beeren, Trinken des Wassers, in denen die Stengel gestanden haben, oder auch Überdosierung von Maiglöckchenzubereitungen rufen Vergiftungen mit Übelkeit, Erbrechen, Durchfällen, gesteigerter Harnabsonderung, Schwindel, Benommenheit und Herzschwäche, in schweren Fällen auch Herzstillstand hervor. Neben der Giftwirkung der Herzglykoside üben die Saponine eine starke Reizwirkung auf die Verdauungsorgane aus.
Arzneiliche Anwendung siehe S. 80.

Schmerwurz *Tamus communis* L. Schmerwurzgewächse *Dioscoreaceae*
B: Aus kräftiger, innen schleimiger Knolle windende Stengel mit herzförmigen, bogennervigen Blättern. Blüten 2häusig mit unscheinbarer, gelblichgrüner 6teiliger Blütenhülle, die männlichen in reichblütigen Rispen, weibliche zu wenigen, traubig. Reife Beeren rot. 1,5 – 3 m. ♃; V – VI.
V: Laubwälder, Gebüsche; Westeuropa, Mittelmeergebiet.
D: Tamus communis (HAB 34), der frische Wurzelstock.
I: Eine stark hautreizende Substanz, Schleimstoffe, Phenanthrenverbindungen, Saponine, Calciumoxalat, lichtempfindliche, fluoreszierende Stoffe.
A: ☠ Hautreizungen nach Umgang mit Pflanzenteilen, nach Verzehr der Beeren z. T. tödliche Vergiftungen wie beim Aronstab. Früher die Knolle in der Volksheilkunde zu nicht ungefährlichen durchblutungsfördernden Einreibemitteln gegen Rheuma und Prellungen. In der Homöopathie selten gegen Sonnenbrand und Leberflecken.

Arum. 2con.

Aronstab *Arum maculatum* L. Aronstabgewächse *Araceae*
B: Wurzelstock knollig verdickt, mit lang gestielten, pfeilförmigen Blättern. Hochblatt den kolbenförmigen Blütenstand umhüllend, dieser am Grunde mit weiblichen, darüber mit männlichen Blüten, der obere Teil blütenlos, braunviolett. Reife Früchte scharlachrot. 0,1 – 0,4 m. ♃; IV – V. Geschützt.
V: Feuchte Laubwälder, Europa.
D: Arum maculatum (HAB 34), der frische Wurzelstock.
I: In der frischen Pflanze chemisch noch nicht aufgeklärtes Aroin, Nicotin, Saponin, wenig Blausäureglykosid, Amine, in den Knollen viel Stärke.
A: ☠ Vergiftungen durch die süßlich schmeckenden Beeren oder die scharf schmeckenden Blätter und Stengel. Bei äußerer Einwirkung Hautentzündungen, nach Einnahme Brennen in Mund und Rachen, Erbrechen, Blutungen, in schweren Fällen Krämpfe und folgende Lähmungen z. T. mit tödlichem Ausgang. In der Homöopathie gebräuchlich bei Kehlkopfkatarrh und Schleimhauterkrankungen der oberen Luftwege. Die durch Kochen entgifteten, stärkereichen Knollen wurden zeitweise als Nahrungsmittel verwendet.
F: Naso-Heel

Giftpflanzen mit blauen oder schwarzen Früchten

Christophskraut *Actaea spicata* L. Hahnenfußgewächse *Ranunculaceae*
B: Geruch der Pflanze unangenehm. Blätter 3teilig mit einfach bis doppelt gefiederten Abschnitten. Kleine weiße Blüten in end- oder achselständigen Trauben, Staubblätter länger als die hinfällige Blütenhülle. Reife Beeren glänzend schwarz. 0,3 – 0,6 m. ♃; V – VII.
V: Laubwälder, fast ganz Europa.
D: Actaea (HAB 34), der frische Wurzelstock mit den daranhängenden Wurzeln.
I: Beeren: ein protoanemoninartiger Stoff, trans-Aconitsäure, wie die Inhaltsstoffe der Wurzeln noch unvollständig bekannt.
A: ☠ Die Beeren erzeugen auf der Haut Rötung und Blasenbildung, nach Einnahme Magendarmentzündungen, Atemnot, Delirien. Die Wurzel in der Volksheilkunde früher als Brech- und Abführmittel, was nicht selten zu Vergiftungen geführt hat. In der Homöopathie bei Rheumaschmerzen der Hand- und Fingergelenke.
F: Ranunculus Oligoplex

Purgier-Kreuzdorn *Rhamnus catharticus* L. Kreuzdorngewächse *Rhamnaceae*
B: Strauch, Zweige gegenständig, am Ende oft dornig. Blätter gegenständig, stumpf oder zugespitzt, fein gesägt mit jederseits 3 – 4 Seitennerven. 2 – 8 Blüten in blattachselständigen Trugdolden, Kronblätter gelbgrün, etwa doppelt so lang wie die Kelchblätter. Reife Früchte schwarz. 1 – 3 m. ♄; V – VI.
V: Gebüsche trockener bis feuchter Standorte; Europa, Asien.
I: Anthrachinonderivate Rhamnocathartin, Shesterin u. a., Flavonoide, Farbstoffe, nur in den unreifen Früchten Saponin.
A: ☠ Vergiftungen mit Erbrechen, starkem Durchfall und Nierenreizung wurden nach dem Verzehr einer größeren Anzahl besonders der unreifen Früchte beobachtet. Drogen und arzneiliche Anwendung s. S. 214.

Faulbaum *Frangula alnus* MILL. (*Rhamnus frangula* L.) Kreuzdorngewächse *Rhamnaceae*
B: Strauch, seltener kleiner Baum, Rinde mit quergestellten, grauweißen Korkwarzen. Blätter wie die Zweige wechselständig, rundlich-eiförmig, ganzrandig, mit jederseits 7 – 9 bogig verlaufenden Seitennerven. 2 – 10 zwittrige Blüten in blattachselständigen Trugdolden, Kronblätter grünlichweiß, etwas kürzer als die Kelchblätter. Früchte grün, später rot, reif schwarz-violett. 1 – 3 m. ♄; V – VI.
V: Feuchte, lichte Wälder, Moore, häufig; Europa, Asien.
I: In den reifen Früchten Anthrachinonderivate Rhamnocathartin u. a., in unreifem Zustand auch Saponin.
A: ☠ Vergiftungen meist bei Kindern durch Verzehren der Früchte u. a. mit Schwindel, Erbrechen, Koliken, blutigen Durchfällen, in schweren Fällen auch Kollapszustände. Die unreifen grünen Früchte sollen wesentlich weniger giftig sein und in therapeutischen Dosen als Abführmittel brauchbar. Drogen und arzneiliche Anwendung siehe S. 214.

Efeu *Hedera helix* L. Efeugewächse *Araliaceae*
B: Immergrüne, kletternde Holzpflanze mit Haftwurzeln. Blätter dunkelgrün, an nicht blühenden Sprossen 3 – 5eckig gelappt, oft weiß geadert, an blühenden Sprossen ungeteilt, eiförmig bis rhombisch, zugespitzt. Blüten grünlich in halbkugelförmigen Dolden. Im Frühling reife, blauschwarze Beeren. Bis 20 m. ♄; IX – X.
V: Laubwälder, Felsen, Mauern, auch angepflanzt; Europa, SW-Asien.
I: Triterpensaponine, u. a. Hederasaponin C, das nach enzymatischer Spaltung α-Hederin liefert, geringe Menge Alkaloide, darunter Emetin, Jod.
A: ☠ Hederin hat starke hämolytische und schleimhautreizende Eigenschaften. Die Beeren gelten als besonders giftig, sie rufen Erbrechen und Durchfälle hervor, bei Kindern wurden auch Todesfälle beobachtet. Die frischen Blätter sollen bei empfindlichen Personen Hautreizungen auslösen. Drogen und arzneiliche Anwendung siehe S. 216.

Hedera nigra.
Maus Epheu.

Giftpflanzen mit blauen oder schwarzen Früchten

Moorbeere, Rauschbeere *Vaccinium uliginosum* L.   Heidekrautgewächse *Ericaceae*
B: Zwergstrauch mit braunen Zweigen. Blätter blaugrün, verkehrt eiförmig, ganzrandig. Blüten zu 1 – 4, weiß bis rötlich mit 4 oder 5 Zipfeln. Reife Beeren blau bereift, mit farblosem Saft, größer als Heidelbeeren und mit fadem Geschmack. 0,1 – 1 m. ♄; V – VII.
V: Moore, subalpine Gebüsche und Wälder der nördlichen Hemisphäre.
I: In den Früchten ein unbekannter Wirkstoff, organische Säuren, Zucker. In den Blättern Arbutin und Flavonglykoside.
A: ⚠ Vergiftungserscheinungen nach dem Genuß einer größeren Menge von Beeren mit rauschartigen Zuständen, Übelkeit, Erbrechen und Schwindel wurden beschrieben. Eventuell soll ein Pilzbefall Ursache der Giftwirkung sein, womit erklärt werden könnte, daß diese Wirkung nur gelegentlich auftritt. Keine arzneiliche Anwendung.

Liguster, Rainweide *Ligustrum vulgare* L.   Ölbaumgewächse *Oleaceae*
B: Strauch mit dunkelgrünen, länglich-lanzettlichen, ganzrandigen Blättern, junge Zweige behaart. Blüten duftend, mit weißer, 4zipfeliger Krone, in rispigen Blütenständen. Frucht eine schwarze Beere. 0,5 – 5 m. ♄; VI – VII.
V: Gebüsche und Wälder, häufig als Zierstrauch; Europa, Westasien.
I: In den Beeren unerforschter Wirkstoff, Ligustrin (Syringin), Farbstoff.
A: ⚠ Nach Verzehr der Früchte wurden Magendarmentzündungen, begleitet von Erbrechen, Durchfällen, Krämpfen und Kreislaufversagen, auch mit tödlichem Ausgang, beobachtet. Andererseits wird über die Einnahme ohne Vergiftungserscheinungen berichtet. Blätter und Rinde haben hautreizende Wirkung. Anwendung früher in der Volksheilkunde bei Halsentzündungen, die Früchte zum Färben von Wein.

Tollkirsche *Atropa bella-donna* L.   Nachtschattengewächse *Solanaceae*
B: Kräftiger, verzweigter Stengel mit breitlanzettlichen, ganzrandigen Blättern, in der Blütenregion jeweils ein kleineres und ein größeres genähert. Blüten einzeln, glockenförmig, Krone braunviolett, innen schmutziggelb, purpurrot geadert, mit kurzem 5teiligem, zurückgebogenem Saum. Frucht eine fast kirschgroße, schwarzglänzende, saftige Beere. 0,5 – 1,5 m. ♃; VI – VIII.
V: Schlagfluren, Waldränder; gemäßigtes Europa, Asien.
I: In den reifen Beeren vorwiegend das Alkaloid Atropin.
A: ⚠ Schon wenige der für Kinder so verlockenden, kirschenähnlichen Beeren können tödlich wirken. Vergiftungserscheinungen sind weite Pupillen, glänzende Augen (woher der Name bella donna = schöne Frau stammt), Trockenheit im Mund, gerötete Haut, Erregungszustände, die bis zu Anfällen von Tobsucht und Krämpfen steigern. Daneben treten Halluzinationen auf, die häufig erotisch gefärbt sind. Sie waren Anlaß für den Mißbrauch vieler Solanaceen-Drogen als Rauschmittel und wurden auch in den Hexenverfolgungen des Mittelalters ausgenutzt, um belastende Aussagen zu erpressen. Nach Abklingen der Erregungszustände folgt zunehmend narkoseartige Lähmung, schließlich Tod durch Atemlähmung. Arzneiliche Anwendung und Drogen siehe S. 158.

Schwarzer Nachtschatten *Solanum nigrum* L.   Nachtschattengewächse *Solanaceae*
B: Verzweigte Pflanze mit eiförmig-rhombischen bis lanzettlichen, buchtig gezähnten oder ganzrandigen Blättern. Blüten mit 5zipfeliger, weißer Krone. Reife Beeren meist schwarz, seltener grün bis gelb. 0,1 – 0,8 m. ☉; VI – X.
V: Stickstoffreiche Unkrautfluren, weltweit verbreitet.
D: Solanum nigrum (HAB 34), die frische, blühende, ganze Pflanze.
I: Alkaloidglykoside Solasonin, Solamargin u. a., Saponine, Gerbstoffe.
A: ⚠ Die ausgereiften Beeren sollen alkaloidfrei und früher sogar gebietsweise als Obst verwendet worden sein. Auch als Gemüse wurde die Pflanze zeitweise angebaut, was für das Vorkommen alkaloidfreier Sippen spricht. Andererseits sind mehrfach Vergiftungen bei Kindern beschrieben worden, die nur wenige Beeren gegessen hatten. In der Homöopathie noch selten bei Kopfschmerzen, Schwindelzuständen und Krämpfen angewendet.

248

Giftpflanzen mit blauen oder schwarzen Früchten

Zwerg-Holunder, Attich *Sambucus ebulus* L. Geißblattgewächse *Caprifoliaceae*
B: Kräftige krautige Pflanze. Blätter 7–9zählig gefiedert. Blütenkrone am Grunde verwachsen, weiß bis rosa, Staubblätter rot. Blüten in doldigen Rispen. Früchte schwarz. Fruchtstände aufrecht. 0,5–2 m. ♃; VI–VIII.
V: Waldränder, Lichtungen; Europa, fehlt im Norden.
I: In allen Organen chemisch noch unerforschter Bitterstoff. In den Früchten außerdem ätherisches Öl, in Spuren Blausäureglykosid, Gerbstoff, Anthocyanfarbstoff Sambucyanin.
A: ☠ Größere Mengen der rohen, beerenartigen Früchte, aber auch anderer Pflanzenteile rufen Vergiftungserscheinungen mit Brennen im Mund, Erbrechen, blutigen Durchfällen, Kopfschmerzen und Bewußtlosigkeit hervor, Todesfälle wurden beschrieben. Die Vergiftungen beruhen zum Teil auf Verwechslungen mit Holunderbeeren. Das Fruchtmus wurde früher als Abführmittel verwendet, die frischen Beeren in der Homöopathie. Drogen, arzneiliche Anwendung und Fertigpräparate siehe S. 76.

Wolliger Schneeball *Viburnum lantana* L. Geißblattgewächse *Caprifoliaceae*
B: Strauch mit eiförmigen, fein gesägt-gezähnten, runzeligen, unterseits dicht graufilzigen Blättern. Blütenstände schirmförmig, Blüten weiß, 5zählig, am Grunde verwachsen, alle gleich gestaltet. Früchte etwas flachgedrückt, eiförmig, zuerst rot, später schwarz. 1–4 m. ♄; IV–VI.
V: Wärmeliebende Gebüsche und Wälder; Mittel-, West- und Südeuropa, SW-Asien.
I: Unerforscht.
A: ☠ Nach Verzehr der auch als Schwindelbeeren bekannten Früchte wurden bei Kindern Vergiftungserscheinungen beobachtet. Die Zweigrinde soll starke, hautreizende Wirkung haben. Keine Anwendung in der Heilkunde.

Einbeere *Paris quadrifolia* L. Liliengewächse *Liliaceae*
B: Stengel an der Spitze mit meist 4 sitzenden, elliptisch-lanzettlichen, quirlständigen Blättern. Eine endständige, gestielte, meist 4zählige Blüte, äußere Blütenblätter lanzettlich, hellgrün, innere viel schmaler, gelbgrün. Frucht eine dunkelblaue Beere. 0,1–0,4 m. ♃; V.
V: Feuchte Laubwälder; fast ganz Europa, Westasien.
D: Paris quadrifolia (HAB 34), die fruchtende, frische Pflanze.
I: Saponine Paristyphnin und Paridin, Asparagin, organische Säuren.
A: ☠ Vergiftungen bei Kindern nach dem Genuß einer größeren Anzahl von Beeren, meist durch Verwechslung mit Heidelbeeren. Früher in der Volksheilkunde das frische, zerquetschte Kraut zur Behandlung von Wunden und Augenerkrankungen. Heute noch in der Homöopathie bei Nervenschmerzen und Kehlkopfkatarrh.
F: Ammonium bromatum Oligoplex, Gelsemium Oligoplex.

Aconitum Pardalianches. Wolffwurz.

Wohlriechende Weißwurz, Salomonssiegel *Polygonatum odoratum* (MILL.) DRUCE (*P. officinale* ALL.) Liliengewächse *Liliaceae*
B: Weißer Wurzelstock mit siegelartigen Stengelnarben. Stengel überhängend kantig, Blätter 2zeilig, wechselständig, aufgerichtet, oval-lanzettlich. Blüten in den Blattachseln, gestielt, hängend, mit wohlriechender, weißlicher, grün berandeter, 6zipfeliger Blütenhülle. Beeren blauschwarz. 0,2–0,5 m. ♃; V–VI.
V: Lichte, trockene Wälder, Gebüsche und Rasen; Europa, Asien.
D: Salomonssiegelwurzelstock – Rhizoma Polygonati (Rhizoma Sigilli Salomonis).
I: Saponine, ein Glukokinin, Schleim.
A: ☠ Die Beeren erzeugen heftigen Brechdurchfall, enthalten aber trotz der Ähnlichkeit der Pflanze mit dem Maiglöckchen keine herzwirksamen Glykoside. In der Volksheilkunde früher als harntreibendes Mittel, äußerlich bei Blutergüssen. In der Homöopathie selten bei Narbenwucherungen. Die blutzuckersenkende Wirkung wird in Japan und China genutzt. Auch andere *Polygonatum*-Arten sind giftig.
F: Keloid-Gel (Wala)

Giftpflanzen mit grünen, gelben oder weißen Früchten

Waterers Goldregen *Laburnum* × *watereri* (KIRCH.) DIPP.
Schmetterlingsblütler *Fabaceae*
B: Bastard aus *L. anagyroides* MED. und *L. alpinum* (MILL.) BERCHT. ET PRESL.
Kräftiger Strauch oder kleiner Baum, Blätter 3zählig, oft 10 cm lang gestielt, unterseits nur spärlich behaart. Gelbe Schmetterlingsblüten häufig mit braunen Strichen auf der Fahne, in 40 – 50cm langen, hängenden Trauben. Ausbildung weniger Fruchthülsen meist nur mit je 1 – 2 Samen. Bis 10 m. ♄; V – VI.
V: Der am häufigsten in Gärten und Parks kultivierte Goldregen.
I: Cytisin, Methylcytisin, Laburnin u. a. Alkaloide.
A: Vergiftungen bei Kindern nicht selten durch Essen der Samen (schon 2 Stück können gefährlich sein) oder Kauen auf den Zweigen bzw. der süß schmeckenden Wurzeln. Vergiftungserscheinungen sind Speichelfluß, Brennen im Hals, Erbrechen, Durchfälle, Kopfschmerzen, Schwindel, Pulsverlangsamung und schließlich Atemlähmung. Das Alkaloid Cytisin zeigt dabei ähnliche Wirkungen wie das Nicotin, so daß Goldregenblätter während des Krieges als Tabakersatz Verwendung fanden. Ebenso giftig sind die Eltern-Arten. Arzneiliche Anwendung von *L. anagyroides* siehe S. 132.

Garten-Bohne *Phaseolus vulgaris* L. Schmetterlingsblütler *Fabaceae*
B: Niedrig-buschige (Buschbohne) oder windende (Stangenbohne) Pflanze mit 3zähligen Blättern. Blüten weiß, gelblich, rosa oder violett, in armblütigen Blütenständen, diese kürzer als die Stengelblätter. 0,5 – 4 m. ☉; VI – IX.
V: Heimat Mittel- und Südamerika, in zahlreichen Sorten kultiviert.
I: Besonders in den Samen und unreifen Hülsen der giftige Eiweißstoff Phasin.
A: Rohe Bohnensamen und auch die unreifen Früchte (Grüne Bohnen) geben bei Kindern immer wieder Anlaß zu Vergiftungen, da sie ja als Nahrungsmittel hinreichend bekannt sind. Erst durch längeres Kochen wird der giftige Eiweißstoff zerstört, nicht jedoch durch Trocknen. Arzneiliche Anwendung siehe S. 88. Ebenso giftig ist die Feuerbohne *Phaseolus coccineus* L.

Kartoffel *Solanum tuberosum* L. Nachtschattengewächse *Solanaceae*
B: Pflanze mit unterirdischen Knollen. Blätter unpaarig gefiedert, abwechselnd mit größeren und kleineren Fiederblättern. Blütenkrone verwachsen, ausgebreitet, 2 – 3 cm breit, weiß, rötlich oder lila. Frucht eine fleischige, gelbgrüne Beere. 0,4 – 0,8 m. ♃; VI – VIII.
V: Heimat Südamerika, in vielen Sorten kultiviert, selten verwildert.
I: Glykoalkaloid Solanin u. a.
A: Den höchsten Solanin-Gehalt haben die unreifen Früchte (Kartoffelbeeren), die nicht selten bei Kindern zu Vergiftungen mit Reizung der Verdauungswege, Krämpfen, Lähmungen, Hautausschlägen, auch mit tödlichem Ausgang geführt haben. Bei Tieren treten Erkrankungen nach Verfütterung gekeimter Kartoffeln und von Kartoffelkraut auf. Auch die durch Belichtung grün gewordenen Teile der Knolle enthalten größere Mengen Solanin und sind gesundheitsschädlich. Arzneiliche Anwendung siehe S. 74.

Schneebeere *Symphoricarpos albus* (L.) BLAKE (*S. racemosus* MICHX.)
Geißblattgewächse *Caprifoliaceae*
B: Strauch mit unterirdischen Ausläufern. Blätter eiförmig bis rundlich, ganzrandig, zuweilen etwas gelappt, unterseits blaugrün. Blüten in kleinen end- und achselständigen Ähren mit glockiger, 5zähniger, innen dicht behaarter, rosaroter Krone. Reife Beeren weiß. Bis 2 m. ♄; VI – IX.
V: Zierstrauch, stellenweise verwildert, Heimat Nordamerika.
D: Symphoricarpus racemosus (HAB 34), die frische Wurzel.
I: Saponine, Gerbstoffe, in der Frucht noch unerforschter Wirkstoff.
A: Durch Spielen mit den Beeren können Hautentzündungen hervorgerufen werden. Nach Einnahme kommt es zu Übelkeit mit Erbrechen. Die Homöopathie verwendet die Wurzel u. a. gegen Schwangerschaftserbrechen und in Umstimmungstherapeutika bei Erkrankungen des Stütz- und Bindegewebes.
F: Cefossin „Cefak", Chirofossat

Literaturauswahl

Bock, H., Kreutterbuch, darin Underscheidt, Namen und Würckung..., Straßburg 1577, Reprint Kölbl, München 1964
Böhme, H. und K. Hartke, Deutsches Arzneibuch 7. Ausgabe 1968, Kommentar, WVG Stuttgart, Govi-Verlag Frankfurt/Main
Braun, H., Heilpflanzen-Lexikon für Ärzte und Apotheker, 3.Aufl., G. Fischer, Stuttgart, New York 1978
Ehrendorfer, F. (Hrsg.), Liste der Gefäßpflanzen Mitteleuropas, 2. Aufl., G. Fischer, Stuttgart 1973
Flück, H., Unsere Heilpflanzen, 5. Aufl., Ott, Thun 1974
Fuchs, L., Laebliche abbildung und contrafaytung aller kreuter..., Basell 1545, Reprint Kölbl München 1969
Gessner, O. und G. Orzechowski, Gift- und Arzneipflanzen von Mitteleuropa, 3. Aufl., Winter, Heidelberg 1974
Hagers Handbuch der Pharmazeutischen Praxis, 4. Aufl., 7 Bände, Springer, Berlin, Heidelberg, New York 1967–1979
Hegi, G., Illustrierte Flora von Mitteleuropa, 1.–3. Aufl., Bd. I–VII, Hanser, München, Parey, Berlin, 1906–1979
Hess, H., E. Landolt und R. Hirzel, Flora der Schweiz, 3 Bände, Birkhäuser, Basel, Stuttgart 1967–1972
Hochstetter, K., Einführung in die Homöopathie, Sonntag, Regensburg 1973
Hoppe, H., Drogenkunde, 2 Bände, 8. Aufl., de Gruyter, Berlin, New York 1975, 1977
Karsten–Weber–Stahl, Lehrbuch der Pharmakognosie, 9. Aufl., G. Fischer, Stuttgart 1962
Leeser, O., Lehrbuch der Homöopathie, Arzneimittellehre B I, II: Pflanzliche Arzneistoffe, Haug, Heidelberg 1961–1973
List, P. H., Arzneiformenlehre, WVG, Stuttgart 1976
Lonicerus, A., Kreuterbuch, künstliche Conterfeytunge... 1679, Reprint Kölbl, München 1962
Madaus, G., Lehrbuch der biologischen Heilmittel, 3 Bände, Reprint Olms, Hildesheim, New York 1976
Mezger, J., Gesichtete Homöopathische Arzneimittellehre, 4. Aufl., 2 Bände, Haug, Heidelberg 1977
Müller, Th. und D. Kast, Die geschützten Planzen Deutschlands, Schwäb. Albverein, Stuttgart 1969
Nielsen, H., Giftpflanzen, Kosmos-Verlag, Stuttgart 1979
Rote Liste 1977/78, Hrsg. Bundesverband der Pharm. Industrie, Editio Cantor, Aulendorf 1978
Rothmaler, W., Exkursionsflora, Kritischer Band, Volk und Wissen, Berlin 1976
Rüdt, U., Heil- und Giftpflanzen, Kosmos-Verlag, Stuttgart 1973
Schmeil-Fitschen, Flora von Deutschland, 83. Aufl., Quelle & Meyer, Heidelberg 1968
Schneider, G., Pharmazeutische Biologie, Bibl. Inst. Mannheim, Wien u. Zürich 1975
Schönfelder-Fischer, Welche Heilpflanze ist das? 17. Aufl., Kosmos-Verlag, Stuttgart 1976
Steinegger, E. und R. Hänsel, Lehrbuch der Pharmakognosie, 3. Aufl., Springer, Berlin, Heidelberg, New York 1972
Tutin, T. G. u. a. (Hrsg.), Flora Europaea, Band 1–4, University Press, Cambridge 1964–1976
Weber, R., Pflanzengewürze und Gewürzpflanzen aus aller Welt, Ziemsen, Wittenberg 1967
Weiss, R. F., Lehrbuch der Phytotherapie, 3. Aufl., Hippokrates, Stuttgart 1974
Zimmermann, W., Homöopathische Arzneitherapie, 2. Aufl., Sonntag, Regensburg 1974

Drogenregister

Abrotanum 122
Absinthii herba 122
Absinthium 122
Ackerröschenkraut 160
Ackerwindenkraut 72
Aconitum 190
Aconitum Lycoctonum 130
Actaea 246
Adlerfarnwedel 232
Adonidis herba 116
Adonis aestivalis 160
Adonis vernalis 116
Adoniskraut 116
Aegopodium podagraria 66
Äpfel, Unreife 48
Aesculus 54
Aesculus hippocastanum 54
Aethusa 66
Afrikanische Malvenblüten 150
Agaricus 236
Agaricus albus 236
Agnus castus 192
Agrostemma Githago 144
Ailanthus glandulosa 106
Ajuga reptans 194
Akeleikraut 180
Alantwurzelstock 120
Alkannawurzel 182
Allium sativum 78
Allylsenföl 96
Alpenrosenblätter 152
Alraunwurzel 184
Alsine media 42
Althaea 150
Althaeae radix 150
Ammeifrüchte, Große 66
Ammeifrüchte, Zahnstocher- 66
Ammeos visnagae fructus 66
Ammi visnaga 66
Ammi-visnaga-Früchte 66
Amygdalae amarae 148
Amygdalae dulces 148
Amylum maydis 222
Amylum oryzae 222
Amylum solani 74
Amylum tritici 220
Anagallis arvensis 154
Andornkraut 88
Anemone nemorosa 76
Angelica Archangelica 68
Angelikawurzel 68
Anis 64
Anisi aetheroleum 64
Anisi fructus 64
Anisöl 64
Anisum 64
Anthemidis flos 84
Anthoxanthum odoratum 220
Apfelschalen 48
Apium graveolens 108
Aquilegia 180

Arctium Lappa 166
Aristolochia 130
Armoracia 36
Arnica 124
Arnicae flos 124
Arnikablüten 124
Artemisia vulgaris 122
Artischockenextrakt 188
Arum maculatum 244
Asarum 138
Asparagus officinalis 80
Asperula odorata 40
Attichwurzel 76
Augentrostkraut 92
Aurantii pericarpium 54
Avena sativa 222

Baccae Alkekengi 74
Baccae Sorbi 50
Bachnelkenwurz 146
Bärenfenchelwurz 62
Bärenklaukraut 68
Bärentraubenblätter 70
Bärlappkraut 234
Bärlappsporen 234
Bärlauchkraut 78
Bärlauchzwiebel 78
Bärwurz 62
Baldrian, Roter 178
Baldrianwurzel 178
Bartflechtenextrakt 238
Basilicum 92
Basilienkraut 92
Beifußkraut 122
Beinwellwurzel 72
Belladonna 158
Belladonnablätter 158
Belladonnae folium 158
Bellis perennis 82
Benediktenkraut 126
Berberis 116
Berberitzenwurzelrinde 116
Besenginsterblüten 132
Besenginsterkraut 132
Betonica 174
Betonienkraut 174
Betula alba 200
Betulae folium 200
Bibernellwurzel 64
Bilsenkrautblätter 114
Bilsenkrautöl 114
Bingelkraut 214
Birkenblätter 200
Birkenteer 200
Bischofskrautfrüchte 66
Bittere Mandeln 148
Bitteres Kreuzblumenkraut 192
Bitterklee 70
Bittermandelwasser 148
Bittersüßstengel 184
Blankenheimer Tee 134

255

Drogenregister

Blasenstrauchblätter 132
Bluthühnerwurz 148
Blutkraut 148
Blutweiderich 162
Bockshornsamen 134
Bohnenhülsen 88
Bohnenkraut 90
Boretschkraut 182
Borrago officinalis 182
Bovista 236
Brassica oleracea 98
Braunwurzkraut 178
Breitwegerichkraut 218
Brennesselkraut 206
Brombeerblätter 46
Bruchkraut 210
Brunellenkraut 194
Brunnenkressenkraut 36
Bryonia 56
Bucheckern 202
Buchenteer 202
Buchsbaumblätter 100
Bulbus Allii cepae 78
Bulbus Allii sativi 78
Bulbus Allii ursini 78
bulbus, Scillae 80
Buxus sempervirens 100

Calamus aromaticus 224
Calendula 126
Caltha palustris 102
Cannabis 204
Capsicum 74
Carbo vegetabilis 202
Cardui mariae fructus 166
Carduus Benedictus 126
Carduus marianus 166
Caricae 204
Carvi aetheroleum 62
Carvi fructus 62
Castanea vesca 202
Centaurii herba 154
Cepa 78
Cetraria islandica 138
Chaerophyllum 58
Chamaedrys 172
Chamomilla 84
Chamomilla romana 84
Cheiranthus Cheiri 96
Chelidonii herba 94
Chelidonium 94
Chenopodium ambrosioides 210
Chimaphila umbellata 148
Cichorium 188
Cicuta virosa 60
Cineraria maritima 124
Cinis Fagi 202
Citri aetheroleum 54
Citronenöl 54
Clematis 34
Cnici benedicti herba 126
Cochlearia officinalis 36
Colchici semen 162
Colchicum 162
Colophonium 228

Conium 58
Convallaria majalis 80
Convallariae herba 80
Convolvulus arvensis 72
Cortex Alni 200
Cortex Berberidis radicis 116
cortex, Frangulae 214
Cortex Fraxini 216
Cortex Granati 162
Cortex Mezerei 142
Cortex Piri mali fructus 48
Cortex Pruni padi 42
cortex, Quercus 204
Cortex Salicis 198
Cortex Ulmi 202
Crataegi folium cum flore 48
Crataegi fructus 48
Crataegus 48
Croci stigma 186
Crocus 186
Cucurbita Pepo 112
Cupressus sempervirens 226
Cyclamen 154
Cynara Scolymus 188
Cynoglossum 156
Cytisus Laburnum 132

Delphinium Consolida 190
Deutsche Kapern 170
Deutsche Sarsaparille 218
Deutscher Pfeffer 240
Deutsches Lactucarium 128
Dictamnus albus 170
Digitalis 178
Digitalis-lanata-Blätter 136
Digitalis lanatae folium 136
Digitalis lutea 136
Digitalis-purpurea-Blätter 178
Digitalis purpureae folium 178
Dillfrüchte 110
Dillkraut 110
Dillsamen 110
Dipsacus silvestris 164
Diptamwurzel 170
Dostenkraut 174
Drosera 44
Dulcamara 184

Eberrautenbeifuß 122
Eberwurzel 86
Echtes Katzenkraut 90
Echtes Labkraut 100
Edelgamanderkraut 172
Edeltannenextrakt 226
Edeltannenöl 226
Edeltannenzapfenöl 226
Efeublätter 216
Ehrenpreiskraut 180
Eibischblätter 150
Eibischwurzel 150
Eichelkaffee 204
Eichenrinde 204
Eisenhutknollen 190
Eisenkraut 172
Engelsüßwurzelstock 232

Drogenregister

Engelwurz, Wilde 68
Enzianwurzel 116, 154
Ephedra vulgaris 224
Equiseti herba 234
Equisetum arvense 234
Equisetum hiemale 234
Erdbeerblätter 46
Erdrauchkraut 168
Erica 142
Erigeron canadensis 82
Erysimum officinale 96
Eschenblätter 216
Eselsdistelblüten 166
Eselsdistelkraut 166
Estragon 122
Eucalypti aetheroleum 34
Eucalyptus 34
Eucalyptusöl 34
Eukalyptusblätter 34
Eupatorium cannabinum 164
Eupatorium perfoliatum 164
Euphorbia Cyparissias 94
Euphrasia 92
Evonymus europaea 240
Extractum Abietis albae 226
Extractum Brassicae oleraceae sicc. 98
Extractum Cynarae scolymi 188
Extractum Malti 222
Extractum Pini 226
Extractum Usneae barbatae 238

Fagopyrum 42
Färberginsterblüten 132
Färberginsterkraut 132
Färberwurzel 114
Farfara 124
Farfarae folium 124
Farina Amygdalarum 148
Farina Avenae 222
Farnwurzel 232
Faulbaumrinde 214
Fenchel 108
Fenchelöl 108
Fetthennenkraut 144
Feigen 204
Fichtennadelextrakt 226
Fichtennadelöl 226
Filix 232
Fliederbeeren 76
Flohsamen 216
Flohsamen, Indischer 216
Flores Acaciae 50
Flores Alceae 150
Flores Antennariae dioicae 86
Flores Anthyllidis vulnerariae 130
Flores Aurantii 54
Flores Bellidis 82
Flores Calcatrippae 190
Flores Calendulae 126
Flores Chamomillae 84
Flores Chamomillae discoideae 120
Flores Chamomillae Romanae 84
Flores Chrysanthemi cinerariifolii 84
Flores Convallariae 80
Flores Cyani 188
Flores Cyani majoris 188
Flores Ericae 142
Flores Ericae tetralicis 142
Flores Farfarae 124
Flores Genistae tinctoriae 132
Flores Gnaphalii dioici 86
Flores Graminis 220
Flores Helianthi annui 120
Flores Lamii albi 88
Flores Lavandulae 196
Flores Malvae 150
Flores Malvae arboreae 150
Flores Millefolii 82
Flores Onopordonis acanthii 166
Flores Paeoniae 160
Flores Pedis Cati 86
Flores Primulae 112
Flores Pruni spinosae 50
Flores Pyrethri 84
Flores Rhoeados 140
Flores Rosae 146
Flores Sambuci 76
Flores Sarothamni scoparii 132
Flores Spiraeae 46
Flores Stoechados 86, 120
Flores Tanaceti 124
Flores Verbasci 114
flos, Arnicae 124
flos, Tiliae 106
Foeniculi aetheroleum 108
Foeniculi fructus 108
Foeniculum 108
Foenum graecum 134
Folia Aquifolii 240
Folia Aurantii 54
Folia Buxi 100
Folia Castaneae 202
Folia Coluteae 132
Folia Coryli avellanae 202
Folia Cynoglossi 156
Folia Fragariae 46
Folia Fraxini 216
Folia Ginkgo bilobae 224
Folia Hederae helicis 216
Folia Juglandis 200
Folia Lauri 94
Folia Laurocerasi recentia 52
Folia Malvae 150
Folia Menthae aquaticae 176
Folia Menthae crispae 176
Folia Myrti 56
Folia Myrtilli 152
Folia Nicotianae 158
Folia Petasitidis 164
Folia Pteridii aquilini 232
Folia Rhododendri ferruginei 152
Folia Ribis nigri 212
Folia Rubi fruticosi 46
Folia Rubi Idaei 46
Folia Sambuci 76
Folia Sedi magni 162
Folia Spinaciae 210
Folia Symphyti 72
Folia Trifolii fibrini 70

Drogenregister

Folia Vitis Idaeae 70
Folia Vitis viniferae 214
folium, Belladonnae 158
folium, Betulae 200
folium cum flore, Crataegi 48
folium, Digitalis lanatae 136
folium, Digitalis purpureae 178
folium, Farfarae 124
folium, Hyoscyami 114
folium, Menthae piperitae 176
folium, Oleae 40
folium, Oleandri 156
folium, Rosmarini 196
folium, Salviae 194
folium, Salviae trilobae 194
folium, Stramonii 74
folium, Uvae ursi 70
Fragaria vesca 46
Frangula 214
Frangulae cortex 214
Frauenmantelkraut 212
Fraxinus excelsior 216
Fructus Agni casti 192
Fructus Alkekengi 74
fructus, Ammeos visnagae 66
Fructus Ammi majoris 66
Fructus Anethi 110
fructus, Anisi 64
Fructus Apii graveolentis 108
Fructus Aurantii immaturi 54
Fructus Berberidis 116
Fructus Capsici 74
fructus, Cardui mariae 166
fructus, Carvi 62
Fructus Ceratoniae 212
Fructus Coriandri 60
fructus, Crataegi 48
Fructus Cynosbati 146
fructus, Foeniculi 108
Fructus Hippophaë rhamnoides 216
fructus, Juniperi 230
Fructus Lauri 94
Fructus Mali sylvestris immaturi 48
fructus, Myrtilli 152
Fructus Papaveris immaturi 138
Fructus Petroselini 110
Fructus Phaseoli sine Semine 88
Fructus Phellandri 60
Fructus Pruni domesticae 52
Fructus Pruni spinosae 50
Fructus Rhamni catharticae 214
Fructus Sambuci 76
Fructus Sorbi aucupariae 50
Fuchs'sches Kreuzkraut 126
Fucus 238
Fucus vesiculosus 238
Fumaria officinalis 168
Fünffingerkraut 104
Fungus chirurgorum 236
Fungus Laricis 236

Gänseblümchenblüten 82
Gänseblümchenkraut 82
Gänsefingerkraut 104
Galeopsis 134

Galium Aparine 40
Galium verum 100
Garten-Kerbel 58
Garten-Kresse 38
Geißrautenkraut 88
Gelbe Katzenpfötchen 120
Gelbe Rübe 62
Gemeines Kreuzkraut 126
Gemmae Populi 198
Gemmae Sophorae japonicae 86
Genista tinctoria 132
Gentiana lutea 116
Gentianae radix 116
Geranium Robertianum 148
Geranium-Öl 148
Gereinigtes Terpentinöl 228
Germina Tritici 220
Geum rivale 146
Geum urbanum 106
Gichtrose 160
Gingkoblätter 224
Glandulae Lupuli 206
Glaskraut 208
Glechoma hederacea 194
Glockenheideblüten 142
Glycyrrhiza glabra 168
Gnaphalium arenarium 120
Goldlackkraut 96
Goldrutenkraut 118
Gottesgnadenkraut 92
Granatrinde 162
Granatum 162
Gratiola 92
Große Ammeifrüchte 66
Grüne Mandeln 142
Günselkraut 194
Gundelrebenkraut 194
Gurkenkraut 110, 182

Hanf, Indischer 204
Haschischkraut 204
Habichtskraut, Kleines 128
Hafermehl 222
Haferstroh 222
Hagebutten 146
Hagebuttensame 146
Hagedornbeeren 48
Hasenklee 170
Haselnußblätter 202
Haselwurzwurzel 138
Hauhechelwurzel 168
Hauswurzblätter 162
Hedera helix 216
Hegenmus 146
Heidekraut 142
Heidelbeerblätter 152
Heidelbeeren 152
Heilziest 174
Helianthus annuus 120
Helleborus 44
Hepatica triloba 186
Heracleum Sphondylium 68
Herba Abrotani 122
herba, Absinthii 122
herba, Adonidis 116

Drogenregister

Herba Adonidis aestivalis 160
Herba Agrimoniae 104
Herba Ajugae 194
Herba Alchemillae 212
Herba Alchemillae alpinae 212
Herba Alliariae officinalis 34
Herba Allii ursini 78
Herba Anchusae 182
Herba Anserinae 104
Herba Anthyllidis vulnerariae 130
Herba Aquilegiae 180
Herba Aristolochiae 130
Herba Artemisiae 122
Herba Asperulae 40
Herba Auriculae muris 128
Herba Basilici 92
Herba Bellidis 82
Herba Betonicae 174
Herba Boraginis 182
Herba Brancae ursinae 68
Herba Buglossi 182
Herba Bursae pastoris 38
Herba Callunae 142
Herba Cannabis indicae 204
Herba Cardaminis pratensis 36
Herba Cardui benedicti 126
herba, Centaurii 154
Herba Cerefolii germanici 58
Herba Chamaedryos 172
Herba Cheiranthi cheiri 96
herba, Chelidonii 94
Herba Chenopodii ambrosioides 210
Herba Cochleariae 36
Herba Conii 58
herba, Convallariae 80
Herba Convolvuli arvensis 72
Herba Coronillae variae 170
Herba Cynoglossi 156
Herba Dracunculi 122
Herba Droserae 44
herba, Equiseti 234
Herba Ericae 142
Herba Eryngii 58
Herba Erysimi 96
Herba Eschscholziae 94
Herba Eupatorii cannabini 164
Herba Euphrasiae 92
Herba Fumariae 168
Herba Galegae 88
Herba Galeopsidis 134
Herba Galii lutei 100
Herba Genipi veri 82
Herba Genistae tinctoriae 132
Herba Geranii Robertiani 148
Herba Gratiolae 92
Herba Hederae terrestris 194
Herba Heraclei sphondylii 68
Herba Herniariae 210
Herba Hieracii pilosellae 128
Herba Hyperici 106
Herba Hyssopi 196
Herba Iberidis 38
Herba Ivae moschatae 82
Herba Ledi palustris 70
Herba Leonuri cardiacae 172
Herba Lepidii sativi 38
Herba Linariae 136
Herba Lini cathartici 52
Herba Lycopodii 234
Herba Lysimachiae 112
Herba Lysimachiae purpureae 162
Herba Majoranae 90
Herba Marrubii 88
Herba Matricariae 84
Herba Meliloti 130
Herba Mercurialis 214
herba, Millefolii 82
Herba Nasturtii 36
Herba Nasturtii hortensis 38
Herba Nepetae catariae 90
Herba Onopordonis acanthii 166
Herba Origani 174
Herba Parietariae 208
Herba Parthenii 84
Herba Pentaphylli 104
Herba Plantaginis lanceolatae 218
Herba Plantaginis majoris 218
Herba Polygalae amarae cum
    Radicibus 192
Herba Polygoni avicularis 144
Herba Polygoni hydropiperis 138
Herba Prunellae 194
Herba Pulegii 176
Herba Pulmonariae 156
Herba Pulmonariae arboreae 238
Herba Pulsatillae 186
Herba Rorellae 44
Herba Rumicis acetosae 160
Herba Ruperti 148
herba, Rutae graveolentis 100
Herba Salicariae 162
Herba Sanguinariae 148
Herba Sanguisorbae 140
Herba Saniculae 56
herba, Sarothamni scoparii 132
Herba Saturejae 90
Herba Saxifragae 44
Herba Scolopendrii 232
Herba Scrophulariae 178
Herba Sedi acris 104
Herba Sedi telephii 144
Herba Senecionis Fuchsii 126
Herba Senecionis vulgaris 126
Herba Serotinae 118
Herba Serpylli 174
Herba Solidaginis 118
Herba Spiraeae 46
Herba Tanaceti 124
Herba Teucrii Scorodoniae 134
herba, Thymi 174
Herba Trifolii arvensis 170
Herba Tropaeoli 170
Herba Urticae 206
Herba Verbenae 172
Herba Veronicae 190
Herba Vincae pervincae 182
Herba Violae tricoloris 192
Herba Virgaureae 118
Herba Visci albi 208
Herbstzeitlosensamen 162

Drogenregister

Herzgespannkraut 172
Heublumen 220
Hibiscusblüten 150
Hieracium Pilosella 128
Himbeerblätter 46
Hippocastani semen 54
Hirschzunge 232
Hirtentäschelkraut 38
Hohlzahnkraut 134
Holunderbeeren 76
Holunderblätter 76
Holunderblüten 76
Holzkohle 202
Hopfendrüsen 206
Hopfenzapfen 206
Huflattichblätter 124
Huflattichblüten 124
Hundszungenblätter 156
Hundszungenkraut 156
Hydropiper 138
Hyoscyami folium 114
Hyoscyamus 114
Hyoscyamusblätter 114
Hyoscyamus Scopolia 158
Hyperici herba 106
Hypericum 106

Iberis amara 38
Ilex Aquifolium 240
Immergrünkraut 182
Imperatoria Ostruthium 68
Indischer Flohsamen 216
Indischer Hanf 204
Insektenblüten 84
Inula Helenium 120
Iris germanica 186
Iris Pseudacorus 118
Isländisches Moos 238
Ispaghula-Samen 216
Ivakraut 82

Jalapenwurzel 72
Jesuitentee 210
Johannisbeerblätter, Schwarze 212
Johannisbrot 212
Johanniskraut 106
Johannisöl 106
Judenkirschen 74
Juglans 200
Juniperi fructus 230
Juniperus communis 230

Kadeöl 230
Kalifornisches Mohnkraut 94
Kalmus 224
Kamillenblüten 84
Kamille, Römische 84
Kamille, Strahlenlose 120
Kapuzinerkresse 170
Karotte 62
Kartoffelstärke 74
Kastanienblätter 202
Katzenklee 170
Katzenkraut, Echtes 90
Katzenpfötchen, Gelbe 86, 120

Katzenpfötchen, Rosa 86
Katzenpfötchen, Weiße 86
Kerbel, Garten- 58
Kerbelkraut 58
Kernlestee 146
Kiefernnadelöl 228
Kiefernsprosse 228
Kirschlorbeerblätter 52
Kirschsirup 50
Klatschrosenblüten 140
Kleines Habichtskraut 128
Klettenwurzel 166
Klettenwurzelöl 166
Knautia arvensis 164
Knoblauchsraukenkraut 34
Knoblauchzwiebel 78
Kolophonium 228
Korianderfrüchte 60
Kornblumenblüten 188
Kornradesamen 144
Krappwurzel 114
Krauseminzblätter 176
Kresse, Garten- 38
Kreuzblumenkraut, Bitteres 192
Kreuzdornbeeren 214
Kreuzkraut, Fuchs'sches 126
Kreuzkraut, Gemeines 126
Kronwickenkraut 170
Küchenzwiebel 78
Kümmel 62
Kürbissamen 112
Kunigundenkraut 164

Labkraut, Echtes 100
Lactuca 128
Lactuca sativa 128
Lactucarium, Deutsches 128
Lactucarium germanicum 128
Lärchenterpentin 226
Läusekörner 190
Lakritze 168
Lamium album 88
Latschenkiefernöl 228
Laurocerasus 52
Laurus nobilis 94
Lavandinöl 196
Lavandula 196
Lavandulae aetheroleum 196
Lavendelblüten 196
Lavendelöl 196
Lebensbaumspitzen 230
Ledum 70
Leinkraut 180
Leinöl 180
Leinsamen 180
Lemna minor 224
Leonurus Cardiaca 172
Lerchenspornknollen 168
Levisticum officinale 110
Lichen islandicus 238
Liebersches Kraut 134
Liebstöckelwurzel 110
Lignum Juniperi 230
Linaria 136
Lindenblüten 106

Drogenregister

Lini semen 180
Linum catharticum 52
Linum usitatissimum 180
Liquiritiae radix 168
Löffelkraut 36
Löwenzahn 128
Lolium temulentum 220
Lorbeerblätter 94
Lorbeeren 94
Lungenflechte 238
Lungenkraut 156
Lupuli strobuli 206
Lupulinum 206
Lupulus 206
Lycium Berberis 184
Lycopodium 234
Lycopus europaeus 92
Lycopus virginicus 92
Lysimachia Nummularia 112
Lythrum Salicaria 162

Märzveilchenwurzelstock 192
Maiglöckchenblüten 80
Maiglöckchenkraut 80
Maisgriffel 222
Maiskeimöl 222
Maisstärke 222
Majorana 90
Majorankraut 90
Malva silvestris 150
Malvenblätter 150
Malvenblüten 150
Malvenblüten, Afrikanische 150
Malzextrakt 222
Mandelkleie 148
Mandeln, Bittere 148
Mandeln, Grüne 142
Mandeln, Süße 148
Mandelöl 148
Mandragora 184
Manna 40
Mannstreukraut 58
Mannstreuwurzel 58
Mariendistelfrüchte 166
Marihuana 204
Maronen 202
Marrubium album 88
Marum verum 172
Mastix 142
Matricariae flos 84
Mauerpfeffer 104
Meerrettichwurzel 36
Meerzwiebel 80
Meisterwurzwurzelstock 68
Melilotus officinalis 130
Melissa 90
Melissae folium 90
Melissenblätter 90
Mentha piperita 176
Mentha Pulegium 176
Menthae arvensis aetheroleum 176
Menthae piperitae aetheroleum 176
Menthae piperitae folium 176
Menyanthes 70
Mercurialis 214

Meum athamanticum 62
Mexikanisches Traubenkraut 210
Mezereum 142
Millefolii herba 82
Millefolium 82
Mistelkraut 208
Möhre 62
Mönchspfeffer 192
Mohnkraut, Kalifornisches 94
Mohrrübe 62
Moschusschafgarbenkraut 82
Mutterkorn 236
Mutterkraut 84
Myosotis arvensis 184
Myrtenblätter 56
Myrtilli fructus 152
Myrtillus 152
Myrtus communis 56

Narcissus pseudonarcissus 118
Nasturtium aquaticum 36
Nelkenwurzwurzel 106
Neroliöl 54
Nieswurz, Weiße 78
Nieswurzwurzelstock 44
Nigella sativa 44
Nuphar luteum 100

Ochsenzungenkraut 182
Odermennigkraut 104
Oleae folium 40
Oleander 156
Oleanderblätter 156
Oleandri folium 156
Oleum Abietis albae 226
Oleum Abietis pectinatae 226
Oleum Amygdalarum 148
Oleum Anisi 64
Oleum Aurantii dulcis 54
Oleum Aurantii Floris 54
Oleum Aurantii Pericarpii 54
Oleum Carvi 62
Oleum Citri 54
Oleum Citronellae 90
Oleum Cupressi 226
Oleum Eucalypti 34
Oleum Evonymi 240
Oleum Fagi empyreumaticum 202
Oleum Foeniculi 108
Oleum Geranii 148
Oleum Helianthi annui 120
Oleum Hyoscyami 114
Oleum Hyperici 106
Oleum Juniperi 230
Oleum Juniperi empyreumaticum 230
Oleum Lavandulae 196
Oleum Lini 180
Oleum Maydis 222
Oleum Menthae piperitae 176
oleum, Olivae 40
Oleum Piceae foliorum 226
Oleum Pini pumilionis 228
Oleum Pini silvestris 228
oleum, Ricini raffinatum 140

Drogenregister

Oleum Rosae 146
Oleum Rosmarini 196
Oleum Rusci 200
Oleum Sinapis 96
Oleum Spicae 196
Oleum Templinum 226
Oleum Terebinthinae 228
Olivae oleum 40
Olivenblätter 40
Olivenöl 40
Ononidis radix 168
Ononis spinosa 168
Onopordon Acanthium 166
Opium 138
Origanum vulgare 174
Osterluzeikraut 130
Osterluzeiwurzel 130
Oxalis Acetosella 56

Paeonia officinalis 160
Pappelknospen 198
Paprika 74
Paris quadrifolia 250
Pastinaca sativa 108
Pastinakwurzel 108
Pedunculi Cerasorum 50
pericarpium, Aurantii 54
Pericarpium Citri 54
pericarpium, Phaseoli 88
Pestwurzel 164
Pestwurzblätter 164
Petasites 164
Petersilienfrüchte 110
Petersilienwurzel 110
Petroselinum 110
Pfefferminzblätter 176
Pfefferminzöl 176
Pfennigkraut 112
Pfingstrosenblüten 160
Pflaume 52
Phaseoli pericarpium 88
Phaseolus nanus 88
Phellandrium 60
Physalis Alkekengi 74
Phytolacca 42
Pimpinella alba 64
Pinus abies 226
Pinus silvestris 228
Pistazien 142
Pix betulina 200
Pix Fagi 202
Pix Juniperi 230
Pix liquida 228
Placenta Seminis Lini 180
Plantago lanceolata 218
Plantago major 218
Pomeranzenblätter 54
Pomeranzenblüten 54
Pomeranzenblütenöl 54
Pomeranzenschale 54
Poleiminzenkraut 176
Polygala amara 192
Polygonum aviculare 14
Populus tremuloides 198
Potentilla anserina 104

Potentilla reptans 104
Preiselbeerblätter 70
Primelwurzel 112
Primula veris 112
Primulae radix 112
Prunella vulgaris 194
Prunus domestica 52
Prunus Padus e cortice 52
Prunus spinosa 50
Psyllii semen 216
Pulmonaria vulgaris 156
Pulsatilla 186
Purgierleinkraut 52

Queckenwurzelstock 220
Quendel 174
Quercus cortex 204
Quercus e cortice 204
Quittenkerne 48
Quittensamen 48

Radix Alkannae 182
radix, Althaeae 150
Radix Angelicae 68
Radix Angelicae silvestris 68
Radix Aristolochiae 130
Radix Armoraciae 36
Radix Asari 138
Radix Asparagi 80
Radix Bardanae 166
Radix Belladonnae 158
Radix Bryoniae 56
Radix Callae palustris 34
Radix Carlinae 86
Radix Caryophyllatae 106, 146
Radix Centranthi 178
Radix Chelidonii 94
Radix Cichorii 188
Radix Dauci carotae 62
Radix Dictamni 170
Radix Dracunculi palustris 34
Radix Ebuli 76
Radix Eryngii 58
Radix Foeniculi ursini 62
radix, Gentianae 116, 154
Radix Levistici 110
Radix Liquiritiae 168
Radix Mandragorae 184
Radix Mei 62
radix, Ononidis 168
Radix Pastinacae 108
Radix Petasitidis 164
Radix Petroselini 110
Radix Pimpinellae 64
radix, Primulae 112
Radix Raphani 38
radix, Rhei 160
Radix Rubiae tinctorum 114
Radix Sanguinariae 148
Radix Saniculae 56
radix, Saponariae rubrae 42
radix, Symphyti 72
Radix Taraxaci cum Herba 128
radix, Valerianae 158
Rainfarnblüten 124

Drogenregister

Rainfarnkraut 124
Ranunculus acer 102
Ranunculus bulbosus 102
Ranunculus sceleratus 102
Raphanus sativus 38
Rautenkraut 100
Reisstärke 222
Resina Convolvuli sepium 72
Rettich 38
Rhabarber 160
Rhamnus cathartica 214
Rhei radix 160
Rheum 160
Rhizoma Bistortae 144
Rhizoma Calami 224
Rhizoma Caricis 218
Rhizoma Corydalis cavae 168
Rhizoma Filicis 232
Rhizoma Graminis 220
Rhizoma Helenii 120
Rhizoma Hellebori 44
Rhizoma Imperatoriae 68
Rhizoma Iridis 186
Rhizoma Nupharis lutei 100
Rhizoma Polygonati 250
Rhizoma Polypodii 232
Rhizoma Rusci aculeati 218
Rhizoma Sigilli Salomonis 250
Rhizoma Scopoliae carniolicae 158
Rhizoma Tormentillae 98
Rhizoma Veratri 78
Rhizoma Violae 192
Rhododendron 152
Rhododendron ferrugineum 152
Ricini oleum raffinatum 140
Ricinus communis 140
Riesengoldrutenkraut 118
Ringelblumenblüten 126
Rittersporn blüten 190
Rizinusöl 140

Robinia Pseudacacia 86
Römische Kamille 84
Rohrzucker 208
Rosa canina 146
Rosa Katzenpfötchen 86
Rosenblütenblätter 146

Rosenöl 146
Rosmarinblätter 196
Rosmarini aetheroleum 196
Rosmarini folium 196
Rosmarinus officinalis 196
Roßkastaniensamen 54
Rote Seifenwurzel 42
Roter Baldrian 178
Rotkleeblüten 170
Rubia tinctorum 114
Rübe, Gelbe 62
Rübenzucker 208
Ruhrkrautblüten 120
Rumex 210
Rumex Acetosa 160
Ruprechtskraut 148
Ruta 100
Rutae graveolentis herba 100

Sabina 230
Saccharose 208
Saccharum 208
Sadebaumspitzen 230
Safran 186
Salbeiblätter 194
Salep 178
Salepschleim 178
Salix alba 198
Salix purpurea 198
Salomonssiegelwurzelstock 250
Salvia officinalis 194
Salviae folium 194
Salviae trilobae folium 194
Sanddornbeeren 216
Sandriedgraswurzelstock 218
Sanguisorba officinalis 140
Sanicula europaea 56
Sanikelkraut 56
Sanikelwurzel 56
Saponaria 42
Saponariae rubrae radix 42
Sarothamni scoparii herba 132
Sarsaparille, Deutsche 218
Sauerampferkraut 160
Sauerdornbeeren 116
Sauerkirschenstiele 50
Sauerkrautsaft 98
Saxifraga 44
Scabiosa Succisa 188
Scammonium europaeum 94
Scammonium germanicum 72
Schachtelhalmkraut 234
Schafgarbenblüten 82
Schafgarbenkraut 82
Schierlingskraut 58
Schlangenwurzel 34, 144
Schlehdornfrüchte 50
Schlehenblüten 50
Schleifenblumenkraut 38
Schlüsselblumenblüten 112
Schnurbaumknospen 86
Schöllkraut 94
Schöllkrautwurzel 94
Schwarze Johannisbeerblätter 212
Schwarzer Senf 96
Schwarzerlenrinde 200
Schwarzkümmelsamen 44
Scilla 80
Scillae bulbus 80
Scolopendrium 232
Scrophularia nodosa 178
Secale cornutum 236
Sedum acre 104
Sedum repens 104
Sedum Telephium 144
Seidelbastrinde 142
Seifenwurzel, Rote 42
Selleriefrüchte 108
Semen Apii graveolentis 108
semen, Colchici 162
Semen Cucurbitae 112
Semen Cydoniae 48
Semen Cynosbati 146
Semen Erucae 98

263

Drogenregister

Semen Foenugraeci 134
Semen Githaginis 144
semen, Hippocastani 54
semen, Lini 180
Semen Nigellae 44
semen, Psyllii 216
Semen Quercus tostum 204
Semen Sinapis 96
Semen Staphisagriae 190
Semen Stramonii 74
Sempervivum tectorum 162
Senf, Schwarzer 96
Senfsame, Weißer 98
Serpyllum 174
Silbermäntelikraut 212
Siliqua dulcis 212
Sinapis alba 98
Sinapis nigra 96
Sirupus Cerasi 50
Sirupus Rhamni catharticae 214
Sirupus Rubi Idaei 46
Skammoniawurzel 72
Skopoliawurzel 158
Skorbutkraut 36
Solanum nigrum 248
Solidago Virga aurea 118
Sonnenblumenblütenblätter 120
Sonnenblumenkernöl 120
Sonnentaukraut 44
Sophora japonica 86
Spargelwurzel 80
Spartium scoparium 132
Spechtwurzel 170
Spierblumen 46
Spiköl 196
Spinat 210
Spiraea Ulmaria 46
Spitzwegerichkraut 218
Spornblumenwurzel 178
Staphisagria 190
Stechapfelblätter 74
Stechapfelsamen 74
Stechkörner 166
Stechmyrtenwurzelstock 218
Stechpalmenblätter 240
Steinbrechkraut 44
Steinklee 130
Stephanskörner 190
Sticta 238
Stiefmütterchen 192
Stigmata Maidis 222
Stigmata maydis 222
Stipites Cerasorum 50
Stipites Dulcamarae 184
Stockrosenblüten 150
Strahlenlose Kamille 120
Stramentum Avenae 222
Stramonii folium 74
Stramonium 74
Stramoniumblätter 74
Straßburger Terpentin 226
strobuli, Lupuli 206
Succus Liquiritiae 168
Süße Mandeln 148
Süßholzsaft 168

Süßholzwurzel 168
Summitates Sabinae 230
Summitates Thujae 230
Sumpfporstkraut 70
Symphoricarpus racemosus 252
Symphyti radix 72
Symphytum 72

Tabacum 158
Tabakblätter 158
Tamus communis 244
Tanacetum vulgare 124
Tang 238
Taraxacum 128
Taubnesselblüten, Weiße 88
Tausendgüldenkraut 154
Taxus baccata 240
Teichrosenwurzelstock 100
Templinöl 226
Terebinthina argentoratensis 226
Terebinthina laricina 226
Terebinthina veneta 226
Terebinthinae aetheroleum
  rectificatum 228
Terpentin 228
Terpentin, Straßburger 226
Terpentin, Venezianisches 226
Terpentinöl, Gereinigtes 228
Teucrium Scorodonia 134
Thlaspi Bursa pastoris 38
Thuja 230
Thymi herba 174
Thymian 174
Thymus vulgaris 174
Tilia europaea 106
Tiliae flos 106
Tollgerste 220
Tollkirschenblätter 158
Tollkirschenwurzel 158
Tormentilla 98
Tormentillwurzel 98
Traubenkirschenrinde 52
Traubenkraut, Mexikanisches 210
Trifolium arvense 170
Trifolium repens 170
Triticum repens 220
Tubera Aconiti 190
Tubera Corydalis cavae 168
Tubera Salep 178
Turiones Pini 228

Ulmenrinde 202
Ulmus campestris 202
Unreife Äpfel 48
Unreife Mohnköpfe 138
Urtica 206
Urtica dioica 206
Uva ursi 70
Uvae ursi folium 70

Valeriana 158
Valerianae radix 158
Veilchenwurzel 186
Venezianisches Terpentin 226
Veratrum 78

Drogenregister

Verbascum 114
Verbena officinalis 172
Veronica 180
Viburnum Opulus 242
Vinca minor 182
Vincetoxicum 72
Viola odorata 192
Viola tricolor 192
Viscum album 208
Vitis vinifera 214
Vogelbeeren 50
Vogelknöterichkraut 144

Wacholderbeeren 230
Wacholderbeeröl 230
Wacholderholz 230
Wacholderteer 230
Waldgamanderkraut 134
Waldmeisterkraut 40
Walnußblätter 200
Wasserfenchelfrüchte 60
Wasserhanfkraut 164
Wasserminzenblätter 176
Wasserpfefferkraut 138
Wegraukenkraut 96
Weidenrinde 198
Weinblätter 214
Weißdornbeeren 48
Weißdornblätter mit Blüten 48
Weiße Katzenpfötchen 86
Weiße Nieswurz 78
Weiße Taubnesselblüten 88
Weißer Senfsame 98
Weißkleeblüten 170
Weizenkeime 220
Weizenstärke 220
Wermutkraut 122
Wiesenknopfkraut 140
Wiesenschaumkraut 36
Wilde Engelwurz 68
Wollblumen 114
Wundkleeblüten 130
Wundkleekraut 130

Xylosteum 244

Ysopkraut 196

Zahnstocher-Ammeifrüchte 66
Zauberwurzel 184
Zaunrübenwurzel 56
Zaunwindenharz 72
Zichorien-Kaffee 188
Zichorienwurzel 188
Zitronellöl 90
Zitronenkraut 122
Zitronenschale 54
Zwergholunderwurzel 76
Zwetsche 52
Zypressenöl 226

Artenregister

Abies alba 226
Achillea atrata 82
Achillea erba-rotta 82
Achillea millefolium 82
Achillea moschata 82
Achillea nana 82
Acker-Gauchheil 154
Acker-Minze 176
Acker-Rittersporn 190
Acker-Schachtelhalm 234
Acker-Stiefmütterchen 134
Acker-Vergißmeinnicht 184
Acker-Winde 72
Acker-Witwenblume 164
Aconitum lycoctonum 130
Aconitum napellus 130, 190
Aconitum variegatum 190
Aconitum vulparia 130
Acorus calamus 224
Actaea spicata 246
Adiantum capillus-veneris 232
Adlerfarn 232
Adonis aestivalis 160
Adonis annua 160
Adonis flammea 160
Adonis, Sommer- 160
Adonis vernalis 116
Adonisröschen 116
Aegopodium podagraria 66
Aesculus hippocastanum 54
Aethusa cynapium 66
Agrimonia eupatoria 104
Agropyron repens 220
Agrostemma githago 144
Ailanthus altissima 106
Ailanthus glandulosa 106
Ajuga reptans 194
Akazie, Falsche 86
Akelei, Gemeine 180
Alant, Echter 120
Alcea rosea 150
Alchemilla alpina 212
Alchemilla vulgaris 212
Alkanna, Färber- 182
Alkanna tinctoria 182
Alliaria petiolata 34
Allium cepa 78
Allium sativum 78
Allium ursinum 78
Alnus glutinosa 200
Alnus incana 200
Alnus viridis 200
Alpen-Fetthenne 104
Alpen-Frauenmantel 212
Alpenrose, Rostblättrige 152
Alpenrose, Sibirische 152
Alpenveilchen, Europäisches 154
Alraune 184
Althaea officinalis 150
Althaea rosea 150
Amanita muscaria 236

Amerikanische Zitterpappel 198
Amerikanischer Lebensbaum 230
Ammei, Echter 66
Ammei, Großer 66
Ammi majus 66
Ammi visnaga 66
Ampfer, Krauser 210
Anagallis arvensis 154
Anchusa officinalis 182
Andorn, Weißer 88
Andromeda polifolia 152
Anemone hepatica 186
Anemone nemorosa 76
Anemone pulsatilla 186
Anemone ranunculoides 76
Anemone sylvestris 76
Anethum graveolens 110
Angelica archangelica 68
Angelica sylvestris 68
Anis 2, 64
Antennaria dioica 86
Anthemis nobilis 84
Anthoxanthum odoratum 220
Anthriscus cerefolium 58
Anthyllis vulneraria 130
Apfel 48
Apfelsine 54
Apium graveolens 108
Aquilegia vulgaris 180
Arctium lappa 166
Arctium minus 166
Arctium tomentosum 166
Arctostaphylos uva-ursi 70
Armoracia lapathifolia 36
Armoracia rusticana 36
Arnica montana 124
Arnika 124
Aristolochia clematitis 130
Aronstab 244
Artemisia abrotanum 122
Artemisia absinthium 122
Artemisia dracunculus 122
Artemisia pontica 122
Artemisia vulgaris 122
Artischocke 188
Arum maculatum 244
Arznei-Baldrian 158
Arznei-Rhabarber 160
Asarum europaeum 138
Ascophyllum nodosum 238
Asparagus officinalis 80
Asperula odorata 40
Atropa bella-donna 158, 248
Attich 76, 250
Aufrechte Waldrebe 34
Aufrechtes Glaskraut 208
Augentrost, Gemeiner 92
Avena sativa 222

Bach-Nelkenwurz 146
Bären-Lauch 78

Artenregister

Bärenfenchel 62
Bärenklau, Wiesen- 68
Bärentraube 70
Bärlapp, Keulen- 234
Bärwurz 62
Baldrian, Arznei- 158
Baldrian, Großer 158
Bartflechte 238
Basilienkraut 92
Baumrose 150
Behaartes Bruchkraut 210
Beifuß, Bitterer 122
Beifuß, Gemeiner 122
Beinwell, Gemeiner 72, 156
Bellis perennis 82
Benediktenkraut 126
Berberis vulgaris 116
Berberitze 116
Berg-Flockenblume 188
Bergwohlverleih 124
Bertram 84
Berufkraut, Kanadisches 82
Besenginster 132
Besenheide 142
Beta vulgaris 208
Betäubender Kälberkropf 58
Bete, Rote 208
Betonica officinalis 174
Betonie 174
Betula pendula 200
Betula pubescens 200
Betula verrucosa 200
Bibernelle, Große 64
Bibernelle, Kleine 64, 140
Bibernelle, Stein- 64
Bilsenkraut, Schwarzes 114
Bingelkraut, Einjähriges 214
Bingelkraut, Wald- 214
Birke, Hänge- 200
Birke, Moor- 200
Birke, Warzen- 200
Bittere Schleifenblume 38
Bitterer Beifuß 122
Bitteres Schaumkraut 36
Bitterklee 70
Bitterorange 54
Bittersüßer Nachtschatten 184, 242
Blasenstrauch 132
Blasentang 238
Blaubeere 152
Blauer Eisenhut 130, 190
Blauer Sturmhut 190
Blumenesche 40
Blut-Weiderich 162
Blutroter Storchschnabel 148
Blutwurz 98
Bocksdorn, Gemeiner 184
Bockshornklee 134
Bohne, Garten- 88, 252
Bohnenkraut 90
Borago officinalis 182
Boretsch 182
Bovista gigantea 236
Brassica nigra 96
Brassica oleracea 98

Braunelle, Großblütige 194
Braunelle, Kleine 194
Braunwurz, Knotige 178
Brennessel, Große 206
Brennessel, Kleine 206
Brombeere 46
Bruch-Weide 198
Bruchkraut, Behaartes 210
Bruchkraut, Kahles 210
Brunnenkresse 36
Bryonia alba 56, 242
Bryonia cretica 56, 242
Bryonia dioica 56, 242
Buchsbaum, Gemeiner 100
Buchweizen 42
Bunte Kronwicke 170
Bunter Eisenhut 190
Buschbohne 88
Buschwindröschen 76
Buxus sempervirens 100

Calendula officinalis 126
Calla palustris 34
Calluna vulgaris 142
Caltha palustris 102
Calystegia sepium 72
Cannabis sativa 204
Capsella bursa-pastoris 38
Capsicum annuum 74
Cardamine amara 36
Cardamine pratensis 36
Carduus marianum 166
Carex arenaria 218
Carlina acaulis 86
Carum carvi 62
Castanea sativa 202
Castanea vesca 202
Centaurea cyanus 188
Centaurea montana 188
Centaurium erythraea 154
Centaurium minus 154
Centaurium umbellatum 154
Centranthus ruber 178
Ceratonia siliqua 212
Cetraria islandica 238
Chaerophyllum bulbosum 58
Chaerophyllum temulentum 58
Chamaemelum nobile 84
Chamaenerion angustifolium 140
Chamomilla recutita 84
Chamomilla suaveolens 120
Cheiranthus cheiri 96
Chelidonium majus 94
Chenopodium ambrosioides 210
Chenopodium anthelminticum 210
Chicorée 188
Chimaphila umbellata 148
Christophskraut 246
Christrose 44
Chrysanthemum cinerariifolium 84
Chrysanthemum parthenium 84
Cichorium intybus 188
Cicuta virosa 60
Citrus aurantium 54
Citrus limon 54

267

Artenregister

Citrus medica 54
Citrus sinensis 54
Claviceps purpurea 236
Clematis recta 34
Clematis vitalba 34
Cnicus benedictus 126
Cochlearia officinalis 36
Cochlearia pyrenaica 36
Colchicum autumnale 162
Colutea arborescens 132
Conium maculatum 58
Consolida regalis 190
Convallaria majalis 80, 244
Convolvulus arvensis 72
Conyza canadensis 82
Coriandrum sativum 60
Coronilla varia 170
Corydalis bulbosa 168
Corydalis cava 168
Corylus avellana 202
Crataegus azarolus 48
Crataegus laevigata 48
Crataegus monogyna 2, 48
Crataegus nigra 48
Crataegus pentagyna 48
Crocus sativus 186
Cucurbita maxima 112
Cucurbita moschata 112
Cucurbita pepo 112
Cuminum cyminum 62
Cupressus sempervirens 226
Cyclamen purpurascens 154
Cydonia oblonga 48
Cymbopogon winterianus 90
Cynanchum vincetoxicum 72
Cynara scolymus 188
Cynoglossum officinale 156
Cytisus laburnum 132
Cytisus scoparius 132

Dalmatinische Insektenblume 84
Daphne mezereum 142, 240
Datura stramonium 74
Daucus carota 62
Delphinium consolida 190
Delphinium staphisagria 190
Deutsche Schwertlilie 186
Dictamnus albus 170
Digitalis ambigua 136
Digitalis grandiflora 136
Digitalis lanata 136
Digitalis lutea 136
Digitalis purpurea 178
Dill 110
Dipsacus fullonum 164
Dipsacus sylvestris 164
Diptam, Weißer 170
Doldiges Wintergrün 148
Dornige Hauhechel 168
Dost, Echter 174
Drachenwurz 34
Dryopteris filix-mas 232
Duwock 234

Eberesche 50

Eberraute 122
Eberreis 122
Eberwurz, Stengellose 86
Echte Engelwurz 68
Echte Goldrute 118
Echte Hauswurz 162
Echte Kamille 84
Echte Kastanie 202
Echte Katzenminze 90
Echte Myrte 56
Echte Narzisse 118
Echte Nelkenwurz 106
Echte Ochsenzunge 182
Echte Petersilie 110
Echte Pfefferminze 176
Echte Pfingstrose 160
Echte Pistazie 142
Echte Salbei 194
Echte Schlüsselblume 112
Echte Sellerie 108
Echte Walnuß 200
Echter Alant 120
Echter Ammei 66
Echter Dost 174
Echter Ehrenpreis 180
Echter Eibisch 150
Echter Feigenbaum 204
Echter Gamander 172
Echter Lavendel 196
Echter Lein 180
Echter Safran 186
Echter Schwarzkümmel 44
Echter Steinklee 130
Echter Thymian 174
Echter Ziest 174
Echtes Herzgespann 172
Echtes Labkraut 100
Echtes Löffelkraut 36
Echtes Lungenkraut 156
Echtes Mädesüß 56
Echtes Tausendgüldenkraut 154
Edel-Tanne 226
Efeu 216, 246
Ehrenpreis, Echter 180
Eibe 240
Eibisch, Echter 150
Eiche, Stiel- 204
Eiche, Trauben- 204
Einbeere 250
Eingriffeliger Weißdorn 48
Einjähriges Bingelkraut 214
Eisenhut, Blauer 190
Eisenhut, Bunter 190
Eisenhut, Wolfs- 130
Eisenkraut 172
Elsbeere 50
Engelwurz, Echte 68
Engelwurz, Wilde 68
Enzian, Gelber 116
Enzian, Purpurroter 154
Epilobium angustifolium 140
Ephedra distachya 224
Ephedra vulgaris 224
Equisetum arvense 234
Equisetum hyemale 234

Artenregister

Equisetum palustre 234
Equisetum sylvaticum 234
Erdbeere, Wald- 46
Erdrauch, Gemeiner 168
Erica tetralix 142
Erigeron canadensis 82
Erle, Grau- 200
Erle, Grün- 200
Erle, Schwarz- 200
Eryngium campestre 58
Eryngium maritimum 58
Eryngium planum 58
Erysimum officinale 96
Esche, Gewöhnliche 216
Eschscholzia californica 94
Eselsdistel, Gemeine 166
Espe 198
Essig-Rose 146
Estragon 122
Eucalyptus globulus 34
Eukalyptus 34
Euonymus europaeus 240
Eupatorium cannabinum 164
Eupatorium perfoliatum 164
Euphorbia cyparissias 94
Euphrasia rostkoviana 92
Europäisches Alpenveilchen 154

Färber-Alkanna 182
Färber-Ginster 132
Färberröte 114
Fagopyrum esculentum 42
Fagus sylvatica 202
Falsche Akazie 86
Faulbaum 214, 246
Feigenbaum, Echter 204
Feld-Mannstreu 58
Feld-Minze 176
Feld-Rüster 202
Feld-Thymian 174
Feld-Ulme 202
Fenchel, Garten- 108
Fetthenne, Alpen- 104
Fetthenne, Große 144
Feuerbohne 252
Fichte 226
Ficus carica 204
Fieberklee 70
Filipendula ulmaria 46
Filzige Klette 166
Fingerhut, Gelber 136
Fingerhut, Großblütiger 136
Fingerhut, Roter 178
Fingerhut, Wolliger 136
Fingerkraut, Gänse- 104
Fingerkraut, Gold- 104
Fingerkraut, Kriechendes 104
Flachblättrige Mannstreu 58
Flachs 180
Fliegenpilz 236
Flockenblume, Berg- 188
Flohsamen-Wegerich 216
Föhre 228
Foeniculum vulgare 108
Fomes fomentarius 236

Fragaria vesca 46
Frangula alnus 214, 246
Frauenmantel, Alpen- 212
Frauenmantel, Gewöhnlicher 212
Fraxinus excelsior 216
Fraxinus ornus 40
Frühlings-Teufelsauge 116
Fuchs'sches Greiskraut 126
Fucus vesiculosus 238
Fumaria officinalis 168

Gänse-Fingerkraut 104
Gänseblümchen 82
Gänsefuß, Wohlriechender 210
Galanthus nivalis 80
Galega officinalis 88
Galeopsis ochroleuca 134
Galeopsis segetum 134
Galium aparine 40
Galium odoratum 40
Galium verum 100
Gamander, Echter 172
Gamander, Katzen- 172
Gamander, Salbei- 134
Garten-Bohne 88, 252
Garten-Fenchel 108
Garten-Kerbel 58
Garten-Kresse 38
Garten-Kürbis 112
Garten-Möhre 62
Garten-Petersilie 110
Garten-Ringelblume 126
Garten-Salat 128
Gauchheil, Acker- 154
Gefleckter Schierling 58
Geißfuß 66
Geißraute 88
Gelbe Narzisse 118
Gelbe Teichrose 100
Gelber Enzian 116
Gelber Fingerhut 136
Gelber Hohlzahn 134
Gelber Sturmhut 130
Gelbes Windröschen 76
Gemeine Akelei 180
Gemeine Eselsdistel 166
Gemeine Hundszunge 156
Gemeine Pestwurz 164
Gemeine Quecke 220
Gemeine Waldrebe 34
Gemeine Wegwarte 188
Gemeiner Augentrost 92
Gemeiner Beifuß 122
Gemeiner Beinwell 72, 156
Gemeiner Bocksdorn 184
Gemeiner Buchsbaum 100
Gemeiner Goldregen 132
Gemeiner Hanf 204
Gemeiner Schneeball 242
Gemeiner Tüpfelfarn 232
Gemeiner Wacholder 230
Gemeiner Wolfstrapp 92
Gemeiner Wurmfarn 232
Gemeines Greiskraut 126
Gemeines Katzenpfötchen 86

Artenregister

Genista tinctoria 132
Gentiana lutea 116, 154
Gentiana pannonica 116, 154
Gentiana punctata 116, 154
Gentiana purpurea 116, 154
Geranium robertianum 148
Geranium sanguineum 148
Germer, Weißer 78
Gerste, Mehrzeilige 222
Geum rivale 146
Geum urbanum 106
Gewöhnliche Esche 216
Gewöhnliche Hasel 202
Gewöhnliche Küchenschelle 186
Gewöhnliche Schafgarbe 82
Gewöhnlicher Frauenmantel 212
Gewöhnlicher Odermennig 104
Gewöhnliches Leinkraut 136
Gewöhnliches Seifenkraut 42
Giersch 66
Gift-Hahnenfuß 102
Gift-Lattich 128
Gift-Primel 152
Ginkgo 224
Ginkgo biloba 224
Ginster, Färber- 132
Glaskraut, Aufrechtes 208
Glechoma hederacea 194
Glockenbilsenkraut 158
Glockenheide 142
Glycyrrhiza glabra 168
Gnadenkraut 92
Gnaphalium arenarium 120
Gnaphalium dioicum 86
Götterbaum 106
Gold-Fingerkraut 104
Goldlack 96
Goldregen, Gemeiner 132
Goldregen, Waterers 252
Goldrute, Echte 118
Goldrute, Hohe 118
Goldrute, Kanadische 118
Granatapfel 162
Gratiola officinalis 92
Grau-Erle 200
Greiskraut, Fuchs'sches 126
Greiskraut, Gemeines 126
Greiskraut, Weißfilziges 124
Großblütige Braunelle 194
Großblütige Königskerze 114
Großblütiger Fingerhut 136
Große Bibernelle 64
Große Brennessel 206
Große Fetthenne 144
Große Klette 166
Großer Ammei 66
Großer Baldrian 158
Großer Sauerampfer 160
Großer Wegerich 218
Großer Wiesenknopf 140
Großes Windröschen 76
Grün-Erle 200
Grüne Nieswurz 44
Gundermann 194
Günsel, Kriechender 194

Gurkenkraut 110

Habichtskraut, Kleines 128
Hänge-Birke 200
Hafer, Saat- 222
Hagerose 146
Hahnenfuß, Gift- 102
Hahnenfuß, Knolliger 102
Hahnenfuß, Scharfer 102
Hamamelis 202
Hanf, Gemeiner 204
Hartheu, Tüpfel- 106
Hasel, Gewöhnliche 202
Haselwurz 138
Hasen-Klee 170
Hauhechel, Dornige 168
Hauswurz, Echte 162
Heckenkirsche, Rote 244
Hedera helix 216, 246
Heidekraut 142
Heidelbeere 152
Heildolde 56
Heil-Ziest 174
Helenenkraut 120
Helianthus annuus 120
Helichrysum arenarium 120
Helleborus niger 44
Helleborus viridis 44
Hepatica nobilis 186
Heracleum sphondylium 68
Herbst-Zeitlose 162
Herniaria glabra 210
Herniaria hirsuta 210
Herzgespann, Echtes 172
Hibiscus sabdariffa 150
Hieracium pilosella 128
Himbeere 46
Hippophaë rhamnoides 216
Hirtentäschelkraut 38
Hirschzunge 232
Hohe Goldrute 118
Hohe Schlüsselblume 112
Hoher Steinklee 130
Hohler Lerchensporn 168
Hohlzahn, Gelber 134
Holunder, Schwarzer 76
Holunder, Trauben- 242
Holunder, Zwerg- 76, 250
Hopfen 206
Hordeum vulgare 222
Huflattich 124
Hühnerdarm 42
Humulus lupulus 206
Hunds-Rose 146
Hundspetersilie 66
Hundszunge, Gemeine 156
Hyoscyamus niger 114
Hypericum perforatum 106
Hyssopus officinalis 196

Iberis amara 38
Ilex aquifolium 240
Immergrün, Kleines 182
Immortelle 120
Imperatoria ostruthium 68

Artenregister

Insektenblume, Dalmatinische 84
Inula helenium 120
Iris florentina 186
Iris germanica 186
Iris pallida 186
Iris pseudacorus 118
Iris versicolor 186
Isländisches Moos 238

Jakobs-Kreuzkraut 126
Japanischer Pagodenbaum 86
Johannisbeere, Schwarze 212
Johannisbrotbaum 212
Johanniskraut, Tüpfel- 106
Judenkirsche 74
Juglans regia 200
Juniperus communis 230
Juniperus oxycedrus 230
Juniperus sabina 230

Kahles Bruchkraut 210
Kälberkropf, Betäubender 58
Kälberkropf, Knollen- 58
Kalifornischer Mohn 94
Kalmus 224
Kamille, Echte 84
Kamille, Römische 84
Kamille, Strahlenlose 120
Kanadische Goldrute 118
Kanadische Pappel 198
Kanadisches Berufkraut 82
Kapuzinerkresse 170
Karde, Wilde 164
Kardendistel 164
Kartoffel 74, 252
Kastanie, Echte 202
Katzen-Gamander 172
Katzenminze, Echte 90
Katzenpfötchen, Gemeines 86
Kerbel, Garten- 58
Kermesbeere 42
Keulen-Bärlapp 234
Kiefer, Stern- 228
Kiefer, Wald- 228
Kirschlorbeer 52
Klatsch-Mohn 140
Klee, Hasen- 170
Kleinblütige Kreuzblume 192
Kleine Bibernelle 64, 140
Kleine Braunelle 194
Kleine Brennessel 206
Kleine Klette 166
Kleine Wasserlinse 224
Kleiner Wiesenknopf 64, 140
Kleines Habichtskraut 128
Kleines Immergrün 182
Kleines Knabenkraut 178
Kleines Teufelsauge 160
Klette, Filzige 166
Klette, Große 166
Klette, Kleine 166
Kletten-Labkraut 40
Knabenkraut, Kleines 178
Knautia arvensis 164
Knoblauch 78

Knoblauchshederich 34
Knoblauchsrauke 34
Knöllchen-Steinbrech 44
Knollen-Kälberkropf 58
Knolliger Hahnenfuß 102
Knotentang 238
Knöterich, Scharfer 138
Knöterich, Schlangen- 144
Knöterich, Vogel- 144
Knotige Braunwurz 178
Königskerze, Großblütige 114
Königskerze, Windblumen- 114
Koriander 60
Kornblume 188
Korn-Rade 144
Krainer Tollkraut 158
Krapp 114
Krause Minze 176
Krauser Ampfer 210
Kren 36
Kreuzblume, Kleinblütige 192
Kreuzdorn, Purgier- 214, 246
Kreuzkraut, Fuchs'sches 126
Kreuzkraut, Gemeines 126
Kreuzkraut, Jakobs- 126
Kreuzkümmel 62
Kresse, Garten- 38
Kriechender Günsel 194
Kriechendes Fingerkraut 104
Kronwicke, Bunte 170
Küchenschelle, Gewöhnliche 186
Küchenzwiebel 78
Kuhschelle 186
Kümmel 62
Kürbis, Garten- 112

Labkraut, Echtes 100
Labkraut, Kletten- 40
Laburnum alpinum 132, 252
Laburnum anagyroides 132, 252
Laburnum × watereri 132, 252
Lactuca sativa 128
Lactuca serriola 128
Lactuca virosa 128
Lamium album 88
Langermannia gigantea 236
Lärche 226
Lärchenschwamm 236
Larix decidua 226
Latsche 228
Lattich, Gift- 128
Lauch, Bären- 78
Laurus nobilis 94
Lavandula angustifolia 196
Lavandula latifolia 196
Lavandula officinalis 196
Lavendel, Echter 196
Lavendel, Spik 196
Lebensbaum, Amerikanischer 230
Leberblümchen 186
Ledum palustre 70
Legföhre 228
Lein, Echter 180
Lein, Purgier- 52
Lein, Wiesen- 52

271

Artenregister

Leinkraut, Gewöhnliches 136
Lemna minor 224
Leonurus cardiaca 172
Lepidium sativum 38
Lerchensporn, Hohler 168
Levisticum officinale 110
Liebstöckel 110
Liguster 248
Ligustrum vulgare 248
Linaria vulgaris 136
Linde, Sommer- 106
Linde, Winter- 106
Linum catharticum 52
Linum usitatissimum 180
Lobaria pulmonaria 238
Löffelkraut 36
Lolch, Taumel- 220
Lolium temulentum 220
Lonicera caerulea 244
Lonicera xylosteum 244
Lorbeerbaum 94
Löwenzahn 128
Lungenflechte 238
Lungenkraut, Echtes 156
Lycium barbarum 184
Lycium halimifolium 184
Lycopodium clavatum 234
Lycopus europaeus 92
Lycopus virginicus 92
Lysimachia nummularia 112
Lythrum salicaria 162

Mädesüß, Echtes 46
Magenwurz 224
Maggikraut 110
Maiglöckchen 80, 244
Mais 222
Majoran 90
Majorana hortensis 90
Malus domestica 48
Malva neglecta 150
Malva sylvestris 150
Malve, Weg- 150
Malve, Wilde 150
Mandelbaum 148
Mandragora autumnalis 184
Mandragora officinarum 184
Mannaesche 40
Mannstreu, Feld- 58
Mannstreu, Flachblättrige 58
Mariendistel 166
Marrubium vulgare 88
Maßliebchen 82
Mastix-Strauch 142
Matricaria chamomilla 84
Matricaria discoidea 120
Matricaria matricarioides 120
Mauerpfeffer 104
Mäusedorn, Stechender 218
Meerrettich 36
Meerträubel 224
Meerzwiebel 80
Mehlbeere 50
Mehrzeilige Gerste 222
Meisterwurz 68

Melilotus altissima 130
Melilotus officinalis 130
Melissa officinalis 90
Melisse 90
Melisse, Zitronen- 90
Mentha aquatica 176
Mentha arvensis 176
Mentha × *piperita* 176
Mentha pulegium 176
Mentha spicata 176
Menyanthes trifoliata 70
Mercurialis annua 214
Mercurialis perennis 214
Meum athamanticum 62
Minze, Acker- 176
Minze, Bach- 176
Minze, Feld- 176
Minze, Krause 176
Minze, Polei- 176
Mistel 208
Mohn, Kalifornischer 94
Mohn, Klatsch- 140
Mohn, Schlaf- 138
Möhre, Garten- 62
Mönchspfeffer 192
Moor-Birke 200
Moorbeere 248
Moos, Isländisches 238
Moschus-Schafgarbe 82
Mutterkornpilz 236
Mutterkraut 84
Mutterkümmel 62
Myosotis arvensis 184
Myrte, Echte 56
Myrtus communis 56

Nachtschatten, Bittersüßer 184, 242
Nachtschatten, Schwarzer 248
Narcissus poeticus 118
Narcissus pseudo-narcissus 118
Narzisse, Echte 118
Narzisse, Gelbe 118
Narzisse, Weiße 118
Nasturtium officinale 36
Nelkenwurz, Bach- 146
Nelkenwurz, Echte 106
Nepeta cataria 90
Nerium oleander 156
Nicotiana tabacum 158
Nieswurz, Grüne 44
Nieswurz, Schwarze 44
Nieswurz, Weiße 78
Nigella sativa 44
Nuphar lutea 100
Nymphaea alba 100

Ochsenzunge, Echte 182
Ocimum basilicum 92
Odermennig, Gewöhnlicher 104
Oenanthe aquatica 60
Ölbaum 40
Olea europaea 40
Oleander 156
Olivenbaum 40
Ononis spinosa 168

Artenregister

Onopordum acanthium 166
Orchis morio 178
Origanum majorana 90
Origanum vulgare 174
Oryza sativa 222
Osterluzei 130
Oxalis acetosella 56

Paeonia officinalis 160
Pagodenbaum, Japanischer 86
Papaver rhoeas 140
Papaver somniferum 138
Pappel, Kanadische 198
Pappel, Zitter- 198
Paprika 74
Parietaria erecta 208
Parietaria officinalis 208
Paris quadrifolia 250
Pastinaca sativa 108
Pastinak 108
Pelargonium 148
Pestwurz, Gemeine 164
Petasites hybridus 164
Petasites officinalis 164
Petersilie, Echte 110
Petersilie, Garten- 110
Petroselinum crispum 110
Petroselinum hortense 110
Petroselinum sativum 110
Peucedanum ostruthium 68
Pfaffenhütchen 240
Pfefferminze 176
Pfennigkraut 112
Pfingstrose, Echte 160
Pflaume 52
Phaseolus coccineus 252
Phaseolus vulgaris 88, 252
Phellandrium aquaticum 60
Phyllitis scolopendrium 232
Physalis alkekengi 74
Phytolacca americana 42
Phytolacca decandra 42
Picea abies 226
Pimpinella anisum 2, 64
Pimpinella magna 64
Pimpinella major 64
Pimpinella saxifraga 64, 140
Pimpinelle 140
Pinus australis 228
Pinus mugo 228
Pinus nigra 228
Pinus pinaster 228
Pinus sylvestris 228
Pistacia lentiscus 142
Pistacia vera 142
Pistazie, Echte 142
Plantago afra 216
Plantago arenaria 216
Plantago indica 216
Plantago lanceolata 218
Plantago major 218
Plantago ovata 216
Plantago psyllium 216
Polei-Minze 176
Polygala amara 192

Polygala amarella 192
Polygala senega 112
Polygonatum odoratum 250
Polygonatum officinale 250
Polygonum aviculare 144
Polygonum bistorta 144
Polygonum hydropiper 138
Polypodium vulgare 232
Polyporus officinalis 236
Pomeranze 54
Populus balsamifera 198
Populus × *canadensis* 198
Populus deltoides 198
Populus monilifera 198
Populus nigra 198
Populus tremula 198
Populus tremuloides 198
Potentilla anserina 104
Potentilla aurea 104
Potentilla erecta 98
Potentilla reptans 104
Potentilla tormentilla 98
Poterium sanguisorba 140
Preiselbeere 70
Primel, Gift- 152
Primula elatior 112
Primula obconica 152
Primula officinalis 112
Primula veris 112
Prunella grandiflora 194
Prunella vulgaris 194
Prunus cerasus 50
Prunus domestica 52
Prunus dulcis 148
Prunus laurocerasus 52
Prunus padus 52
Prunus spinosa 50
Pteridium aquilinum 232
Pulmonaria obscura 156
Pulmonaria officinalis 156
Pulsatilla pratensis 186
Pulsatilla vulgaris 186
Punica granatum 162
Purgier-Kreuzdorn 214, 246
Purgier-Lein 52
Purpur-Weide 198
Purpurroter Enzian 154

Quecke, Gemeine 220
Quendel 174
Quercus pedunculata 204
Quercus petraea 204
Quercus robur 204
Quercus sessiliflora 204
Quitte 48

Rade, Korn- 144
Rainfarn 124
Rainweide 248
Ranunculus acris 102
Ranunculus bulbosus 102
Ranunculus sceleratus 102
Raphanus sativus 38
Rauke, Weg- 96
Rauschbeere 248

Artenregister

Reis 222
Rettich 38
Rhabarber, Arznei- 160
Rhabarber, Speise- 160
Rhamnus catharticus 214, 246
Rhamnus frangula 214, 246
Rheum officinale 160
Rheum palmatum 160
Rheum rhabarbarum 160
Rheum undulatum 160
Rhododendron aureum 152
Rhododendron chrysanthum 152
Rhododendron ferrugineum 152
Ribes nigrum 212
Ricinus communis 140
Riesenbovist 236
Ringelblume, Garten- 126
Rittersporn, Acker- 190
Rittersporn, Scharfer 190
Rizinus 140
Robinia pseudacacia 86
Robinie 86
Römische Kamille 84
Römischer Wermut 122
Rorippa nasturtium-aquaticum 36
Rosa canina 146
Rosa centifolia 146
Rosa damascena 146
Rosa gallica 146
Rosenlorbeer 156
Rosmarin 196
Rosmarinheide 152
Rosmarinus officinalis 196
Roßkastanie 54
Rostblättrige Alpenrose 152
Rose, Hunds- 146
Rose, Essig- 146
Rotbuche 202
Rote Bete 208
Rote Rübe 208
Rote Heckenkirsche 244
Rote Spornrebe 178
Roter Fingerhut 178
Rottanne 226
Rübe, Rote 208
Rübe, Zucker- 208
Rubia tinctorum 114
Rubus fruticosus 46
Rubus idaeus 46
Ruchgras 220
Ruhrwurz 98
Rumex acetosa 160
Rumex alpinus 210
Rumex crispus 210
Rumex obtusifolius 210
Rundblättriger Sonnentau 44
Ruprechtskraut 148
Ruscus aculeatus 218
Rüster, Feld- 202
Ruta graveolens 100

Saat-Hafer 222
Sadebaum 230
Safran, Echter 186
Salat, Garten- 128

Salat, Stink- 128
Salbei, Echte 194
Salbei-Gamander 134
Salix alba 198
Salix fragilis 198
Salix purpurea 198
Salomonssiegel 250
Salvia officinalis 194
Salvia triloba 194
Sambucus ebulus 76, 250
Sambucus nigra 76
Sambucus racemosa 242
Sand-Segge 218
Sand-Strohblume 86, 120
Sand-Thymian 174
Sanddorn 216
Sanguisorba minor 64, 140
Sanguisorba officinalis 140
Sanicula europaea 56
Sanikel 56
Saponaria officinalis 42
Sarothamnus scoparius 132
Satureja hortensis 90
Sauerampfer, Großer 160
Sauerdorn 116
Sauerkirsche 50
Sauerklee, Wald- 56
Saxifraga granulata 44
Scabiosa arvensis 164
Schachtelhalm, Acker- 234
Schachtelhalm, Sumpf- 234
Schachtelhalm, Wald- 234
Schachtelhalm, Winter- 234
Schafgarbe, Gewöhnliche 82
Schafgarbe, Moschus- 82
Scharfer Hahnenfuß 102
Scharfer Knöterich 138
Scharfer Rittersporn 190
Schaumkraut, Bitteres 36
Schaumkraut, Wiesen- 36
Schierling, Gefleckter 58
Schlaf-Mohn 138
Schlangen-Knöterich 144
Schlangenwurz 34
Schlehdorn 50
Schleifenblume, Bittere 38
Schlüsselblume, Echte 112
Schlüsselblume, Hohe 112
Schmalblättriges Weidenröschen 140
Schmerwurz 244
Schneeball, Gemeiner 242
Schneeball, Wolliger 250
Schneebeere 252
Schneeglöckchen 80
Schnurbaum 86
Schöllkraut 94
Schwalbenwurz 72
Schwarz-Erle 200
Schwarzdorn 50
Schwarze Johannisbeere 212
Schwarze Nieswurz 44
Schwarzer Holunder 76
Schwarzer Nachtschatten 248
Schwarzer Rettich 38
Schwarzer Senf 96

Artenregister

Schwarzes Bilsenkraut 114
Schwarzkümmel, Echter 44
Schwarz-Pappel 198
Schwertlilie, Deutsche 186
Schwertlilie, Sumpf- 118
Scolopendrium vulgare 232
Scopolia carniolica 158
Scrophularia nodosa 178
Sedum acre 104
Sedum alpestre 104
Sedum repens 104
Sedum telephium 144
Seerose, Weiße 100
Segge, Sand- 218
Seidelbast 142, 240
Seifenkraut, Gewöhnliches 42
Sellerie, Echte 108
Sempervivum tectorum 162
Senecio bicolor 124
Senecio cineraria 124
Senecio fuchsii 126
Senecio jacobaea 126
Senecio nemorensis 126
Senecio vulgaris 126
Senf, Schwarzer 96
Senf, Weißer 98
Sibirische Alpenrose 152
Silber-Weide 198
Silberdistel 86
Silybum marianum 166
Sinapis alba 98
Sinapis nigra 96
Sisymbrium officinale 96
Solanum dulcamara 184, 242
Solanum nigrum 248
Solanum tuberosum 74, 252
Solidago canadensis 118
Solidago gigantea 118
Solidago serotina 118
Solidago virgaurea 118
Sommer-Adonis 160
Sommer-Linde 106
Sonnenblume 120
Sonnentau, Rundblättriger 44
Sorbus aria 50
Sorbus aucuparia 50
Sorbus domestica 50
Sorbus torminalis 50
Spargel 80
Speierling 50
Speise-Rhabarber 160
Spik-Lavendel 196
Spinacia oleracea 210
Spinat 210
Spiraea ulmaria 46
Spitz-Wegerich 218
Spornblume, Rote 178
Stachys officinalis 174
Stangenbohne 88, 252
Stech-Wacholder 230
Stechapfel 74
Stechender Mäusedorn 218
Stechpalme 240
Steife Waldrebe 34
Stein-Bibernelle 64

Steinbrech, Knöllchen 44
Steinklee, Echter 130
Steinklee, Hoher 130
Stellaria media 42
Stengellose Eberwurz 86
Stephanskraut 190
Stern-Kiefer 228
Stiel-Eiche 204
Sticta pulmonaria 238
Stiefmütterchen, Acker- 134
Stiefmütterchen, Wildes 134, 192
Stink-Salat 128
Stinkender Storchschnabel 148
Stockrose 150
Storchschnabel, Blutroter 148
Storchschnabel, Stinkender 148
Strahlenlose Kamille 120
Stranddistel 58
Strohblume, Sand- 86, 120
Sturmhut, Blauer 190
Sturmhut, Gelber 130
Succisa pratensis 188
Sumpf-Schachtelhalm 234
Sumpf-Schwertlilie 118
Sumpfdotterblume 102
Sumpfporst 70
Süßholz 168
Symphoricarpos albus 252
Symphoricarpos racemosus 252
Symphytum officinale 72, 156

Tabak, Virginischer 158
Tamus communis 244
Tanacetum cinerariifolium 84
Tanacetum pathenium 84
Tanacetum vulgare 124
Tanne, Edel- 226
Tanne, Weiß- 226
Taraxacum officinale 128
Taubnessel, Weiße 88
Taumel-Lolch 220
Tausendgüldenkraut, Echtes 154
Taxus baccata 240
Teichrose, Gelbe 100
Teucrium chamaedrys 172
Teucrium marum 172
Teucrium scorodonia 134
Teufelsabbiß 188
Teufelsauge, Frühlings- 116
Teufelsauge, Kleines 160
Thuja occidentalis 230
Thymian, Echter 174
Thymian, Feld- 174
Thymian, Sand- 174
Thymus pulegioides 174
Thymus serpyllum 174
Thymus vulgaris 174
Thymus zygis 174
Tilia cordata 106
Tilia platyphyllos 106
Tollgerste 220
Tollkirsche 158, 248
Tollkraut, Krainer 158
Trauben-Eiche 204
Trauben-Holunder 242

Artenregister

Traubenkirsche 52
Trifolium arvense 170
Trifolium pratense 170
Trifolium repens 170
Trigonella foenum-graecum 134
Triticum aestivum 220
Triticum vulgare 220
Tropaeolum majus 170
Tüpfel-Hartheu 106
Tüpfel-Johanniskraut 106
Tüpfelfarn, Gemeiner 232
Tussilago farfara 124

Ulme, Feld- 202
Ulmus campestris 202
Ulmus minor 202
Urginea maritima 80
Urtica dioica 206
Urtica urens 206
Usnea barbata 238

Vaccinium myrtillus 152
Vaccinium uliginosum 248
Vaccinium vitis-idaea 70
Valeriana officinalis 158
Veilchen, Wohlriechendes 192
Venushaar 232
Veratrum album 78
Verbascum densiflorum 114
Verbascum phlomoides 114
Verbascum thapsiforme 114
Verbena officinalis 172
Vergißmeinnicht, Acker- 184
Veronica officinalis 180
Viburnum lantana 250
Viburnum opulus 242
Vinca minor 182
Vincetoxicum hirundinaria 72
Viola arvensis 134
Viola odorata 192
Viola tricolor 134, 192
Virginischer Tabak 158
Viscum album 208
Vitex agnus-castus 192
Vitis vinifera 214
Vogel-Knöterich 144
Vogelbeere 50
Vogelmiere 42

Wacholder, Gemeiner 230
Wacholder, Stech- 230
Wald-Bingelkraut 214
Wald-Erdbeere 46
Wald-Kiefer 228
Wald-Sauerklee 56
Wald-Schachtelhalm 234
Waldmeister 40
Waldrebe, Aufrechte 34
Waldrebe, Gemeine 34
Waldrebe, Steife 34
Walnuß, Echte 200
Wanzenkraut 60
Warzen-Birke 200
Wasserdost 164
Wasserfenchel 60

Wasserhanf 164
Wasserkresse 36
Wasserlinse, Kleine 224
Wasserpfeffer 138
Wasserschierling 60
Waterers Goldregen 252
Weg-Malve 150
Weg-Rauke 96
Wegerich, Flohsamen 216
Wegerich, Großer 218
Wegerich, Spitz- 218
Wegwarte, Gemeine 188
Weichsel 50
Weide, Bruch- 198
Weide, Purpur- 198
Weide, Silber- 198
Weidenröschen, Schmalblättriges 140
Weiderich, Blut- 162
Weinraute 100
Weinrebe 214
Weiß-Tanne 226
Weißdorn, Eingriffeliger 6, 48
Weißdorn, Zweigriffeliger 48
Weiße Narzisse 118
Weiße Seerose 100
Weiße Taubnessel 88
Weiße Zaunrübe 56, 242
Weißer Andorn 88
Weißer Diptam 170
Weißer Germer 78
Weißer Senf 98
Weißfilziges Greiskraut 124
Weißkohl 98
Weißwurz, Wohlriechende 250
Weizen 220
Welschkorn 222
Wermut 122
Wermut, Römischer 122
Wetterdistel 86
Wiesen-Bärenklau 68
Wiesen-Lein 52
Wiesen-Schaumkraut 36
Wiesenknopf, Großer 140
Wiesenknopf, Kleiner 64, 140
Wilde Engelwurz 68
Wilde Karde 164
Wilde Malve 150
Wildes Stiefmütterchen 134, 192
Windblumen-Königskerze 114
Winde, Acker- 72
Windröschen, Gelbes 76
Windröschen, Großes 76
Winter-Linde 106
Winter-Schachtelhalm 234
Wintergrün, Doldiges 148
Witwenblume, Acker- 164
Wohlriechende Weißwurz 250
Wohlriechender Gänsefuß 210
Wohlriechendes Veilchen 192
Wolfs-Eisenhut 130
Wolfsmilch, Zypressen- 94
Wolfstrapp, Gemeiner 92
Wolliger Fingerhut 136
Wolliger Schneeball 250
Wundklee 130

Artenregister

Wurmfarn, Gemeiner 232

Ysop 196

Zaunrübe, Weiße 242
Zaunrübe, Zweihäusige 56, 242
Zaunwinde 72
Zea mays 222
Zeitlose, Herbst- 162
Zichorie 188
Ziest, Echter 174
Ziest, Heil- 174
Zinnkraut 234

Zitrat-Zitrone 54
Zitrone 54
Zitronen-Melisse 90
Zitterpappel 198
Zitterpappel, Amerikanische 198
Zucker-Rübe 208
Zunderschwamm 236
Zweigriffeliger Weißdorn 48
Zweihäusige Zaunrübe 56, 242
Zwerg-Holunder 76, 250
Zwetsche 52
Zypresse 226
Zypressen-Wolfsmilch 94

Kosmos-Naturführer sind unübertroffen!

In Millionen Exemplaren sind die Bände dieser Reihe in Deutschland erschienen und viele gibt es im deutschsprachigen Ausland. Kosmos-Naturführer sind ein Begriff für alle, die Lebewesen und vielfältige Formen der Natur kennenlernen und bestimmen möchten. Für die Neuausgabe des beliebten Kosmos-Naturführers Was find ich in den Alpen hat Wilfried Weigel sämtliche Tafeln in Farbe naturgetreu gezeichnet. Über 700 farbige Abbildungen helfen jetzt dem Besitzer, seine Funde rasch und richtig einzuordnen und zu bestimmen.

Für den Naturfreund hat der Pflanzenführer Blumen der Alpen und nordischen Länder entscheidende Vorteile: Er findet die Pflanzenwelt der Alpen beschrieben und abgebildet, und er kann dasselbe Buch auch auf einer Nordlandreise benützen.

Silvio Stefenelli betreut den Alpengarten im italienischen Nationalpark Gran Paradiso. Er ist hervorragender Kenner der Alpenflora und ein ausgezeichneter Naturfotograf. Mit dem Kosmos-Naturführer Bergblumen will der Autor den Wanderer und Naturfreund mit typischen Gebirgspflanzen vertraut machen. Er ermöglicht die Bestimmung der Arten mit einer verblüffend einfachen Methode: Leicht zu verstehende Symbole, in einem übersichtlichen Feld angeordnet, ersetzen langatmige Beschreibungen, die Einteilung nach Blütenfarben führt in kurzer Zeit zur gesuchten Art.

Was blüht denn da? ist ein Führer zum Bestimmen von wildwachsenden Blütenpflanzen Mitteleuropas. Mit diesem Buch wurde vor Jahrzehnten das Leitbild der Kosmos-Naturführer geschaffen. Das Bestimmen der Pflanzen wird einfach gemacht durch die Einteilung nach Blütenfarben.

Der Band Unsere Gräser charakterisiert die Grasarten präzis in Wort und Bild.

Der Kosmos-Gartenführer stellt eine Auswahl der schönsten und interessantesten Gartenblumen, Stauden und Ziergehölze vor.

Schönheit, Eigenart und Bedeutung der Moose und Farne werden in dem Naturführer Unsere Moos- und Farnpflanzen allen erschlossen, die sich aus Liebhaberei, im Studium oder im Beruf damit beschäftigen wollen.

Der Kosmos-Waldführer stellt uns verschiedene Waldtypen als Lebensraum bestimmter Tiere und Pflanzen vor.

Der Kosmos-Pilzführer berichtet vom Bau der Pilze, ihrer Vermehrung, ihrer Lebensräume und gibt eine Übersicht über die systematische Einteilung. Er führt zur sicheren Bestimmung der wichtigen Merkmale.

Eine Gesamtübersicht über die Kosmos-Naturführer gibt Ihnen die Informationsschrift 970050. Bitte beim Verlag anfordern.

Kosmos-Verlag, Postfach 640, 7000 Stuttgart 1

Kosmos-Feldführer sind mehr als Bestimmungsführer.
Sie sind eine neue Generation von Naturbüchern!

Sie beschreiben nicht nur Größe, Vorkommen und Aussehen. Umweltbeziehungen werden berücksichtigt, Hintergrundinformation wird vermittelt. Bewußt werden **künstlerisch gemalte** Farbzeichnungen eingesetzt, die auch kleinste Details sichtbar machen und darin der Fotografie überlegen sind. Exaktes Bestimmen, aufwendige Illustrationen, leicht verständlicher Text: dies verlockt nicht nur „im Feld" zum Lesen!

Bis jetzt sind folgende Bände erschienen:

Bäume und Sträucher im Mittelmeerraum – Vögel der Fluren und am Wasser – Die Vögel der Meeresküste – Vögel in Wald, Park und Garten – Orchideen Mittel- und Nordeuropas – Früchte und Gemüse aus Tropen und Mittelmeerraum – Giftpflanzen.

Nachstehend sehen Sie 2 Probeseiten aus „Giftpflanzen".

Dieses Buch zeigt 148 europäische Arten, beschreibt ihre Bestimmung, Wirkung und ihre Geschichte.

Die Bände sind in jeder Buchhandlung erhältlich.

Der Kosmos-Pflanzenführer
Aichele/Schwegler

Der Kosmos-Pflanzenführer wird für Sie und Ihre Familie ein treuer Begleiter auf Wanderungen zum Bestimmen von Blütenpflanzen, Farnen, Moosen, Flechten, Pilzen und Algen werden.
389 Seiten, 407 Zeichnungen, 653 Farbabbildungen.

Kosmos-Naturführer
sind unübertroffen!

In Millionen Exemplaren sind die Bände der Kosmos-Naturführer in Deutschland erschienen und viele gibt es im fremdsprachigen Ausland.

Kosmos-Naturführer sind ein Begriff für alle, die Lebewesen und vielfältige Formen der Natur kennenlernen und richtig bestimmen möchten:
Für Eltern, die ihren Kindern die Wunder der Schöpfung zeigen – für Lehrer und Schüler, die Kosmos-Naturführer im Unterricht bei Lehrgängen, im Landschulheim zu Rate ziehen – für Studierende der Fach- und Hochschulen – für Naturfreunde, die ein Auge haben für Pflanzen und Tiere, für Steine und Sterne, die ihnen daheim oder unterwegs, bei der Arbeit oder im Urlaub begegnen.

Sie erhalten die Bände in jeder Buchhandlung.

Fordern Sie die Informationsschrift 970050 beim Verlag.

Kosmos-Verlag, Postfach 640, 7000 Stuttgart 1